Florian Haymann

Antike Münzen sammeln

Einführung in die griechische und römische Numismatik, Exkurse zu keltischen und byzantinischen Münzen

Florian Haymann

Antike Münzen sammeln

Einführung in die griechische und römische Numismatik, Exkurse zu keltischen und byzantinischen Münzen

2., überarbeitete Auflage 2024

BATTENBERG

Bibliografische Information der Deutschen Nationalbibliothek

Die Deutsche Nationalbibliothek verzeichnet diese Publikation in der Deutschen Nationalbibliografie; detaillierte bibliografische Daten sind im Internet über https://dnb.dnb.de abrufbar.

ISBN 978-3-86646-248-9

MIX
Papier aus verantwortungsvollen Quellen
FSC® C014138
www.fsc.org

Für uns, die Battenberg Gietl Verlag GmbH mit all ihren Imprint-Verlagen, ist Nachhaltigkeit ein wichtiger Teil unserer Unternehmensphilosophie. Daher achten wir bei allen unseren Produkten auf den Einsatz umweltschonender Ressourcen und Materialien.
Dieses Buch wurde auf FSC®-zertifiziertem Papier gedruckt. FSC (Forest Stewardship Council®) ist eine nicht staatliche, gemeinnützige Organisation, die sich für die verantwortungsvolle und ökologische Nutzung der Wälder unserer Erde einsetzt.

Unsere Partnerdruckerei kann zudem für den gesamten Herstellungsprozess nachfolgende Zertifikate vorweisen:
- Zertifizierung für FOGRA PSO
- Zertifizierungssystem FSC®
- Leitlinien zur klimaneutralen Produktion (Carbon Footprint)
- Zertifizierung EcoVadis (die Methodik besteht aus 21 Kriterien in den Bereichen Umwelt, Einhaltung menschlicher Rechte und Ethik)
- Zertifikat zum Energieverbrauch aus 100 % erneuerbaren Quellen
- Teilnahme am Projekt „Grünes Unternehmen“ zum Schutz von Naturressourcen und der menschlichen Gesundheit

2., überarbeitete Auflage 2024

(www.battenberg-gietl.de)
ISBN 978-3-86646-248-9

Inhalt

Vorwort

Auf antike Münzen angesprochen, entgegnete ein Münzhändlerkollege, der sehr erfolgreich mit neuzeitlichen Münzen und Papiergeld ist, kokett: „Da bin ich zu blöd für." Auch SammlerInnen haben häufig Berührungsängste mit den ältesten aller Münzen, sei es, weil sie unschöne Erinnerungen an den Lateinunterricht wachrufen, sei es, weil die griechischen oder aramäischen Buchstaben sie abschrecken. Doch ist der Einstieg in die antike Bilderwelt erst einmal gelungen, offenbart sich, wie sehr auch die spätere Münzprägung auf ihr beruht und immer wieder Bezug nimmt auf antike Bildideen – bis heute! Dieses Buch versteht sich als Türöffner in diese faszinierende und überaus reiche Welt der antiken Münzen.
Zwar existieren bereits einige einführende Bücher in deutscher Sprache zu diesem Sujet, doch haben diese rein wissenschaftlichen Anspruch, sind an Studenten und Historiker gerichtet (Christ, Göbl 1978, Howgego 2012, R.-Alföldi). Das wäre nicht weiter hinderlich für ihren Gebrauch durch SammlerInnen, würden sie nicht einige praktische Elemente unbehandelt lassen, die für diese unabdingbar sind. So vermittelt dieses neue Handbuch LiebhaberInnen antiker Münzen, neben einer Übersicht der größten antiken Sammelgebiete, auch die Regeln und Mechanismen des zugehörigen Marktes, damit sie ein Gespür für die Preise der Sammelobjekte und deren Konjunkturen entwickeln können. Zudem geht es im Einführungsteil um sehr praktische Fragen wie Erhaltungsgrade, das Erkennen von Fälschungen sowie Tipps zum sicheren Kauf – online wie offline.
Dass darüber hinaus auch versucht wird, der Leserin und dem Leser eine fundierte Geldgeschichte auf dem aktuellen Stand der Forschung zu bieten, die auch die politische Geschichte berücksichtigt, ist der Faszination dieser Objekte geschuldet, die uns so viel über die antike Welt erzählen.

Das Buch behandelt hauptsächlich die griechische und römische Numismatik und liefert zudem Einblicke in die keltische und byzantinische Münzgeschichte. Während der griechische Teil sich in erzählerischer Weise auch geldgeschichtlichen und historischen Hintergründen widmet, ist der römische Teil knapper gehalten. Insbesondere die kaiserzeitliche Numismatik ist auf eine strukturale Darstellung reduziert, wobei Göbl 1960 Pate gestanden hat (der wiederum eine verknappte Darstellung von Max Bernharts Handbuch zur römischen Kaiserzeit brachte). Der Grund für diese unterschiedlichen Akzentuierungen liegt zum einen darin, dass die römische Geschichte weiteren Kreisen vertraut ist, zum anderen wird, wer tiefer in die Materie einsteigen möchte, leicht bei anderen Bänden der Antiken-Reihe des Battenberg-Verlages (Albert, Kampmann-Walther) fündig. Das hier gebotene Grundgerüst der römischen Numismatik soll aber dennoch als schnelle Informationsquelle hilfreich sein.

Die getroffene Auswahl der abgebildeten und beschriebenen (über 400) Münzen berücksichtigt an erster Stelle Stücke von besonderer geldgeschichtlicher Bedeutung insofern sie Innovationen darstellen und / oder als Vorbild für spätere Prägungen dienen. An zweiter Stelle wurden Münzen ausgewählt, die heute besonders häufig sind und also SammlerInnen mit höherer Wahrscheinlichkeit begegnen werden. Idealerweise stehen beide Auswahlkriterien miteinander insofern in Einklang, als geldgeschichtlich bedeutsame Münzen (wie die attischen Tetradrachmen und die Alexandreier) in besonders großer Zahl geprägt wurden.

Es bleibt zu hoffen, dass die Auswahl dazu beiträgt, den Blick zu schulen und ein Gespür für die Materie zu entwickeln. Numismatik ist nicht zuletzt eine „fotografische" Wissenschaft, in der Wissensakkumulation in hohem Maße durch konzentriertes Betrachten der Objekte (oder ihrer Fotografien) erfolgt.
In den vier Hauptkapiteln sind der (untere) Textteil und der (obere) Bildteil miteinander verzahnt. Den Abbildungen sind technisch-chronologische Angaben sowie Auktionspreise und Erläuterungen zum Zustand der Objekte beigefügt. Neben prachtvollen Kabinettstücken finden sich auch viele preisgünstige Stücke mit Fehlern, die mir aber durchaus sammelwürdig erschienen. Auf diese Weise soll dem Sammler eine Starthilfe gegeben werden, um künftig, mit kritischem Blick auf die Erhaltung, Preise selbstständig taxieren zu können. Abgeschlossen wird das Buch von einem kompakten Informationsteil, einschließlich Bild- und Auktions-

nachweis, Bibliographie, Glossar und eines detaillierten Index, über den sich das Buch „von hinten“ erschließen lässt.
Das Buch verdankt seine Entstehung einer Anregung durch Herrn Dr. Rainer Albert, Speyer. Sein Rat war auch bei der inhaltlichen Konzipierung sehr wertvoll, wofür ich ihm herzlich danke. Dem Gietl Verlag, v. a. Herrn Roidl und Frau Meyer danke ich sehr für die professionelle Umsetzung von Text und Bildern in ein handliches Buch.

Montabaur, im Herbst 2016

Vorwort zur 2. Auflage

Zu meiner Freude stieß mein Erstling auf wohlwollende Aufnahme durch MünzsammlerInnen und fand zu meiner Überraschung sogar Eingang in den numismatischen Lehrbetrieb. Nun bietet die zweite Auflage die lange erwartete Gelegenheit für zahlreiche Korrekturen und lang gewünschte Ergänzungen. Die bei den Münzen angegebenen Preise lassen wehmütig in die Jahre 2015/6 zurückblicken. Hier hätte allerdings eine Aktualisierung den Austausch sämtlicher Münzbilder und -Beschreibungen erfordert, was nicht zu leisten war.

Frankfurt, im Frühjahr 2024

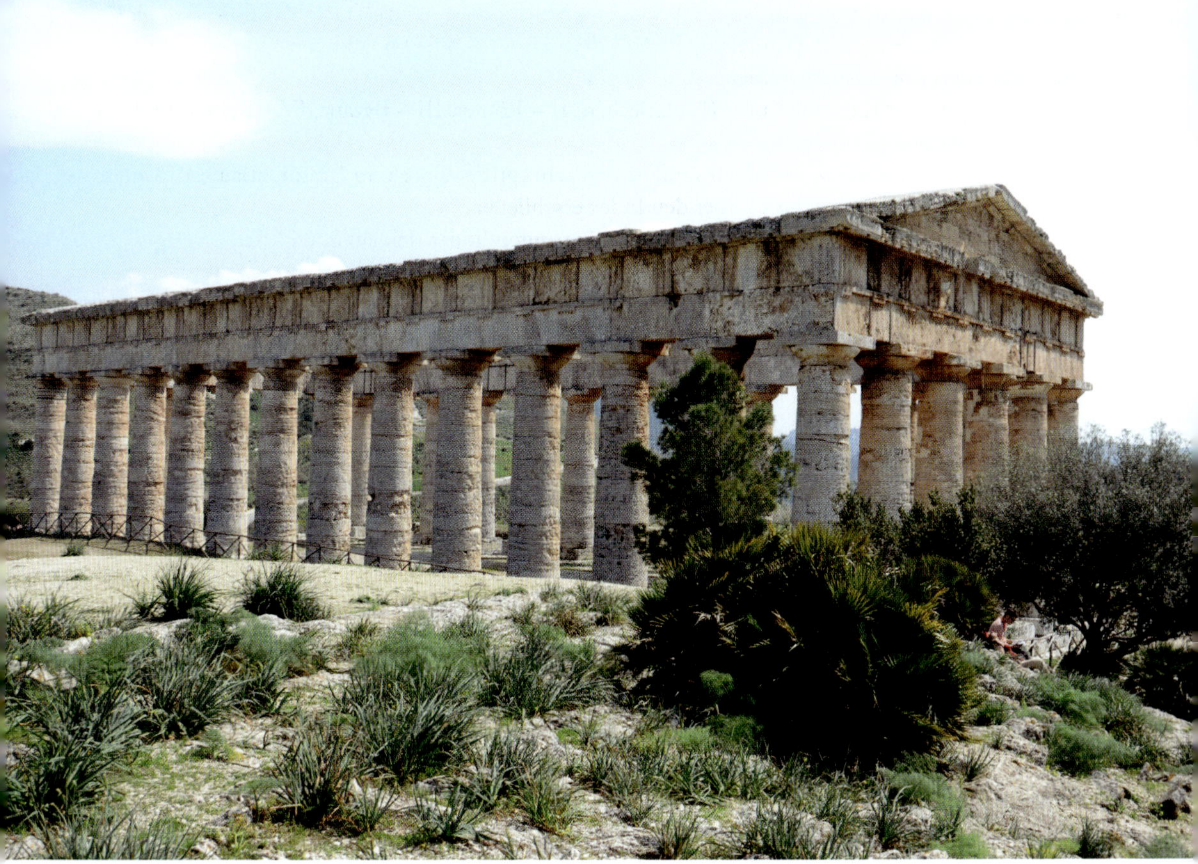

Hera-Tempel von Segesta (Sizilien).

Vorbemerkung zu Aufbau und Konventionen des Hauptteils

Aus Gründen der Raumersparnis wurde zumeist auf die Angabe v./n.Chr. verzichtet, da sich diese von selbst ergibt. Die Kapitel I.1 – 3 sowie II.1 spielen in vorchristlicher Zeit, die folgenden, mit Ausnahme der keltischen Münzen, in nachchristlicher. In den Kapitelüberschriften wird jeweils die vollständige Zeitangabe genannt, sodann aber nicht mehr wiederholt.

Die **Namen** griechischer Städte und Regionen sind in klassischer Weise ins Deutsche übertragen, d. h. Achaia, Korinth, Prusias statt (wie im englischen Sprachraum meist) Achea, Corinth, Prousias. Diese Latinisierung griechischer Toponyme verwende ich allerdings in den Kapiteln (I.4, II), die die römische Sicht auf die griechische Welt widerspiegeln. Altsprachliche Begriffe (Anthroponyme, Toponyme etc.) erscheinen in möglichst originalgetreuer Schreibweise, sofern nicht eine deutsche Schreibtradition besteht (z. B. Achaimeniden, aber Ägypten; Julius Cäsar, aber Caesar für den designierten Kaiser). Lateinische Legenden werden immer möglichst originalgetreu wiedergegeben, sodass bspw. AVGVSTVS und nicht AUGUSTUS steht.

Die **Bildunterschriften** zu den Objekten nennen Datierungen, häufig in Form einer längeren Zeitspanne, vor der sich der Leser ein „ca." denken darf. Es folgt ein Literaturzitat, das sich im bibliographischen Anhang leicht aufschlüsseln lässt und den Einstieg in die einschlägige **Fachliteratur** ermöglicht. Die vor der **Preisangabe** stehende Abkürzung A 2015 bedeutet beispielsweise, dass das abgebildete Stück bei einer Auktion im Jahr 2015 den genannten Preis erlöst hat. Die betreffende Auktion ist im Abbildungsnachweis genannt. Das wesentlich seltenere F 2015 bedeutet, dass eine Münze im Jahr 2015 zum Festpreis angeboten wurde. Dem Preis folgen Angaben zur **Erhaltung** (vgl. S. 17–18) mithilfe von Abkürzungen, wie sie im deutschsprachigen Münzhandel üblich sind (zu englischsprachigen Beschreibungen s. Kampmann-Walther 2022). Die Angaben decken sich nicht immer mit den Beschreibungen der Erhaltung in den Auktionskatalogen. Sie sind eigenständig aus Sicht des Autors verfasst worden.

Bildzitate bestehen aus der Kapitelnummer (I – Griechen, II – Römer, III – Byzanz, IV – Kelten) und der jeweiligen Bildnummer.

Begriffe, die nicht ohne Weiteres verständlich sind, sowie Fachbegriffe werden im Glossar erläutert. Weitere Erklärungen von Fachbegriffen lassen sich über den Index erschließen.

Ein Verzeichnis der im gesamten Werk verwendeten **Abkürzungen** findet sich auf S. 142.

Einführung

Münzen faszinieren – abgesehen von ihrem Wert – durch ihre schlichte Schönheit. Zudem sind sie historische Primärquellen, die unmittelbar zu uns sprechen. Jedem ist das Medium Münze auch heute (noch) vertraut, sodass dem Verständnis ihrer Bildsprache denkbar niedrige Hürden entgegenstehen. Die Vielfalt der antiken Münzen ist nahezu unüberschaubar. Die Schätzungen liegen um die einhunderttausend Haupttypen griechischer, römischer, keltischer und byzantinischer Münzen. Von den teils in großen Mengen geprägten Stücken, so lautet eine andere Schätzung, dürften 1 – 5 ‰ „überlebt“ haben, sodass wir sie heute in Händen halten können (sog. Überlieferungsquote). Es gibt also kaum einen Münzherren, kaum ein Prägejahr oder Ereignis, das der numismatischen Überlieferung entgeht.

Hinzu kommt eine historische Kontinuität, wie sie kein anderes Medium besitzt: Seit ihrer Erfindung sind Münzen fester Teil der europäischen Alltagskultur, was sich von anderen Quellengattungen wie Inschriften und Kunstplastik nur bedingt sagen lässt. Stellt man die einzelnen Objekte fundiert in diese Tradition, so kann man anhand *einer* Münze das Spezifische an ihrem Emittenten, sei es ein Herrscher, eine Stadt oder ein Staat, leicht herausarbeiten: Münzen erzählen also mehr über die Geschichte, als man es sich gemeinhin vorstellt. Wer an einer Schule oder einer Universität einmal didaktisch mit Münzen gearbeitet hat, weiß, dass diese Objekte sich ganz besonders zum Brückenschlag in die Vergangenheit eignen. Dass sie neben diesen intrinsischen Werten auch rein pekuniäre Werte verkörpern, macht sie – neben ihrer teils atemberaubenden Schönheit – zu Sammelobjekten par excellence. Auch kulturgeschichtlich betrachtet waren Münzen nie nur Geldstücke, sondern zugleich auch stets Informationsträger (Medium), was der bedeutende Wiener Numismatiker Robert Göbl als den „Doppelcharakter“ von Münzen bezeichnete.

Der Begriff Numismatik etablierte sich im 17. Jh. für die vorwiegend wissenschaftliche Auseinandersetzung mit Münzen als historischer Primärquelle. Er leitet sich vom griechischen Wort *nómisma* für Münze ab, das etymologisch mit *nómos,* Gesetz, Übereinkommen, zusammenhängt. Im Lateinischen ist von *nummis, nummi* (= die Münze) die Rede. Die Besonderheiten der Quellengattung „Münze“ haben dazu beigetragen, dass alte Geldstücke zu Sammelobjekten wurden. Bereits für die Zeit der Römischen Republik gibt es Hinweise darauf, dass Aristokraten sich intensiv mit älteren Münzen befassten, und der römische Schriftsteller Plinius überliefert uns einen Brauch des Kaisers Augustus, der ihm nahestende Personen zum Neujahrstag mit historischen Münzen beschenkte. Kontorniaten (medaillenartige, häufig als Spielsteine verwendete spätantike Großbronzeprägungen – siehe Glossar) zeugen ebenfalls von einem Interesse für altes Geld und dessen Bildmotive, die sie wieder aufgriffen. Auch im Mittelalter dürfte dieses antiquarische Interesse nie versiegt sein, wie die Augustalen Kaiser Friedrichs II. (1197 / 1220 – 1225) nahelegen, die deutliche Anleihen an der Ästhetik der Römischen Kaiserzeit nehmen. Mit der Renaissance erhält die Archivierung alter Münzen einen neuen Anspruch: Sie werden nun als Zeitzeugen befragt, um Geheimnisse der Vergangenheit zu lüften. Niemand anderes als der bedeutende Dichter Francesco Petrarca (1304 – 1378) betätigte sich als wissenschaftlich interessierter Münzsammler. Männer wie er waren es, die das Sammeln von Münzen im wahren Sinne hoffähig machten: Ein repräsentatives Münzkabinett gehörte bald zur Grundausstattung von Adelssitzen, neben Bibliotheken und Sammlungen anderer Kunstwerke. Johann Wolfgang von Goethe konnte während seiner Italienreise einige dieser Sammlungen in Augenschein nehmen. Wie seine im Frankfurter Goethehaus ausgestellte Bibliothek sowie seine umfassende Münzsammlung belegen, war er selbst ein Münzenfreund, denn dort finden sich einige münzkundliche Standardwerke seiner Zeit. Diese Selbstverständlichkeit, mit der kulturell und historisch interessierte Menschen sich für Geld interessierten, strahlt bis ins 20. Jahrhundert aus, das mit dem naturalistischen Schriftsteller Gerhart Hauptmann und dem Tenor Caruso zwei besonders prominente Bildungsbürger sah, die bedeutende Sammlungen antiker Münzen besaßen, letzterer sogar über 1500 römische Aurei.

Markt und Wert

Adel und Bildungsbürger – das klingt sehr elitär. Glücklicherweise ist der Einstieg in dieses Hobby heute jedermann möglich. Außenstehende sind immer wieder verblüfft, wenn sie hören, dass eine antike Bronzemünze leicht für weniger als 10 € zu haben ist. Besonders im Vergleich zu modernen Sammlermünzen erscheint der geringe Preis für ein antikes Geldstück geradezu grotesk, führt man sich vor Augen, welch einen historischen Schauder es zu erzeugen vermag, wenn man den Möglichkeiten nachspürt, auf welchen (Um-)wegen es in unsere Hände gekommen sein mag. Hinzu kommt, dass jede antike Münze ein absolutes, weil von Hand geprägtes und durch die Jahrtausende gewandertes, Unikum ist – was für die Produkte industrieller Prägetechnik nur äußerst bedingt gelten kann: glücklicher Antikensammler! Hier haben die Regeln des Marktes mal etwas Gutes für sich, denn es sind allein die verhältnismäßig geringe Zahl der Sammler und das große Angebot, die für die relativ niedrigen Preise verantwortlich sind. (Allein auf den drei großen Internet-Plattformen MA-Shops, Vcoins und Ebay sind ständig etwa 200.000 antike Münzen verfügbar, viele davon im unteren Preissegment [unter 200 €].) Hinzu kommt die Tatsache, dass es bei antiken Münzen nie ausgeschlossen ist, dass plötzlich eine größere Menge eines Münztyps auftaucht, der zuvor sehr rar war. Deshalb ist es nie die Seltenheit allein, die den Preis einer antiken Münze bestimmt. Viele antike Münzen sind nur in einem Exemplar bekannt (sog. Unika) – und kosten dennoch nur ein paar hundert Euro.

Trotz der relativen Unterbewertung antiker Münzen gibt es auch enorme Ausschläge nach oben, die zunächst ebenso unerklärlich scheinen wie der geringe Einstiegspreis. Erst in jüngerer Zeit überstiegen die Preise für antike Münzen die Millionenschwelle. Im Jahr 2008 wurde auf einer Auktion ein Sesterz des Kaisers Hadrian mit Pax-Rückseite für 2 Millionen Schweizer Franken zugeschlagen. Das bedeutet für den Käufer nach Einrechnung des Aufgeldes einen Preis von ca. 2,4 Millionen CHF (ohne evtl. anfallende Steuern). Erstaunlicherweise war diese Münze von einem nicht besonders seltenen Typ, der kurz darauf in schwächerer Qualität für wenige tausend Euro zu haben war. Das beweist, dass es zunächst einmal die ästhetische Anziehungskraft besonderer Einzelstücke in unübertroffener Qualität ist, die einen sehr hohen Preis ausmacht. Seit dem Rekordpreis für den Hadrian-Sesterz kommt es immer mal wieder vor, dass eine antike Münze einen niedrigen einstelligen Millionenbetrag erlöst. Griechische oder römische Münzen, die besonders selten oder besonders exquisit erhalten sind oder mit einer berühmten historischen Person in Verbindung stehen, kosten leicht mehrere Zehntausend. Kommen zwei oder drei dieser Faktoren zusammen, kann der Preis förmlich explodieren. Hinzu kommt die Tatsache, dass Rekordpreise in aller Regel bei Auktionen erzielt werden, denn hier spielen weitere irrationale Faktoren (wie männliches Konkurrenzgebaren) in die Preisbildung hinein. Schließlich lässt sich beobachten, dass von Jahr zu Jahr gewisse Trendthemen entstehen, die einen spezifischen Münztyp oder ein eng umrissenes Sammelgebiet umfassen und dazu führen, dass die Preise dafür kurzzeitig regelrecht anschwellen. Oft sind diese Trends verbunden mit der Neuerscheinung eines entsprechenden Katalogs. Möchte man vermeiden, einem solchen Hype aufzusitzen, sollte man sich darüber mit erfahrenen SammlerInnen oder HändlerInnen austauschen.

Eine Chance für SammlerInnen, die Rares und Schönes zu schätzen wissen, preislich aber auf dem Boden bleiben möchten, sind Randgebiete wie provinzialrömische, keltische, persische oder byzantinische (Bronze-) Münzen. Dort sind die begehrten Objekte aufgrund einer Sammlerschaft, die sich aus wenigen Connaisseurs mit meist begrenztem Budget zusammensetzt, im wahren Sinne preiswert.

Die Preise, die für antike Münzen – speziell die hochwertigen – zu zahlen sind, sind zusätzlich abhängig von der allgemeinen Wirtschaftslage. Es lässt sich beobachten, dass die Preise für Top-Münzen in den letzten beiden Jahrzehnten kontinuierlich gestiegen sind, seit der amerikanischen Immobilienkrise 2008 hat dieser Trend nochmals zugenommen. Zwischen 2008 und 2016 haben sich die Preise für auf Auktionen zugeschlagene Münzen um etwa 50 % erhöht. Die Finanz- und Wirtschaftskrisen haben die Suche nach sicheren Investitionsobjekten befördert. Die Preissteigerung betraf zunächst das Topsegment, hat aber mittlerweile auch das untere Preisniveau erfasst. Einen weiteren Schub erhielt der Markt durch die Corona-Krise und ihre Nachwirkungen. Für private Investoren ist es überaus attraktiv, einen Teil ihres Kapitals in antike Münzen zu in-

vestieren. Goldmünzen sind hierfür besonders geeignet, da sie einen hohen immateriellen Wert mit einem stützenden materiellen Wert verbinden. Bei einem durchschnittlich erhaltenen (ss – zu den Erhaltungsgraden s. S. 16–17), gängigen römischen Aureus liegt der Sammlerwert bei derzeit etwa 3500 €, während der Materialwert etwa 450 € beträgt. Ein solches Goldstück von etwa 8 g, das die Krisen der vergangenen 2000 Jahre überstanden hat, vermittelt psychologisch eine andere Wertigkeit als die sterilen Anlagegoldmünzen à la Maple Leaf. In wirklichen Krisenzeiten wird jedoch hauptsächlich der reine Metallwert der Münze entscheidend sein – sei sie noch so schön und selten. Das günstigste Verhältnis von Metall- und Sammlerwert bieten momentan byzantinische Goldmünzen (vorwiegend Solidi) des 6. und 7. Jhs. Solche sind in ss bereits zwischen 400 und 500 € erhältlich und enthalten gut 4 g Feingold (aktuell ca. 240 €).
Solche Überlegungen können den Reiz des Sammelns antiker Münzen durchaus verstärken, denn so lassen sich – auf gediegene und intellektuell anregende Art – Werte schaffen, von denen Erben vielleicht einmal profitieren. Vor allem jedoch sind es die Faszination der schön verpackten Geschichte und des Entdeckens, die das Sammeln antiker Münzen ausmachen – egal, ob es griechische Gold- oder spätantike Bronzemünzen sind.

Kaufen und verkaufen

Erwirbt man Münzen im Hinblick auf eine Wertsteigerung, muss man sich dessen bewusst sein, dass man sie – ähnlich wie Goldmünzen – selten direkt an andere Sammler zum aktuellen Marktwert verkaufen kann, sondern dass dies fast immer durch eine Zwischenhandelsinstanz geschieht, allein um ein möglichst großes Publikum zu erreichen. Nur so lässt sich ein angemessener Preis erzielen, besonders wenn es um eine größere Zahl von Münzen geht. Es ist schwer, als Sammler innerhalb einer kurzen Frist von wenigen Jahren einen Gewinn zu realisieren – unbelassen von der Überlegung, dass Marktpreise für antike Münzen nirgends festgeschrieben sind, sondern auf jeder Auktion wieder neu ausgehandelt werden. Als Faustregel für wertorientierte Sammler gilt: Lieber weniger, dafür aber besonders hochwertige Münzen kaufen, denn die prozentuale Handelsmarge (die beim Verkauf ja eine Rolle spielt) sinkt mit dem Verkaufspreis.
Der Markt für antike Münzen besteht aus den folgenden Segmenten (gestaffelt nach geschätztem Anteil am Gesamtumsatz): Kauf und Tausch unter Sammlern, Verkauf durch Händler über verschiedene Internetplattformen, An- und Verkauf durch niedergelassene Händler vor Ort und auf Börsen, internationale Saal- und Online-Auktionen. Jede dieser Handelsformen hat ihr Für und Wider.
Der Handel unter Sammlern (im Verein oder bei einer Börse) ist die geselligste Form des Münzhandels und prinzipiell frei von Verlusten für Steuern, Händlermargen und andere Provisionen. Dafür jedoch ist das Angebot an derart erwerbbaren Münzen sehr knapp, denn die lieben Sammlerkollegen geben tendenziell nur Fehlkäufe oder Doubletten ab. Das auf Internetplattformen wie MA-Shops oder Ebay verfügbare Angebot ist dagegen riesig. Ebenso groß ist die qualitative Bandbreite des Online-Handels: Die auf der Verkaufsplattform MA-Shops agierenden Händler unterwerfen sich hohen Qualitätsanforderungen; bei Ebay und anderen virtuellen Auktionsplattformen agieren zwar auch seriöse Händler (die dort ihre Massenware abstoßen), allerdings versuchen dort immer wieder Betrüger mit (meist primitiven) Fälschungen ihr Glück. Zu gewissen Zeiten beträgt der Anteil an Fälschungen bei Ebay geschätzte 10 %.
Der Gang zum Händler im Ladengeschäft ist die klassische Form des Münzenkaufs. Dabei darf man intensive Beratungsgespräche, Zubehör, Fachliteratur und, vor allem, ein gut sortiertes Lager von Münzen erwarten, die man auch anfassen kann, um ein Gespür für diese Objekte auszubilden. Hat man das Gefühl, auf einen guten Händler gestoßen zu sein, kann man diesen in den Sammlungsaufbau einbinden. Er wird Sie dann bei Käufen beraten, Ihre Interessen auf Auktionen vertreten und für Sie auf Materialsuche gehen. Ein Verzeichnis guter Adressen finden Sie bspw. in der Sammlerzeitschrift Münzen Revue oder unter www.vddm.de.
Wenn hier von Auktionen die Rede ist, sind üblicherweise Saalauktionen von Münzhandelshäusern gemeint. Eine Liste solcher Häuser, die dankenswerterweise zur Bebilderung des vorliegenden Buchs beigetragen haben,

findet sich auf Seite 160. (Der Münzenkauf bei allgemeinen Auktionshäusern, bei denen sich dann neben Militaria, Briefmarken und Banknoten auch ein paar antike Münzen finden, kann enttäuschend sein und sollte nur erwogen werden, wenn man echte von falschen Münzen unterscheiden kann [s. S. 24–27].) Bei Auktionen addiert sich zum Zuschlagspreis (Ergebnis) ein Aufgeld von 20–25 %. Bei außerhalb der EU veranstalteten Auktionen fällt noch die Einfuhrumsatzsteuer von aktuell 7 % an. Möchte man hochwertige Münzen auf diesem Wege veräußern, ist wiederum mit einem Abgeld (Provision) von 15 – 20 % zu rechnen. Beim Kauf und Verkauf einer Münze auf diesem Wege entstehen also Kosten von bis zu 40 %, was einer kurzfristigen Gewinnmitnahme im Wege steht. Seit einigen Jahren veranstalten viele etablierte Häuser neben ihren „großen" Saal- auch virtuelle Internetauktionen (sog. E-Auktionen), auf denen hauptsächlich Münzen in schwächeren Erhaltungen oder sehr häufige Typen, gelegentlich aber auch wahre Raritäten, angeboten werden. Da hierfür die Druckkosten für die aufwändig gestalteten Kataloge und weitere Kosten für die Durchführung einer Präsenzauktion entfallen, liegen Auf- und Abgeld zwischen 10 und 15 %.

Abschließend noch ein Rat zum Kaufverhalten, der besonders frisch „infizierte" SammlerInnen adressiert: Lassen Sie sich Zeit! Gerade in der Frühphase neigt man als SammlerIn dazu, in kurzer Zeit einen breiten Grundstock zu erwerben – um nach einer Weile festzustellen, dass diese Münzen von eher mäßiger Qualität sind und möglicherweise auch zu teuer bezahlt wurden. Zum Genuss des Sammelns gehören auch die gewissenhafte Vorbereitung eines Kaufs, also der ausgiebige Vergleich und das „Lauern" auf den richtigen Moment des Erwerbs. Besonders, wenn man nach einem ganz konkreten Münztyp sucht und diesen auf Biegen und Brechen erwerben möchte, neigt man dazu, das Stück zu teuer zu bezahlen.

Andererseits trübt ein hoher Preis die Sammlerfreude nicht immer: Erfahrene SammlerInnen berichten, dass sie an einer sorgsam ausgewählten Münze von erlesener Qualität auch deshalb ihre besondere Freude haben, weil sie sie teuer bezahlt (und vielleicht in einem Bietergefecht regelrecht erkämpft) haben.

Wo stehen die Preise?

Anders als bei neuzeitlichen und modernen Münzen, zu denen für verschiedene Sammelgebiete monatlich aktualisierte Preislisten vorliegen, gibt es für antike Münzen keine derart exakten Orientierungspreise. Da es Zehntausende antiker Münztypen und Varianten davon gibt, wäre ein solches Unterfangen auch sehr schwierig. Noch komplizierter wird die Preisgestaltung aufgrund der Faktoren Erhaltung, Stil, Reliefhöhe, Zentrierung, Patina, die aus einem antiken Massenprodukt ein individuelles Artefakt machen. Eine verdientsvolle Initiative geht von dem Kanadier Oliver Hoover aus. Er hat in Zusammenarbeit mit CNG (s. S. 160) eine Handbuchreihe zur gesamten griechischen Münzprägung verfasst (im Folgenden zitiert als HGC), die auch regelmäßig aktualisierte Orientierungspreise angibt. Diese orientieren sich letztlich an den jeweils jüngsten Auktionsergebnissen entsprechender Münzen. Solche sind auch leicht über die Datenbanken www.sixbid-coin-archive.com (kostenfrei), acsearch.info und coinarchives.com (beide in der Vollversion kostenpflichtig) einsehbar. Nimmt man dann noch aktuelle Preislisten oder die in Web-Shops renommierter Händler aufgerufenen Preise hinzu, erhält man ein Gefühl für den angemessenen Preis einer Münze. Dieses Vorgehen einzuüben, erlaubt das vorliegende Buch: Zu den im Katalog enthaltenen Münzen Preise (meist Auktionspreise, seltener Listenpreise) gibt es jeweils den Preis an, der 2015 oder 2016, zur Zeit der Erstauflage dieses Büchleins, dafür erzielt wurde. Diese Preise werden LeserInnen in vielen Fällen wehmütig werden lassen, sind diese doch, aus vorgenannten Gründen, meist deutlich niedriger als die heutigen Marktpreise.

Provenienz, Dokumentation

Der Handel mit antiken Münzen hat eine lange Tradition, die bereits in der Renaissance einsetzt. Im 18. Jh. führten Bankiers wie Rothschild und Oppenheim neben dem Geldgeschäft auch einen Münzhandel (Rambach 2023, 17). Im 19. Jh. etablierten sich einige der Handelshäuser, die noch heute aktiv sind. Für manche Münzen lässt sich nachweisen, durch welche Hände sie in den letzten Jahrzehnten oder gar Jahrhunderten gegangen sind, was ihren Reiz als Sammelobjekte erhöht: Wer möchte nicht einen Aureus besitzen, der in der Sammlung des berühmten Sängers Enrico Caruso (1873–1921) lag, oder eine Drachme, an der sich der Maler Oskar Kokoschka (1883–1980) einst erfreute? Erlesene Provenienzen erhöhen somit den Preis der jeweiligen Münze (vgl. S. 146ff.). Hinzu kommt ein neuerer Faktor: In Zeiten, in denen verschiedene Staaten das Sammeln antiker Objekte wenn nicht kriminalisieren, so doch stark reglementieren, kann es den Umgang mit Münzen enorm erleichtern, wenn man nachweisen kann, dass diese sich seit langer Zeit in alten Sammlungen befanden. Deshalb sei geraten, solche Herkunftsnachweise (die üblicherweise auf Unterlegzetteln dokumentiert sind und sich in alten Auktions- oder Verkaufskatalogen überprüfen lassen) aufzuheben. Das am 31.7.2016 erlassene Kulturgutschutzgesetz (KGSG) hat in Sammlerkreisen zu Unsicherheit geführt, inwiefern Münzen den bisweilen strengen Regeln für Münzen archäologisches Kulturgut unterliegen. Dies ist allerdings nur in Ausnahmefällen gegeben, beispielsweise, wenn eine Münze als Einzelstück eine besondere Rolle in der archäologischen Diskussion einnimmt oder nachweisbar aus einem bedeutenden Fundkontext stammt. Für SammlerInnen ergeben sich aus dem KGSG die folgenden Sorgfaltspflichten: Sie dürfen nicht wissentlich Münzen in Verkehr bringen, die abhanden gekommen sind, unrechtmäßig eingeführt oder rechtswidrig ausgegraben worden sind. Sofern konkrete Anhaltspunkte dafür bestehen, dass einer dieser Tatbestände erfüllt sein könnte, ist eine nähere Prüfung geboten, die sich aber auf den zumutbaren Aufwand beschränkt. Eine Dokumentationspflicht besteht für SammlerInnen nicht. Auch gibt es Online-Plattformen, die der Sammlungspflege dienen. Eine nicht öffentliche, sehr elegante Plattform ist coincabinet.io, eine öffentliche, kostenfreie ist en.numista.com.

In jedem Fall sollte man für den eigenen Überblick dokumentieren, von wem, zu welchem Preis, wann und wo man seine Münzen erworben hat. Allerdings sollten diese Angaben nicht unbedingt gemeinsam mit den Münzen aufbewahrt werden. Für die Sammlungsverwaltung gibt es sogar spezielle Software, doch stellen bereits die üblichen Office-Programme die nötigen Funktionen zur Verfügung.

Mit etwas Glück gelingt es mithilfe einer der Online-Datenbanken auch, die Provenienz einer neu erworbenen Münze aufzudecken. Ein Dienstleister (www.ex-numis.com), der Zugriff auf ältere Auktionskataloge hat, bietet an, diese Arbeit zu erledigen. Das Gute daran: Die reine Anfrage, ob eine Provenienz zu einer vorliegenden Münze vorhanden ist, kostet nichts.

Technische Aspekte

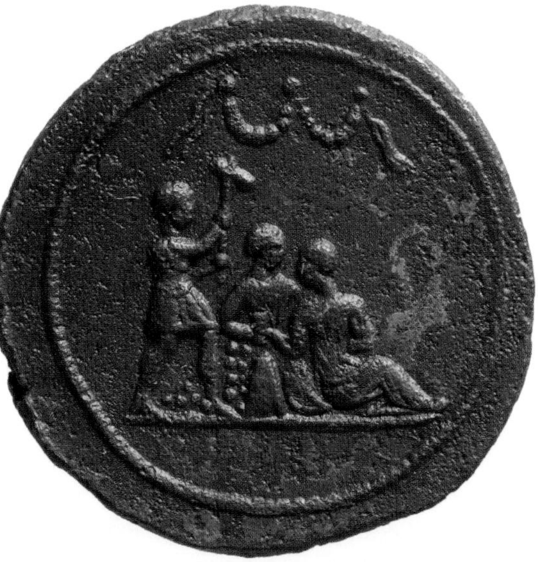

Abgebildet ist hier eine einzigartige Tessera, die im Kunsthistorischen Museum Wien aufbewahrt wird. Nach B. Woytek sehen wir hier eine Illustration der römisch-kaiserzeitlichen Münzprägung. Diese war ein arbeitsteiliger Vorgang, bei der ein Mann (meist ein Sklave) den Hammer schwang, während ein anderer einen mit einem Stiel versehenen Oberstempel hielt. Der Unterstempel war in einen Amboß eingelegt. Ein dritter Mann führte die Schrötlinge zu und nahm die geprägten Münzen ab.

Für das Prägen von Münzen verwandte man in der Antike einen Ober- und einen Unterstempel sowie einen Hammer. In den fixierten Unterstempel war das Bild der Vorderseite graviert. Dieses wurde meist aufwändiger und/oder sorgfältiger gestaltet, da dieser Stempel aufgrund seiner Fixierung langsamer verschliss. Der Oberstempel wurde dagegen frei geführt, war also dem Hammerschlag unmittelbar ausgesetzt. Das ungeprägte Metallstück wird als **Rohling**, **Schrötling** oder **Flan** bezeichnet, der Begriff Ronde stammt hingegen aus der industriellen Prägetechnik. Die fertige Münze hat häufig eine minimal umwölbte Rückseite, was bei der Bestimmung der prägetechnischen Vorderseite hilfreich sein kann.

Obwohl das Prägen von Münzen ein denkbar einfacher Vorgang ist, sind viele Detailfragen noch ungeklärt. Die statistische und experimentelle Numismatik (sehr erhellend: de Callataÿ 2011b) arbeitet momentan mit Prägezahlen von 10 – 20 000 pro Aversstempel geprägten Münzen. Selbstverständlich hängen solche Zahlen stark vom verwendeten Metall (Silber ist weicher als Bronze, Gold weicher als Silber), aber auch vom Münzdurchmesser ab. Problematisch bei den jüngeren Präge-Experimenten war insbesondere die präzise Fertigung der Schrötlinge in großer Stückzahl. In der antiken Welt wurden je nach Epoche und Region die verschiedensten Schrötlingsformen verwendet, ein wichtiges Charakteristikum, das auch bei der Fälschungserkennung hilft. Für die römische Kaiserzeit hat Woytek einen simplen, aber effizienten arbeitsteiligen Prägevorgang nachgewiesen, wie er auf einer Tessera dargestellt wird (s. obige Abb.). Nur so waren Millionenauflagen in relativ kurzer Zeit realisierbar.

Neben Gold, Silber und Kupfer kamen verschiedene Kupferlegierungen zum Einsatz, die meist unter dem Oberbegriff Bronze firmieren (s. auch Orichalkum oder Aurichalcum). Beide Edelmetalle können eine erstaunliche Reinheit aufweisen (gut 99 %). Daneben fanden Elektron und Billon (s. Glossar) Verwendung. Blei und Kupfernickel sind Randerscheinungen. Gegossene (Bronze-)Münzen kommen selten vor, in der frühen Römischen Republik jedoch häufig.

Prägefehler und Fehlprägungen

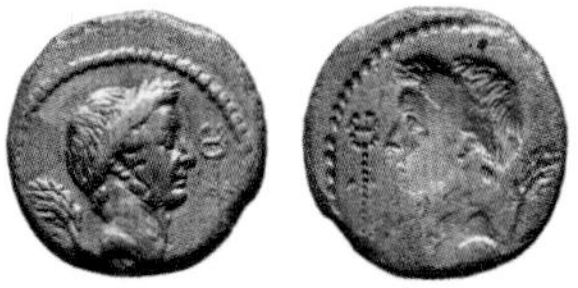

Fehlprägung mit auf der Rückseite inkus abgebildeter Vorderseite („brockage").

Beim Prägevorgang kann es zu verschiedenen Fehlern kommen, die den Sammlerwert der Münze oft mindern. Häufig sind die Stempel nicht zentral platziert (**dezentriert,** s. I.11, 42, 44), sodass das Prägebild nicht vollständig erkennbar ist. Oft sind Teile des Münzbildes unzureichend („flau", s. I.2, 16, 74) ausgeprägt, wenn der Prägedruck unzureichend war (als **Prägeschwäche** bezeichnet). Ähnlich sieht eine Münze aus, die aus einem oder zwei stark abgenutzten („müden") Stempeln geprägt worden ist. Zudem kann ein eingerissener Schrötling (**„Schrötlingsriss",** s. II.119, 128) das Prägebild stören. Meist durch Gussfehler entstehen **Schrötlingsfehler,** meist Unebenheiten oder Löcher, im Flan (z. B. II.16, 32, 34). Zu gewissen Zeiten wurden alte Münzen überprägt, was sich ebenfalls störend auf das Prägebild auswirkt, aber numismatisch interessant sein kann (**„Überprägung",** z. B. I.198a). Wurde eine Münze mit mehr als einem Schlag geprägt, können Teile des Münzbildes doppelt erscheinen, was die Konturen unscharf wirken lässt und ebenfalls den Wert mindert (**„Doppelschlag",** s. I.52, 53, 64). Besonders bei verschlissenen Stempeln treten Risse auf, die sich mehr oder weniger stark im Prägebild niederschlagen (**„Stempelriss"** oder „Stempelfehler" s. I.16a, 89). Selten, häufiger jedoch bei Denaren der römischen Republik kommen inkuse Fehlprägungen (s. *brockage*) vor. Bis auf das letzgenannte Phänomen, das bei kommunen Typen aufgrund seiner optischen Eigenwilligkeit eine leichte Preissteigerung bewirkt, wirken sich alle anderen Prägefehler preismindernd aus. Die Preisminderung hängt v. a. vom Gesamteindruck der fehlerhaften Münze ab und ist zwischen 10 und 50 % zu beziffern.

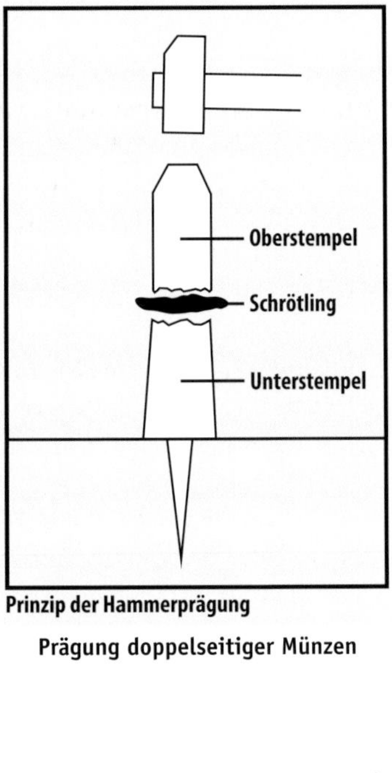

Prinzip der Hammerprägung

Prägung doppelseitiger Münzen

Die exakte Beschreibung antiker Münzen

Die **Vorderseite** einer Münze wird auch gerne mit dem französischen Terminus Avers bezeichnet (engl.: obverse), die **Rückseite** als Revers (engl.: reverse). Eine vollständige und präzise Bildbeschreibung gibt auch an, ob das Münzbild mit einer äußeren Umrandung versehen ist. Eine solche ist beispielsweise ein **Perlkreis** (z. B. I.20, 21, 40). Seltener kam ein **Linienkreis** zum Einsatz (I.82, I.87, II.12, 14–18), der v.a. in der römischen Republik vorkommt (meist nur im Revers). Noch seltener ist eine Randverzierung aus Tänien (sog. *stemma* oder Eierstabrand, I.171, 136), die wiederum auf seleukidischen Münzen häufiger vorkommt. Oft war das Münzmotiv allerdings gar nicht gesondert eingerahmt (z. B. I.181).
Der Bereich rund um das Hauptbild von Vorder- und Rückseite bzw. zwischen **Legende** (= Inschrift) und Bild wird als **„Feld"** bezeichnet. Figuren stehen häufig auf einer sog. **Standlinie**. Der Bereich unterhalb der Standlinie wird als **„Abschnitt"** bezeichnet. In diesem Bereich befinden sich bei römischen Münzen häufig prägetechnische Angaben, beispielsweise zur Münzstätte oder zur Offizin (s. Glossar). Der Rand von antiken Münzen ist in den allermeisten Fällen unbearbeitet. Zeitweise wurde mit Riffelungen experimentiert, die nicht nur auf Denaren der römischen Republik, sondern auch beispielsweise auf seleukidischen Bronzen vorkommt (II. 47a). Solche Münzen werden als Serrati bezeichnet (Sing.: Serratus).
All diese Angaben dokumentieren eine individuelle Münze erst dann vollständig, wenn **Gewicht** (auf das Hundertstelgramm) und **Durchmesser** (üblicherweise an der breitesten Stelle gemessen) hinzukommen. Sind diese technischen Angaben gegeben, ist es kaum möglich, zwei typengleiche Münzen miteinander zu verwechseln. Eine weitere Präzisierung ist durch die Angabe der **Stempelstellung** möglich, die das Zueinander von Vorder- und Rückseitenstempel beschreibt und meist in Stunden auf dem Ziffernblatt angegeben wird (häufig ist eine regelmäßige Stempelstellung von 6 oder 12 h zu beobachten). Wissenschaftliche Corpuswerke dokumentieren gelegentlich auch die einzelnen Prägestempel (sog. Stempelstudien, s. S. 143), woraus sich vieles über die genauen Prägeumstände ableiten lässt.
Zur Münzbeschreibung gehören schließlich die Benennung des **Nominals** (s. Glossar), der **Prägestätte**, des **Münzherrn** (s. Glossar), des **Metalls**, eine **Datierung** sowie mindestens ein **Literaturzitat**.

Erhaltungsgrade – entscheidend für den Preis

Die Qualität macht den Preis: Wie für jede Handelsware gilt das auch für Münzen. Bei antiken Münzen sind die Abstufungen nicht so fein wie beispielsweise beim amerikanischen „Grading" neuzeitlicher Münzen, doch dafür spielen noch zahlreiche Faktoren wie Reliefhöhe, Patina, Zentrierung und Stil in die Preisgestaltung hinein. Die grundsätzlichen Erhaltungsgrade lauten wie folgt:

gut erhalten (g. e.)	Eine solche Münze ist gerade noch bestimmbar. Die Legende muss aber nicht mehr vollständig lesbar sein, sodass eine Feinbestimmung ggfs. entfällt. Verkrustungen und Beschädigungen sind bei diesem Erhaltungsgrad hinzunehmen.
sehr gut erhalten (s. g. e.)	Die Münze ist stark abgenutzt und kann beschädigt und verkrustet sein, ohne dass dies gesondert anzugeben ist. Die Lesung der Legenden ist einigermaßen zweifelsfrei möglich.
schön (s) engl.: fine franz.: très beau ital.: molto bello	Die Münze hat deutliche Abnutzungsspuren, sei es aus der Zirkulation oder dem Fundzusammenhang. Das Münzbild ist noch gut erkennbar, Details und Buchstaben sind jedoch teilweise bereits verloren.

sehr schön (ss)
engl.: very fine
franz.: très très beau
ital.: bellissimo

Die Münze hat übliche Abnutzungsspuren. Das Münzbild ist problemlos erkennbar, nur an erhöhten Stellen ist das Relief deutlich abgerieben. Evtl. vorhandene Kratzer, Randfehler oder sonstige Mängel müssen gesondert angegeben werden.

vorzüglich (vz)
engl.: extremely fine
franz.: superbe
ital.: splendido

Die Münze hat allenfalls geringe Abnutzungsspuren. Details wie Haare und Feinheiten des Portraits sind erhalten. Teilweise erkennt man noch Prägeglanz. Für eine antike Münze, besonders bei griechischen, ein seltener Erhaltungszustand.

Stempelglanz (St)
engl.: uncirculated
franz.: Fleur de coin (FDC)
ital.: Fior di conio

Die Münze ist wie frisch geprägt, ohne Spuren der Abnutzung. Bei griechischen Münzen äußerst selten, bei römischen hauptsächlich in der Spätzeit gelegentlich vorkommend.

Die Erhaltungen g. e. und s. g. e. können als „gering erhalten“ zusammengefasst werden und sind nur dann des Sammelns würdig, wenn sich die so erhaltene Münze durch enorme Seltenheit oder eine andere Besonderheit (bspw. einen seltenen Gegenstempel oder eine *damnatio memoriae*) auszeichnet.
Die Erhaltungsangaben sind international angeglichen, jedoch bis zu einem gewissen Grad subjektiv. Zwar kommt es nicht vor, dass ein Händler eine Münze als vz einstuft, die ein anderer nur als s betrachtet, jedoch sind Abweichungen um einen Erhaltungsgrad nicht selten. Die Übereinstimmung zwischen international agierenden Auktionshäusern ist allerdings sehr groß. Das „Grading“ (Erhaltungsangabe) bei „geslabbten“ antiken Münzen liegt i. d. R. um einen Erhaltungsgrad über der üblichen Einschätzung (vgl. S. 19). Seriöse Häuser schätzen eher konservativ und weisen auch auf Fehler hin. Die Erhaltungsgrade der meisten gehandelten antiken Münzen liegt zwischen s und vz, wobei der Hauptteil auf ss entfällt. Da der Unterschied zwischen diesen Erhaltungsangaben beträchtlich ist und sich auch stark im Preis niederschlägt, können Feinabstufungen wie „fast ss“, „s – ss“ oder „noch ss“ (im folgenden Katalogteil als ss- bezeichnet) hilfreich sein, um dem Charakter einer Münze möglichst gerecht zu werden.
Die Zuordnung zu einem Erhaltungsgrad ist ein wesentlicher Indikator für den Wert einer Münze, allerdings nicht der Einzige. Es zählt v. a., wie der Gesamteindruck des Stücks ist, wie es „sich anfühlt“. Ist eine Tetradrachme vz, jedoch stark gereinigt, ziehen viele Sammler ihr ein Parallelstück in einem „ehrlichen“ ss vor, das ansprechend getönt ist. Auch ein meisterhafter Stil bei einer Münze in ss kann dazu führen, dass sie den gleichen Preis erzielt wie ein gewöhnliches Stück in vz.

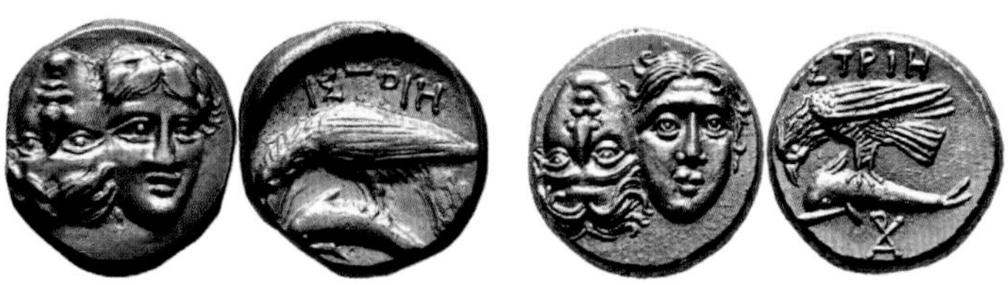

Zwei Drachmen der moesischen Stadt Istros in gleicher Erhaltung (vz), die beide in der Auktion Peus 416 (2016) angeboten wurden. Das Stück (l.) mit dem gewöhnlichen Stil erbrachte 140 €, während das Stück mit dem feinen Stil 340 € einspielte. Vgl. zu dieser Münze I.45.

Slabs – „Särge" für Münzen

Eine der unschönen Entwicklungen der vergangenen Jahre besteht darin, dass sog. Slabs größere Verbreitung gefunden haben. Dabei handelt es sich um versiegelte Hartplastikkapseln, die neben der Münze auch die Beschreibung derselben sowie ein „Grading", also eine Beschreibung des Erhaltungsgrades, enthalten. Ihren Ursprung haben diese Slabs in den USA, wo sie ursprünglich als Schutzhüllen für besonders empfindliches Sammlungsgut wie Baseball-Karten dienten. Seit vielen Jahren aber werden nun auch Münzen in diesen unhandlichen Kapseln gehandelt. Noch betrifft das hauptsächlich moderne Münzen mit besonderem Schwerpunkt auf US-Münzen. Bei diesen entscheidet mittlerweile das „Grading" über den Marktpreis, während die erneute Begutachtung der eingesargten Münze kaum eine Rolle spielt. Einige Firmen wie NGC und PCGS „slabben" jedes Jahr Hunderttausende von Münzen und übernehmen auch die Garantie für die Echtheit dieser Stücke (das gilt allerdings nur für moderne Münzen!). Große Auktionshäuser wie Heritage (Dallas) versteigern fast ausschließlich „geslabbte" Münzen, wodurch diese sich auch in Europa stark verbreiten.
Während „Slabs" bei modernen Münzen mit polierten Oberflächen eine gewisse Berechtigung haben mögen (Echtheitsgewähr), sind sie für antike Münzen rundweg abzulehnen. Dafür gibt es mehrere Gründe:

1. Die Münze lässt sich im Slab nicht auf Echtheit prüfen. Insbesondere der hierzu wichtige Rand ist nicht durchgehend sichtbar. Dass Fälschungen antiker Münzen geslabbt worden sind, ist bereits häufiger vorgekommen.
2. Es sind Fälle bekannt geworden, in denen die Münze nach Entnahme aus dem Slab zerbrochen ist oder ein Teil des Randes ausgebrochen ist.
3. Die Erhaltungsangaben sind sehr unzuverlässig und erscheinen wenig geeignet, um den Zustand einer antiken Münze präzise zu beschreiben.
4. Die Münze verliert durch den Plastiksarg ihre Aura und erzeugt keinen historischen Schauder.
5. Es gibt bereits genug Plastik auf dieser Welt.

Wertmindernde Beschädigungen

Neben den oben bereits erwähnten Prägefehlern, die fast alle mehr oder weniger stark wertmindernd sind, finden sich an antiken Münzen auch nachträgliche Beschädigungen, die antik oder jüngeren Datums sein können.

Fassungsspuren War eine Münze einmal zu Schmuck verarbeitet, so entstehen beim unvorsichtigen Entfernen der Fassung Spuren an den Rändern. Zudem sind solche Stücke oft auf der Trageseite berieben.

Geglättet (Gegl.) S. (Ver-)Fälschungen, s. S. 26.

Gelocht Die einfachste Verwendung einer Münze als Schmuck besteht darin, sie mittels Lochung an einer Kette zu befestigen. Diese Zweitverwendung eines Geldstücks kann den historischen Reiz erhöhen. Der Sammlerwert jedoch wird vermindert. Das Gleiche gilt für Münzen, bei denen mehr oder weniger erfolgreich versucht wurde, das Loch zu kaschieren („stopfen").

Graffito Meist in der Antike erfolgte Kennzeichnung einer Münze mit einem oder mehreren Buchstaben, Symbolen oder Kritzeleien.

Korrosion (Korr.) Aggressive Korrosion kann die Oberfläche einer Münze stark verändern. Zur sog. Bronzepest s. u.

Kratzer (Kr.) Kratzer können (v. a. auf Gold) hauchfein sein, stören aber bei guten Erhaltungen (ab vz) das Auge erheblich.

Nachgeschnitten S. (Ver-)Fälschungen.

Prüfhieb Antike Methode, eine Münze auf ihre Guthaltigkeit zu prüfen. Verleiht einer Münze einen authentischen Charme, kann jedoch den Gesamteindruck und damit den Wert sehr schwächen, je nachdem, wie störend die Beschädigung ist (s. I.164).

Punze Meist antike Kennzeichnen einer Münze mittels eines kleinen oder winzigen Stempels. An unauffälliger Stelle angebracht kaum wertmindernd.

Randfehler (Rf.) Delle oder Kerbe am Rand, die den Wert ein wenig herabsetzt.

Scharf gereinigt Die Entfernung der Tönung oder der Patina kann den Wert einer Münze verringern, insbesondere wenn das betreffende Stück poliert wurde.

Schürfspuren Damit sind tiefe Kratzer gemeint, wie sie von unsachgemäß angewandten Grabungswerkzeugen stammen können.

Tilgungen Dies sind antike Veränderungen am Münz- und Schriftbild, um das Angedenken eines unliebsamen Herrschers zu stören (s. *damnatio memoriae*).

Patina – wertsteigernde Korrosion

Unter Numismatikern ist mit Patina die Korrosionsschicht, die sich auf Kupfer, Bronze und ähnlichen Metalllegierungen bildet, gemeint. Ursache ist Sauerstoffeinwirkung, vor allem aber der Kontakt mit korrosionsfördernden Stoffen im Boden. Die Oxidationsprozesse unterliegen vielfältigen Zufällen, wobei Funde zeigen, dass hauptsächlich die Zusammensetzung des Bodens mit seinen Säuren und Mineralen das Ergebnis, also die Farbe und Struktur der Patina, bestimmt: Fundmünzen, die aus dem gleichen Fundkontext stammen, weisen in aller Regel die gleiche Färbung auf, wobei die Nuancen der jeweiligen Metalllegierung keine nennenswerte Rolle spielen. In verschiedenen Böden gelagert, können zwei Münzen von exakt der gleichen Legierung wiederum völlig verschiedene Patina-Formen bilden. Es ist insbesondere der Nuancenreichtum der Patina, der den ästhetischen Reiz antiker Buntmetallmünzen ausmacht. Die Patina verleiht einer solchen Münze Individualität und unterstreicht ihre Authentizität. Zugleich stellt sie – wenn sie geschlossen und ungestört ist – die perfekte, natürliche Konservierung dar. Aus diesen Gründen lohnt es sich, dieses Phänomen etwas eingehender zu betrachten.

Die Bildung der Patina bedeutet eine tiefgreifende Umwandlung des Metalls in seine chemischen Verbindungen. Beim Kupfer sind das außer beträchtlichen Mengen von basischem Kupfersulfat die Hydroxy-Carbonate Malachit und Azurit, $Cu_2[(OH)_2|CO_3]$ und $Cu_3(CO_3)_2(OH)_2$. Malachit hat eine smaragdgrüne, Azurit eine lasurblaue bis tiefblaue Färbung. Daneben gibt es noch Übergangsformen, die durch unterschiedliche Umwandlungsstufen beider Minerale zustande kommen. Diese beiden Verbindungen verursachen die meisten der grünen und blauen Färbungen, die bei der Patina auftreten können. Die unterste, dem Metall am nächsten liegende Schicht wird dagegen von Oxiden des Kupfers gebildet, dem tiefroten bis rotbraunen Kupfer-2-Oxid Cu_2O und dem schwarzen Kupfer-1-Oxid CuO.

Malachit entsteht durch Verwitterung aus Azurit und bildet daher meist die äußeren Schichten unmittelbar am Übergang zum Boden bzw. Wasser. Eine solche Patina wird daher aus mindestens drei Schichten bestehen, die unter einem Mikroskop deutlich zu erkennen sein sollten. In Wirklichkeit sind es wesentlich mehr, je nachdem, wie lange und wie unterschiedlich stark die Umwelteinflüsse auf die Münze eingewirkt haben. Eine solche aus dem Metall der Münze gebildete Patina ist zu unterscheiden von einfachen Auflagen, die sich durch kalk- bzw. silicatreiche Lösungen gebildet haben und lediglich auf der Oberfläche sitzen. Dabei kann unter einer solchen Verkrustung bereits das fast blanke Metall liegen oder aber die eigentliche Patinaschicht. Die Übergänge zwischen noch zur Verkrustung gehörenden Schichten und Teilen, welche zur Patina gerechnet werden können, sind mitunter schwer auszumachen, dazu wird eine starke Lupe oder noch besser ein Stereomikroskop benötigt.

Da die Oberfläche einer gründlich patinierten Münze samt allen enthaltenen Details nach einer gewissen Zeit völlig aus den Oxidverbindungen der enthaltenen Metalle besteht, bedeutet die chemische Entfernung der Patina zumeist auch die Zerstörung eines beträchtlichen Teils der Münze. Tritt noch eine mechanische Reinigung hinzu, ist die Münze bald nichts mehr als ein kupfriges Metallstück. Insofern die Patina das Relief der Münze betonen hilft und dem ästhetischen Empfinden des Antikenliebhabers gerecht wird, steigert sie den Wert einer Münze – teils sogar beträchtlich.

Wichtig ist dabei, dass die Patina möglichst geschlossen und homogen ist, dass also keine Flecken, Einschlüsse oder gar Korrosionslöcher vorhanden sind. Auch sollte die Farbigkeit von Vorder- und Rückseite keine allzu starken Unterschiede aufweisen, was oft vorkommt.

Der Grad der Wertsteigerung, den eine hübsche (echte!) Patina erbringt, ist noch einmal subjektiver, als es die Zuordnung zu einem Erhaltungsgrad ist. Er richtet sich vor allem nach der Häufigkeit bzw. Seltenheit der von Mutter Natur bewirkten Verfärbungen[1]:

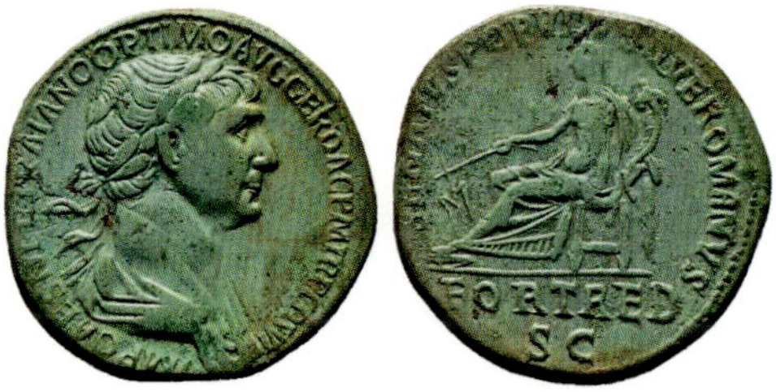

1. Sesterz des Trajan

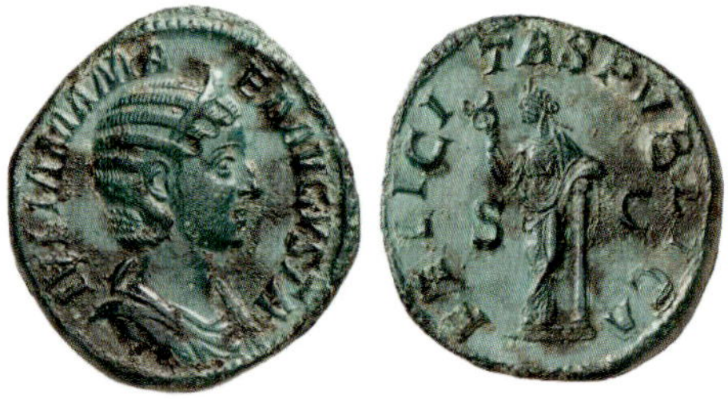

2. Sesterz der Julia Mamaea

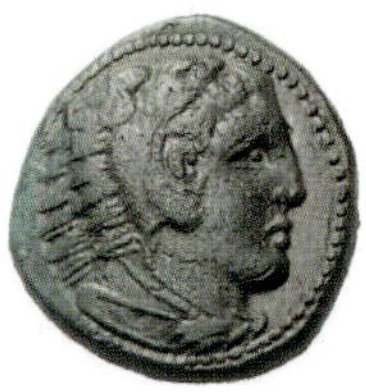

3. Chalkous Alexanders d. Gr.

Hellgrüne Patina gilt als junge, oberflächliche Korrosion (**1**). Sie kann auch ins Olivgrüne tendieren und mitunter sehr ansprechend sein. Bläulich-grüne (malachitgrüne) Patina ist seltener und kann eine Wertsteigerung von etwa 50 % bewirken (**2**), wenn sie ebenmäßig und nicht zu dick ist. Die blaugraue, sog. „Rauch-Patina", die vermutlich in vulkanischen Böden gebildet wird, ist sehr selten (**3**).

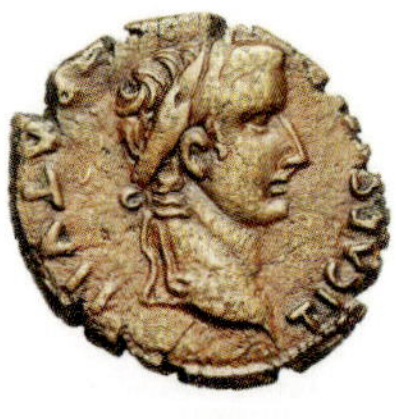

4. As des Tiberius

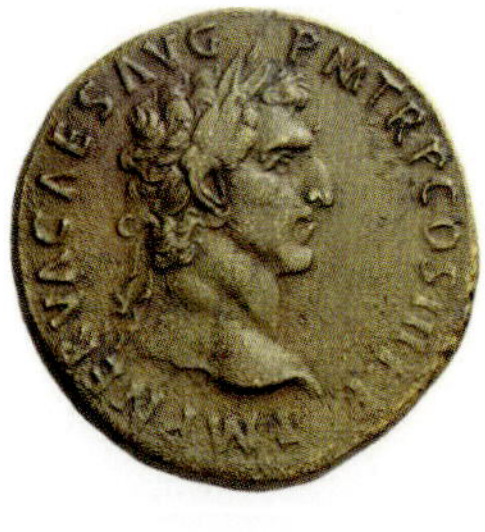

5. Sesterz des Nerva

Bei den Brauntönen macht die sog. Tiber-Patina, die oft römischen Bronzen zugeschrieben wird, den Anfang in der Farbskala (**4**). Dies ist eine gelbockerfarbene Tönung, die vermutlich durch Lagerung im Schwemmsand von Flüssen entsteht und das Prägebild vorteilhaft unterstreichen kann. Häufig ist die Oberfläche etwas rau, selten völlig glatt. Eine dezente Messingpatina von Orichalcum-Sesterzen (s. Index) kann eine ähnliche Optik aufweisen (**5**).

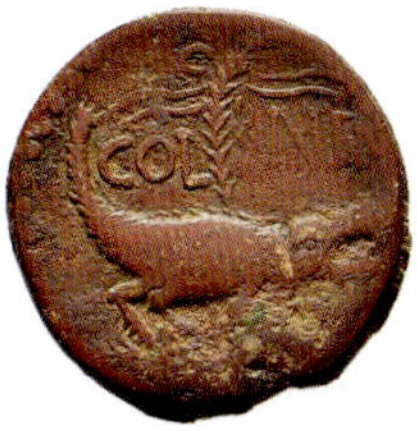

6. Nemausus-As

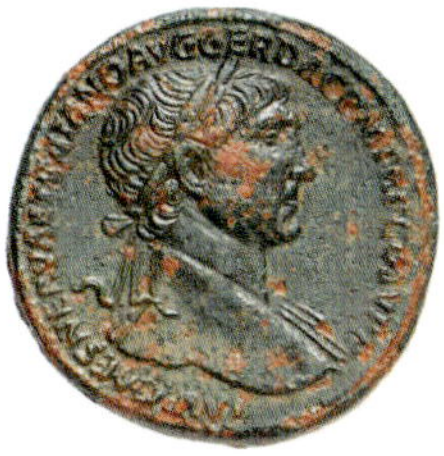

7. Sesterz des Trajan

Besonders Kupfermünzen können eine attraktive, rotbraune Tönung annehmen (**6**). Allerdings neigt die Bildung von Kupferoxydul dazu, nur stellenweise aufzutreten, also Flecken zu bilden (**7**, sattrote Einschlüsse sind meist Kuprit). Dies ist dann nicht so sehr wertsteigernd.

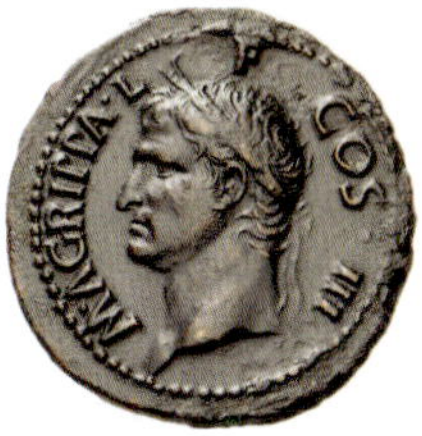

8. As des Caligula für Agrippa

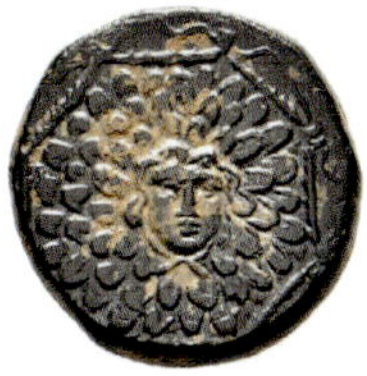

9. Messingmünze von Amisos (Pontos)

Eine mokkabraune Patina ist hingegen fast immer vorteilhaft – sofern sie nicht berieben ist und das blanke Metall hindurchscheint, was aufgrund der Zartheit dieser Patina gelegentlich der Fall ist (**8**). Sie ist die Vorstufe zur tiefschwarzen Glanzpatina, die sich nach jahrelanger Lagerung in mineralhaltigem Wasser schützend über Buntmetallmünzen legt (**9**). Da sie oft auch besonders dick ist, kann sie jedoch die Details des Münzbildes abschwächen.
Dankenswerterweise erleichtern es die hochauflösende Digitalfotografie und die meist im Internet verfügbaren, vergrößerbaren Bildansichten von professionell angebotenen Münzen, sich ein eigenes Urteil darüber zu bilden, welche Patina einem zusagt und welchen (Auf-)Preis man dafür zu zahlen bereit ist.

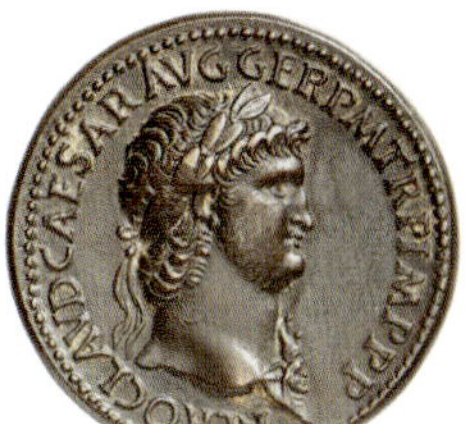

10. Paduaner

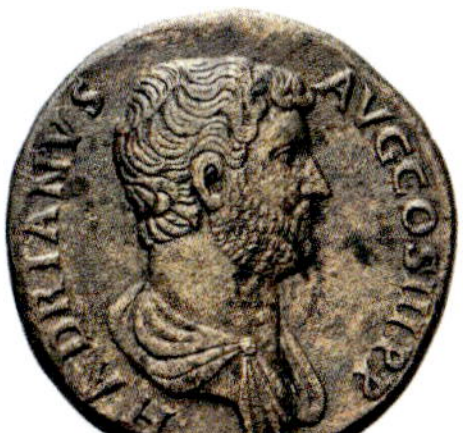

10a. Sesterz des Hadrian

Vorsicht! Viele der oben beschriebenen, naturwüchsigen Oberflächeneffekte lassen sich auch durch chemische Behandlung erzielen. Seit der Renaissance bedienen sich Fälscher und Restauratoren künstlicher Patinierungen (**10**). Auf dem Markt tauchen immer wieder Stücke mit zunächst eindrucksvoll erscheinender, makelloser

Patina auf – meist ist diese tiefschwarz oder sattgrün, fast immer glänzt die Oberfläche speckig. In jüngster Zeit wurden zudem Sesterzen mit olivbrauner, körnig-matter „Patina" gesichtet, die wirken, als hätte man sie sandgestrahlt. Erkennt man unter der Lupe Bearbeitungsspuren wie Glättungen oder Nachschnitte (s. u.), so darf man sich sicher sein, dass das entsprechende Stück auch künstlich patiniert wurde. Solche Stücke können durchaus noch einen ästhetischen Reiz entfalten. Jedoch sollte man sich dessen bewusst sein, dass sie manipuliert sind und nicht zu viel dafür bezahlen (ca. 50 % eines unbehandelten Stücks). Abb. **10a** zeigt eine Münze, die durch scharfe Reinigung entpatiniert wurde. „Restauratoren" behandeln solche Stücke dann beispielsweise mit Pariser Oxyd, um eine gleichmäßige, künstliche Patina zu erzeugen.
Ist die Frage nach der Echtheit der Patina nicht so leicht zu klären, hilft zum einen ein Stereomikroskop weiter, mit dessen Hilfe man auf die Suche nach mindestens drei Oberflächenschichten gehen kann. Zum anderen kann ein Aceton-Test erweisen, ob das fragliche Stück in jüngerer Zeit „angepinselt" worden ist. Echte Patina ist gegen das in Nagellackentferner enthaltene Keton völlig unempfindlich, künstliche jedoch *kann* sich lösen.

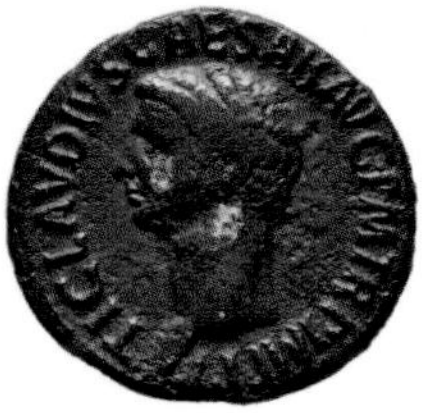

11. As des Claudius mit Ausblühungen

Eng mit der Patina verwandt ist eine gefährliche Korrosionsform, die sog. **„Bronzepest"** (**11**). Sie ist gekennzeichnet durch eine hellgrüne Farbe. Bronzepest tritt meist nur punktuell auf und frisst sich von innen nach außen. An der Oberfläche entstehen dann hellgrüne Ausblühungen in Form eines kleinen Kraters. Das Münzmetall korrodiert an diesen Stellen zu einer pulverigen Substanz: Kupferacetat. Bronzepest ist nicht nur zu einzelnen Münzen äußerst aggressiv, sondern sogar auf andere Münzen übertragbar. „Infizierte" Münzen sollte man also tunlichst meiden. Eine mehrstündige Behandlung mit dem Korrosionsinhibitor Benzotriazol (BTA) beseitigt das Problem dauerhaft. Weitere Hinweise zur Reinigung und Pflege von Münzen finden sich bei Mehlhausen 2019.

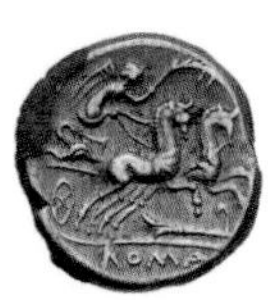

12. Republikdenar mit Hornsilberauflage

Eine harmlose, aber unschöne optische Beeinträchtigung ist das sogenannte **Hornsilber,** eine Silberchloridverbindung ($AgCl$), die offiziell Chlorargyrit heißt. Dabei handelt es sich um krustige Auflagerungen mit gelblichem bis grauem Farbton. Dieses Hornsilber ist zwar kein besonders hartes Material. Allerdings benötigt man zu seiner Entfernung einen Stichel oder ähnliches Feinwerkzeug, was Beschädigungen auf der Münze hinterlassen kann. Eine spätere Stufe von Hornsilber ist das schwarze Silbersulfid (Ag_2S), das allenfalls noch in einem langen Ammoniakbad zu lösen ist.

Fälschungen erkennen

Mit der Erfindung der Münze im 7. Jh. v. Chr. traten auch gleich die ersten Fälschungen auf. Nach der klassischen Definition von Göbl 1978 handelt es sich dabei um Falschmünzen, die den Zeitgenossen vortäuschten, dass sie aus vollwertigem Metall bestanden. In Wahrheit enthielten sie einen unedlen Kern, der mit einer hauchdünnen Gold- oder Silberschicht überzogen war (s. z. B. I.80, II.69). Diese antiken Fälschungen werden allgemein als Plattierungen bezeichnet, ein verwandtes Substantiv lautet „Fourré" (s. Glossar), ein Adjektiv „subaerat" (s. auch die Erläuterungen auf S. 164). Nicht immer fielen solche Stücke durch geringeres Gewicht auf, weshalb eine bewährte Prüfmethode der Prüfhieb war, mit dem man sich gewaltsam, doch ohne Gewichtseinbuße, einen Blick in das Innere der Münze verschaffte (s. I.164).

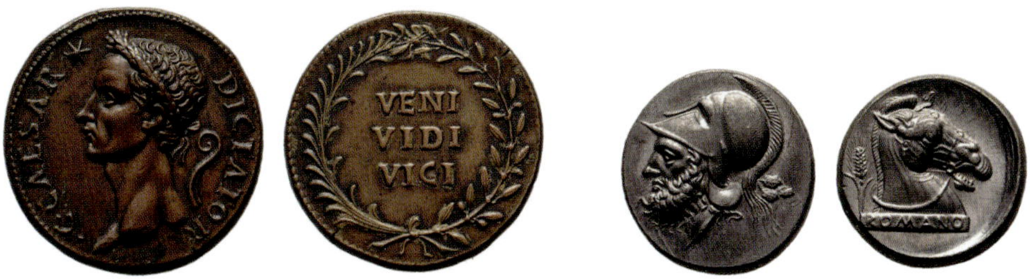

Fälschungen von Cavino (links) und Becker (rechts, Zinnabschlag)

Weit gefährlicher als die (teilweise auch schon täuschend echten) antiken Falschmünzen sind die Münzfälschungen, die nach der Göbelschen Definition zum Schaden des Sammlers hergestellt wurden. Die Geschichte der neuzeitlichen Münzfälschung beginnt in Padua mit dem berühmten Giovanni da Cavino. Dieser Mann war ein Künstler, der den in der Renaissance steigenden Bedarf an ansehnlichen antiken Münzen zu decken half, indem er solche – hauptsächlich repräsentative Sesterzen und Medaillons – selbst herstellte (z. B. II.139, zu ihm jetzt auch Matzke). Er bediente sich hierzu der antiken Prägetechnik. Seine Stempel zeichnen sich durch ein gutes Gespür für die antiken Münzbilder aus, doch weisen sie alle in irgendeinem Punkt markante Abweichungen auf. Viele von Cavinos Schöpfungen entspringen auch seiner Fantasie. Cavinos Nachprägungen sind heute als „Paduaner" berühmt und wurden jahrhundertelang nachgegossen und nachgeahmt. Während die späten, schwammigen Abgüsse kommun und günstig sind, erzielen frühe, geprägte „Cavinos" heute 4-stellige Preise. Seit Cavino kannte jedes Jahrhundert mindestens einen großen Münzenfälscher, der nach dieser „klassischen" Methode arbeitete, indem er selbst Stempel schnitt. Solche berüchtigten Namen sind beispielsweise Becker (19. Jh.), Caprara (frühes 19. Jh.), Orphanides (frühes 20. Jh.) und Slavey (spätes 20. Jh.). Ihr Werk ist mittlerweile umfassend publiziert (Sayles). Ihre Produkte sind aber mitunter so gelungen, dass sie noch heute gelegentlich im Handel auftauchen. Sie sind besonders dann gefährlich, wenn sie künstlich vernutzt worden sind. Ein eingehender Vergleich mit antiken Parallelstücken fördert aber immer feine Unterschiede zutage, insbesondere was die Ausführung der Buchstaben und den Stil betrifft, in dem die Motive wiedergegeben werden. Oft sind es auch nur kleinste Details, die belegen, dass eine Münze nicht antik sein kann.

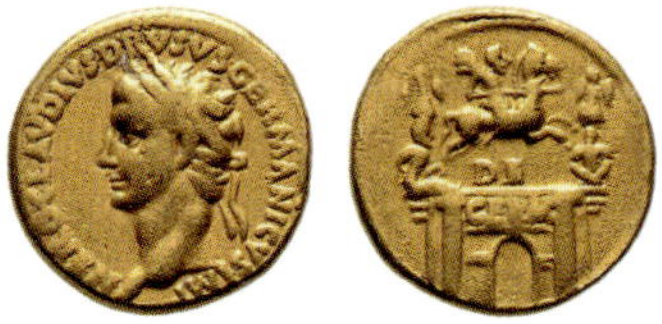

Gussfälschung eines Aureus des Claudius

Moderne Gussfälschungen

Als Modell für solche Fälschungen dient stets ein Original, von dem mithilfe feinporigen Materials (Gips, Silikon) Abdrücke erzeugt werden. Daraus werden wiederum Formen hergestellt, die ausgegossen werden, wobei Gusszapfen und ein unsauberer Gussrand entstehen können. Doch bereits in der Antike stellte man Gussfälschungen von zum Teil beeindruckender Qualität her. Dennoch gelingt es auch modernen Güssen nicht, Merkmale zu imitieren, die nur durch den Prägevorgang entstehen, beispielsweise Flusslinien (auch „Prägestrahlen"), die v. a. Silber- und Goldmünzen in guten Erhaltungen aufweisen. Schlechte Güsse haben zudem flaue Konturen und teils mit bloßem Auge erkennbare Gussporen, v. a. im Feld. Auch bei sog. Schleudergüssen, die mithilfe einer Zentrifuge hergestellt werden, sind solche Poren vorhanden, allerdings nur noch unter dem Mikroskop eindeutig erkennbar. Oft mangelt es allerdings auch guten Güssen bei den Buchstaben der Legende an Schärfe. Dennoch: Gerade bei mäßig erhaltenen, korrodierten Stücken kann es sehr schwer sein, den Guss eindeutig nachzuweisen.

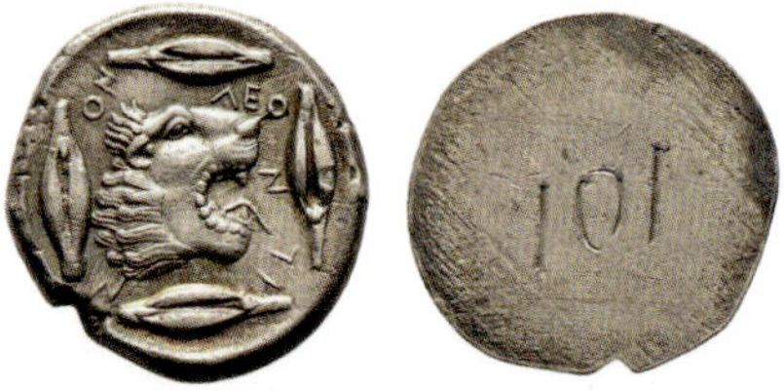

Einseitiger Galvano einer sizilischen Tetradrachme

Galvanos

Durch elektrochemisches Galvanisieren hergestellte Nachahmungen waren lange Zeit recht gefährlich. Die Technik kommt aus dem Museumsbetrieb. Mit ihrer Hilfe lassen sich Exponate leicht kopieren – allerdings nur eine einzelne Seite. Um den Eindruck einer echten Münze zu schaffen, müssen zwei einzelne Galvanos zusammengefügt werden. Dabei entsteht am Rand eine verräterische Naht. Zudem bestehen Galvanos aus Graphitpulver und müssen mit einer Metallschicht versehen werden. Selten erreichen solche Stücke ihr Sollgewicht. Berüchtigt sind allerdings die sehr gut gemachten Galvano-Kopien von Robert Ready, die das British Museum eine zeitlang verkauft hat. Wenn bei diesen die Ränder gut bearbeitet worden sind, können sie noch heute Sammler täuschen. Bei Klangprobe, Metallanalyse und Leitfähigkeitsmessung fallen sie aber durch.

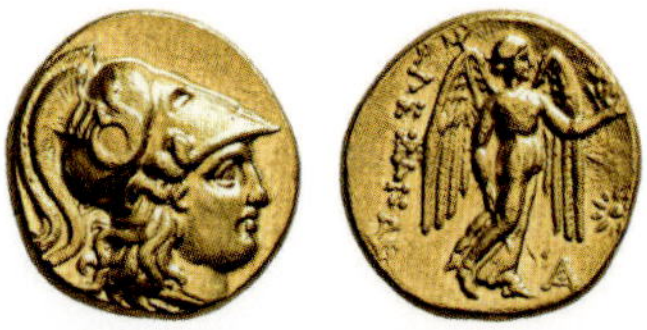

Fälschung eines Alexanderstaters aus übertragenen, antiken Stempeln

„Transfer Dies“

Die Methode der Stempelübertragung wurde bereits in der Antike praktiziert (den experimentellen Nachweis erbrachte Markus Peter). Sie ist die Grundlage der sog. Fourrées. Bei dieser Duplizierungsmethode wird eine echte Münze in einen weichen Prägestock (Stempel) eingesenkt. Nach dem Aushärten kann man damit einige, vielleicht sogar einige Hundert Münzen prägen, die im Prägebild dem Original gleichen. Heutzutage gibt es natürlich noch präzisere Kopiermöglichkeiten. Nur, wenn dabei Fehler entstehen, oder keine antiken Schrötlinge verwendet wurden, lassen sich solche Fälschungen noch einigermaßen sicher entlarven. Wir müssen aber schon jetzt davon ausgehen, dass ein Teil dieser Fälschungen bislang unentdeckt geblieben ist. Das abgebildete Exemplar wurde nur deshalb entdeckt, weil die beiden hierfür verwendeten Stempel von verschiedenen Prägestätten sind. Ansonsten vermitteln der Rand und die Oberflächen einen überzeugenden Eindruck.

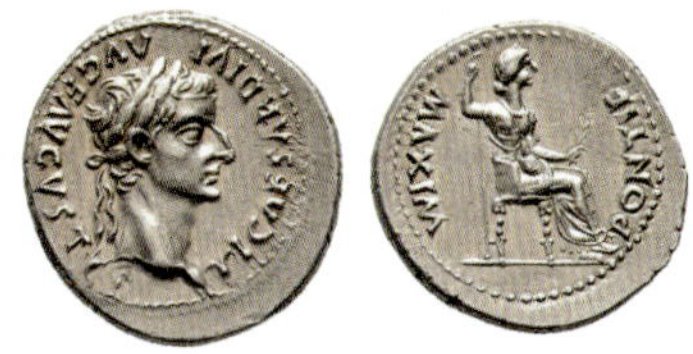

Pressfälschung eines Denars des Tiberius

Pressfälschungen

Ein moderner Prägeautomat ist eine kostspielige Anschaffung. Metallpressen sind leichter verfügbar. Spannt man in diese selbst gefertigte Prägewerkzeuge ein, so lassen sich große Mengen von Münzen herstellen, die – je nach Ausführung der Stempel – antiken Stücken sehr ähnlich sehen können. Man wird allerdings nie das Prägebild einer Hammerschlag-Münze erreichen. Dazu gehören kleine Unregelmäßigkeiten wie leichte Dezentrierungen, Prägestrahlen oder eine minimale Wölbung der Rückseite. Eingerissene Ränder hingegegen kommen zwar bei antiken Münzen (v. a. Denaren) häufig vor, nicht aber in so unnatürlicher Weise wie bei „kaltgepressten“ Fälschungen. Charakteristisch für letztere ist auch die völlige Planheit von Vorder- und Rückseite ohne die Spur einer Wölbung. Insgesamt haben Pressfälschungen meist einen leblos-artifiziellen Charakter, können aber dennoch sehr gefährlich sein, besonders wenn sie bereits stark abgenutzt sind oder durch Glättung etc. verunstaltet wurden.

Bearbeitungen und Verfälschungen

Es gibt verschiedene Techniken, eine antike Münze zu bearbeiten, um sie ansprechender zu gestalten. Da sie den Charakter der Münze verändern, stellen sie mindestens eine Ver-Fälschung dar. Eine „Grundtechnik“ ist das Glätten der Felder mithilfe eines Polierstiftes. Dadurch sollen Unebenheiten beseitigt, v. a. aber das eigentliche Münzbild hervorgehoben werden. Dies kann so weit führen, dass die Felder regelrecht „tiefergelegt“ wurden und die Legende (besonders bei Sesterzen) auf einem deutlich vom Feld erhabenen Grat steht. Oft werden dann noch Details im Münzbild mithilfe verschiedener Werkzeuge nachgeschnitten. Besonders leicht erkennbar sind solche Manipulationen an den Haaren und Bärten von Kaiserköpfen. Auch verlorengegangene Legendenteile können nachgeschnitten werden. Die Grenze zur Fälschung ist überschritten, wenn Legenden verändert werden. Ein klassisches Beispiel ist die Verwandlung eines häufigen Gordianus-III.-Sesterzen in einen sehr seltenen Gordianus-I.-Sesterz.

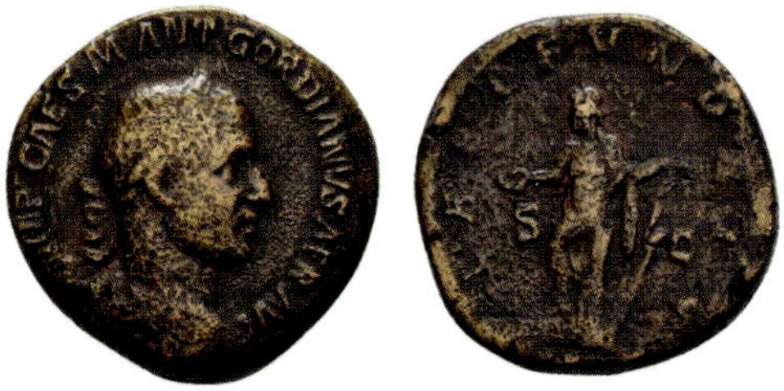

Hier wurde aus einem Sesterz Philipps I. ein seltener „Gordian I." hergestellt.

Tipps zum Schutz vor Fälschungen:
Kaufen Sie teure Stücke nur bei Händlern, die einem Verband angehören, sich dauerhaft für die Echtheit der Münze verbürgen und sie bei begründeten Zweifeln anstandslos zurücknehmen.
Nutzen Sie jede Gelegenheit, echte antike Münzen, die Sie noch nicht kennen, in die Hand zu nehmen und ihre epochentypischen Spezifika eingehend zu studieren.

Weitere Ratschläge:

- Eine Echtheitsprüfung kann nur an Münzen vorgenommen werden, nicht an Bildern. Nur im Fall einer bereits publizierten, zweifellos identifizierbaren Fälschung kann es sein, dass sich die Autopsie erübrigt.
- Ein zu geringes Gewicht ist ein wichtiger Fälschungsindikator. Bei Edelmetallmünzen gilt das gleiche für ein zu hohes Gewicht.
- Verdächtig sind auch Münzen, die sich in Spezialkatalogen nicht finden und zunächst als Unika erscheinen.
- Eine hochwertige antike Münze findet sich nicht in einer Grabbelkiste auf dem Flohmarkt. Ein deutlich zu geringer Preis sollte alle Warnglocken läuten lassen.
- Ziehen Sie zur Echtheitsprüfung ein möglichst gleichartiges und mit Sicherheit echtes Vergleichsstück heran, mindestens jedoch eine Münze aus der gleichen Zeit und dem gleichen Metall. Meist schwindet das Vertrauen in das zweifelhafte Stück dann sehr schnell.
- Widmen Sie dem Rand besondere Aufmerksamkeit. Ist er besonders ebenmäßig, (maschinell) bearbeitet oder weist sogar eine Naht auf (→ Galvano)? Lassen sich Spuren einer prägetypischen Materialverdichtung nachvollziehen?
- Um in den Feldern Gussporen zweifelsfrei zu erkennen, benötigen Sie eine Lupe mit mindestens 10-fachem Vergrößerungsfaktor. 15- und 20-fache Verstärkung können helfen, weitere Ungereimtheiten auf der Münzoberfläche festzustellen. Schleudergüsse können nur unter einem Mikroskop zweifelsfrei erkannt werden.
- Slabs (Plastikbehälter mit Zertifizierung) bieten keinen absoluten Schutz vor Fälschungen. Slabs können gefälscht sein. Zudem können sich auch die Experten in den Gradingagenturen täuschen.
- Das Internet bietet mit forgerynetwork.com eine umfassende Datenbank für Fälschungen. Weitere Projekte sind aktuell im Aufbau. Zudem sei verwiesen auf die Fälschungsrubriken in den Numismatikforen (s. S. 149, 151).

Seltenheit bei antiken Münzen

Das Wort Seltenheit ist mit antiken Sammelobjekten, und ganz besonders mit Münzen, auf besonders innige Weise verknüpft. Für viele SammlerInnen erhöht das Prädikat „selten" den Reiz ihres Hobbys enorm, denn der Besitz von seltenen Münzen strahlt auf die Sammlerin, den Sammler und ihre bzw. seine Kollektion zurück: Wer eine besonders seltene Münze besitzt, ist nicht nur ein ausgewiesener Connoisseur, sondern gehört einem sehr kleinen Kreis von Menschen an, die diese Eigenschaft teilen. SammlerInnen antiker Münzen können sich bisweilen rühmen, Besitzer eines Unikats zu sein oder nur wenige MitsammlerInnen zu haben, die eine Münze gleichen Typs ihr Eigen nennen. Seltenheit hängt also unzweifelhaft mit einer gewissen Form von Exklusivität zusammen. Ex-klusiv bedeutet nämlich im Wortsinn: aus-schließen. Was der oder die Eine besitzt, kann der oder die Andere eben nicht haben – wenn es sich denn um ein Unikum handelt.

Seltenheit durch Qualität

Theoretisch kann man jede antike Münze als ein Unikum auffassen, wird man doch nie zwei Stücke gleichen Typs finden, die absolut identisch sind. Selbst wenn die gleichen Stempel verwendet worden sein sollten, so werden sich die aus ihnen geprägten Münzen doch darin unterscheiden, wie genau die Stempel auf dem Schrötling platziert wurden, wie gut geprägt wurde, wie stark die Münzen nach der Ausgabe zirkuliert sind und wie schön ihre Patina ist.

Antike (und ebenso ein Großteil der späteren) Münzen können also, auch wenn sie einem geläufigen Typ zugehören, aufgrund ihrer außergewöhnlichen Qualität selten, möglicherweise sogar einzigartig sein – in Auktionskatalogen etc. heißt es dann beispielsweise: „bestes bekanntes Exemplar". Ein mittlerweile „klassisches" Beispiel für ein Spitzenstück in Bezug auf seine Erhaltung ist der Sesterz des Kaisers Hadrian vom Typ RIC 2167, der sich in einem so hervorragenden Zustand befindet, dass er mit den anderen fünf Exemplaren gleichen Typs kaum noch vergleichbar ist (Abb. 1). Dem aktuellen Besitzer war allein diese Tatsache den Zuschlagspreis von 2 Mio. Schweizer Franken wert. Die anderen, wesentlich schlechter erhaltenen Exemplare erzielen dagegen, wenn sie einmal auf dem Markt auftauchen, mittlere fünfstellige Preise.

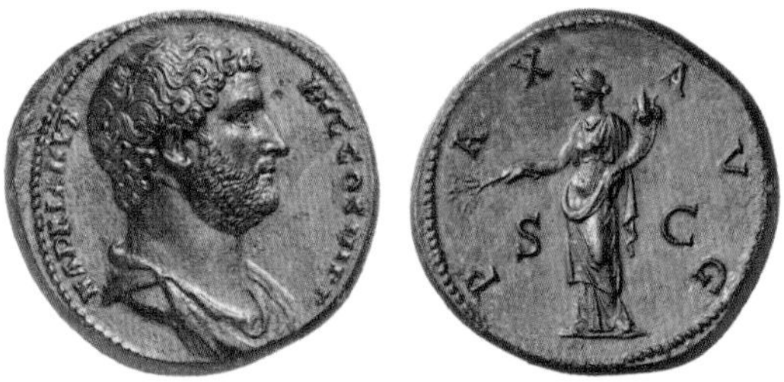

Abb. 1
Hadrian, Sesterz, Rom, 135. RIC 2167. A 2008: 2,0 Mio. CHF.
Der Zuschlag von 2 Mio. Schweizer Franken ist vorwiegend der außerordentlichen Qualität dieser Münze geschuldet, weniger der Seltenheit des Münztyps.

Seltenheit durch niedrige Prägemenge

Gleichzeitig gibt es aber einen Seltenheitsbegriff, der sich allein auf die Rarheit des Münztyps bezieht. Einige wenige Kataloge für Sammler liefern Angaben über diese Form der Seltenheit. Oliver Hoover, Autor der für die griechische Numismatik wichtigen Handbuchreihe „Handbook of Greek Coinage" (meist als HGC zitiert), gibt die folgenden Einstufungen der Seltenheit:

C, S, R1-R3. Während C für common, also häufig, steht und S für scarce, also knapp, gibt es für die Seltenheiten drei Abstufungen. Dabei werden auch Mengenangaben gemacht, interessanterweise unterscheidet Hoover hierbei zwischen Edelmetall- und Buntmetallprägungen. Für R3 (extrem selten) werden ein bis zwei Exem-

plare in beiden Kategorien genannt. Für R2 (sehr selten) 2-25 im Edelmetall, 2-10 Expl. im Buntmetall. Für R1 (selten) 25-60 im Edelmetall, 10-30 im Buntmetall.
Heute, nachdem einige von Hoovers Bänden über zehn Jahre alt sind, bedürfen zahlreiche dieser Einschätzungen einer Revision, denn das Marktgeschehen hat sie überholt. Das liegt hauptsächlich daran, dass die Menge der verauktionierten antiken Münzen in den vergangenen zehn Jahren kontinuierlich angestiegen ist. Daraus folgt, dass nur ganz wenige Münzen noch die Grade R3 und R2 erreichen. Ähnlich verhält es sich mit den Einstufungen, die andere Katalogwerke wie der RIC (Roman Imperial Coinage) vornehmen (s. Infokasten auf Seite 30).

Seltene Varianten

Es ist ein fundamentaler Unterschied, ob eine Münze selten ist, weil sie – unter besonderen historischen Umständen – in kurzer Zeit in sehr kleiner Menge geprägt wurde (z. B. Abb. 5, 6), oder ob sie Teil einer kontinuierlichen, massenhaften Prägung war und sich nur in Details von anderen Stücken dieser Massenprägung unterscheidet. In beiden Fällen mag es sein, dass nur jeweils eine handvoll von Exemplaren bekannt ist. Viele solcher Varianten existieren sogar nur in einem Exemplar und einige Varianten bewegen sich im Bereich von Fehlprägungen (Abb. 2). Unter römischen Münzen der Kaiserzeit, die in Millionenauflagen hergestellt wurden, gibt es beispielsweise „Sonderbüsten", also Brustbildnisse der Kaiser, die sich in gewissen Details vom kanonischen Bild unterscheiden (Abb. 3-4). Dennoch werden für solche Besonderheiten nur in Ausnahmefällen besonders hohe Preise bezahlt, denn am Ende sind auch die Varianten, wenn man sie nicht mit einem besonderen historischen Ereignis in Verbindung bringen kann, Teil einer Massenprägung.

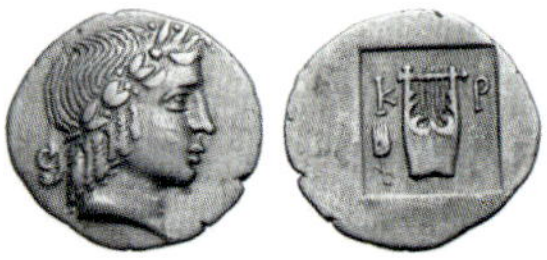

Abb. 2
Lykische Liga, Hemidrachme, Münzstätte Kragos, 44-18 v. Chr., 1,68 g. A 2022: 280 GBP. Auf der Vorderseite dieser Massenprägung sind üblicherweise zwei Buchstaben links und rechts des Kopfes angeordnet, die hier fehlen.

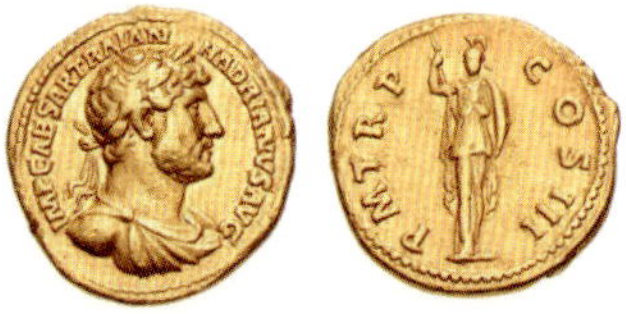

Abb. 3
Kaiser Hadrian, Aureus, Rom, 120-121, 7,22 g. A 2022: 19.000 USD. Der für einen Aureus dieser Qualität ungewöhnlich hohe Preis von 19.000 USD begründet sich darin, dass der Reverstyp selten ist. Hinzu kommt, dass der Münztyp mit einer solchen Büste, die zwar drapiert ist, aber keinen Brustpanzer aufweist, nicht belegt ist.

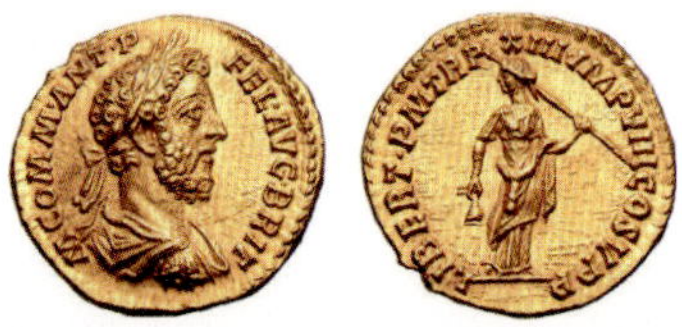

Abb. 4
Kaiser Commodus, Aureus, Rom, 187-188, 7,21 g. A 2021: 15.000 GBP. Aurei des Commodus in dieser Qualitätsstufe erzielen ohnehin leicht fünfstellige Preise. Bei diesem Stück handelt es sich zudem um eine Büstenvariante: belegt sind sonst nur Stücke ohne einen Brustpanzer.

Seltenheitsangaben im Roman Imperial Coinage (RIC)

RIC VII (1981)		RIC II.2 (2009)		RIC III.2 (2021)	
R5:	Unikum	R3:	Unikum	R3:	Unikum
R4:	bis 5 Expl.	R2:	wenige Expl.	R2:	In 1–2 Sammlungen vertreten
R3:	bis 10 Expl.	R:	einige Expl.	R:	so gut wie nie in Funden vorhanden, aber in wenigen Sammlungen
R2:	bis 15 Expl.	C:	geläufig		
R1:	bis 20 Expl.	C2:	2-mal häufiger als C	S:	50 % unter dem üblichen Fundvorkommen
C:	Common	C3:	10-mal häufiger als C		

Selten = teuer?

Münzhandel ist Marktwirtschaft in ihrer reinsten Form: Die Nachfrage bestimmt den Preis. Das bedeutet, dass eine Münze, die extrem selten, vielleicht einmalig ist, auf einer Auktion einen erstaunlich niedrigen Preis erzielen kann, wenn nur wenige Sammler sich dafür interessieren. So sind die Münzen der griechischen Städte, die in Kleinasien (heute: Türkei) unter römischem Einfluss ihr Kleingeld prägten, kein sonderlich populäres Sammelgebiet. Von den Hunderten von Städten, die prägten, gibt es zahlreiche, für die sich noch kein Sammler im Speziellen interessiert. So kommt es, dass eine Münze der kilikischen Stadt Aigeai, die ihren Gründer Alexander den Großen und den amtierenden Kaiser zeigt (Abb. 5), für gerade einmal 90 GBP zugeschlagen wurde, obwohl sie in nur einem Exemplar bekannt ist. Bei einem Startpreis von 80 GBP gab es offensichtlich nur einen Gegenbieter, dessen Interesse an diesem Unikum auch nicht sonderlich groß war.

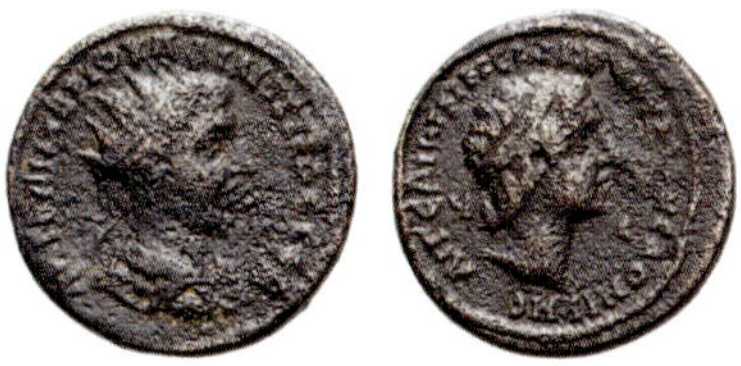

Abb. 5
Aigeai (Kilikien), unter Kaiser Philip. Bronze, 244, 10,69 g. A 2022: 90 GBP. Es handelt sich hierbei um das einzige bekannte Exemplar dieses Münztyps. Die Tatsache, dass es offensichtlich nur wenige Sammler gibt, die sich für Münzen aus dieser Stadt interessieren, bewirkt einen geringen Auktionspreis.

Den Gegenpol hierzu bieten Münzen, die ganz und gar nicht selten sind, dafür aber über eine besondere Eigenschaft verfügen: Sie sind gesucht. Dies betrifft vor allem Münzen, die mit besonderen Persönlichkeiten in Verbindung stehen, die einen hohen Bekanntheitsgrad genießen. Die sog. Elefantendenare, die Julius Caesar prägen ließ, zählen zu den häufigeren Münzen der römischen Republik (s. S. 87, Nr. 37). Dennoch liegt ihr Preis selten unter 500 €, während seltenere Denare anderer Prägeherren wesentlich günstiger sind.
Schließlich muss auch gesagt werden, dass das Prädikat „selten" auch dazu genutzt wird, den Preis in die Höhe zu treiben. Bei seriösen, wissenschaftlich arbeitenden Auktionshäusern und Händlern werden Sie einen zurückhaltenden Umgang mit diesem Begriff vorfinden. Wenn er einmal verwendet wird, können Sie sich darauf verlassen, dass die Seltenheitsangabe dem aktuellen Stand der Forschung entspricht. Dagegen gibt es Händler, die den Begriff – aus Unkenntnis oder als „Werbemaßnahme" – inflationär einsetzen.

Der Haken: die Überlieferungsquote

In der Forschung zu antiken Münzen geht man davon aus, dass sich über die Epochen und Münzmetalle hinweg etwa 1–5 ‰ der überhaupt geprägten Münzen erhalten haben. Was bedeutet das in der Realität des Münzensammelns?

Von zahlreichen Münztypen, seien es attische Tetradrachmen oder römische Denare, gab es Millionen von Exemplaren – jedes Jahr! Für deren Herstellung wurden wiederum jeweils Hunderte von Stempeln hergestellt, denn ein Vorderseitenstempel dürfte nur etwa 10–30.000 Prägungen ausgehalten haben, bevor er riss oder sein Prägebild schwammig wurde. Angesichts solcher Mengen ist es wenig erstaunlich, dass jährlich viele Tausend attischer Tetradrachmen gehandelt werden und sich die Zahl der in Sammlungen vorhandenen Exemplare auf einige Hunderttausend beläuft.

Doch stellen wir uns einmal vor, ein Münztyp sei tatsächlich nur mit einem einzigen Stempelpaar geprägt worden, was beispielsweise für den Flamininus-Stater (Abb. 6) anzunehmen ist: Die wenigen bekannten Exemplare zeigen beide Stempel in verschiedenen Abnutzungsstufen, manche wurden früh, andere wesentlich später geprägt. Es scheint so, als habe man die Stempel so lange verwendet, bis sie bereits stark verschlissen waren, was auf eine Prägemenge von nicht weniger als 10.000 Exemplaren schließen lässt. Legt man die oben genannte Überlieferungsquote von 1 – 5 ‰ zugrunde, müssen wir damit rechnen, dass etwa 10 – 50 Exemplare überlebt haben und die meisten von ihnen noch unentdeckt im Boden schlummern. Es ist also jederzeit möglich, dass innerhalb kurzer Zeit aus einer außergewöhnlich seltenen Münze ein mehr oder weniger häufiges Stück wird.

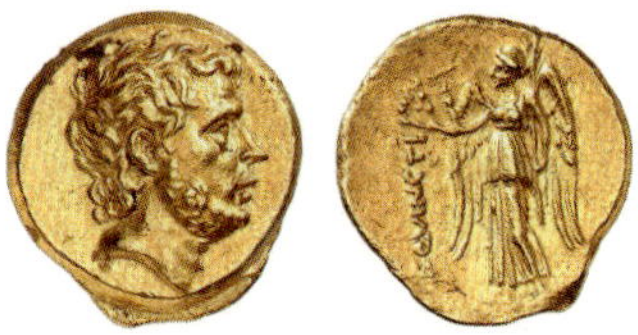

Abb. 6
T. Quinctius Flamininus, Stater, 8,5 g, 196 v. Chr., Chalkis (?). A 2018: 600.000 CHF.
Der sog. Flamininus-Stater, von dem aktuell elf Exemplare bekannt sind, ist eine Ikone der antiken Numismatik. Er zeigt das früheste lebensechte Portrait eines römischen Feldherrn. In Rom selbst wäre Flamininus mindestens vor Gericht gebracht worden, hätte er sich dort in Gold verewigen lassen. Das hier gezeigte Exemplar ist das Besterhaltene und dürfte heutzutage einen höheren Preis erzielen.

Zuletzt ereilte ein ähnliches Schicksal die Münzen des armenischen Klientelkönigs Aristoboulos (54-92), auf denen er sich gemeinsam mit seiner berühmt-berüchtigten Gattin Salome abbilden ließ. Als im Jahr 2013 ein solches Stück auf einer Auktion auftauchte, erzielte es 70.000 USD, obwohl es sich um ein verkrustetes Fundexemplar handelte (Abb. 7). Das nächste, noch schlechtere Exemplar, erbrachte 2014 45.000 USD. 2016 wurde dann ein „sehr schön" erhaltenes Stück mit hervorragenden Bildnissen für 160.000 USD versteigert. 2020 begann die große Schwemme, und es tauchten jeden Monat ein oder zwei weitere Exemplare dieser Münze auf. Heute erhält man für wenige Tausend Euro eine vorzügliche Portraitmünze der Salome (vgl. Abb. 8), während ein schwaches Exemplar wie das von 2014 nur wenige Hundert Euro erlöst. Wer also allein auf die Seltenheit einer Münze setzt und diese als Investitions- oder Spekulationsobjekt betrachtet, riskiert viel und kann auf Dauer nur verlieren.

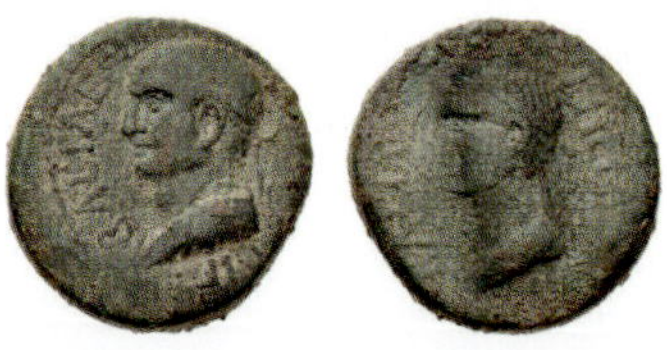

Abb. 7
König Aristoboulos V., Bronze, mit Reversportrait der Salome, 66/67 n. Chr., Chalkis in Syrien. A 2013: 70.000 USD.

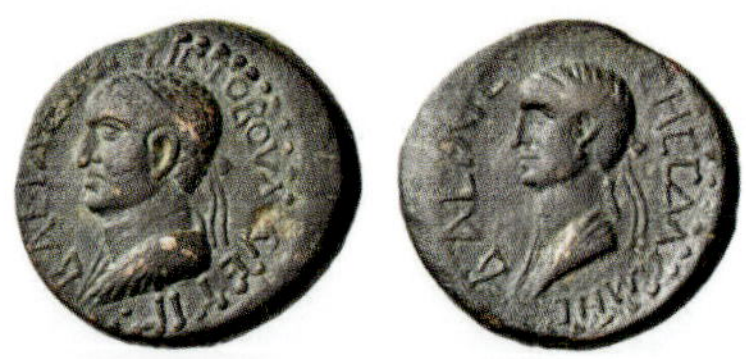

Abb. 8
König Aristoboulos V., Bronze, mit Reversportrait der Salome, 66/67 n. Chr., Chalkis in Syrien. A 2021: 8000 CHF.

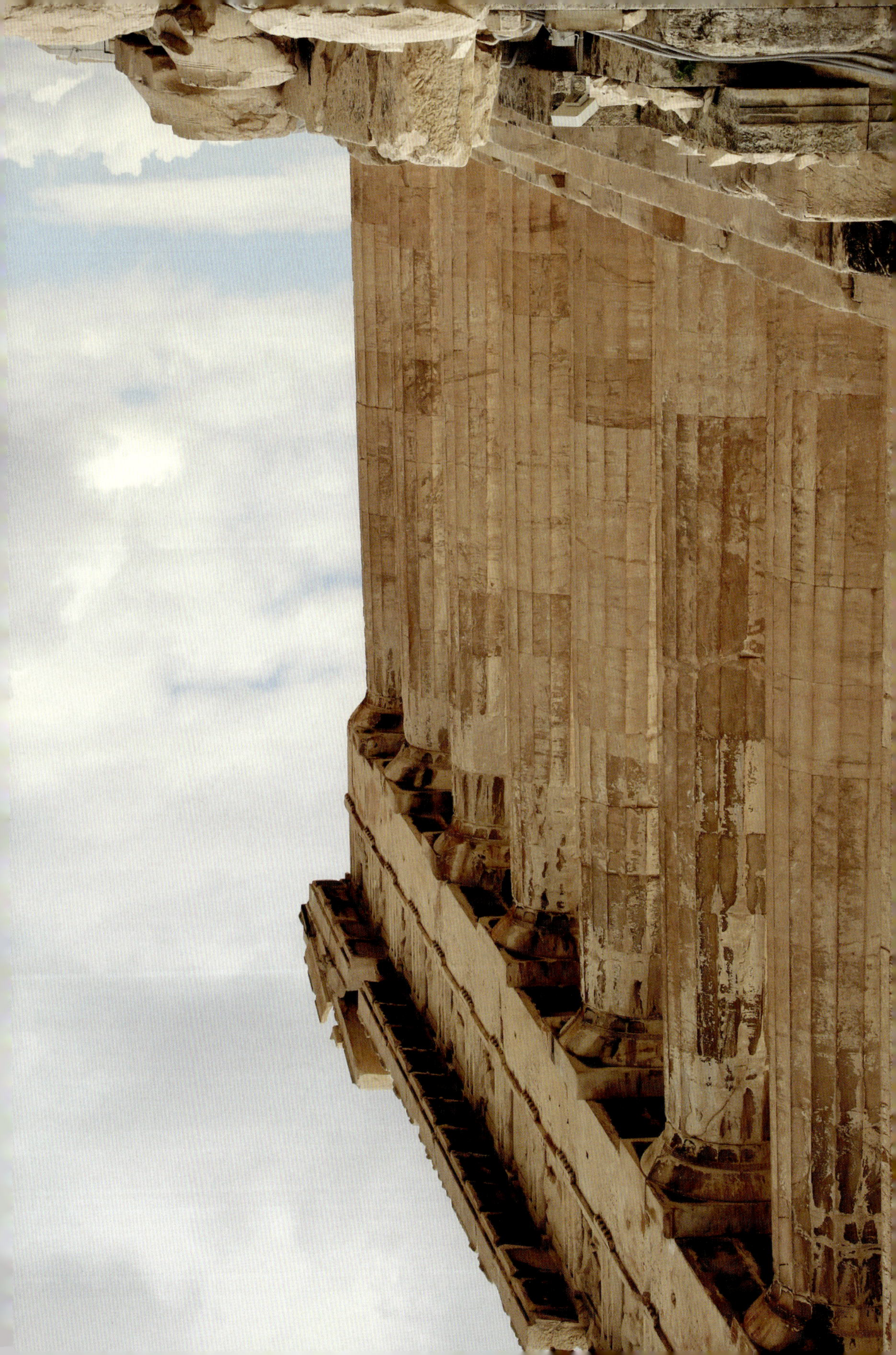

I. Griechische Münzen

1. **Archaik** (ca. 650–500 v. Chr.)
2. **Klassik** (ca. 500–350 v. Chr.)
3. **Hellenismus** (ca. 350–30 v. Chr.)
4. **Unter römischer Herrschaft (Provinzialprägungen)** (ca. 133 v. – 270 n. Chr.)

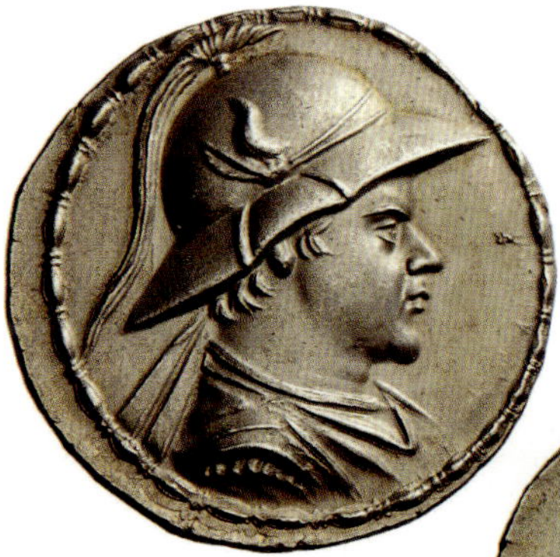

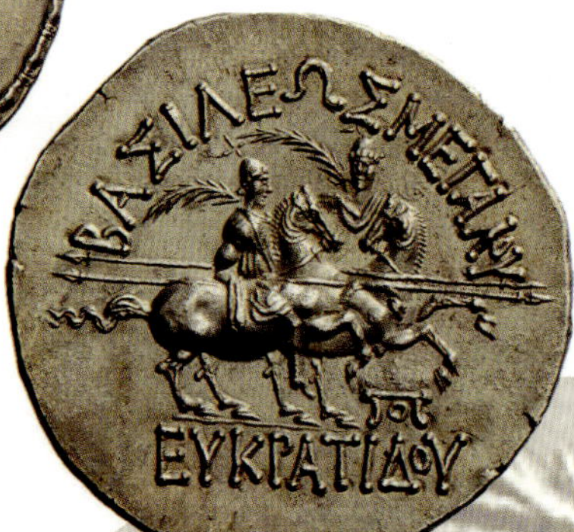

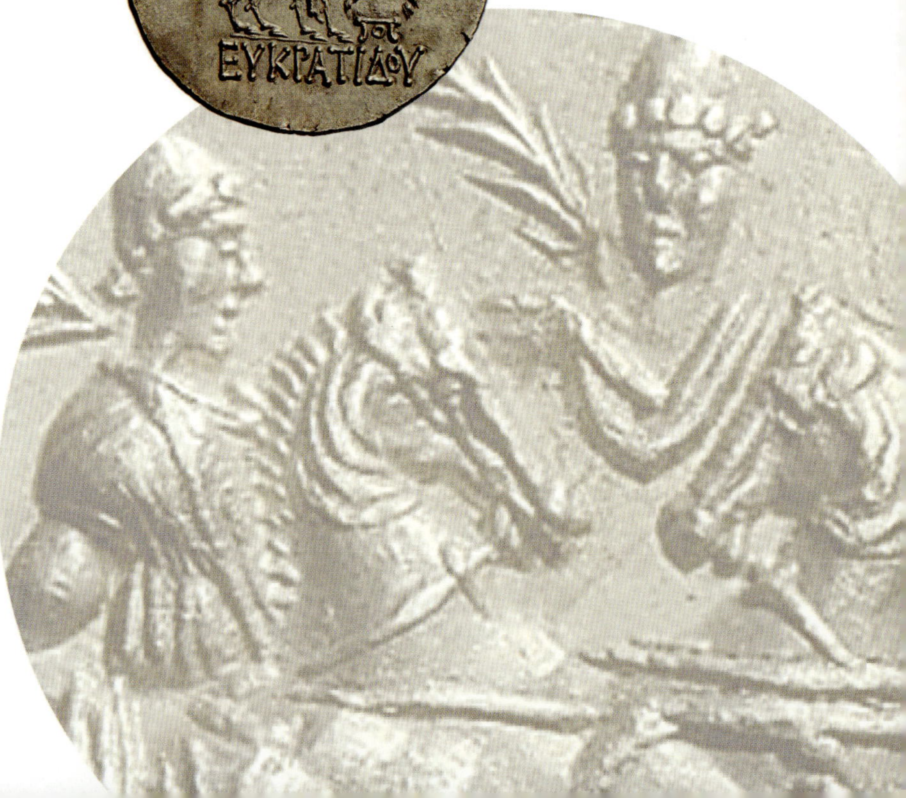

Tetradrachme des baktrischen Königs Eukratides II. (170 – 145 v. Chr.).

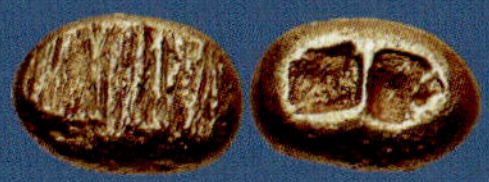

1. Hemistater, Elektron, 7,26 g, n. lydisch-milesischen Fuß, ca. 650. Gestrichelte Vorderseite / 2 eckige Incusa. Karwiese I.6. A 2015: 17 000 $. vz

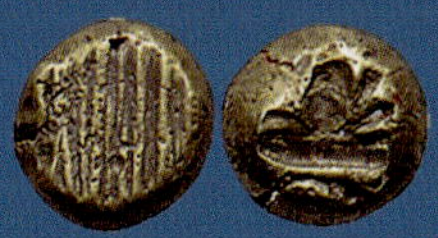

Abbildung 200 %
1.a Sofort nach der „Erfindung" der Münze tauchten die ersten Fälschungen auf: Plattierter „1/12 Stater", der nach lydisch-milesischem Fuß etwa 1,18 g wiegen müsste, doch nur 0,7 g wiegt. A 2015: 240 €. ss-vz

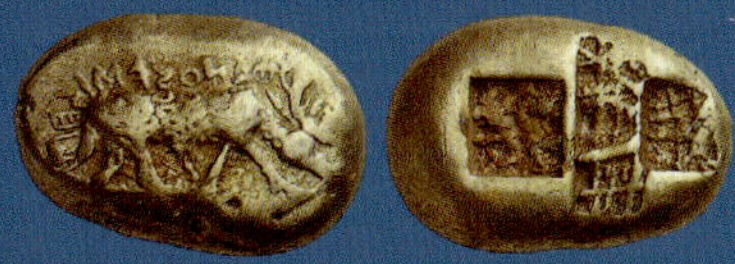

2. Der sog. Phanes-Stater (14,1 g) ist wahrscheinlich die berühmteste Elektronmünze. Ein Teilstück davon wurde im Gründungsfundament des Artemisions gefunden, worauf die Datierung auf ca. 630 beruht. Die Legende ΦΑΝΟΣ ΕΜΙ ΣΕΙΜΑ bedeutet „Ich bin das Wappen des Phanes". Weidauer 40. A 2014: 280 000 €. Prschw., vz

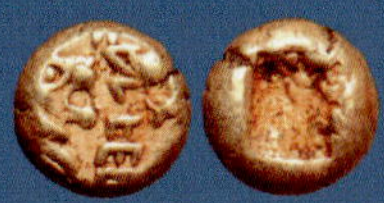

3. 1/12 Stater (Hemihekte, 1,17 g) n. lydisch-milesischem Fuß mit zwei gegenüberstehenden Löwenköpfen und der lydischen Legende VALVEL. Weidauer 91. A 2014: 6000 GBP. ss

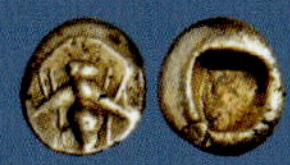

4. 1/12 Stater (Hemihekte, 1,19 g) n. (lydisch-)milesischem Standard, Karwiese III 0.2. Die Biene ist – aus bislang unklaren Gründen – das „Wappentier" von Ephesos. A 2012: 2100 €. ss-vz

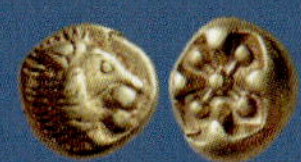

5. Hemihekte, 1,17 g, n. milesischem Fuß, SNG Kayhan 444. Der Löwe ist das „Wappentier" der Stadt Milet, an der Westküste Kleinasiens gelegen. Auf der Rs. ein für Milet ebenfalls typisches florales Muster. A 2015: 380 €. ss+

1. Archaik (ca. 650–500 v. Chr.)

Vom Blassgold für Soldaten zum prachtvollen Silbergeld

Jahrtausende vor der Erfindung der Münze existierten bereits hochentwickelte Wirtschaftssysteme. Wie es aussieht, erhielten Soldaten in Kleinasien das erste Münzgeld. Die Erfindung breitete sich rasch in den griechischen Städten der kleinasiatischen Westküste aus.

Aus der Zeit um 1500 v. Chr. stammen abgewogene Silberknöllchen, die mit einfachen Punzen versehen wurden und auf Kreta gefunden wurden. Im 8. Jh. v. Chr. versahen Beamte des assyrischen Königs Tiglat Pileser III. Silberbarren mit ihren Punzen, um den Wert zu garantieren. Doch erst in der zweiten Hälfte des 7. Jhs. v. Chr. wurden aus Metall gefertigte Geldstücke geprägt, die sich nach einem Standard richteten, und deren Wert durch einen Stempel garantiert wurde (so lautet eine gängige Definition von „Münze"). Diese Datierung ergibt sich aus dem berühmten Gründungsfund im Artemis-Tempel von Ephesos („Artemision"), der um 630 v. Chr. vergraben wurde. Diese Münzen bestehen aus Elektron, einer Legierung aus Gold und Silber. Die jüngsten Metallanalysen der frühesten Elektronmünzen haben ergeben, dass sie aus einer künstlich hergestellten Legierung bestehen. Wer auch immer diese Geldstücke prägen ließ, wusste genau, wieviel Prozent Gold sie enthielten. Es steht außer Frage, dass ihnen der Prägevorgang einen Wert verlieh, der über dem Metallwert lag. Darin liegt der entscheidende Unterschied zwischen dem reinen Metall (*bullion*) und einer Münze, deren Wert stets höher ist. Die Geschichte des Münzgeldes beginnt also mit einer ordentlichen Überbewertung. Es ist gut möglich, dass eine Münze (**1**), obwohl sie nur etwa 60 % Gold enthielt, so gehandelt wurde, als bestünde sie aus reinem Gold. In dieser dem Münzgeld immanenten Möglichkeit, aus einer Menge Edelmetalls mehr davon zu machen, liegt eines seiner revolutionären Potentiale.[2] Zu den frühesten Münzen aus dem Artemision zählen auch solche mit lydischer Legende (**3**). Wahrscheinlich wurden sie von einem lydischen Herrscher emittiert, worauf das Münzbild mit zwei Löwenköpfen deutet. Doch hinter dem Namen „VALVEL" steckt allenfalls ein Beamter. Der Lyriker Alkaios schreibt um 580 v.

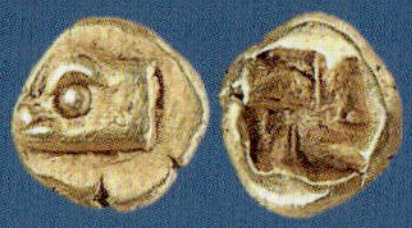

Abbildung 200 %
6. 1/48 Stater, 0,32 g, ca. 625–550, Bodenstedt 2.1. Die Robbe (griech. phokä) steht für den Prägeort Phokaia. A 2015: 800 €. vz

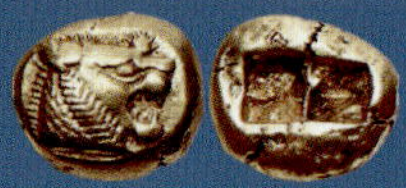

8. 1/3 Stater (Trite), 4,69 g, traditionell in die Regierungszeit des lydischen Königs Alyattes (ca. 605–561) datiert, der in Sardeis residierte. SNG Kayhan 1013. Der Löwe steht für das lydische Königshaus, die „Warze" auf der Schnauze ist bislang unerklärt. A 2015: 4000 $. Punze auf Rs., f. vz

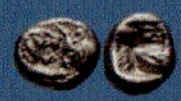

10. 1/24 Silberstater, 0,41 g, 561–520, SNG Kayhan 1022. Der Münztyp wurde unter König Kroisos eingeführt, jedoch von den Persern beibehalten, nachdem sie Kleinasien eingenommen hatten. A 2015: 240 $. Korrosionsspuren, ss

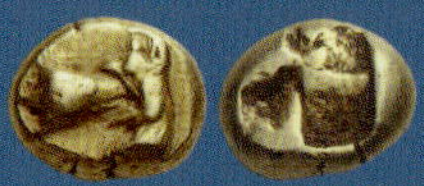

7. 1/6 Stater (Hekte) n. phokäischem Fuß, 2,69 g, ca. 600–550. Der Thunfisch (hier l., im Maul eines Greifen) ist das Markenzeichen der Stadt Kyzikos. A 2014: 1300 €. ss-vz

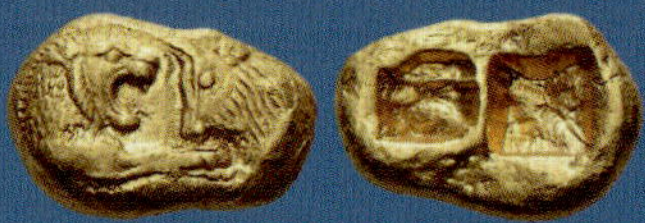

9. Reingold-Stater, 10,78 g, geprägt unter König Kroisos (561–550), SNG Cop 454. Exemplare wie dieses aus der „schweren Serie" sind in guter Erhaltung äußerst selten, denn nach Erscheinen einer leichteren Serie wurden sie aus dem Verkehr gezogen. A 2015: 62 000 CHF. vz

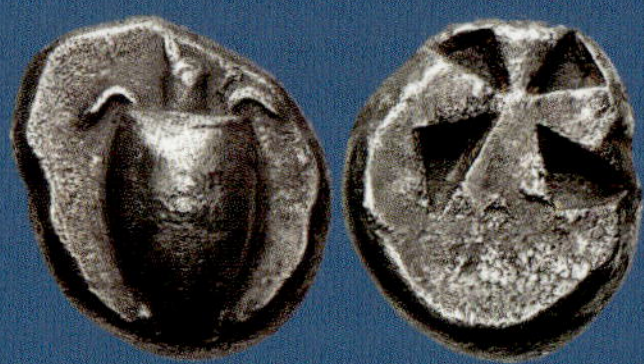

11. Aigina, Stater, 11,77 g, ca. 525–475, HGC 430. Die frühesten Stücke sind an der schlichten Gestaltung der Schildkröte sowie an dem windmühlenflügelförmigen Incusum erkennbar. A 2015: 900 $. Dezentriert, etwas porös, ss

Chr. von Geldzahlungen der Lyder an Söldner. Es ist am wahrscheinlichsten, dass die Erfindung der Münze mit Kriegen in Verbindung steht, obwohl spätere griechische Historiker auch annehmen, dass sie für den Handel geschaffen wurde. Sehr bald aber übernahmen die griechischen Poleis an der Westküste Kleinasiens das neue Geld (**4**–**7**). Die Tatsache, dass vom Ganzstück, dem Stater (ca. 14,3 g), bis hinab zum 1/192 Stater (0,08 g) zahlreiche Nominale geprägt wurden, spricht dafür, dass das Geld nun auch für den alltäglichen Handel verwendet wurde.

Aversgestaltung

Um die Mitte des 6. Jhs. v. Chr., also etwa 100 Jahre nach der „numismatischen Revolution", prägten die folgenden kleinasiatischen Städte eigene Elektron-Münzen: Ephesos (**4**), Milet (**5**), Phokaia (**6**), Kyzikos (**7**), Sardis (**8**), Samos sowie die Insel Chios. Während die Rückseiten verschiedene inkuse (eingesenkte) geometrische Formen aufweisen, zeigen die Vorderseiten fast immer Darstellungen von Tieren, die in einer besonderen Beziehung zur jeweiligen Stadt stehen. In aller Regel kommen sie auch auf den Münzen vor, die diese Städte viele hundert Jahre später prägten und können daher als „Wappentiere" verstanden werden. Sie stehen in Verbindung mit bedeutenden Lokalgottheiten, so wie der Hirsch mit der Artemis von Ephesos, oder spielen schlicht auf den Stadtnamen an, wie die Robbe (griech.: *phokä*) auf den Münzen von Phokaia. In beiden Fällen repräsentieren sie die emittierende Stadt nach außen. Man kann sie als Medien der städtischen Identität auffassen, denn Münzen wurden sehr bald nicht nur als Geld, sondern auch als Träger von Botschaften verwendet.

Münzfüße

Je nach Prägeort und beabsichtigtem Zirkulationsgebiet folgen die Elektronmünzen verschiedenen Gewichtsstandards (Münzfüßen), die sich lange vor der Münzprägung bereits herausgebildet hatten. Am häufigsten ist der Lydo-Milesische Fuß, dessen Ganzstück (griech.: *statär;* dt.: Stater) 14,15 g wiegt. Statere nach dem Samisch-Euböischen Fuß wiegen 17,4 g, solche nach dem Phokaischen 16,8 g. Gängige Teilstücke dieser Nominale sind ½ (Hemistater), ⅓ (Tri-

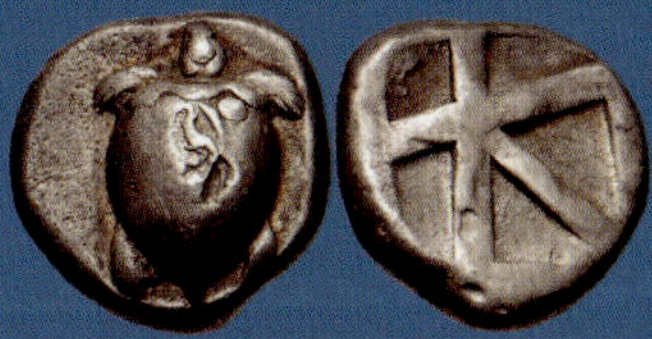

12. Aigina, Stater, 12,18 g, ca. 525 – 475, HGC 433. Viele Münzen dieses Typs weisen Punzen auf, die als „Bankiersmarken" gedeutet werden. Auf diesem Stück sind ein Delphin und eine Keule als Punzen auf dem Schildkrötenpanzer zu erkennen. A 2015: 850 $. ss

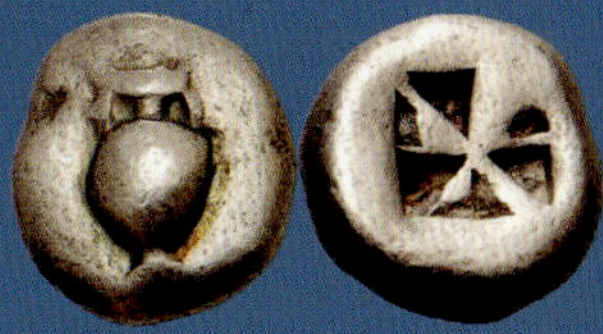

13. Karthaia auf der Kykladeninsel Keos, Stater, 12,09 g, 540 – 520, HGC 539. Viele archaische Münztypen sind sehr selten, sodass auch mäßig erhaltene Exemplare wie dieses hohe Preise erzielen. Die Vs. zeigt eine Amphore. A 2012: 5500 €. s

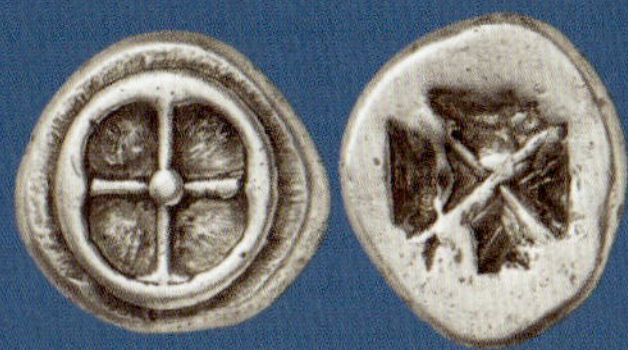

14. Athen, Didrachme, 8,57 g, 545 – 525/15, HGC 1614. Die verschiedenen Motive auf der Vs. waren auch vielfach als Schildzeichen der Krieger auf attischen Vasen abgebildet. Man hielt sie lange für die Wappen von führenden athenischen Familien. A 2015: 26000. ss+

te), $\frac{1}{6}$ (Hekte), $\frac{1}{12}$ (Hemihekte). Manche Städte prägten Kleinstnominale bis hinab zum $\frac{1}{192}$ Stater (nach lydo-milesischem Fuß: 0,08 g). Anepigraphe Münzen (solche ohne Legende) sind häufig schwer einem konkreten Münzherren zuzuordnen. Durch das Gewicht der Münze lässt sie sich aber meist wenigstens einer Prägeregion zuweisen. Häufig weist die Verwendung des gleichen Münzfußes in zwei Städten auf politische oder wirtschaftliche Verbindungen zwischen ihnen hin.

Philosophie und Geld

Die Erfindung der Münze fällt in eine Zeit großer politischer, aber auch geistesgeschichtlicher Umbrüche – nicht nur in der griechischen Welt, sondern zugleich auch in den Weltteilen, die heute China und Indien heißen. Karl Jaspers nannte diese Epoche (ca. 800 – 500 v. Chr.) die Sattelzeit. In Kleinasien entwickelte sich zur Zeit der ersten Münzen die „Ionische Naturphilosophie". Ihre Protagonisten, Thales und Anaximander von Milet, suchten nach rationalen Erklärungsansätzen für alle möglichen Naturphänomene. Dabei entwickelten sie eine materialistische Philosophie: So war für Anaximander der Ursprung allen Seins das *„apeiron"* (etwa: das Unbegrenzte). Diese Ursubstanz konnte sich – unter den gegebenen Umständen – in alles verwandeln. Das gleiche gilt bekanntlich für Münzgeld, den Urbegriff einer materialistischen Substanz. Dieses Medium ermöglichte einen rationalmaterialistischen Umgang mit anderen Menschen, indem es Werte kühl zueinander in Relation setzte.

Bimetallismus: Kroisos

Bis in die 550er Jahre hinein bestanden Münzen ausschließlich aus Elektron. Erst der letzte lydische König, Kroisos (561 – 546) sah die Notwendigkeit, die beiden in diesen Münzen enthaltenen Metalle zu separieren. Aus den Elektronmünzen mit einem Zielgewicht von 14,1 g für den Stater (**8**) wurden Goldstücke von 10,8 g (**9**) mit der bekannten inkusen Rückseite und den Vorderteilen eines Stiers (rechts) und eines Löwen (links) auf der Vorderseite. Die Silberstücke folgten dem gleichen Gewichtsstandard, trugen das gleiche Bild und waren in Teilstücke von $\frac{1}{3}$ – $\frac{1}{48}$ unterteilt (**10**). Damit führte Kroisos als erster ein Währungssystem ein, das auf zwei Edelmetallen

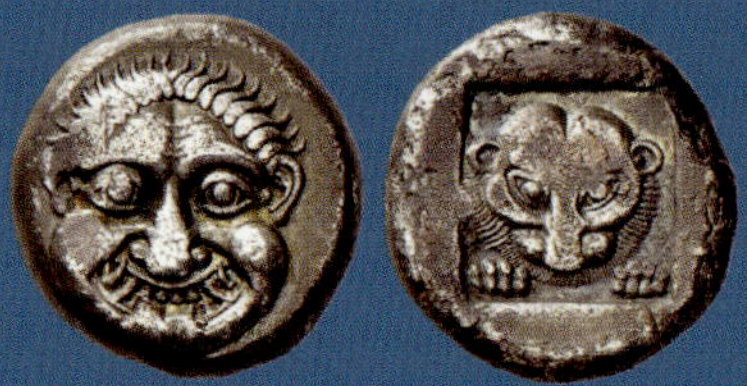

15. Athen, Tetradrachme, 16,98 g, ca. 525, HGC 1587. Die Vs. zeigt den Kopf der Gorgone Medusa (gorgoneion), der dem Mythos nach Jeden – auch Halbgötter – in Stein verwandelte. A 2014: 160 000 CHF. vz

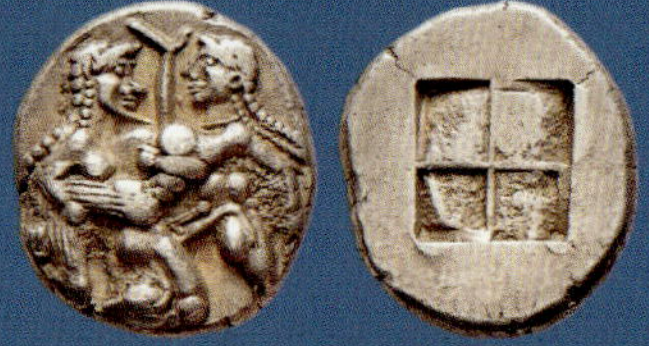

16a. Thasos (Thrakien), Stater, 9,33 g, ca. 500. Die Vs. zeigt das Motiv "Satyr raubt Nymphe" in archaischer Pracht. HGC 331. A 2015: 600 €. Stf., vz

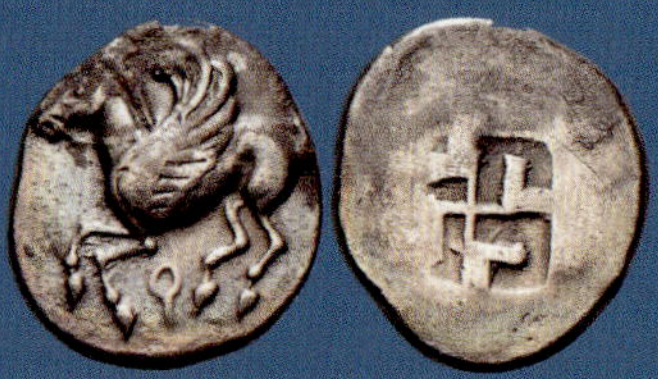

16. Korinth, Stater (= Tridrachme), 8,74 g, ca. 550 – 515, HGC 1814. Vs.: Pegasos, der mit dem in Korinth besonders verehrten Poseidon in Verbindung steht. Die archaischen Typen mit incuser Rs. sind sehr selten. A 2015: 750 GBP. Auflagen, Prschw., ss

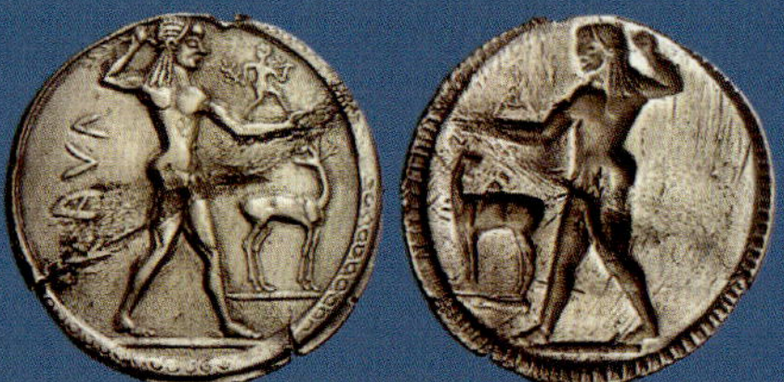

17. Kaulonia, Stater, 7,62 g, 525 – 500, Rutter 2001 2035. Vs.: KAVΛ. Apoll mit Lorbeerzweig n. r., auf seinem Arm ein Daimon, davor Hirsch. Der niedrige Preis beruht auf der schweren Beschädigung des Stücks. A 2014: 900 €. Knickspur, ss+

beruhte, die in einem festen Verhältnis zueinander standen. Diese Münzen gelangten schnell zu Berühmtheit, vielleicht weil sie massenhaft ausgeprägt wurden. Man nannte sie Kroiseioi, und der persische Großkönig Dareios setzte ihre Prägung nach der Eroberung des Lyderreiches unverändert fort. Es ist schwer einzuschätzen, was den sagenhaft reichen König zu diesem Schritt bewegte, jedenfalls verhalf er dem Münzgeld, das bis dahin nur kleinräumig in Kleinasien zirkuliert war, zu einem Durchbruch.

„Explosion numismatique"

Innerhalb weniger Jahrzehnte setzte in vielen Regionen die Prägung von Silbermünzen ein: in Ionien (neben den oben genannten Städten, die zuerst Elektron geprägt hatten, prägten nun Klazomenai, Erythrai, Teos und Kolophon silberne Statere), in Griechenland selbst, im Norden Griechenlands sowie in der Magna Graecia. Jede Region entwickelte dabei einen spezifischen Stil, häufig schlugen sich politische Beziehungen auch in den Münzbildern nieder.

Im griechischen Mutterland begann die Handelsstadt Ägina als erste Polis mit der Münzprägung. Das Vorderseitenmotiv, die Meeresschildkröte, gewann schnell Berühmtheit. Die Münzen lassen sich grob anhand der Panzerzeichnung, v. a. aber anhand des Incusums im Revers, datieren. Die damals wie heute sogenannten „Schildkröten" (**11 – 12**) waren die ersten echten Handelsmünzen. Der äginetische Stater von 12,2 g fand vor allem auf den Kykladen Anklang. Von dieser Inselgruppe prägte Keos (heute: Kea) bereits um 540 Münzen, die das äginetische Vorbild nicht verhehlen (**13**). Auch die Statere nach äginetischem Fuß von Thera (heute: Santorin) datieren sehr früh (ca. 525). Athen begann die Prägung seiner berühmten Wappenmünzen unter dem Tyrannen Peisistratos (ab 546). Der Name leitet sich her von den ikonischen Aversmotiven, deren Bedeutung bislang nicht entschlüsselt ist. Insgesamt wurden Didrachmen mit 14 verschiedenen Bildern geprägt (**14**). Den Übergang zu den später berühmten „Eulen" stellen die Tetradrachmen mit Gorgoneion-Motiv dar, deren Revers einen Löwen *de face* zeigt (**15**). Auch das bedeutende Korinth begann noch in der Archaik mit seiner Münzprägung (**16**). Um 525 begann das thrakische Abdera die Prägung prächtiger

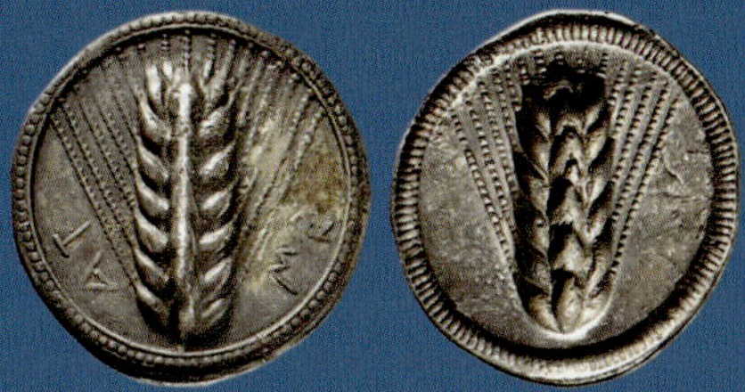

18. Metapont, Stater, 7,05 g, 520–500, Rutter 2001 1483. Der geringe Preis dieses Exemplars beruht auch darauf, dass es stark untergewichtig ist. A 2015: 900 €. Etwas belegt, 950 €, vz

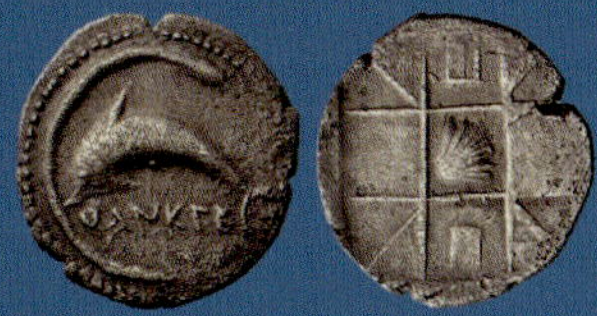

20. Zankle (heute: Messina), Drachme, 5,56 g, 520–493, HGC 766. Bei der Legende DANKLE findet ein lokales Alphabet Verwendung. A 2015: 1400 €. Porös, kl. Ausbruch, ss

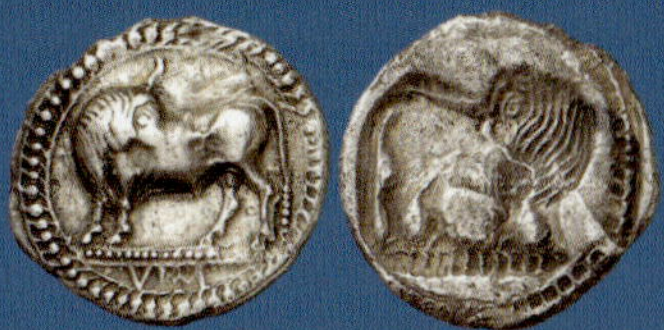

19. Sybaris, 1/3 Stater, 2,52 g, 550–510, Rutter 2001 1736. A 2015: 900 €. Str., ss

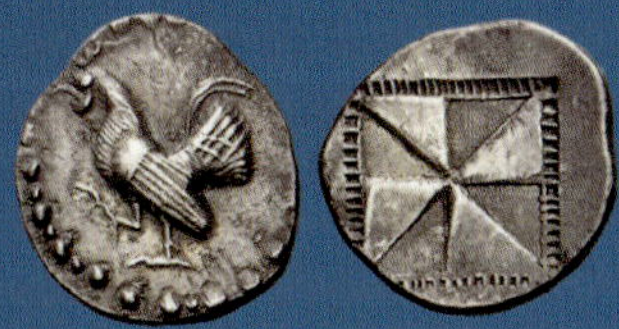

21. Himera, Drachme nach euböischem Fuß, 5,87 g, 530–520, HGC 421. Der Auktionator bewirbt das Stück damit, dass es sich um eines der besterhaltenen Exemplare dieses Typs handelt, was auch zutrifft. A 2015: 9000 CHF. vz

Statere von lokalem Fuß mit Greifen-Motiv, das makedonische Dikaia prägte um die gleiche Zeit Herakles auf seine Münzen. Ähnlich früh sind die Münzen der Insel Thasos mit ihrem pikanten Hauptmotiv (**16a**).

In den griechischen Kolonien Süditaliens (*Magna Graecia*) entwickelte sich eine sehr eigenständige Münzkunst. Kaulonia (**17**), Metapont (**18**), Sybaris (**19**) und Kroton prägten nach dem „achäischen" Fuß, da sie alle von peloponnesischen Städten aus der Region Achaia gegründet worden waren. Neben dem Stater von 8,1 g wurden Teilstücke von ⅓ und ⅙ hergestellt. Die bereits ab ca. 540 geprägten Stücke haben breite, dünne Schrötlinge und weisen auf beiden Seiten das gleiche Bild auf, das im Revers inkus erscheint. Man vermutet, dass diese anspruchsvolle Technik gewählt wurde, um das feingeschnittene Aversmotiv besonders detailreich ausprägen zu können. Auch Poseidonia prägte Münzen dieser Machart, doch folgten sie mit 7,5 g dem phokaischen Fuß, waren also nicht mit dem Geld der Region Bruttium (heute Kalabrien) kompatibel.

Auf Sizilien setzte die Münzprägung etwa 20 Jahre nach der äginetischen ein. Zankle (heute: Messina) und Himera orientierten sich, da sie beide von Chalkis auf Euböa gegründet worden waren, am euböischen Fuß von 17,4 g und prägten davon Drittelstücke. Selinus orientierte sich am korinthischen Stater von 8,6 g. All diese Städte prägten Bilder auf die Vorderseiten ihrer Münzen, die auf ihre Namen anspielten: Zankle (**20**) eine sichelförmige Hafenstruktur, denn *zánklä* bedeutet Sichel, Himera (**21**) einen Hahn, denn *häméra* heißt Tag (den der Hahn verkündet) und Selinus (**22**) das Blatt einer Selleriestaude (*sélinon*). Das ebenfalls sehr früh prägende Naxos (**23**) bildet hiervon eine Ausnahme, denn es zeigt – vielleicht als erste Polis überhaupt – einen Götterkopf. Es handelt sich um Dionysos, dessen Kult die Naxier aus ihrer gleichnamigen Metropolis (Mutterstadt) mitgebracht hatten. Neben der außerordentlichen Qualität dieses Bildes ist auch die Tatsache erwähnenswert, dass diese Münzen erstmals eine bildhafte Rückseitengestaltung aufweisen. Eine solche haben die Tetradrachmen von Syrakus (**24**) dann auch, da sie deutlich später auftauchen.

In einigen Städten wurde das neue Geld offenbar für nahezu alle Transaktionen verwendet. So finden sich Kleinstnominale bis zum $\frac{1}{16}$ Obol (0,04 g). Wie ein attischer Dichter berichtet, verwahrte man diese Mini-Münzen – mangels Hosentaschen – im Mund. Möglicherweise erlaubte sich Aristophanes hier aber einen Scherz.

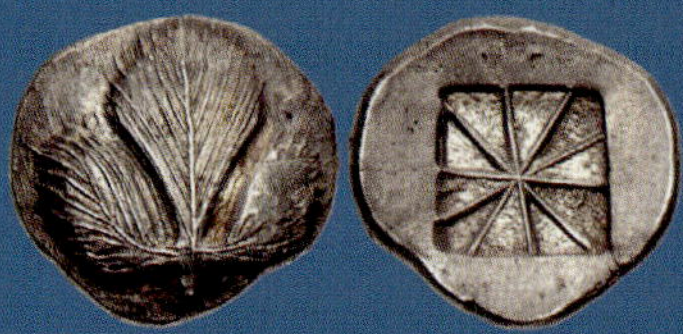

22. Selinus, Didrachme, 9,01 g, ca. 540–515, HGC 1211. A 2015: 1800 $. vz-

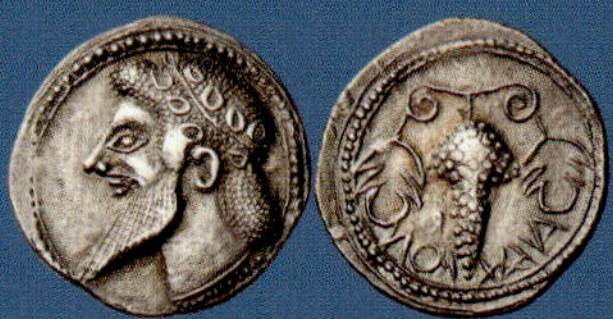

23. Naxos, Drachme, 5,57 g, 530–520, HGC 965. Vs. und Rs. stehen in Verbindung mit Dionysos und seinem Kult, dessen Zentrum der Wein bildet. A 2011: 320 000 CHF. vz

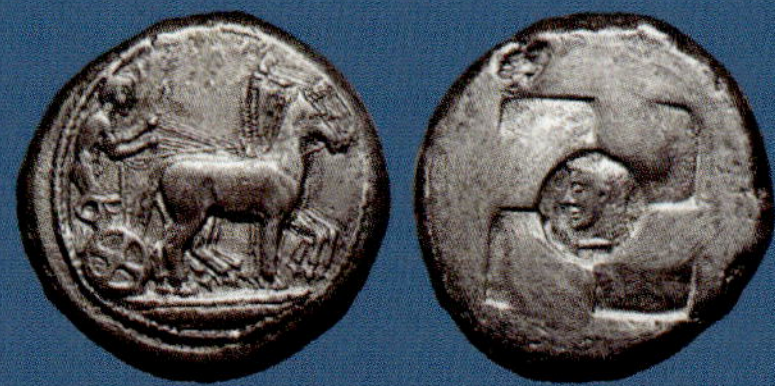

24. Syrakus, Tetradrachme, 16,9 g, 510–490, HGC 1301. Die auf der Vs. gezeigte Quadriga verweist auf den elitären Zeitvertreib der Gamoroi, der Führungsklasse von Syrakus. A 2014: 5000 GBP. ss-

Allgemeines zum Sammelgebiet:
Archaische Münzen sind ein reizvolles wie kostspieliges Sammelgebiet. Das Material ist äußerst begrenzt, denn viele archaische Silbermünzen wurden in späteren Zeiten eingeschmolzen und neu ausgeprägt oder schlicht überprägt. Von vielen Emissionen existiert somit nur eine Handvoll gut erhaltener Stücke. Die Preisunterschiede von gutem zu schwächerem Material (von dem im Bildteil zu Vergleichszwecken ebenfalls einige Exemplare vertreten sind) sind eklatant. Eine günstigere Möglichkeit, Zeugnisse aus der Frühzeit zu besitzen, findet sich in den Teilstücken, die teils massenhaft geprägt wurden und häufig verlorengingen, also nicht im Schmelztiegel landeten. Bis hinab zum 1⁄192 Stater (bzw. 1⁄16 Obol) wurden Kleinstmünzen geprägt, die aufgrund ihrer Filigranheit (und meist beeindruckenden Stempelschnitts) einen besonderen Reiz ausstrahlen. Kommune Typen sind in ansehnlicher Erhaltung (s–ss) für unter 50 € zu haben. Verhältnismäßig günstig sind – aufgrund jüngerer Fundvorkommen – auch frühe Elektronmünzen, insbesondere Teilstücke wie Triten und Hekten.

Weiterführende Hinweise:
Gehaltvoll und aktuell sind Metcalf 2012 und vor allem Mittag 2016. „Klassiker“ sind Franke–Hirmer (prächtig illustriert) und Kraay 1976. Grundlegend zum frühen Elektrongeld ist nach wie vor Weidauer 1975. Den aktuellen Forschungsstand bietet nun aber van Alfen-Wartenberg 2020. Graeber 2011 bietet einen ernüchternden Blick auf das Verhältnis von Münzen, Krieg und Sklaverei aus der Sicht des Sozialwissenschaftlers. Eine sehr eingängige geldgeschichtliche Einführung bietet Howgego 2012. Den philosophischen Aspekt behandelt ausführlich Seaford 2004. Aktuell, ziemlich vollständig und auf Sammler abgestimmt sind die „Handbooks“ von Hoover (HGC). Wissenschaftliche Materialsammlungen sind SNG und BMC.
Letzteres, gut 30 Bände umfassende Werk bietet – neben den Münzen – einen seriösen Grundstock an historischer und geographischer Information, ist jedoch in Teilen überholt.

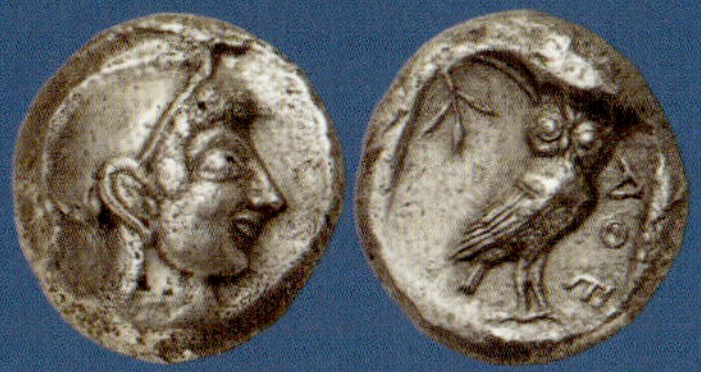

25. Athen, Tetradrachme, 510 – 500, 16,67 g, HGC 1589. Die Münzen dieser Zeit weisen stark verschiedene Stile auf. Dieses Exemplar ist nicht perfekt geprägt, weshalb der Preis relativ niedrig ist. A 2015: 6500 €. L. korr., ss

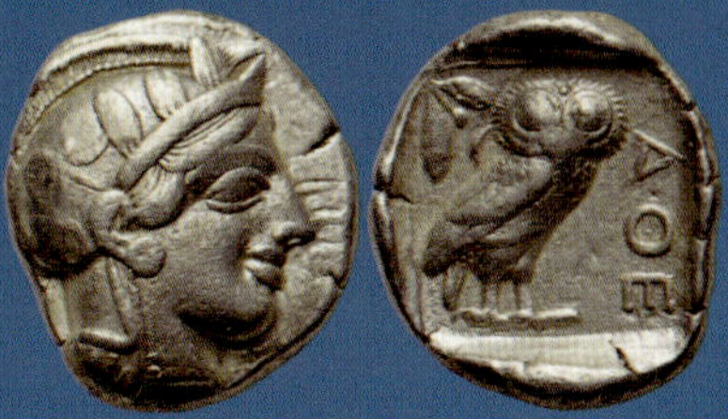

26. Athen, Tetradrachme, 454 – 404, 17,07 g, HGC 1597. Die Lorbeerblätter am Helm der Athena sind ein Siegeszeichen. Die Bedeutung der Mondsichel über der Eule ist nicht befriedigend geklärt. A 2015: 550 €. ss

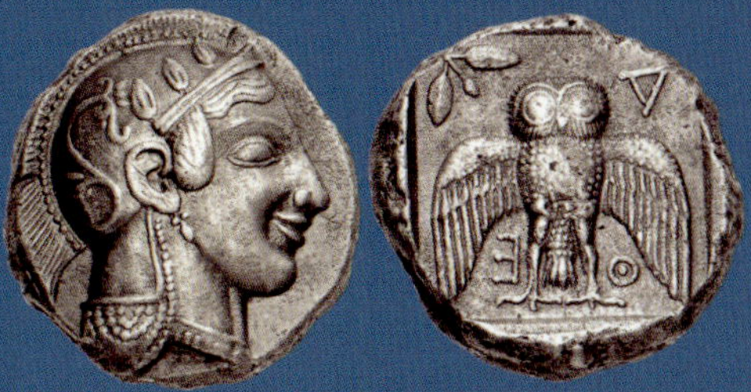

27. Athen, Dekadrachme (10 Drachmen), 42,69 g, 469 – 460, HGC 1585. Datierung und politischer Hintergrund dieser berühmten und relativ zahlreich geprägten Münzen sind eines der zahlreichen Rätsel der antiken Numismatik. A 2011: 375 000 $. vz

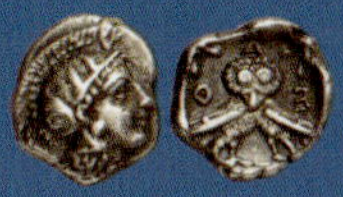

28. Athen, Diobol (2 Obole), 1,41 g, 354 – 294, HGC 1645. Das Reversmotiv mit doppeltem Torso vermittelte dem antiken Benutzer, dass es sich um ein Doppelstück handelt. Solche Kleinmünzen sind wesentlich seltener als Tetradrachmen. A 2011: 1900 €. ss+

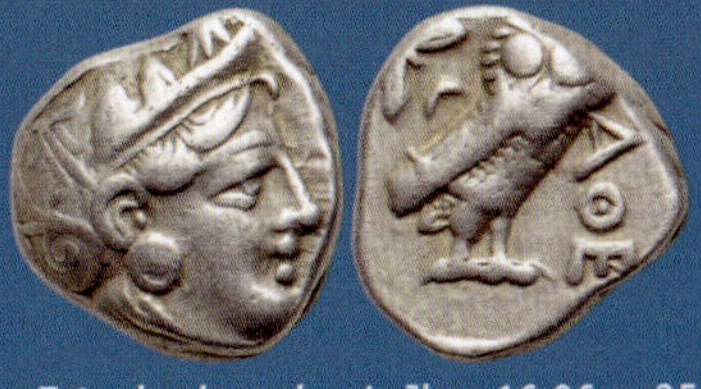

29. Athen, Tetradrachme des 4. Jhs., 16,96 g, 354 – 294, HGC 1599. Der stilistische Verfall im Vergleich zu den früheren Stücken ist augenfällig. Das schlägt sich auch im günstigen Preis nieder. A 2015: 140 €. ss

2. Klassik

Die Blütezeit der griechischen Münzprägung (ca. 500 – 350 v. Chr.)

In dieser von wirtschaftlichem Wachstum, politischer Neuordnung, aber auch exzessiver Kriegsführung geprägten Phase breitete sich das Münzgeld in der gesamten griechischsprachigen Welt aus. Es entstanden unübertroffene Meisterwerke der Stempelschneidekunst.

Den Altertumswissenschaften gilt das Jahr 480, in dem die von Athen angeführten griechischen Streitkräfte die persische Flotte bei Salamis schlug, als eine Epochengrenze zwischen der Archaik und Klassik. Auch frühere Daten, etwa der Ionische Aufstand um 500, sind in der Diskussion. In der Numismatik ist eine derartig scharfe Epochengrenze schwierig. Das hat drei Gründe: Erstens tragen Münzen dieser Zeit keine Jahreszahlen, sind also selten exakt datierbar. Zweitens ist der Übergang zwischen beiden Epochen in den meisten durchgehend prägenden Städten fließend. Drittens kann der Stil als Datierungskriterium, anders als bei anderen Kunstgattungen, täuschen: So weisen die attischen Tetradrachmen in hochklassischer Zeit noch das berühmte „archaische Auge“ der Athena auf (**26**).

Fakt ist jedoch, dass sich der so ansprechende „klassische Stil“ auch auf Münzen erst um 480 zeigt. Dennoch ist man gut beraten, die Betrachtung dieser Epoche deutlich früher anzusetzen, etwa mit Kleisthenes, der um 508 Athens Weg in die Demokratie einleitete. Zuvor war die Stadt – wie die meisten Po-

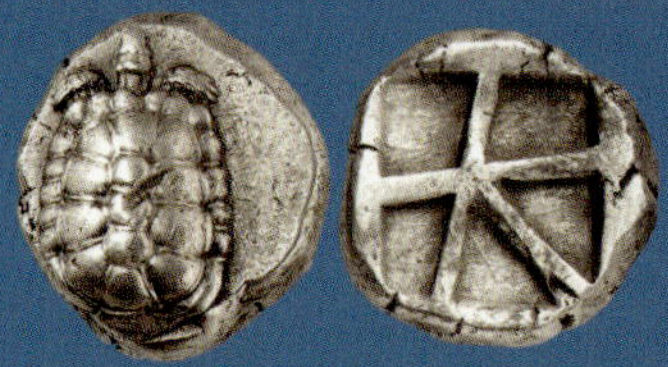

30. Ägina, Stater, 12,33 g, HGC 437. Die zwischen 457 und 431 datierten Münzen zeigen eine Landschildkröte, was als Beschneidung der Seemacht Äginas interpretiert wird. A 2015: 650 €. Punze auf Vs., ss+

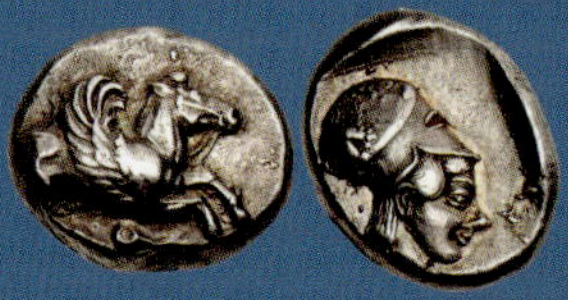

31. Korinth, Stater, 500–450, 8,65 g, HGC 1824. Der archaische Buchstabe Ϙ (Koppa) steht für die Prägestätte Korinth. Die Stücke aus dem 5. Jh. sind relativ selten. A 2015: 1900 $. ss+

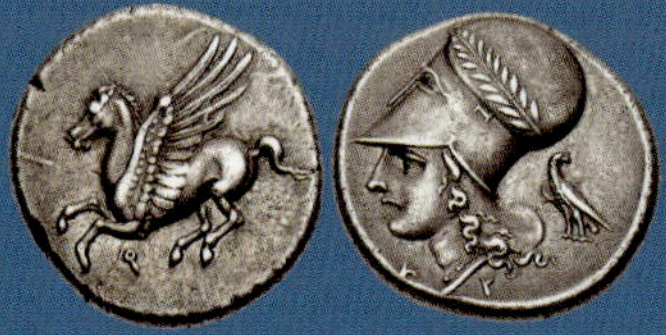

32. Korinth, Stater, 375–300, 8,56 g, HGC 1848. Die Prägung im 4. Jh. war so umfangreich, dass sehr viele Beizeichenkombinationen verwendet wurden. A 2015: 1300 $. vz-

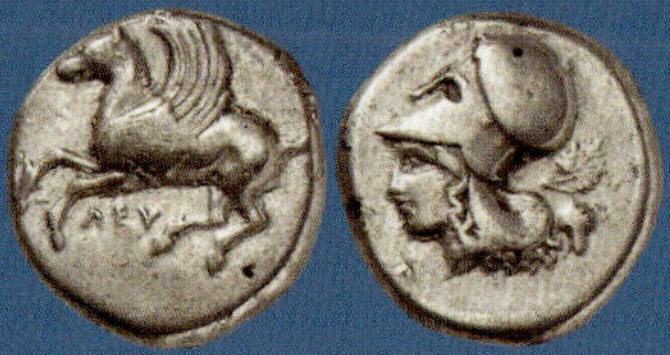

33. Leukas (Akarnanien), Stater, 400–375, 8,29 g, HGC 819. Die wg. des Pegasos sogenannten „Fohlen" sind massenhaft geprägt worden, sodass sie heute noch erschwinglich sind. A 2015: 160 €. ss

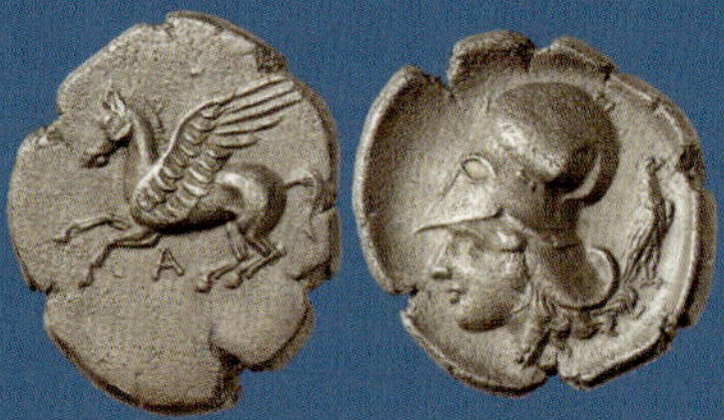

34. Ambrakia (Epiros), Stater, 4. Jh., 8,31 g, BMC 27. A 2015: 600 €. Tönung, porös, vz

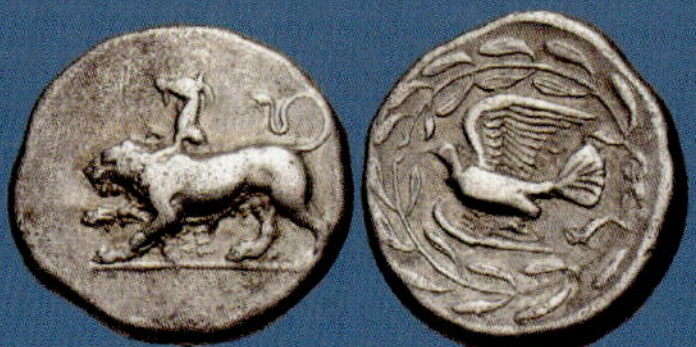

35. Sikyon (Peloponnes), Stater (Didrachme), 11,95 g, 431–400, HGC 183. Die Vs. zeigt eine Chimaira (Chimäre), ein Mischwesen aus Schlange, Ziege und Löwe. A 2015: 450 $. Etwas rauh, ss

leis – aristokratisch von einem Tyrannen beherrscht worden. Mit guten Gründen datiert man das Aufkommen eines neuen Münztyps, der Tetradrachme mit der Stadtgöttin Athena im Avers und ihrem Symboltier, der Eule, im Revers (**25**), in genau diese Zeit. Neu in der attischen Münzprägung ist auch die Nennung des Stadtnamens in abgekürzter Form: ΑΘΕ. In diesen Münzen findet das neuartige Gemeinwesen prinzipiell gleichgestellter Bürger, die stolz ihre gemeinsame Identität unter der Schirmherrschaft ihrer Hauptgottheit in ein Bild gießen, seinen Ausdruck. Einige Historiker gehen so weit zu behaupten, dass die Münzprägung die Verbreitung der Demokratie entscheidend beförderte. Dies trifft insofern zu, als in der neuen Regierungsform die Bürger nicht mehr nach Geburt, sondern nach Leistung (insbesondere: Reichtum) beurteilt wurden, weshalb dem Geld eine wichtige Rolle in der neuen Staatsform zukam.

Griechisches Mutterland – Thrakien

Die Münzprägung von Athen ist in vielerlei Hinsicht prototypisch für die Entwicklung in dieser Epoche. Der Sieg über die Perser 479 v. Chr. drückt sich im Münzbild aus: Athenas Helm ist von nun an mit Lorbeerblättern verziert, ein Halbmond ziert zusätzlich die Rückseite (**26–29**). Der Ausstoß an „Eulen" sollte in den folgenden Jahrzehnten dutzende, vielleicht hunderte Millionen betragen, denn Athen führte mit dem „Attischen Seebund" ein Verteidigungsbündnis an, das Tribute von dutzenden Poleis eintrieb und deren eigene Münzprägung unterdrückte. So verringerte

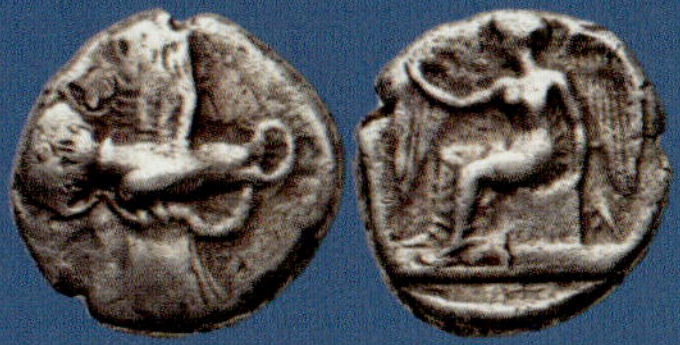

36. Elis (Peloponnes), Stater, 12 g, 448–440 („80.–85. Olympiade") HGC 308. Vs.: Adler mit Schlange n. r. Rs.: Nike n. l. sitzend. Das Ethnikon lautet archaisierend: F-A-Λ, was für „Waleion" steht. A 2014: 1000 €. ss-

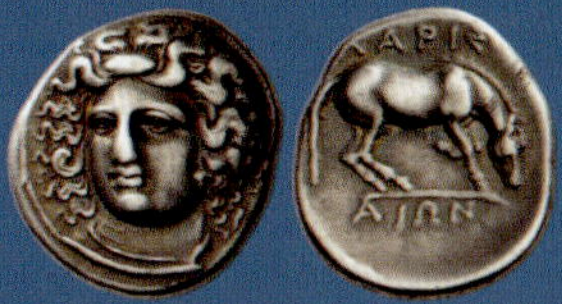

37. Larissa (Thessalien), Drachme, 5,97 g, 356–320, HGC 453. Das Rs.-Motiv spielt auf den Pferdereichtum der Region an. A 2015: 360 CHF. Kratzer im Rv., ss

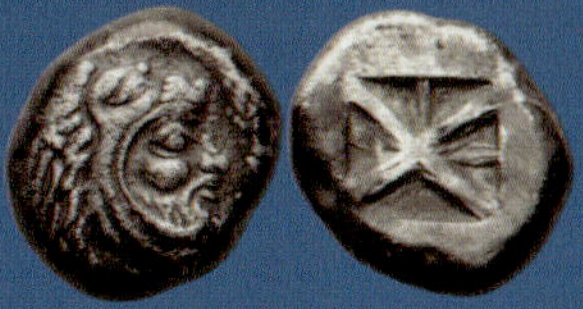

38. Dikaia (Makedonien), Stater, 9,67 g, ca. 530–500, May 6. Das Vs.-Motiv wurde in späterer Zeit von zahlreichen Prägeherren wieder aufgegriffen. A 2014: 2400 €. ss-

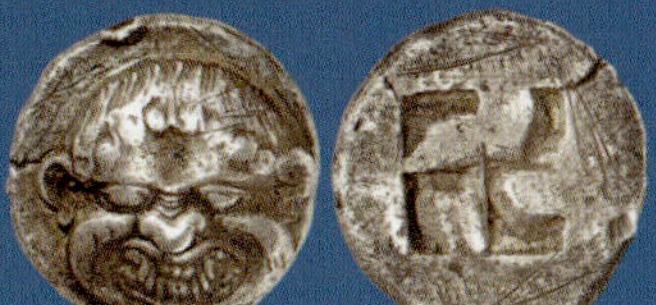

39. Neapolis (Makedonien), Stater, 9,09 g, ca. 480, SNG ANS 403. Die Vs. zeigt das bei den Griechen überaus beliebte Motiv des Medusenhauptes, auch Gorgoneion genannt. A 2015: 850 €. Kratzer, Einhiebe, ss

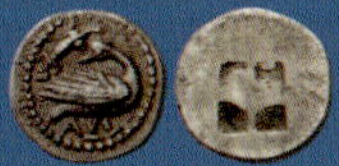

40. Eion (Makedonien), 1/12 Stater (Hemihekte), 0,88 g, 460–400, BMC 16. Die Vs. zeigt eine Gans und eine Eidechse SNG ANS 285. A 2015: 100 CHF. ss

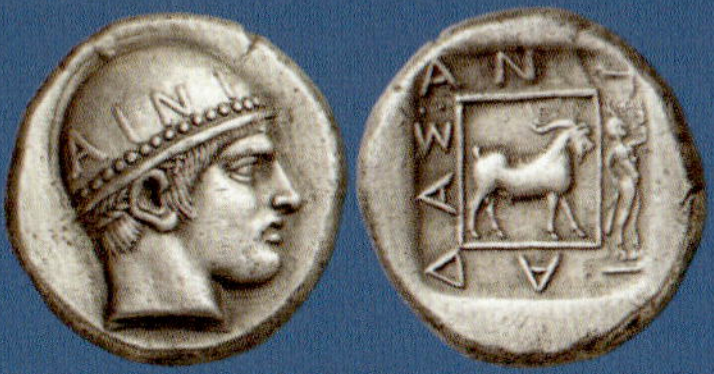

41. Ainos (Thrakien), Tetradrachme, 16,44 g, 453–451, BMC 4. Die Vs. zeigt Hermes in ortstypischer Weise. A 2015: 7000 €. vz

sich auch der Ausstoß der Schildkröten-Statere von Ägina immens. Nach einer Niederlage gegen Athen 431 legte die Stadt eine neue Serie solcher Münzen auf, die eine Landschildkröte zeigen (**30**). Ein stärkerer Konkurrent Athens war Korinth (**31–32**). Es finanzierte sein jahrzehntelanges Ringen mit Athen im Peloponnesischen Krieg (431–404) v. a. mit Stateren, die seine Kolonien Leukas (**33**) und Ambrakia prägten (**34**). In diesem Kontext stehen auch – neben einigen anderen – die Münzen von Sikyon auf der Peloponnes (**34**). Es wird gerne übersehen, dass Münzen mindestens so sehr mit Krieg wie mit wirtschaftlichem Austausch zusammenhängen. Fast alle großen Emissionen von Edelmetallmünzen der Antike stehen mit kriegerischen Ereignissen in Verbindung, was für Goldmünzen – ein in klassischer Zeit seltenes Phänomen – ganz besonders gilt.

Für die berühmten Münzen von Elis dagegen lässt sich nicht leicht sagen, wofür sie – beginnend um 480 – geprägt wurden. Die dem Zeusheiligtum von Olympia benachbarte Stadt prägte äginetische Statere und Teilstücke mit Attributen des Zeus, gelegentlich auch einer Nike im Revers (**36**), die in Verbindung mit den Olympischen Spielen gebracht wird. Ob die Münzen insgesamt wirklich damit in Verbindung stehen, ist nicht belegt. Ein Zusammenhang mit dem berühmten Zeusheiligtum ist ebenso wahrscheinlich.

Die ersten Münzen der aktivsten Münzstätte Thessaliens, Larissa, wurden wiederum geprägt, um im Jahr 479 Söldner gegen Angriffe Spartas zu finanzieren. Berühmt wurde die Stadt jedoch für ihre herrlichen (und recht häufigen) Drachmen mit dem Dreiviertelportrait der Nymphe Larissa (**37**).

Im thrako-makedonischen Raum mit seinen reichen Silbervorkommen existierten mehrere regionale Gewichtsstandards. Dikaia beispielsweise prägte seine Statere nach einem schweren, regionalen Fuß von ca.

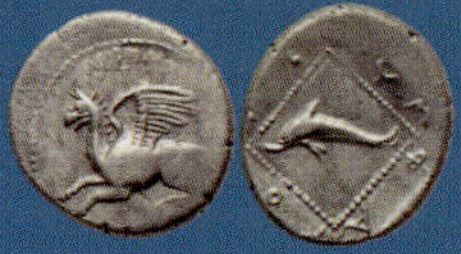

42. Abdera (Thrakien), Tetrobol, 2,7 g, 415/3 – 395, SNG Cop 335. Das Wappentier der Stadt war der Greif, der auf der Vs. unter dem Kürzel ABΔH(PITΩN) zu sehen ist. A 2015: 100 €. Dezentriert, ss

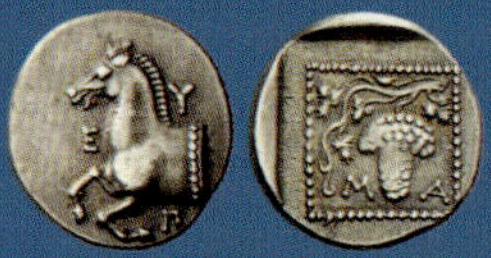

43. Maroneia (Thrakien), Tetrobol, 2,92 g, 398 – 385, BMC 29. Auf fast allen Münzen dieser Stadt findet sich eine Weintraube. A 2015: 400 CHF. vz

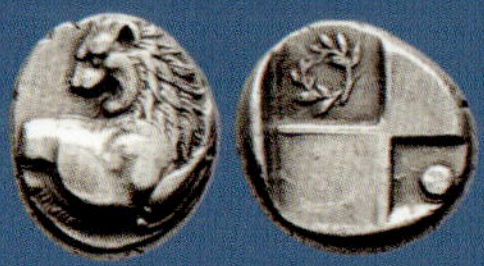

44. Thrakische Chersones, Hemidrachme, 2,25 g, 350 – 300, BMC 14. In den inkusen Segmenten der Rs. finden sich die verschiedensten Beizeichen, um Emissionen voneinander abzusetzen. A 2015: 70 €. Rs. dezentriert, vz

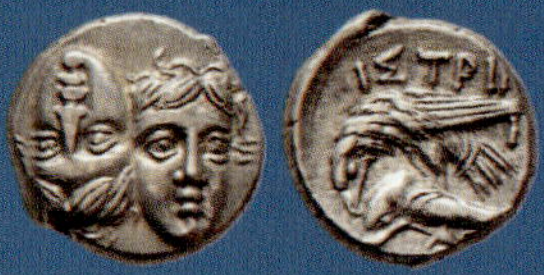

45. Istros, Drachme, 5,22 g, 4. Jh., BMC 6. Die Vs. zeigt zwei männliche Köpfe, von denen einer umgekehrt ist. Es ist umstritten, ob es sich um Dioskuren oder Personifikationen der beiden Donauarme sind, die bei Istros ins Schwarze Meer münden. A 2015: 160 €. vz

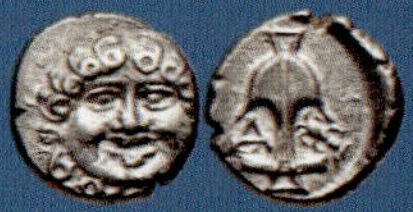

46. Apollonia Pontika (Thrakien), Drachme, 5. – 4. Jh., 2,81 g, BMC 15 (Mysia). A 2015: 60 $. ss-

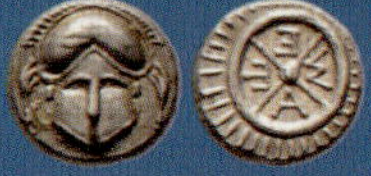

47. Mesembria (Thrakien), Diobol, 400 – 350, 1,34 g, BMC 2. Die Vs. zeigt einen korinthischen Helm, die Rs. ein Rad. A 2015: 120 €. vz

10 g (**38**), die Kleinnominale aber nach einem leichteren Gewichtsstandard. Auch Neapolis (**39**) und Eion (**40**) verwendeten dieses Statergewicht, unterteilten es jedoch duodezimal, also in Hekten und Hemihekten.

In Thrakien begann Ainos um 460 mit dem Prägen von Münzen nach reduziertem attischen Fuß (**41**). Nach dem Peloponnesischen Krieg bedienten sich Städte wie Abdera (**42**) und Maroneia (**43**) leichterer Münzfüße. Die Insel Thasos hielt zunächst an ihrem im 6. Jh. entwickelten Bild noch lange fest (vgl. **16a**). Ihre Münzen sind wegen ihrer relativen Häufigkeit besonders bekannt. Großer Beliebtheit erfreuen sich auch die Hemidrachmen der thrakischen Chersones (heute: Insel Gallipoli) aufgrund ihres Variantenreichtums (**44**). Auch die Drachmen und Unternominale nach reduziertem äginetischen Fuß, die das an der Donaumündung gelegene Istros prägte, sind aufgrund ihrer markanten Vorderseite sehr beliebt und wegen ihrer Häufigkeit erschwinglich (**45**). Die weiter nördlich an der Schwarzmeerküste gelegenen Städte Apollonia (**46**) und Mesembria (**47**) prägten ab ca. 480 nach eigenem Standard, der sich nur grob am attischen orientierte. Das geographisch ebenfalls noch Thrakien angehörige Byzantion (**48**) prägte Silber zunächst nach persischem, später dann nach rhodischem Fuß, was ein Licht auf die Machtverhältnisse in Kleinasien wirft.

Persisches Reich

Das achaimenidische Königreich erstreckte sich in klassischer Zeit bis an den propontischen Bosporus, sodass weite Teile Kleinasiens direkter oder indirekter persischer Herrschaft unterworfen waren. Die Reichssprache war zwar Aramäisch, dennoch kann man die achaimenidischen Münzen den griechischen zuordnen, übernahmen sie doch Funktionsweise und Bildsprache von den Griechen, genauer: von den Ly-

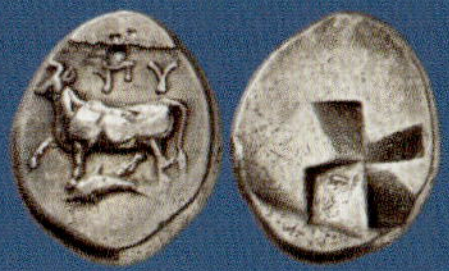

48. Byzantion (Thrakien), Siglos, 411 – 387, 5,24 g, BMC 1 – 4. Die Kuh auf der Vs. erinnert an Europa, die bei Byzantion den Bosporos („Rinderfurt") überquert haben soll. A 2015: 170 €. Bohrversuch, ss

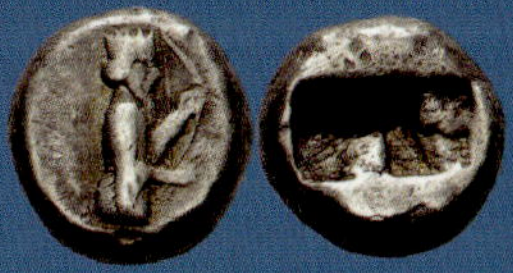

49. Dareios (522 – 486), Siglos, 5,34 g, geprägt in Sardeis, BMC 25 – 26. Die Vs. zeigt die Halbfigur des Großkönigs mit Bogen und Pfeilen. Dieser frühe Typ ist selten. A 2014: 470 €. ss-

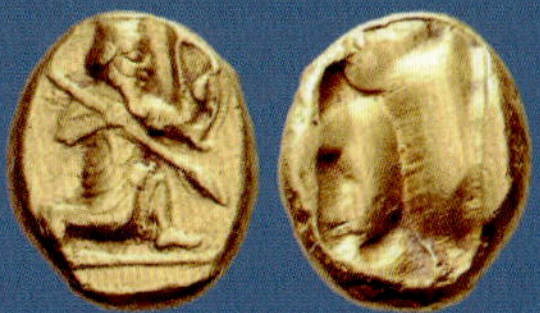

50. Persisches Reich, Stater, ca. 420 – 375, Sardeis, BMC 12 – 14. Dieser spätere Typ mit dem Großkönig im Knielaufschema ist relativ häufig. Es ist die häufigste Goldmünze ihrer Zeit. A 2015: 1900 CHF. ss

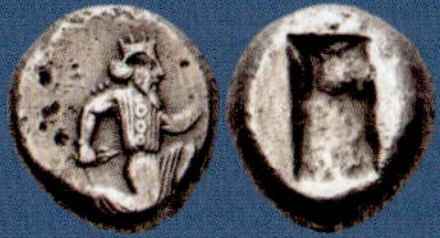

51. Persisches Reich, Siglos, 5,49 g, ca. 375 – 340, BMC 176. Dieser Typ wird Großkönig Artaxerxes III. zugeordnet. A 2015: 120 GBP. ss

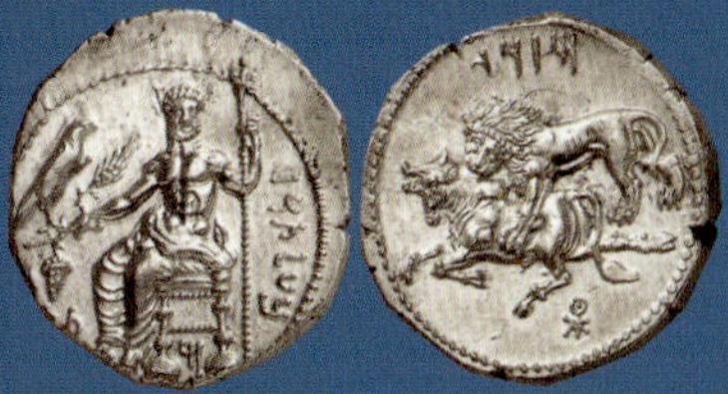

52. Tarsos (Kilikien), Doppelsiglos, 11,07 g, unter Satrap Mazaios (361 – 334), BMC 2. Die Vs. zeigt den lokalen Gott Baal, die Rs. eine achaimenidische Herrschaftssymbolik. A 2015: 1000 €. Kr., etw. dezentriert, sonst St

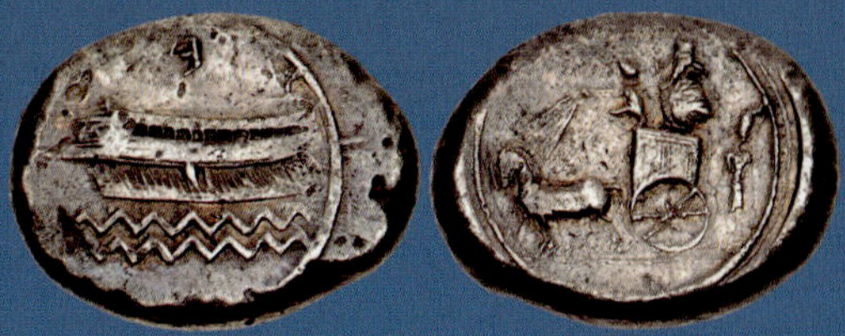

53. Sidon (Phönizien), Doppelschekel, 28,15 g, unter König Sakton II. (401 – 365), HGC 236. Vs.: Galeere nach links. Auf der Rs. wird der Großkönig in einer Biga gefahren, während der König von Sidon hinter ihm schreitet. A 2015: 1000 $. Unförmiger Schrötling, Korr., Doppelschlag, ss

dern, deren einstige Hauptstadt Sardeis ihr westliches Verwaltungszentrum bildete. Dort führten sie zunächst die von Kroisos (s. S. 36-37) initiierte Münzprägung fort. Dareios I. (der „Große", 522 – 490) ließ bald neuartige Hemistatere in Silber münzen, die den persischen Großkönig mit Bogen und Pfeilen zeigten (**49**). Das Nominal erlangte die Bezeichnung „persischer Schekel" (*síglos médikos*). Es folgten bald Statere in Gold, die ihn als Bogenschützen zeigen (sog. Dareiken, **50**). Später wurde das Motiv der Sigloi noch ein wenig verändert (**51**): Das sogenannte Knielaufschema deutet in der archaischen Kunst besondere Schnelligkeit an und ist in der griechischen Sphäre göttlichen Wesen vorbehalten. Unter den späteren Großkönigen durchlief der Münztyp nur marginale Veränderungen. Xerxes erhöhte das Gewicht auf 5,57 g. Neben diesem „Standardgeld" existiert noch eine Vielzahl von „Sonderprägungen" die kleinasiatische Städte oder Satrapen zu besonderen Anlässen verausgabten. Das südkleinasiatische Kilikien war eine wichtige Flottenbasis für die Perser. Damit in Zusammenhang steht die massenhafte Prägung von Silbermünzen im Wert von zwei Sigloi, die besonders schön lokale, griechische und persische Identität miteinander in Einklang bringen (**52**).

Auch Syrien, Phönizien, Judäa und Teile Ägyptens gehörten im 5. und 4. Jh. zum persischen Herrschaftsgebiet. Man verwendete jedoch meist einen eigenen Münzfuß, den Schekel mit zunächst 14, später 12,8 g. Meist ist die Rückseite eine Reverenz an den persischen Großkönig, während die Vorderseite die lokale Identität zum Ausdruck bringt. Besonders

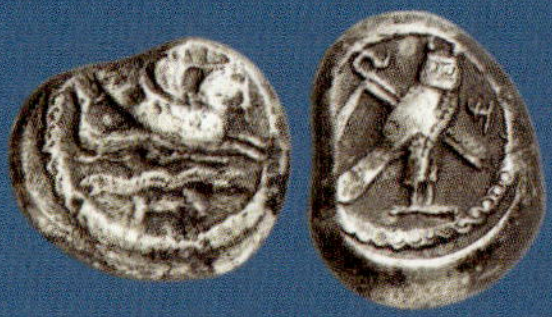

54. Tyros (Phönizien), Schekel, 12,99 g, 393 – 386, HGC 316. Vs.: Der Gott Melkart auf einem Hippokamp über Wellen reitend. Die Rs. stellt eine Hieroglyphe dar, Reminiszenz an frühere ägyptische Herrschaft. A 2014: 325 €. Prschw., ss-

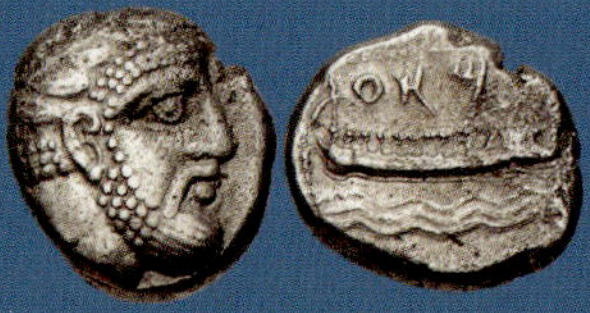

55. Arados (Phönizien), Doppelsiglos, 10,24 g, 348 – 339/8, HGC 35. Vs.: Kopf des Baal-Arwad. Rs.: Galeere nach rechts. A 2015: 360 $. Korr., ss

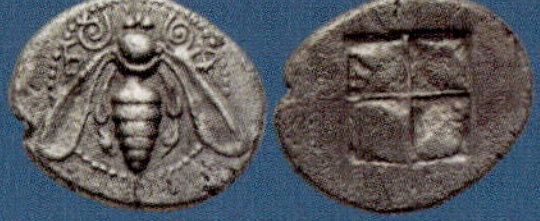

56. Ephesos (Ionien), Drachme, 3,18 g, 500 – 420, BMC 12. Die Biene ist das wichtigste „Wappentier" der Stadt. Dass die Rs. noch ein Quadratum Incusum zeigt, weist auf eine frühe Datierung. A 2015: 425. ss

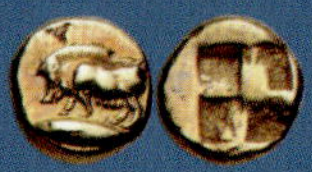

57. Kyzikos (Mysien), Hekte, 2,69 g, 500 – 450, SNG Paris 225f. Die Vs. zeigt einen Eber auf einem Thunfisch. Letzteres ist das „Markenzeichen" der am Marmarameer gelegenen Stadt. A 2015: 850 $. Punze, vz-

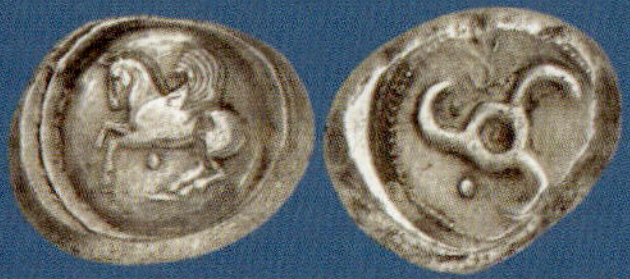

58. Lykien, Stater, 9,82 g, 500 – 460, BMC Serie IV, Nr. 6. Die Vs. zeigt einen Rundschild, auf dem das Wunderpferd Pegasos dargestellt ist, die Rs. das regionaltypische Dreibein (Triskeles). Das Monogramm darüber besteht aus lykischen Buchstaben. A 2015: 425 €. ss

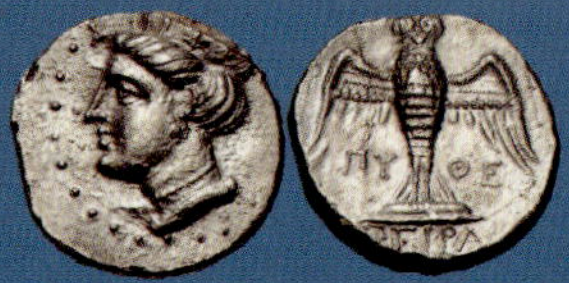

59. Amisos (Pontos), Siglos, 5,62 g, 435 – 370, HGC 229. Auf der Vs. ist Hera zu sehen, die Rs. verweist auf die einstige Gründung der Stadt durch Athen. A 2015: 400 $. Dezentriert, ss

emissionsstark waren die benachbarten phönizischen Hafenstädte Sidon (**53**), Tyros (**54**) und Arados (**55**), welches nach dem persischen Siglos-Standard münzte. Als es um 362 in allen vorgenannten Regionen zu Erhebungen gegen Großkönig Artaxerxes II. kam („Satrapenaufstand"), schlug sich dies auch in der Münzprägung nieder. In Phönizien beispielsweise tauchen in dieser Zeit die ersten Bronzemünzen auf. Zudem nimmt Tyros den Münzfuß des verbündeten Athen an. In ihrem Kerngebiet, dem Iran, kamen die Perser übrigens ohne Münzgeld aus.

Kleinasien

Auf der anatolischen Halbinsel war der persische Siglos die dominante Silberwährung. Die griechischen Städte beschränkten sich daher weitgehend auf Kleinsilberprägungen, so z. B. Ephesos (**56**). Daneben gab es einige Städte, die die Tradition des Elektrongeldes bis ins 4. Jh. weiterführten und damit einen eigenen Währungskreislauf aufrecht erhielten. Am produktivsten war hier Kyzikos (**57**). Der kyzikenische Stater hatte v. a. als Handelswährung für den Schwarzmeerraum hohe Bedeutung. Neben dem großen Ausstoß von Elektronmünzen (v. a. im praktischen Hekten-Format) ist der Bilderreichtum dieser Gepräge bemerkenswert, mit dem kaum eine Polis konkurrieren kann. Auch Mytilene und Phokaia und weitere Städte in Mysien, der Troas und Ionien setzten auf Elektron.
In der Landschaft Lykien zirkulierten sehr eigenständige Silbermünzen von einem Statergewicht von meist 9,8 g (**58**), die Informationen über lokale

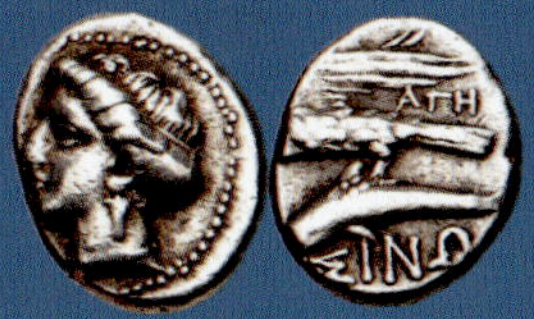

60. Sinope (Paphlagonien), Siglos, 5,94 g, 410 – 350, HGC 392. Voll ausgeprägte Exemplare zeigen einen Adler, der einen Delphin greift. Oben befindet sich ein Beamtenkürzel, unten das Ethnikon. A 2015: 110 $. Kleiner Schrötling, ss

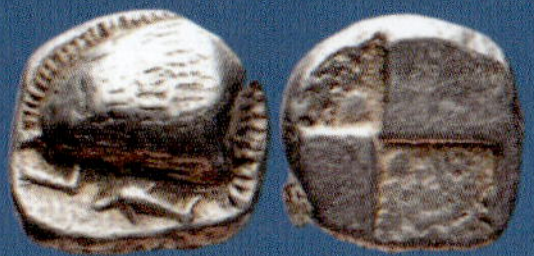

61. Sinope (Paphlagonien), Drachme nach äginet. Fuß, 6,06 g, 490 – 425, HGC 384. Zu sehen ist hier vermutlich ein stilisierter Adlerkopf, darunter ein Fisch. Die Zuweisung dieses recht häufigen Münztyps ist noch unsicher. A 2015: 95 GBP. vz

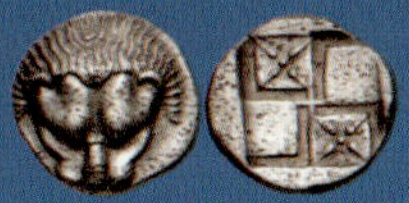

62. Pantikapaion (Krim), Diobol, 1,78 g, 450 – 438, HGC 34. Der Löwenkopf auf der Vs. erinnert an die Gründung durch Milet (vgl. Nr. 5, 155), Sterne wie auf der Rs. kommen im Schwarzmeerraum häufig vor. A 2015: 180 $. Korr., ss+

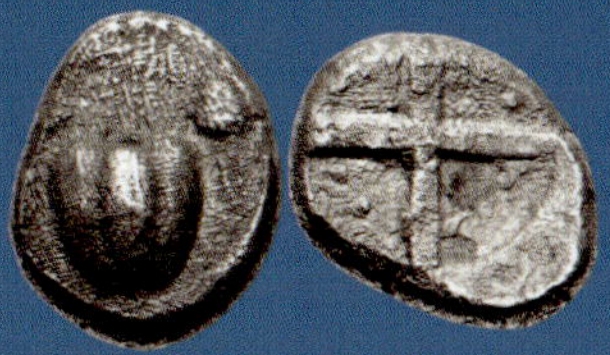

63. Melos, Stater, 12,46 g, 460 – 450, HGC 789. Der auf der Vs. abgebildete Apfel (griech.: mälä) war das sprechende Wappen der Stadt. Charakteristisch ist zudem das runde Incusum auf der Rs. A 2015: 7000 $. Korr., ss-

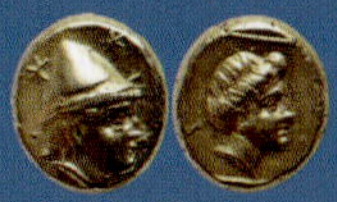

64. Mytilene (Lesbos), Hekte (Elektron), 2,57 g, 350 – 340, HGC 1025. Vs.: Kopf eines Kabeiros, Rs.: Kopf der Persephone in Rahmenquadrat. A 2015: 600 €. Beidseitig Doppelschlag, vz

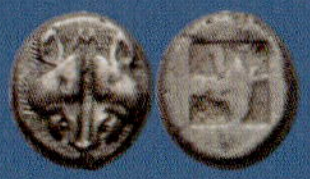

65. Vermutlich Mytilene (Lesbos), 1/12 Stater, Billon, 1,14 g, 500 – 450, HGC vgl. 1069. Die Vs. zeigt zwei Eberköpfe in eigenwilliger Komposition. A 2015: 240. ss+

Machthaber enthalten, die noch lange nicht entschlüsselt sind. Die Nordküste Kleinasiens wiederum (die Landschaften Paphlagonien und Pontos) stand unter persischer Herrschaft und verwendete hauptsächlich den Siglos-Fuß. Die wichtigsten Münzstätten waren Amisos (**59**) und Sinope (**60 – 61**). Am anderen Ende des Schwarzen Meers lagen weitere, Münzen prägende griechische Städte, worunter Pantikapaion (**62**), die Hauptstadt des Bosporanischen Königreichs, die bedeutendste war.

Inseln der Ägäis

Die Münzen der Kykladeninseln, darunter Naxos, Paros, Delos und Melos, zählen zu den großen Raritäten der griechischen Numismatik und erzielen Höchstpreise. Zur Zeit des Attischen Seebundes (479 – 416) prägte in diesem Raum ohnehin nur noch Melos (**63**) eigenes Geld. Im gesamten Ägäisraum macht sich die athenische Vorherrschaft im 5. Jh. dadurch bemerkbar, dass nur wenige Städte eigene Münzen prägten.

Auf Lesbos war Mytilene (**64**) eine sehr produktive Münzstätte für Elektron in der Größe von Hekten. Der Bilderreichtum dieser Prägestätte ist ebenso groß wie bei Kyzikos und Phokaia (Ionien), mit dem es vereinbart hatte, abwechselnd Elektron-Hekten zu prägen. Eine andere Münzstätte prägte auf Lesbos auch noch in klassischer Zeit Münzen, die aufgrund

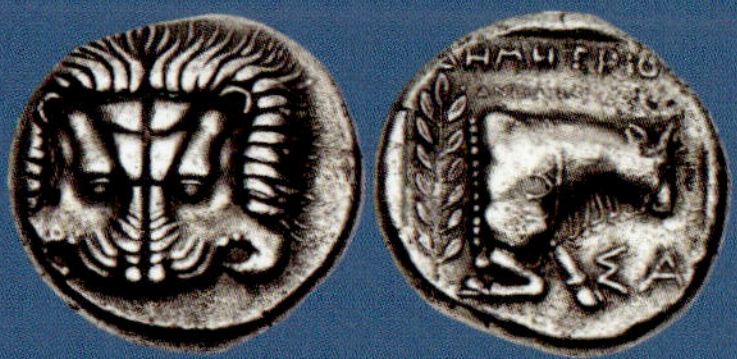

66. Samos (vor Ionien), Tetradrachme nach chiischem Fuß, 14,65 g, 408 – 366, HGC 1218. Typisch für Samos ist der Löwenskalp auf der Vs. A 2015: 3000 $. Vs. etwas dezentriert, ss+

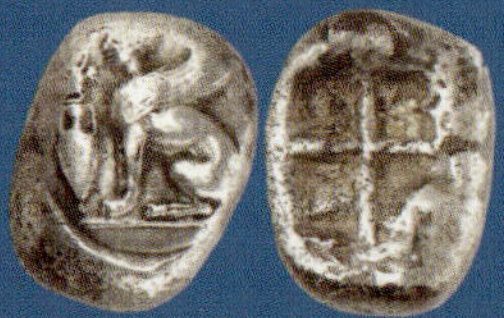

67. Chios (vor Ionien), Didrachme nach lokalem Fuß, 7,79 g, 480 – 435, HGC 1118. Das Vs.-Motiv, eine Sphinx mit einer Amphore, ist charakteristisch für Chios und verweist auf den Export von Wein. A 2015: 300 €. Dezentriert, ss

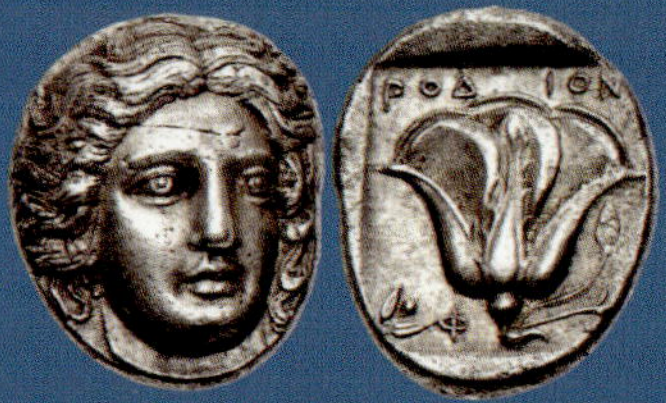

68. Rhodos (vor Karien), Tetradrachme nach chiischem Fuß, 15,21 g, 404 – 385, HGC 1418. Der Münztyp wurde auch später im 3. Jh. (nach reduziertem, rhodischen Fuß) geprägt. Doch die frühe Prägung ist stilistisch überlegen, selten und daher teuer. A 2015: 8500 $. Schrtlf. auf Vs., f. vz

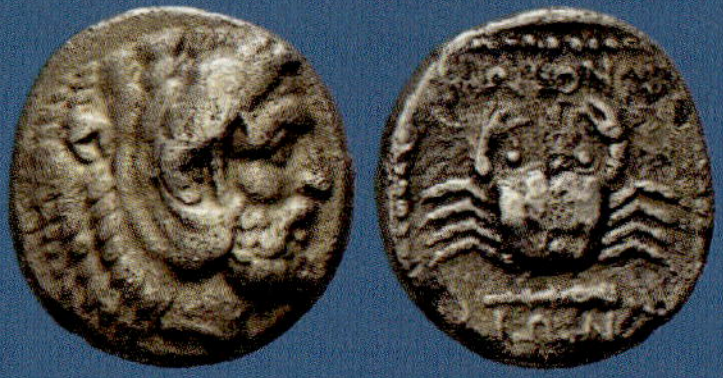

69. Kos (vor Karien), Tetradrachme nach rhodischem Fuß, 380 – 350, HGC 1302. Die Vs. zeigt den auf Kos besonders verehrten Herakles, die Rs. das koische „Wappentier", die Krabbe. A 2014: 300 €. Stark korr., f. ss

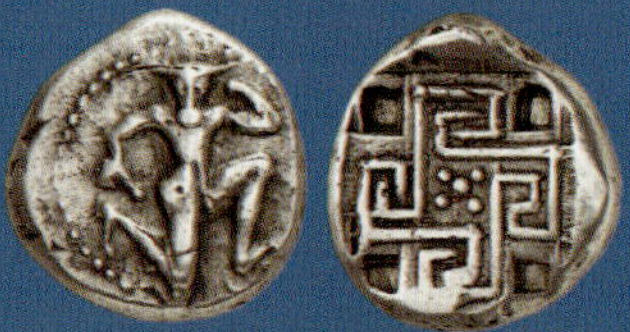

70. Knossos (Kreta), Stater (äginetisch), 11,93 g, 425 – 360, BMC 1. Vs. und Rs. erinnern an den auf Kreta angesiedelten Mythos vom in einem Labyrinth hausenden Minotauros. A 2014: 55 000 €. ss

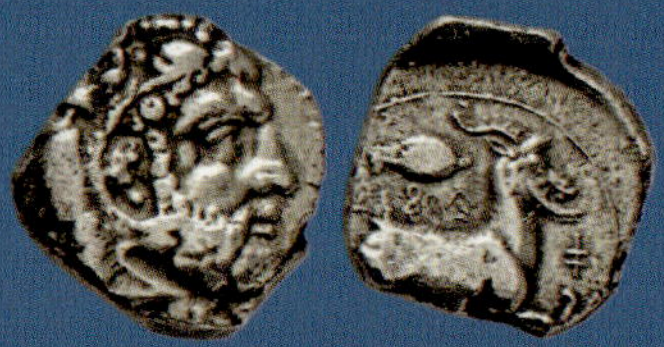

71. Salamis (Zypern), Euagoras I. (411 – 374), Stater, 10,97 g, BMC 55. Vs.: Herakleskopf. Auf der Rs. ist eine Legende in zyprischer Silbenschrift, kombiniert mit griechischer Schrift. A 2015: 950 €. Amorpher Schrtlg., ss

ihrer ungewöhnlichen Legierung aus stark kupferhaltigem Silber (Billon) offenbar einen eigenen Währungskreislauf bildeten (**65**).

Ebenfalls vor dem ionischen Festland liegen die münzreichen Inseln Samos (**66**) und Chios (**67**). Letztere konnte aufgrund ihrer Wirtschaftskraft, die v. a. auf der Produktion von Wein und Mastix basierte, einen eigenen Gewichtsstandard von 15,6 g durchsetzen, den Samos nach im 5. Jh. mehrfach erfolgtem Wechsel übernahm.

Auf Rhodos prägten die rhodischen Städte Ialisos, Kamiros und Lindos im 5. Jh. eigene Münzen nach je verschiedenen Gewichtsmaßen, die heute sehr selten sind. Im Jahr 405 erfolgte ein Synoikismos (Neugründung einer Stadt durch Zusammenlegung mehrerer Siedlungen), mit dem Rhodos (**68**) seine Stellung deutlich aufwertete. Bald darauf entstanden die berühmten Tetradrachmen mit Frontalportrait des Helios und ihre Teilstücke nach chiischem Fuß (15,6 g). In der zweiten Hälfte des 4. Jhs. konnte Rhodos aufgrund seiner politischen und wirtschaftlichen Erstarkung seinen eigenen Münzfuß in der südöstlichen Ägäis durchsetzen, den bspw. auch Kos (**69**) übernahm.

Auf Kreta zirkulierten seit dem 6. Jh. Statere von Ägina. Erst Mitte des 5. Jhs. begannen größere Städte wie Gortyna, Phaistos, später Lyttos und Knossos (**70**) mit der Prägung eigener Münzen. Als Schröt-

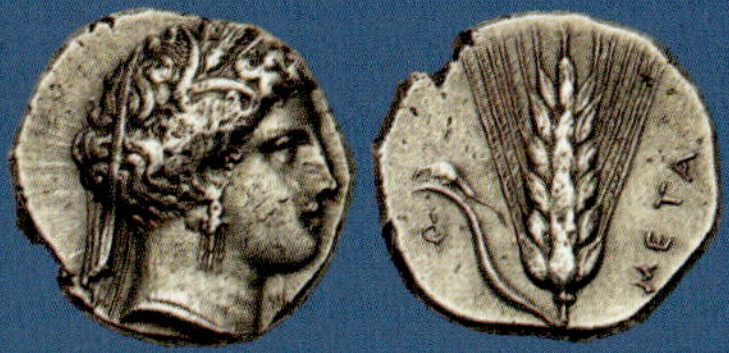

72. Metapont (Lukanien), Stater, 400–340, 7,19 g, Rutter 2001, 1569. Vs.: Kopf der Demeter. Auf dem Getreideblatt auf der Rs. befindet sich als Beizeichen eine Maus. A 2015: 300 €. Poröser Schrtlg., f. vz

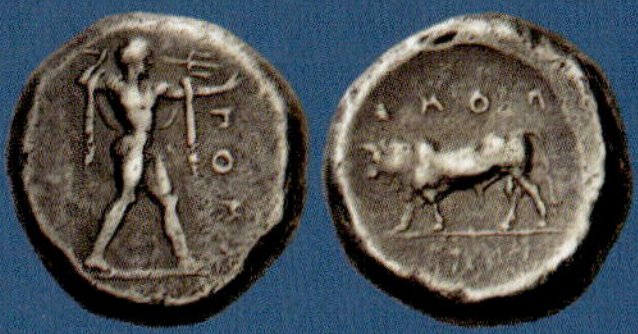

73. Poseidonia (Lukanien), Stater, 470–445, 8,16 g, Rutter 2001, 1114. Auf der Vs. schreitet der namengebende Gott Poseidon n. r. A 2015: 420 CHF. f. ss

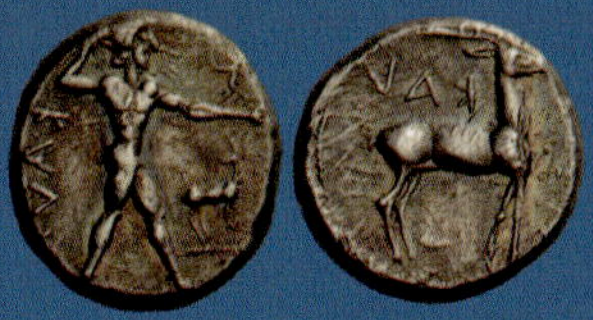

74. Kaulonia (Bruttium), Stater, 475–425, 8,29 g, Rutter 2001, 2046. Die Vs. zeigt den für die Polis wichtigen Gott Apoll, auf dessen Arm ein Geistwesen (*daimon*) läuft. Rutter 2001, A 2015: 420 CHF. Knapper Schrtlg., Prschw., feine Tönung, ss

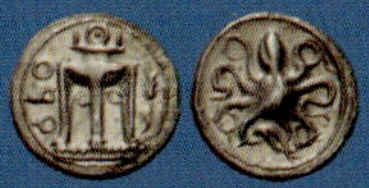

75. Kroton (Bruttium), Triobol, 425–350, 1,15 g. Rutter 2001, 2154. Der apollinische Dreifuß ist das „Markenzeichen" der Polis, der Oktopus ein beliebtes Motiv in der gesamten Magna Graecia. A 2015: 650 CHF. Leicht korr., vz

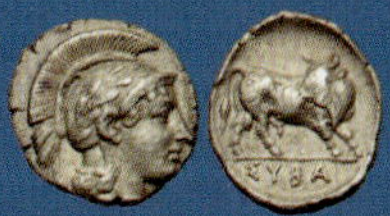

76. Sybaris (Lukanien), Triobol, 446–440, 1,2 g. Rutter 2001, 1751. A 2015: 240 €. Doppelschlag auf Rs., Einhieb, l. porös, ss+

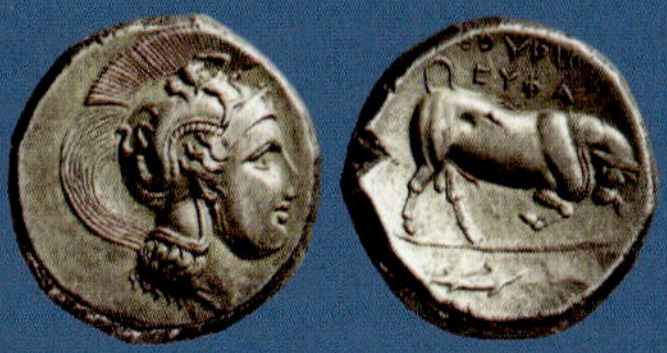

77. Thurioi (Lukanien), Di-Stater, 400–350. Rutter 2001, 1823. Athenakopf mit attischem Helm r., darauf Skylla, die einen Stein wirft. A 2015: 1000 €. vz-

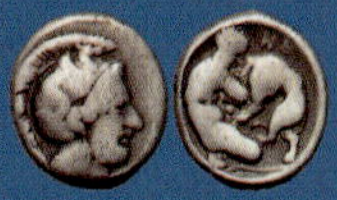

78. Herakleia (Lukanien), Diobol, 1,17 g, 432–420, Rutter 2001, 1370. Die Rs. zeigt den Gründungsheros Herakles im Kampf mit dem nemeischen Löwen. A 2014: 45. s

linge dienten fast ausschließlich Statere von äginetischem Fuß, die mehr oder weniger gut dafür vorbereitet wurden. Beim Vorgang des „Ummünzens" entstand ein Gewichtsverlust von 0,1–0,3 g. Die Prägequalität ist meist mäßig, gute Exemplare von kretischen Münzen aus dieser Epoche sind deshalb extrem teuer.

Zypern stand im 5. Jh. unter persischer Herrschaft und prägte entsprechend beeinflusste Münzen. Später dann prägten zypriotische Könige eigenständig Münzen (**71**).

Italien

Im Laufe des 5. Jhs. rückten die Städte sukzessive von den doppelseitig inkusen Geprägen ab. Die gut eingeführten Aversbilder von Metapont (**72**), Poseidonia (**73**), Kaulonia (**74**), Kroton (**75**) und Sybaris (**76**) wurden teils um neue Motive für kleinere Nominale ergänzt. Aus dem mehrfach zerstörten Sybaris geflohene Bürger gründeten 452 am Golf von Tarent Thurioi (**77**), das sich als eine sehr produktive Prägestätte erwies. Ähnlich intensiv prägte das unter Beteiligung von Tarent gegründete Herakleia (**78**), das besonders massenhaft Diobole emittierte. Unter dem scherzhaften Begriff „tarentinische Kavallerie" firmieren heute die Statere (**79**) seiner Mutterstadt, deren Averse über Jahrhunderte hinweg Reiter in mannigfaltiger Gestalt zeigen. Im nördlicheren Bruttium und Kampanien zählen Elea (lat.: Velia, **80**), sowie Terina (**81**) und Neapolis (**82**) zu den münzreichen Städten.

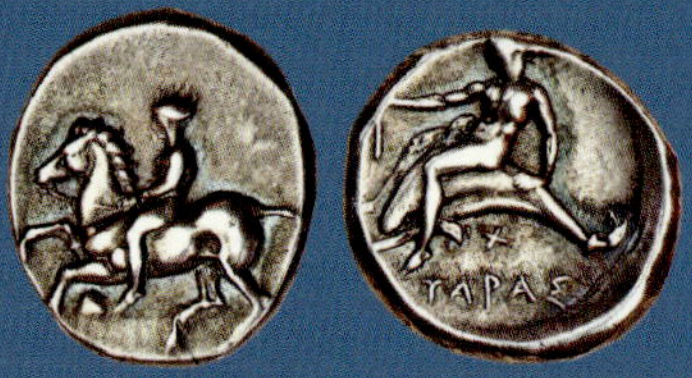

79. Tarent (Lukanien), Stater, 380–340, 7,61 g, Rutter 2001, 882. Die Rs. zeigt den Gründungsheros Taras auf einem Delphin. A 2015: 220 GBP. Getönt, etw. dez., ss

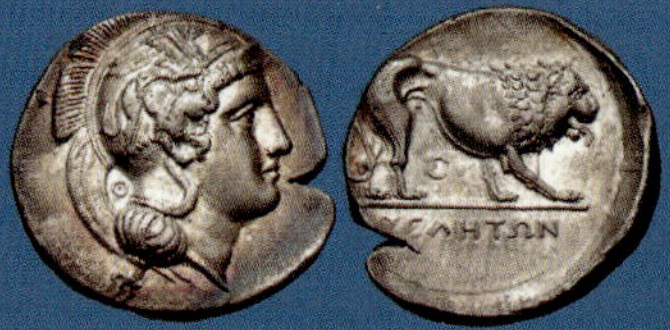

80. Velia (Kampanien), Nomos (Didrachme), 7,19 g, subaerat, Rutter 2001, 1287, 340–334. Der niedrige Preis für dieses herrlich geprägte und patinierte Exemplar liegt daran, dass es sich um eine plattierte Münze handelt. A 2015: 380 $. vz

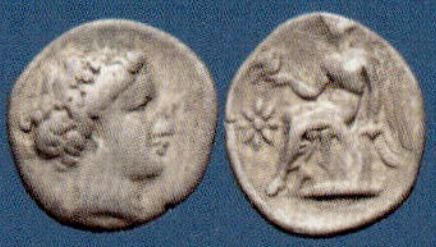

81. Terina (Bruttium), Drachme, 2,06 g, 400–356, Rutter 2001, 2631. Vs.: Kopf der Nymphe Terina. Rs.: Nike mit Taube. A 2015: 48 GBP. s

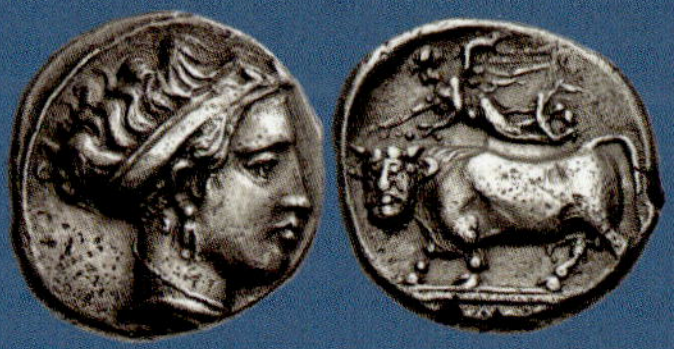

82. Neapolis (heute: Neapel), Nomos (Didrachme), 7,26 g, 395–385, Rutter 2001, 563. Die Rs. zeigt einen menschenköpfigen Stier, der einen Flussgott darstellt. Im Abschnitt steht bei gut zentrierten Exemplaren das Ethnikon ΝΕΟΠΟΛΙΤΗΣ. A 2015: 1700 $. Porös, kl. Schrtlg., feine Tönung, guter Stil, ss

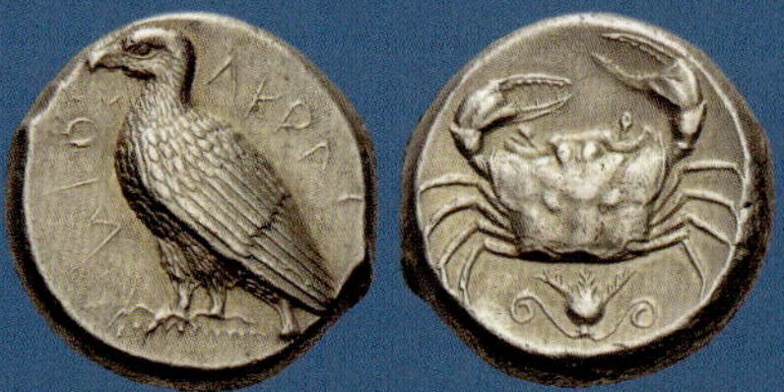

82a. Akragas, Tetradrachme, 17,37 g, 460–446, HGC vgl. 79. Die Krabbe (griech.: *karkínos*) auf der Rs. deutet man als Anspielung auf den Stadtnamen. A 2015: 14500 CHF. vz

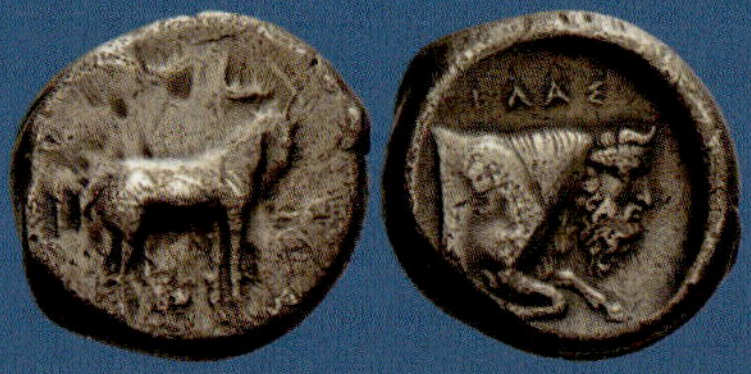

83. Gela, Tetradrachme, 420–415, 16,98 g. SNG ANS 94f. Die Vs. mit einem Wagengespann wurde mit einem verbrauchten Stempel geprägt, was auf Sizilien häufiger vorkam. A 2015: 360 CHF. Kr., s/ss

Sizilien

Im 5. Jh. nahmen weitere Poleis die Münzprägung auf: Akragas (**82a**), Gela (**83**), Kamarina (**84**), Katane (**85**), Leontinoi (**86**), Segesta (**87**), ferner Aitnai (**88**), Eryx und das phönizische Motye (auch: Motya), deren Münzen zu den Raritäten der sizilischen Numismatik zählen. Die Dominanz von Syrakus wirkte sich auf Sizilien u. a. dahingehend aus, dass der von dieser Stadt verwendete attische Fuß auf der Insel im 5. Jh. verbindlich wurde. Wie bei Athen war der Stater (also: die Tetradrachme) in vier Drachmen unterteilt, die Drachme in sechs Obole (Zielgewicht: 0,72 g). Allerdings existierte ein paralleles Kleinnominal, das in der lokalen Tradition stand, die Bronze als Tauschmittel kannte. Ein Pfund (Litra) Bronze entsprach ⅕ Drachme. Entsprechend wurden silberne Litren zu einem Gewicht von ca. 0,86 g geprägt. Die Unterteilung des Pfundes in Unzen (Onkiai) begründet die Namen weiterer in Bronze geprägter Kleinnominale, die als Kreditgeld fungierten.

Die Insel war bereits in der Antike für ihre besonders hübschen Münzen bekannt. Am Ende des 5. Jhs. entwickelte sich ein regelrechter Wettbewerb von Stempelschneidern mit künstlerischem Selbstbewusstsein, die ihre Werke auch signierten: Kimon (**89**), Euainetos (**90**), Eumenes und Eukleidas (**91**) sind Namen, die die Preise dieser Prachtstücke in die Höhe treiben.

Das 4. Jh. ist von der Konkurrenz zwischen den Tyrannen von Syrakus und der Großmacht Karthago

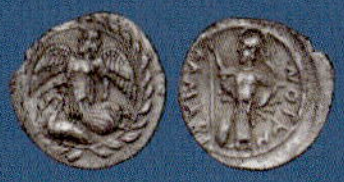

84. Kamarina, Litra, 461 – 435, 0,74 g, SNG ANS 1112. Die Vs. zeigt eine schwebende Nike mit einem Schwan, die Rs. Athena. A 2015: 320 GBP. Min. korr., vz

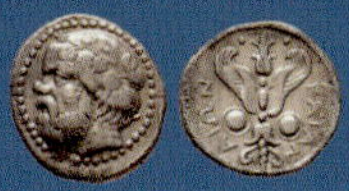

85. Katane, Litra, 0,78 g, 410 – 405, HGC 590. Vs.: Kopf eines Silens mit Efeukranz. Rs.: Blitz mit Flügeln zwischen zwei Rundschilden. A 2015: 240. ss+

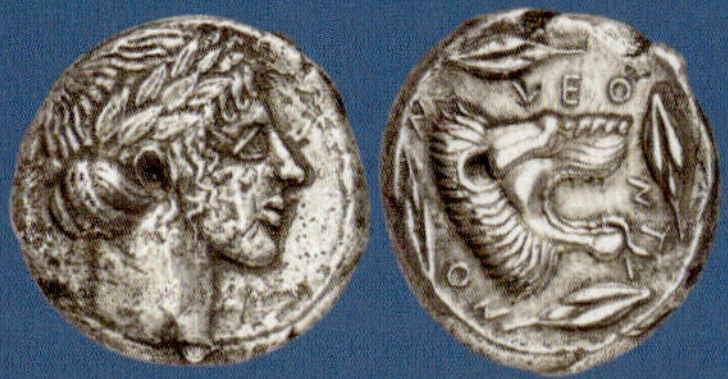

86. Leontinoi, Tetradrachme, 16,82 g, 455 – 430, HGC 667. Vs.: Kopf des Apoll. Der Löwenkopf auf der Rs. spielt auf den Stadtnamen an. A 2015: 600 €. Korr., ss

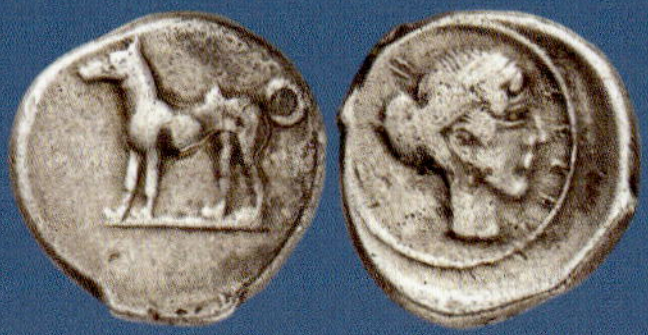

87. Segesta, Didrachme, 8,45 g, 440 – 416, HGC 1135. Vs.: Flußgott Krimisos als Hund, Rs.: Kopf der Nymphe Segesta. A 2015: 350. f.ss

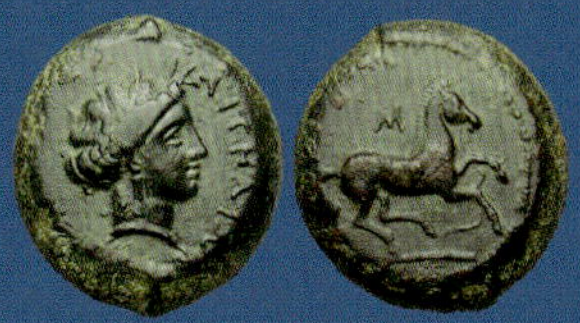

88. Aitnai, Trias (Bronze), 7,08 g, 355 – 339, HGC 74. Einer der häufigeren Münztypen dieser sonst seltenen Stadt. A 2015: 400 GBP. ss+

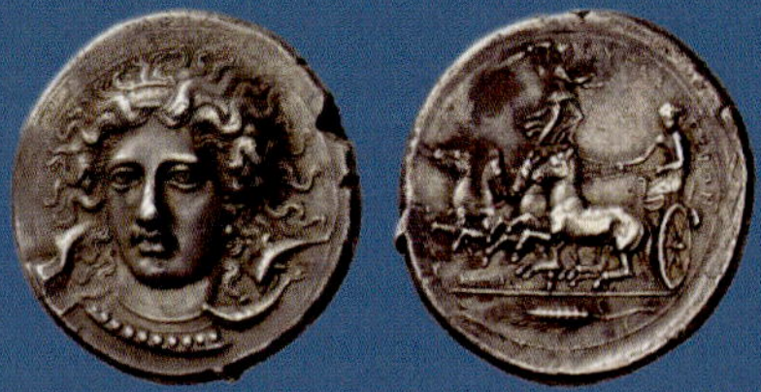

89. Syrakus, Tetradrachme, 16,9 g, unter Dionysios I. (405 – 367), 405 – 395, HGC 1344. Auf der Vs. signiert der Stempelschneider Kimon auf dem Haarband der Arethusa. Das Rs.-Motiv mit dem Pferdegespann ist im Kontext eines sportlichen Wettkampfes zu sehen. A 2014: 2 300 000 CHF. Feinster Stil, jedoch fleckig, Stf. auf Vs., vz

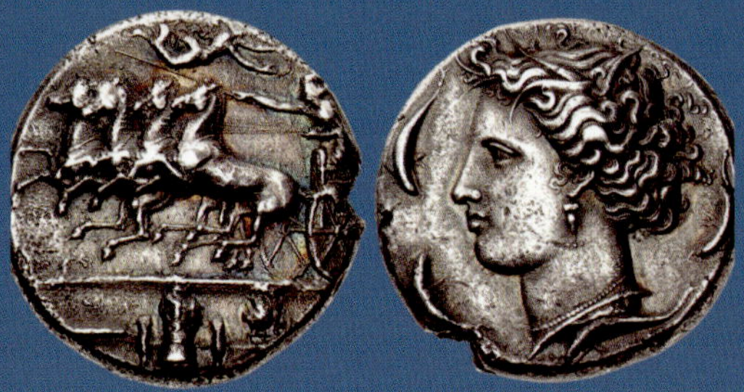

90. Syrakus, Dekadrachme, 42,4 g, unter Dionysios I. (405 – 367), 400 – 390, HGC 1299. Die Signatur des Stempelschneiders Euainetos setzt unter dem Halsabschnitt der Arethusa an: EY(...). A 2015: 42 500 $. ss

dominiert. Letzteres prägte eigene Münzen mit charakteristischen Bildelementen, die auch unter dem Begriff „Sikulopunier" firmieren und nicht immer einer spezifischen Prägestätte auf Sizilien zugeordnet werden können (**92**).

Bronzegeld

Soweit es sich datieren lässt, war das sizilische Akragas um 450 die erste Stadt, die bronzenes Kreditgeld emittierte. Es handelt sich um gegossene, hütchenförmige Geldstücke (**93**). Vielleicht gleichzeitig erfolgte dieser geldgeschichtlich bedeutende Schritt auch im Schwarzmeerraum, wo gegossene Bronzemünzen der Stadt Olbia zugewiesen werden (**94**). Zu unterscheiden sind diese Scheidemünzen (s. Glossar), da sie zu einem höheren als ihrem Metallwert kursierten, vom späteren italischen Schwergeld, dessen Wert v. a. durch ihr Gewicht repräsentiert wurde. Die Innovation wurde im Mittelmeerraum sehr rasch aufgegriffen. Auf Sizilien folgten Himera und Segesta praktisch sofort dem Beispiel Agrigents. Die Bronzen der unteritalischen Poleis Thurioi und Rhegion werden um 440 datiert. In anderen Regionen dauerte es länger, bis man dort die aus Silber geprä-

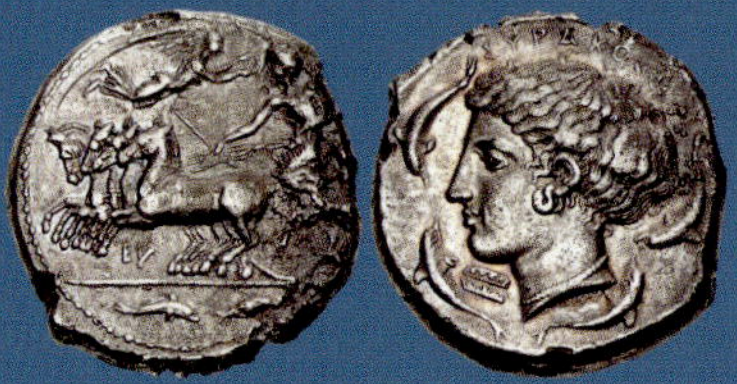

91. Syrakus, Tetradrachme, 16,09 g, 413 – 405, HGC 1328. Die Vs. ist signiert von Eumenes, die Rs. von Eukleidas (im Diptychon unter dem Kinn). Die starke Korrosion ist für das geringe Gewicht der Münze verantwortlich. A 2015: 7500 $. Korr., ss+

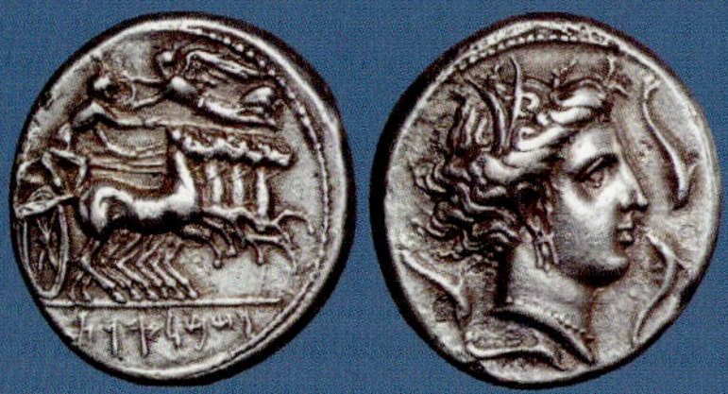

92. Punier (Karthager), Tetradrachme, Panormos, 16,87 g, 380 – 330, HGC 1015. Stilistisch und ikonographisch passen sich viele der sikulopunischen Gepräge dem Umfeld an. Diese Münze ist nur aufgrund der phönizischen Schrift als nicht-griechisch erkennbar. A 2013: 1500 GBP. ss

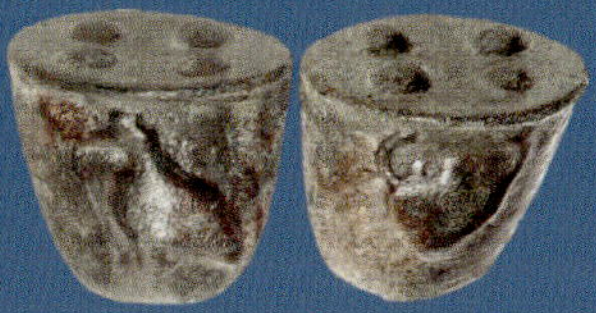

93. Akragas, Bronze-Trias (4 Onkiai), 19,63 g, ca. 450, HGC 126. Auf den Seiten ein n. r. stehender Adler und eine Krabbe, auf der Standfläche vier Punkte, die den Wert beziffern. A 2012: 275 €. ss

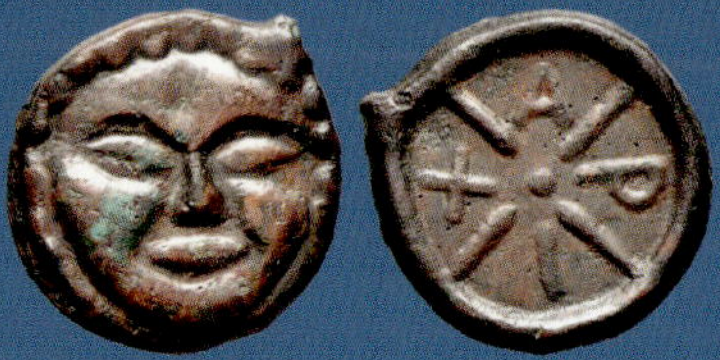

94. Olbia (Thrakien), gegossene Bronzemünze, 9,80 g, 5. Jh, SNG BM 389. Vs.: Kopf der Gorgo, Rs.: Rad mit vier Speichen. A 2015: 160. Geglättet, ss

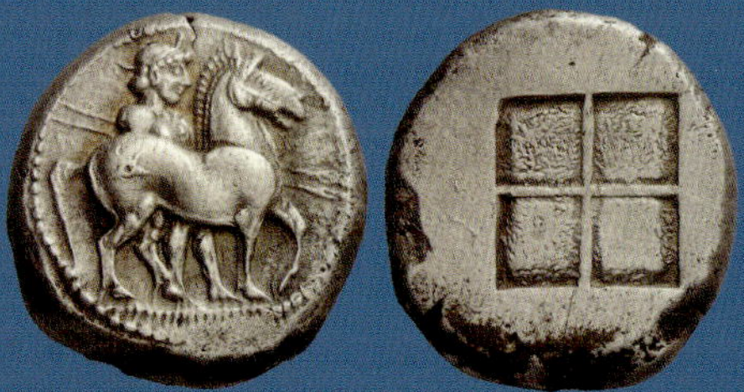

95. Makedonien, vermutl. König Alexander I. (498 – 454), Oktodrachme, 27,29 g, BMC 2. Der Münzherr ist in diesem Fall umstritten. Auch der thrakomakedonische Stamm der Bisalti verwendete ähnliche Bilder. A 2014: 15 000 €. vz

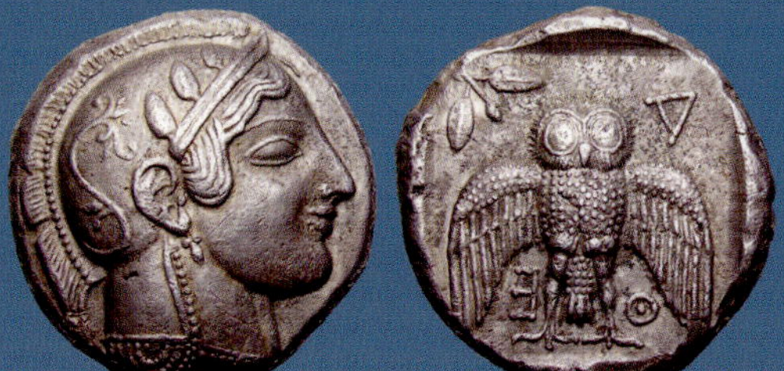

96. Athen, Dekadrachme, 43,81 g, ca. 460, HGC 1585. Dieser Münztyp wurde versuchsweise mit einer Flottenexpedition gegen die Perser in Verbindung gebracht. A 2011: 150 000 GBP. vz-

ten Kleinstnominale (bis hinab zu einem 1/16 Obol) durch Bronzemünzen ersetzte. In Athen beispielsweise geschah dies erst um 350.

Großnominale

Ein epochentypisches Charakteristikum ist die Prägung übergroßer Silbernominale. Diese dienten der Abwicklung größerer Zahlungen, was meist in Zusammenhang mit Kriegen stand. Eine Alternative hätte die Verwendung von Goldmünzen dargestellt, doch wurden solche – mit seltenen Ausnahmen und einigen Elektron-Prägestätten wie Kyzikos – nur von den Achaimeniden geprägt (in Sardeis). In Kleinasien begegnet das Phänomen der Großsilbermünzen deshalb nicht.

Unter König Alexander I. von Makedonien entstanden Dreifach-Statere oder Oktodrachmen nach thrako-makedonischem Standard (**95**). Auch Stämme (*ethnä*) prägten solche Stücke, die sich momentan nur schwer zuweisen lassen. Von ähnlichem Gewicht sind die Doppelschekel, die in der Levante, beispielsweise in Sidon (**53**), ab der Mitte des 5. Jhs. geprägt wurden. Etwa in die gleiche Zeit (um 460) werden die berühmten (und teuren) Dekadrachmen datiert,

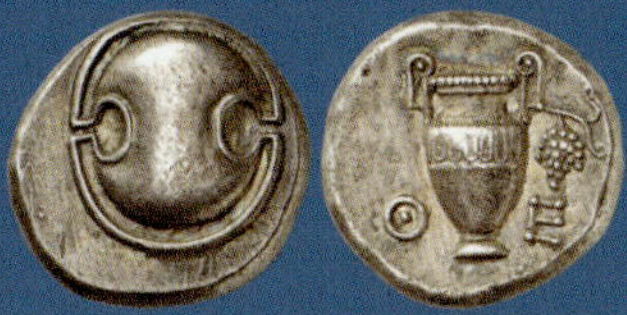

97. Theben, Stater nach äginetischem Fuß, 12,11 g, 425 – 400, HGC 1325. Während die Vs.-Darstellung statisch blieb, wechselten die Rs.-Motive in Theben häufig. A 2015: 1200 €. F. vz

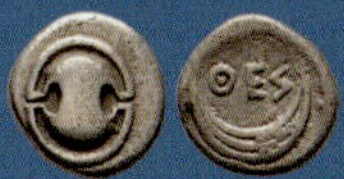

98. Thespiai (Boiotien), Obol, 0,88 g, 400 – 380, HGC 1402. Die Bedeutung der auf der Rs. gezeigten Mondsichel ist vielfältig und in diesem Fall nicht genau zu klären. A 2015: 90 €. ss-

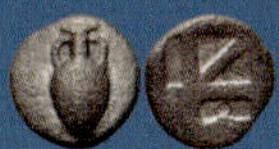

99. Opuntische Lokrer, Obol, 0,6 g, 430 – 400, HGC 998. Das Zielgewicht dieser Münze sollte bei 0,9 g liegen. A 2014: 110 €. s

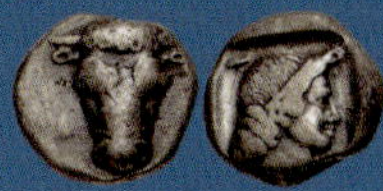

100. Phokische Liga, Hemidrachme, 2,84 g, 457 – 446, HGC 1037. Der Ochsenkopf ist das Charakteristikum dieser Münzprägung. A 2015: 120 $. f. ss

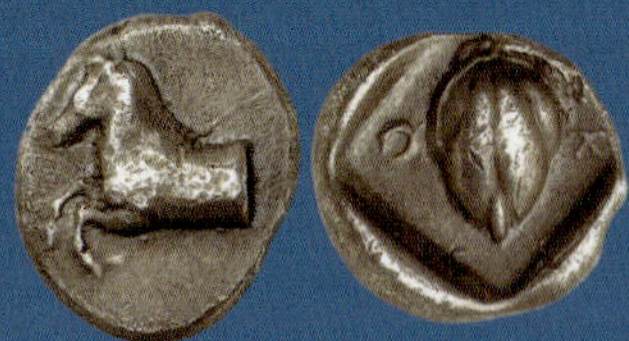

101. Thessalische Liga, Drachme, 5,76 g, 480 – 460, HGC vgl. 193. Die Buchstaben ΘK auf der Rs. stehen für *Thessalikä koinon:* Thessalische Liga. A 2014: 850 €. ss (Abbildung vergrößert)

die Athen (**96**) prägte. Diese stehen ebenso in Zusammenhang mit Kriegsvorbereitungen wie die Dekadrachmen von Syrakus, die um 460 und dann um 400 emittitiert wurden (**90**).

Staatenbünde *(koina)*

Im griechischen Mutterland waren Poleis vielfach regional miteinander verbündet. Das schlägt sich häufig auch in der Münzprägung wieder. Die in der Landschaft Boiotien (auch: Böotien) gelegenen Städte prägten – beginnend mit Theben (**97**) im frühen 5. Jh. – Münzen mit einheitlicher Vorderseite. Als Motiv wählten sie den regionaltypischen Schild, mit dem ihr gemeinsames Heer kämpfte (**98**). Wesentlich seltener sind dagegen die Münzen der Euböischen Liga aus dem 4. Jh. Auf der Peloponnes bildete die Achaische Liga den größten Staatenbund (*koinon*). Seine Hauptmünzstätte Aigion prägte ab ca. 370 Silber, Didrachmen und Drachmen. Nennenswert wird das Prägevolumen jedoch erst im 3. Jh. Die Mitgliedsstädte prägten selbst nur Bronze. Die in der zentralgriechischen Landschaft Lokris ansässigen Opuntier traten im 5. Jh. nur mit Obolen in Erscheinung (**99**). Die benachbarte Phokische Liga (**100**) emittierte bereits zum Ende des 6. Jhs. seltene Viertelstatere, hauptsächlich kennt man von ihnen jedoch die Hemidrachmen des 5. Jhs. Ähnlich früh setzte die (allerdings seltenere) Prägung der Thessalischen Liga ein (**101**). In nennenswerter Zahl prägten die Städte auf der makedonischen Chalkidike-Halbinsel ansehnliche Tetradrachmen (**102**).

Imitationen („Beischläge“)

In der griechischen Welt geschah es häufig, dass einzelne Bildmotive auf Münzen von anderen Prägeautoritäten übernommen wurden. Münzbilder konnten über beträchtliche Strecken wandern. Auch Bildelemente und Darstellungsweise waren mobil (vgl. **89** mit **37** und **68**). Bei regelrechten Imitationen wurden Vorder- und Rückseitenbilder mehr oder weniger originalgetreu kopiert. In aller Regel haben die Imitate auch ein dem Vorbild ähnliches Gewicht. Da die attischen „Eulen“ eine sehr weit verbreitete und beliebte Währung waren, finden sich von diesen Münzen zahlreiche Imitationen, besonders an den Rändern der griechischen Welt, beispielsweise in Ga-

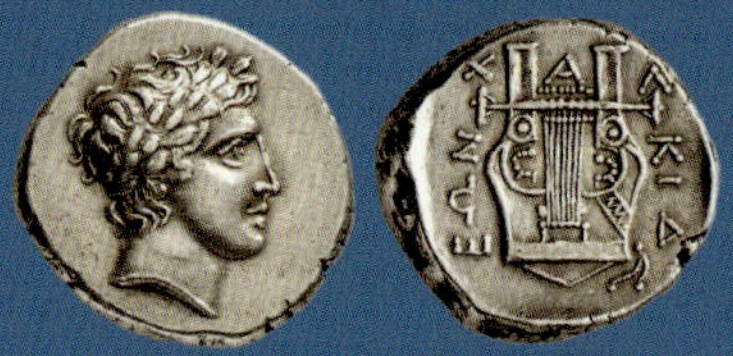

102. Olynth, Hauptstadt des chalkidischen Bundes, Tetradrachme. 13,99 g, 433 – 348, SNG ANS 470. Die Vs. zeigt den lokalen Apollon Olynthios, die Rs. sein Instrument, die Lyra. A 2015: 3200 €. vz

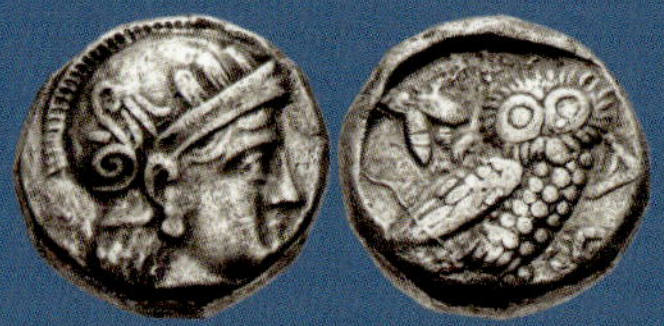

103. Baktrien, Didrachme, 8,32 g, 305 – 294, HGC 3. Didrachmen kommen in der athenischen Münzprägung sehr selten vor. Diese Münze ist durch Beizeichen als Imitation zu erkennen. A 2014: 850 $. Knapper Schrtlg., Str., ss

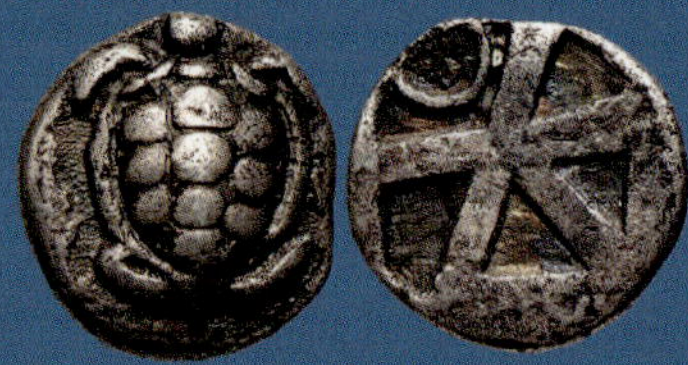

Abbildung 200 %
104. Kreta, Kydonia, Hemidrachme, 2,67 g, 450 – 330, SNG Cop 402. Der Stil der Schildkröte sowie der Halbmond im Incusum verraten den Beischlag. A 2015: 800 $. Kr., ss

za, Ägypten und Baktrien (**103**). Solche Imitationen dürften kaum in betrügerischer Absicht entstanden sein. Vielmehr wollten die Prägeverantwortlichen damit sicherlich von dem guten Ruf profitieren, den das attische Silber genoss. Auch die äginetischen „Schildkröten" waren weit verbreitet, wurden aber selten imitiert. Das auf Kreta gelegene Kydonia immerhin stellte Hemidrachmen dieses Typs her (**104**), die als „Pseudoäginetica" bekannt sind.

Allgemeines zum Sammelgebiet:
Nicht nur wegen der zeitlichen Ausdehnung von fast 200 Jahren, sondern auch weil in dieser Zeit nahezu jede griechische Stadt ihre eigenen Münzen prägte, sind die klassischen Münzen ein fast uferloses Terrain. Die hier gegebene Darstellung kann deshalb nur einige Akzente setzen und zeigt einige der gängigsten und historisch wichtigsten Typen. Der Materialreichtum bewirkt, dass man ansehnliche Silberstücke (etwa Diobole von Herakleia oder Argos in s) bereits für etwa 50 € findet. Für diesen Preis kann man mit etwas Glück bereits eine Bronze in s-ss erwerben.

Weiterführende Hinweise:
Klassische Überblickswerke sind Kraay 1976 und Franke-Hirmer 1972, neuerdings auch Mittag 2016. Das auf 13 regional geordnete Bände angelegte Werk von Hoover 2009 ff. (HGC) ist auch für fortgeschrittene Sammler empfehlenswert. Eine wichtige wissenschaftliche Referenz sind die mehreren hundert Bände der Reihe Sylloge Nummorum Graecorum (SNG). Kompakter, doch teils veraltet ist die Reihe BMC. Head HN gibt einen guten Überblick und ist in digitaler, interaktiver Form sehr hilfreich (www.snible.org/coins/hn). Einen Versuch der Modernisierung bietet HNO mit der Region Karien (http://hno.huma-num.fr). Zu einzelnen Regionen existieren gute Überblickswerke, z. B. Italien (Rutter 2001 und 2012), Sizilien (Rutter 1997), Athen (Starr), Lykien (Müseler), Persisches Reich (Alram; Sunrise Collection).
Die Münzen Thrakiens, Mysiens und der Troas werden sukzessive online präsentiert (www.corpus-nummorum.eu). Online finden sich auch sehr viele kleinasiatische Gepräge unter www.asiaminorcoins.com.

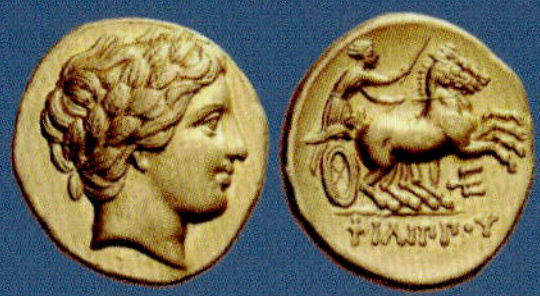

105. Philipp II. von Makedonien, postumer Stater, 323 – 315, 8,55 g, SNG Cop 603. Das Pferdegespann auf der Rs. erinnert an Erfolge Philipps bei den olympischen Spielen. Vs.: Apollon. A 2015: 6000 CHF. vz

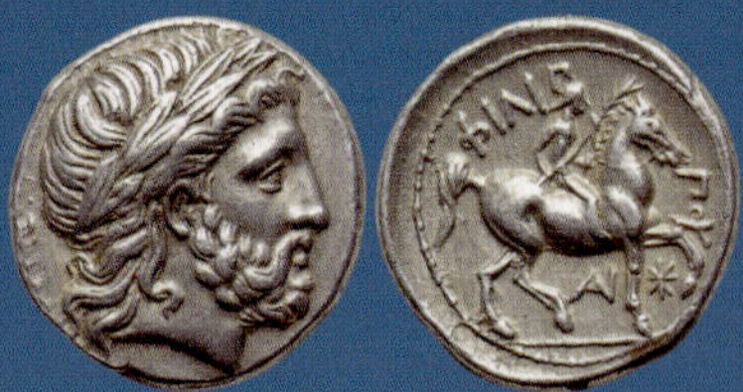

106. Philipp II., Tetradrachme, 356 – 336, 14,26 g, SNG ANS 589. Der reitende Jüngling auf der Rs. erinnert an Erfolge Philipps bei den olympischen Spielen, denn er hält einen Palmzweig. Vs.: Zeus. A 2015: 1400 €. vz

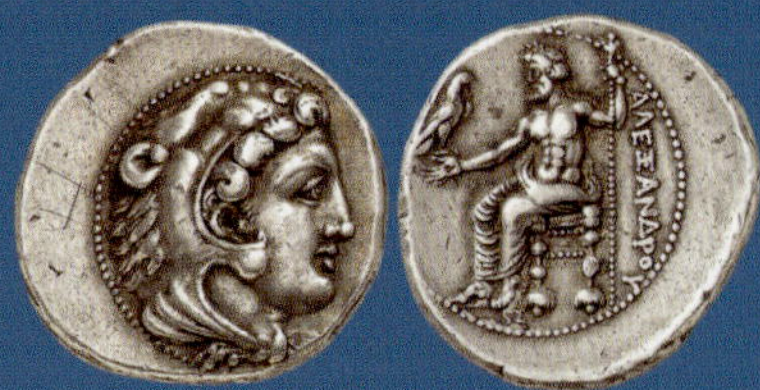

107. Alexander III., Tetradrachme, Tarsos, 333 – 327, 16,99 g, Price 2990. Zeus hält auf der Rs. einen Adler (gr.: *aetos*), weshalb dieser Figurentyp Zeus *aëtophoros* heißt. A 2015: 550 €. ss–vz

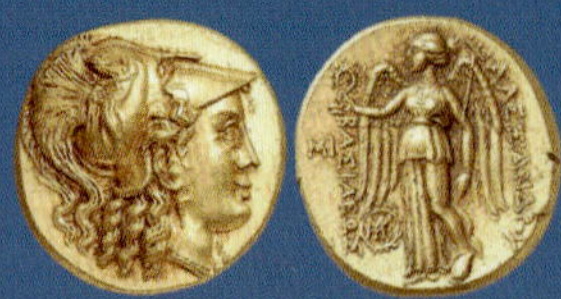

108. Stater, Babylon, im Namen Alexanders III., 311 – 305 (unter Seleukos I.), 8,54 g, Price 3749. Die Nike auf der Rs. hält eine Stylis (einen Teil der traditionellen, religiösen Schiffsverzierung). A 2015: 2800 €. Stf., vz

3. Hellenismus

Das Zeitalter der griechischen Könige (ca. 350 – 30 v. Chr.)

Mit Alexander dem Großen (336 – 323) expandierte die griechische Kultur über den Mittelmeerraum hinaus. Seine politischen, kulturellen und wirtschaftlichen Maßnahmen bestimmten auch Funktion und Aussehen der Münzen in den nächsten drei Jahrhunderten.

Es begann mit Alexander III., Sohn Philipps II., dem sogenannten großen König von Makedonien. Sein ungestümer Feldzug stellte die Welt des Mittelmeers auf den Kopf. Hatten zuvor persische Großkönige aus der Dynastie der Achaimeniden das Gebiet von Ägypten bis kurz vor Nordgriechenland, über Kleinasien und fast bis nach Indien beherrscht, so fegte Alexander mit seiner hart gedrillten Streitmacht die Perser hinfort und setzte sich an ihre Stelle. Damit stieß er eine politische, wirtschaftliche und kulturelle Wende in fast der gesamten damals bekannten Welt an. Markantestes Kennzeichen ist die Verbreitung der hellenischen, also griechischen, Kultur (daher der Namen Hellenismus) und ihre Vermischung mit autochthonen Elementen.

Bereits Philipp II. (359 – 336) hatte das makedonische Königreich immens erweitert. Die Niederwerfung der benachbarten Thraker verschaffte ihm ungehinderten Zugriff auf das an Edelmetallen reiche Pangaiongebirge (356). Damit verfügte Philipp über nahezu unbegrenzte finanzielle Ressourcen (die Rede ist von einer Ausbeute von jährlich 1000 Talenten Gold, ca. 26 t). Er initiierte eine großangelegte Gold- und Silbermünzenprägung (**105 – 106**), die ihm dazu diente, Söldner zu engagieren und Subsidien zu zahlen. Nach seinem Sieg gegen Theben und Athen 338 bei Chaironeia ließ er sich zum Hegemon des Korinthischen Bundes ausrufen.

Philipps Sohn Alexander genügte es nicht, über das griechische Kernland und ein erweitertes Makedonien zu gebieten. In der fiktiven Nachfolge des Achilleus trat er den Feldzug gegen das mächtige Perserreich an. 333 versetzte er dem Großkönig Dareios

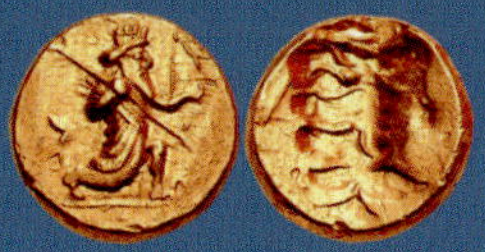

109. Stater, Babylon, 328–311, 8,33 g, vgl. BMC 4, geprägt unter der Verantwortung des Statthalters („Satrapen") für Mesopotamien, Seleukos. Die späten Dareiken sind an dem veränderten inkusen Muster auf der Rs. erkennbar (vgl. 50). A 2015: 6000 $. ss+

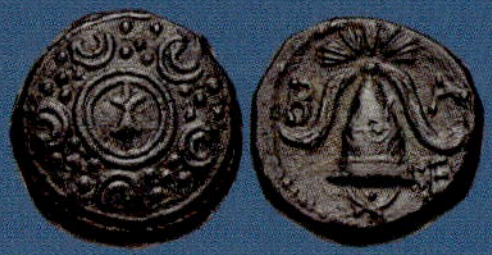

111. Bronzeeinheit (*chalkus*), geprägt nach Alexanders Tod in Makedonien unter Kassander, ca. 325–310, 4,9 g, Price 404. Auf dem Schildbuckel ist ein Blitz zu sehen, das BA auf der Rs. steht für *basileus* (König). A 2015: 100 $. ss

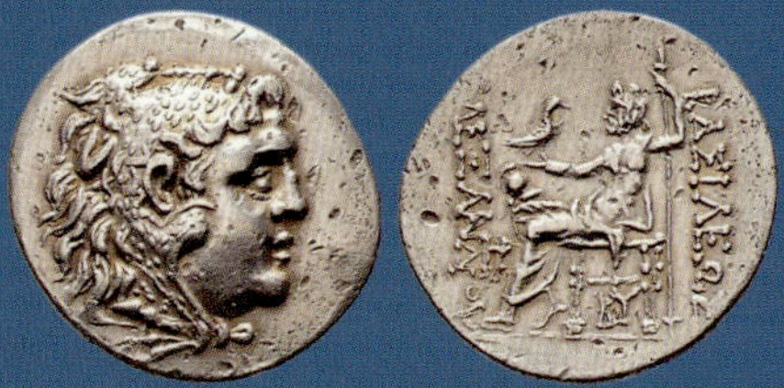

112. Tetradrachme im Stil der Alexandreier, Münzstätte Mesembria (Thrakien), 175–125, 16,22 g, Price 1071. A 2015: 135 €. Einhiebe, ss

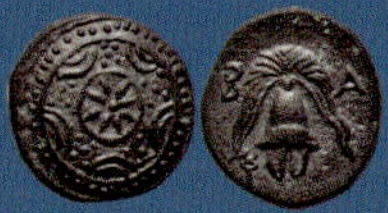

110. Alexander III., 1/4 Bronzeeinheit (1/4 chalkus), geprägt in Makedonien, SNG Cop 1137. Die Vs. zeigt einen makedonischen Schild, die Rs. einen Helm. A 2015: 65 €. Korr., vz-

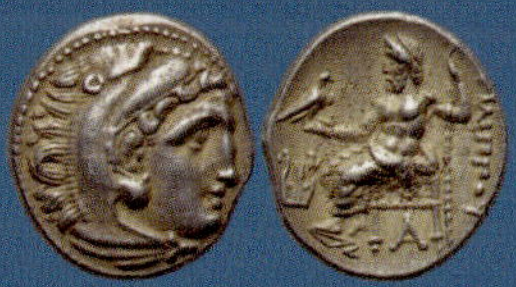

113. Philipp III. von Makedonien, Drachme, 322-318, Kolophon (Ionien), Price P 44. Die Prägestättenzuweisung erfolgt anhand des Beizeichens Kithara vor Zeus. A 2015: 90 €. Schrtlf., ss+

auf dem Schlachtfeld von Issos in Kilikien einen entscheidenden Stoß. Die Vorräte an Edelmetall, die ihm in der kilikischen Hauptstadt Tarsos in die Hände fielen, ließ er zu Silbermünzen umprägen, mit denen er sein stetig wachsendes Heer sowie die Veteranen bezahlte. Diese Tetradrachmen zeigen auf der Vorderseite Herakles, den die makedonischen Könige als ihren Stammvater beanspruchten (**107**). Die Rückseite bringt Zeus in einer Art und Weise, wie sie der Lokalprägung von Tarsos entnommen ist (vgl. **52**). Die Münzen folgten dem attischen Fuß (17,2 g), und sie lösten die athenischen Eulen auch als bedeutendste Handelsmünze ab: Überall, wo Alexander fortan als König anerkannt wurde, wurden diese Münzen geprägt. Die immensen Edelmetallvorräte des Dareios in Susa und Persepolis, die Alexander in den folgenden Jahren in die Hände fielen, wurden größtenteils ausgemünzt (**108–109**). Solche Mengen an gemünztem Metall hatte die Welt des Mittelmeers zuvor nicht gekannt. Noch 150 Jahre später wurden „Alexandreier", wie die Tetradrachmen sehr bald hießen, in verschiedenen Prägestätten hergestellt (**112**). Bereits um das Jahr 300 machten sie etwa 50 % des Umlaufgeldes aus. Das Bronzegeld (**110–111**) wurde mit einer Nominalstruktur versehen, die das Geldwesen der folgenden Jahrhunderte insgesamt stark beeinflusste.

Grundsätzlich blieb der attische Münzfuß von großer Bedeutung, doch wurde das Gewicht in den folgenden Jahrhunderten sukzessive reduziert, sodass das Zielgewicht im Späthellenismus kaum noch zu erkennen ist (vgl. Nr. 112). Der äginetische Fuß blieb v. a. in Mittelgriechenland und auf der Peloponnes in Gebrauch. Auch er wurde auf ca. 11 g vermindert. Der persische Siglos von 5,6 g lebte in einigen kleinasiatischen Regionen unverändert fort.

Die Diadochen: Ptolemaier

Makedonische Männer, die von den Griechen eine Generation zuvor noch als Barbaren verachtet worden waren, hatten die Weltherrschaft übernommen.

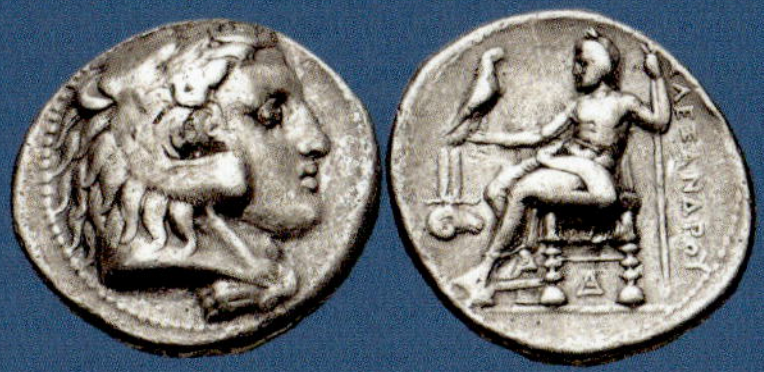

114. Alexander III., postumer AR-Stater, 323 – 317 (unter Ptolemaios), 16,76 g, Price 3964. Das Beizeichen Widderkopf mit Isiskrone (l.) verweist auf die Prägestätte Memphis. A 2015: 1000 $. f.ss

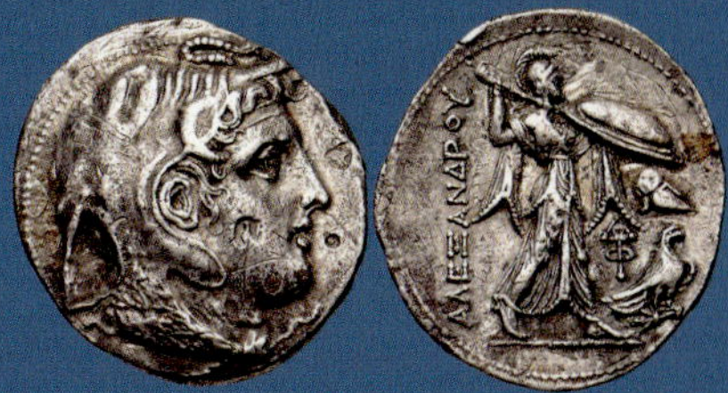

116. Alexander III., postumer AR-Stater, 312 – 305 (unter Ptolemaios), 14,88 g, Svoronos 168. Vs.: Kopf Alexanders im Elefantenskalp und mit einer Ägis. A 2015: 800 $. Reinigungsspuren, Ggst., Kr., Flecken, ss

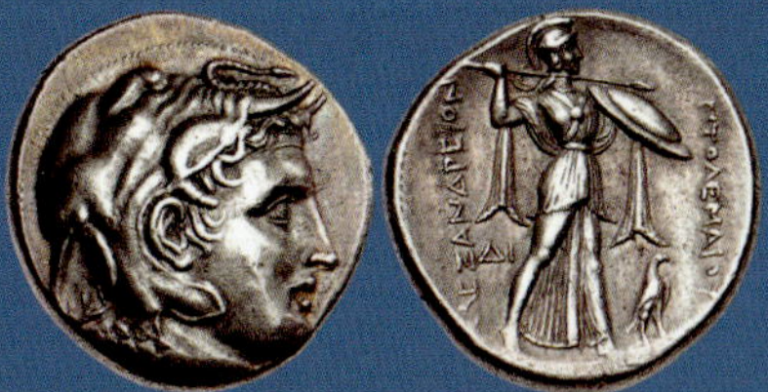

115. Ptolemaios I., AR-Stater, 320 – 312 (unter Ptolemaios), 17,18 g, Svoronos 32. Von diesem Typ sind nur 2 Vs.-Stempel bekannt, er ist also sehr selten. A 2013: 40000 $. vz

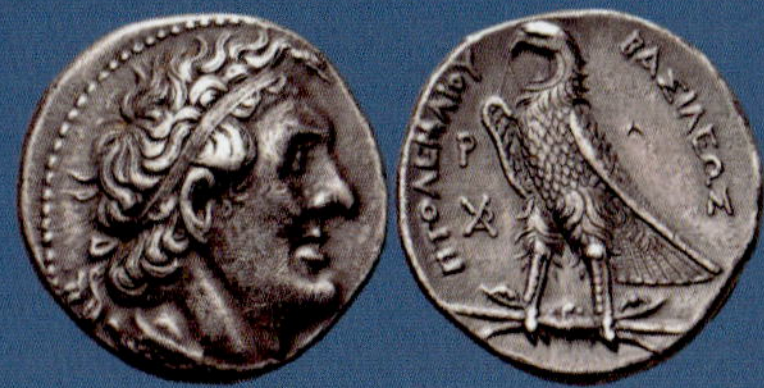

117. Ptolemaios I., AR-Stater, 300 – 285, 14,31 g, Svoronos 265. Vs.: Kopf des Ptolemaios I. Soter mit Königsbinde (Diadem). A 2015: 360 GBP. Kratzer, vz

Auch mit dem plötzlichen Tod ihres Anführers im Jahr 323 änderte sich das nicht. Die Frage war allerdings, wie das auf den exzentrischen Alleinherrscher ausgerichtete, labile Herrschaftsgebilde fortan zu verwalten war. Zwar hatte Alexander in seinem Halbbruder Philipp III. (Arrhidaios) einen legitimen Erben (**113**), doch wurde dieser vermutlich geistig behinderte Nachfolger bereits 317 ermordet. Aus den Kämpfen, die die wichtigsten Generäle und potentielle Nachfolger Alexanders, die sog. Diadochen (dt.: Nachfolger) in den Jahren 323 – 301 führten, gingen schließlich drei Militärs hervor, die nach Jahrzehnten der Auseinandersetzung jeweils ein Gebiet für sich beanspruchten und an ihre Nachkommen weitergeben konnten: Der Flottenadmiral Ptolemaios setzte sich in Ägypten fest, Antigonos Monophthalmos in Griechenland, Seleukos schließlich brachte das größte Gebiet unter seine Herrschaft.

In den ersten Jahren nach dem Tod Alexanders, 323, prägten die meisten Diadochen die gleichen Münzen wie Alexander. Nur durch die Beizeichen lassen sie sich zuordnen (**114**).

Der ehemalige Flottenadmiral Ptolemaios, Sohn des Lagos (daher die Dynastiebezeichnung „Lagiden“), gab in Ägypten bereits um 320 selbstständige Münztypen aus (**115**). Die Tetradrachmen zeigen den mit einem Elefantenskalp bedeckten und einem Widderhorn (das auf den regional bedeutenden Zeus Ammon verweist) verzierten Kopf Alexanders. Die Rückseite ist der makedonischen Athena Alkidemos gewidmet. Die Legende ΠΤΟΛΕΜΑΙΟΥ ΑΛΕΞΑΝΔΡΕΙΟΝ lässt sich am ehesten als „Alexandreier des Ptolemaios“ auffassen.

Nachdem Ptolemaios bei Salamis eine bedeutende Schlacht verloren hatte, trat in Ägypten eine Finanzkrise auf. Er reagierte mit einer Reduktion des Tetradrachmengewichts auf 15,7 g, eröffnete neue Prägestätten und zwang auswärtige Händler zum Umtausch ihrer schweren Münzen in das neue Geld (**116**). 298 erschienen erstmals Münzen mit dem Portrait des 306 zum König proklamierten Ptolemaios I. (Beiname: Sotär, „Retter“). Die Bildkombination von Portrait und dem für Zeus stehenden Adler (**117**) ist fortan typisch für die ägyptischen Münzen. Zugleich wurde das Stater-Gewicht nochmals auf nun 14,27 g verringert. Diese Stücke wurden bald auch in Tyros, Sidon und auf Zypern geprägt. Kleinere Silbernominale wie Drachmen und Didrach-

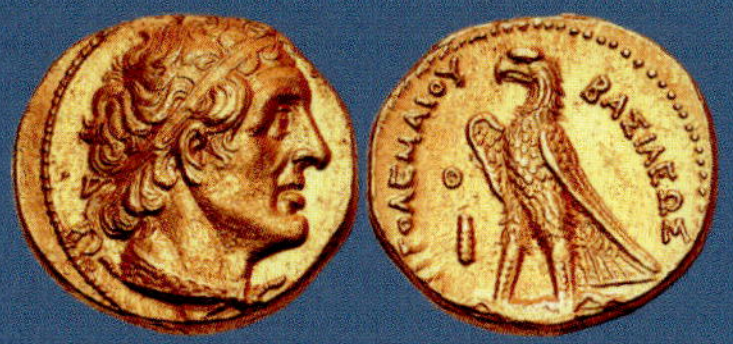

118. Ptolemaios II., 285 – 246, Trichryson, 17,77 g, Svoronos 639. Das O über der Keule (dem Beizeichen von Ptolemaios II.) steht für den Wert von 60 Silberdrachmen. A 2015: 15000 $. vz

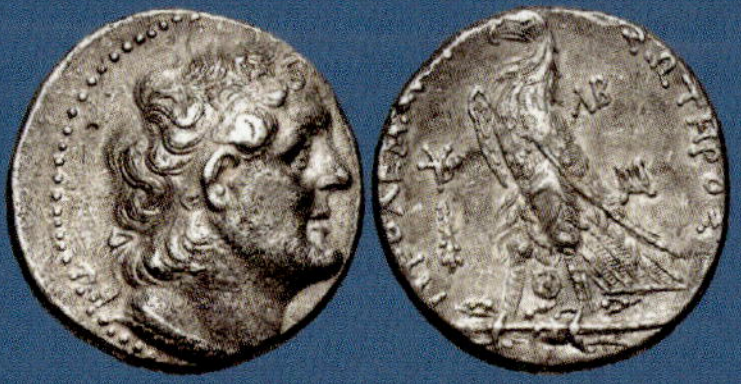

120. Ptolemaios II., Tetradrachme, 254/3, Tyros, 14,16 g, Svoronos 639. Die Jahresangabe 32 (ΛΒ) befindet sich über dem Monogramm r. A 2015: 140 $. Dez., ss

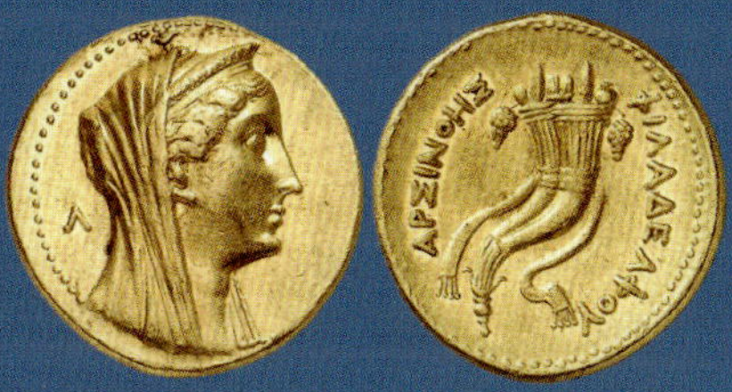

119. Ptolemaios II., Mnaeion, 253 – 246, Alexandria, 27,72 g, Svoronos 476. Kopf der 270 verstorbenen Arsinoe mit Diadem und Schleier. A 2015: 7000 €. F.vz

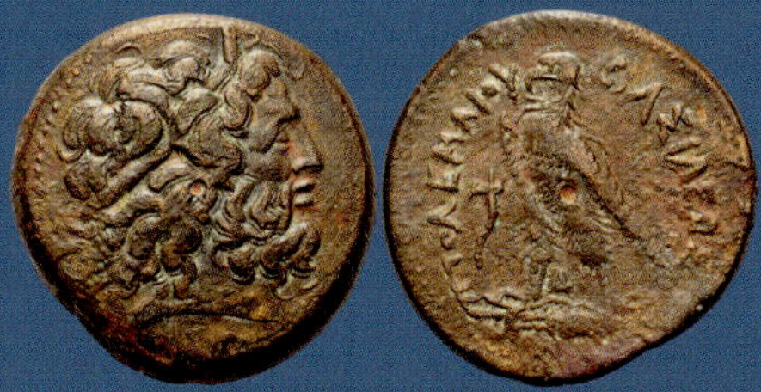

Abbildung 70 %

121. Ptolemaios II., Drachme, Alexandria, 253 – 249, 68,77 g, Svoronos 1152. Zentrierlöcher (hier auf Vs. und Rs.) sind für ptolemäische Bronzen typisch. A 2015: 110 GBP. Vs. bearb., s+

men zählen bei den Ptolemaiern eher zu den Seltenheiten.

Während in Ägypten eine Silberknappheit herrschte, bestand an Gold kein Mangel. Die Ptolemaier prägten deshalb außergewöhnlich große und relativ viele Goldmünzen. Ein Standardnominal war der dreifache Goldstater, das sog. Trichryson („Gold-Dreier"), das 60 Silberdrachmen entsprach (**118**).

Ptolemaios II. (284 – 246, Beiname: Philadelphos, „der Geschwisterliebende") führte das Mnaeion (**119**) ein, das einer Mine (griech.: *mna*), also 100 Drachmen entsprach, und auf dem er sich gleichberechtigt mit seiner Schwestergattin Arsinoe als „Theoi Adelphoi" („göttliches Geschwisterpaar") zeigt. Auch Arsinoe, die 270 starb, trug ein (zierliches) Ammonshorn, das sie als Verehrerin des Zeus kennzeichnete. Die oft gezeigten Füllhörner und die speckigen Portraits unterstreichen den Aspekt der *„tryphä"* (dt.: Fülle, Überfluss), die zur Reichsideologie gehörte.

261 wurden Tetradrachmen eingeführt, die Ptolemaios I. (Soter) zeigten, also seine Bedeutung als Ahnen hervorgehoben (**120**), was ein Charakteristikum hellenistischer Münzen ist. Sie wurden auf Zypern (Kition, Paphos, Salamis) und in Sidon, Tyros, Akke, Ioppe und Gaza geprägt, teils mit Jahreszahlen versehen. Zugleich wurde die bronzene Drachme mit stattlichen 72 g eingeführt (**121**).

Ptolemaios III. Euergetes (246 – 221, „Wohltäter") setzte die Münzprägung seines Vaters fort. Er ergänzte sie nur um sein persönliches Beizeichen, das Füllhorn. Unter ihm entstanden sogar doppelte Mnaeia, die wahrscheinlich mit den Kriegen zusammenhängen, die er gegen die Seleukiden führte (s. u.). Auch führte er den bronzenen Oktobol, also das 1,5-Drachmenstück von 96 g ein (**122**). Nach Territorialgewinnen im 3. Syrischen Krieg entstanden ptolemaische Gepräge auch in Kleinasien und sogar in Thrakien.

Unter Ptolemaios IV. Philopator (221 – 205, „der Vaterliebende") bestand die wichtigste Neuerung in Tetradrachmen, deren Vorderseiten die Doppelbüste der griechisch-ägyptischen Gottheiten Isis und Sarapis zierten (**123**).

Sein Nachfolger Ptolemaios V. Epiphanes (210 – 180) ließ Herakles und Isis-Demeter auf die Averse seiner noch rareren Tetradrachmen setzen. Unter Ptolemaios VI. Philometer (180 – 145, der mit seiner

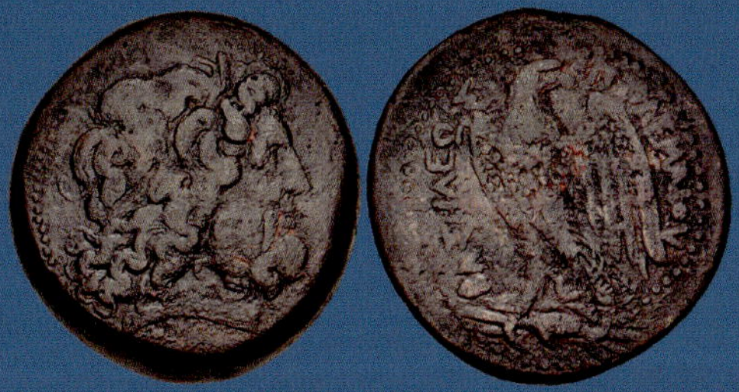

Abbildung 70 %
122. Ptolemaios III., Oktobol, Alexandria, 246 – 230, 92,54 g, Svoronos 446. Der auf einem Blitzbündel stehende Adler kann als Wappentier der Lagiden betrachtet werden. A 2015: 280 $. s

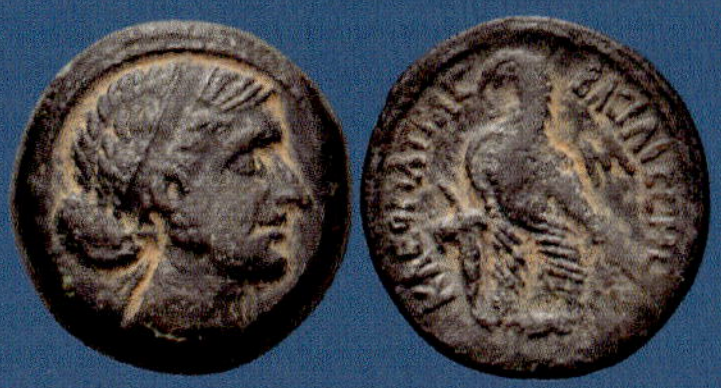

124. Kleopatra VII., Obol zu 40 Drachmen, ca. 9 g, Svoronos 1827. Von diesem realistischen Portrait der ägyptischen Königin sind Cineasten oft enttäuscht. A 2015: 1100 GBP. ss

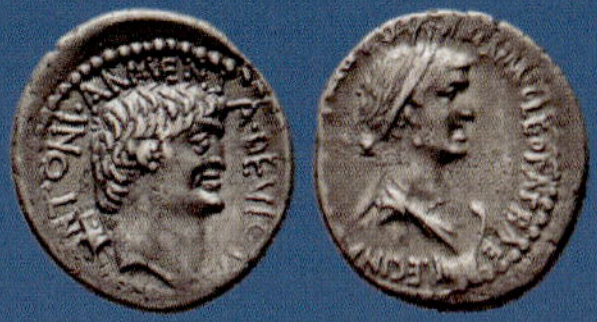

125. Kleopatra VII. mit Marcus Antonius, Denar, unbek. Mzst., 3,41 g, 34, Albert 1701. Zum Zeichen ihrer Seemacht wurde Kleopatra auf der Rs. eine Prora als Attribut beigegeben. A 2015: 10 000 €. F. vz

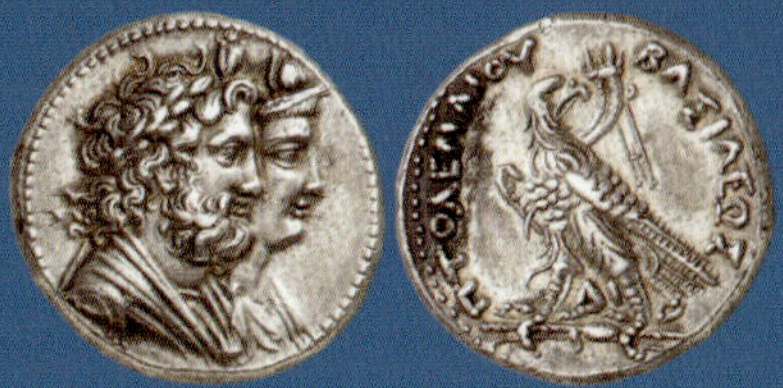

123. Ptolemaios IV., Tetradrachme, 14,27 g, Svoronos 1124. Vs.: Drapierte Büsten des Zeus Sarapis mit Lorbeerkranz und Krone des Osiris und der Isis mit Ährenkranz und Krone. A 2015: 48 000. vz

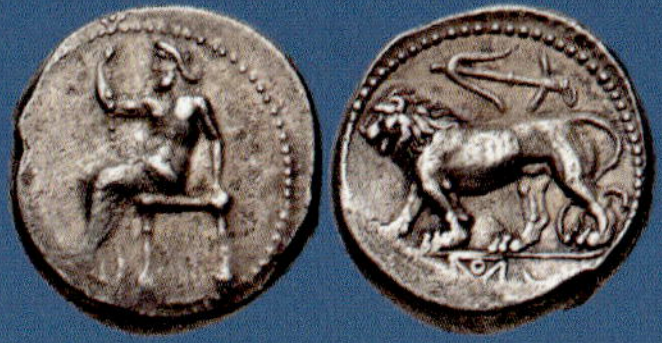

126. Seleukos I., AR-Stater, Babylon, 312–301, HGC 67a. Auf der Vs. handelt es sich wahrscheinlich um Baal, nicht den griechischen Zeus. A 2014: 650 $. Prschw., ss

Tante Kleopatra I. regierte, ging es mehrfach um die Herrschaft über Teile Syriens, um die sich die Ptolemaier mit den Seleukiden stritten. Die Kriege machten sich in einer Destabilisierung des Währungssystems bemerkbar. Die Bronze-Drachmen verloren ihre feste Bindung an die Silberwährung, sodass die Drachme zur bloßen Recheneinheit wurde. Gold wurde nicht mehr geprägt. In immer rascherer Folge reihten sich in den folgenden hundert Jahren die Könige. Im 1. Jh. geriet Ägypten in Abhängigkeit von Rom. Julius Cäsar setzte für Kleopatra VII. (**124**) ihr Erbrecht durch, die bis 30 v. Chr. Marcus Antonius gegen Octavian unterstützte (**125**). Die Niederlage des tragischen Paares beendete die Existenz des Ptolemaierreiches als das letzte der Diadochenreiche.

Die Seleukiden

Seleukos zählte zu den Hetaíroi, den Gefährten und Kampfgenossen Alexanders des Großen. Er brachte das größte Gebiet unter seine Herrschaft, einen ethnischen und kulturellen Flickenteppich, der sich anfangs von Kleinasien über Syrien, Phönizien und Mesopotamien bis an den Persischen Golf und östlich bis an den Indos erstreckte. Im Jahr 312/1, dem Beginn der seleukidischen Zeitrechnung, begann die eigenständige Münzprägung in Babylon (**126**). Bald öffneten Prägestätten in Susa (**127**), Ekbatana und dem fernen Ai Khanum (im heutigen Afghanistan), doch war der Bedarf an Münzgeld in den ersten Jahrzehnten aufgrund der Massen an älteren Alexandreiern zunächst gering. Im Westen etablierten sich im

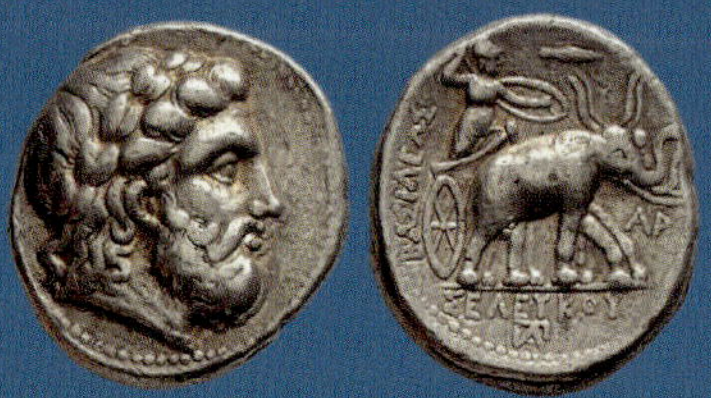

127. Seleukos I., AR-Stater, Susa, nach 296, SC vgl. 177.1. Vs.: Zeus, Rs.: Athena in Elephantenbiga nach rechts. A 2015: 900 €. ss

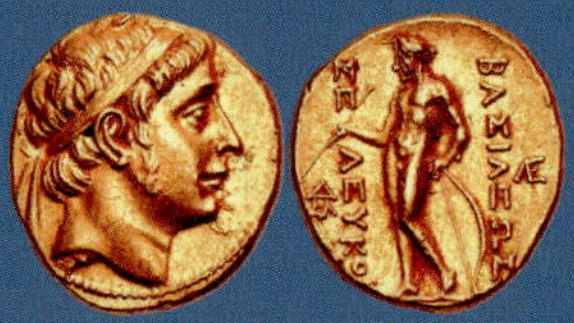

130. Seleukos II. Kallinikos, AU-Stater, 246 – 225, 8,48 g, SC 703.3b. Die Münzstätte dieser sehr seltenen Emission ist unsicher. A 2015: 25 000 $. Stf., vz

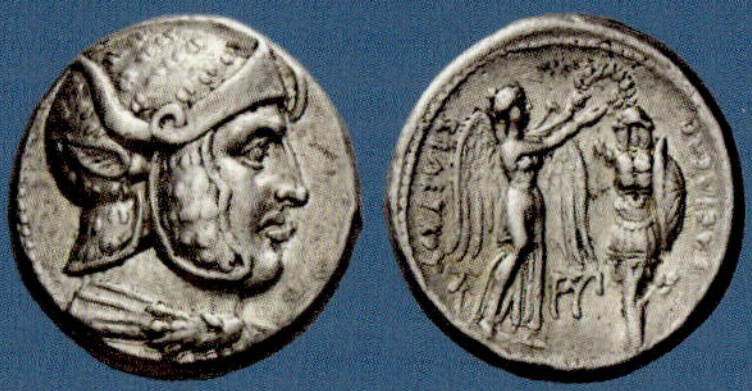

128. Seleukos I., AR-Stater, Susa, 305 – 295, 17,36 g, SC 173.4. Es ist nicht zu entscheiden, ob der Kopf mit dem reich verzierten Helm der von Seleukos, Alexander oder Dionysos ist. A 2015: 4000 CHF. ss

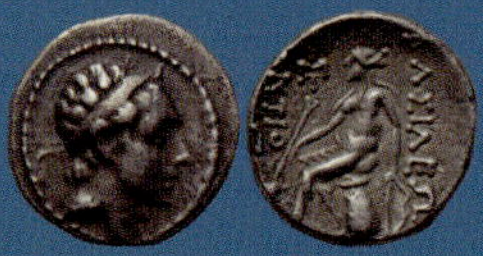

131. Antiochos IV. Epiphanes, Drachme, 3,99 g, SC 1559.3. Die Münzstätte ist entweder in Hyrkanien oder Medien zu vermuten. A 2015: 140 €. Prschw., ss

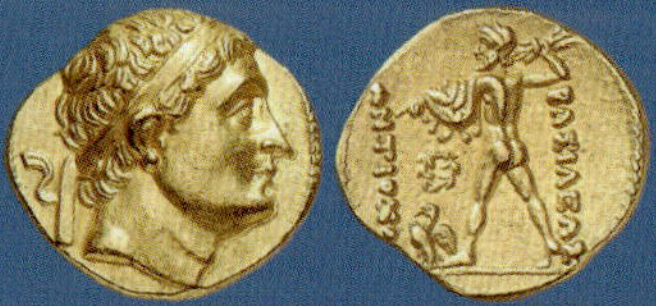

132. Diodotos I. von Baktrien, um 250, AV-Stater, 8,36 g, SNG ANS 75. Auf der Rs. wird König Antiochos (I.) genannt, von dem sich Diodotos absetzte. A 2015: 4000 €. vz

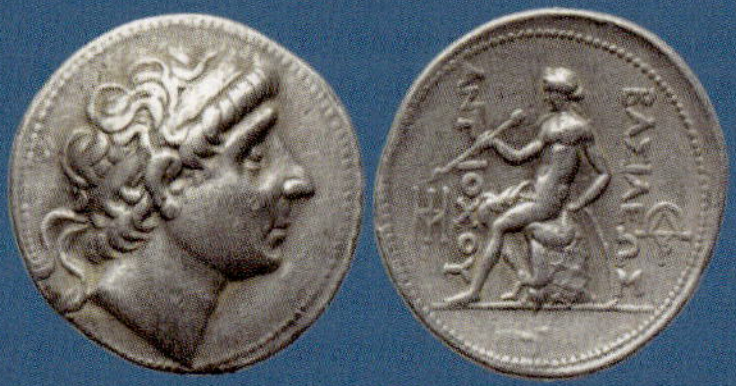

Abbildung 80 %
129. Antiochos I. Soter, 281–261, Seleukeia am Tigris, 16,98 g, SC 379.6c. Die Rs. zeigt Apollon als strafenden und Orakelgott. A 2015: 450 €. ss

3. Jh. Laodikeia am Meer, Sardes und Antiocheia als wichtige Münzstätten. Die Ikonographie der Gepräge hob zunächst auf die militärische Potenz des Seleukos ab, der sich auch als „Nikator" („Sieger") bezeichnete (**128**). Typisch für die Seleukiden ist der Anker als Beizeichen, der auf einen Gründungsmythos verweist. Aus dem gleichen Grund wurde Apollon häufig auf den Münzrückseiten gezeigt (**129**). Mit ihren auf außergewöhnlich breiten Schrötlingen geprägten Tetradrachmen setzten sie einen Trend, der auch außerhalb des Reiches aufgegriffen wurde (vgl. 151, 153, 159).

Anders als bei den Ptolemäern war die Goldprägung relativ geringfügig. Unter Seleukos II. (246 – 226) wurde die Prägung regulärer Statere (**130**) sogar ganz eingestellt. Dafür stieg die Produktion von Tetradrachmen seit 240 kontinuierlich. In Antiochia wurde unter Demetrios I. (162 – 150) ein Höhepunkt von jährlich ca. 400 000 erreicht. Unter Antiochos IV. (175 – 164) nahm die Produktion von Drachmen stark zu (**131**). Goldmünzen entstanden nur noch in Notfällen oder zu Repräsentationszwecken (z. B. Oktodrachmen).

Das Seleukidenreich war zwar anfangs das größte Diadochenreich, doch fielen einige Regionen rasch ab, beispielsweise Pergamon und Baktrien, dessen Kerngebiet im heutigen Afghanistan lag und das sich unter dem Satrapen Diodotos als eigenes Königreich etablierte (**132 – 133**). Auch Elymais im Südwestiran (**177**) emanzipierte sich um 147. Der Besitz Phöni-

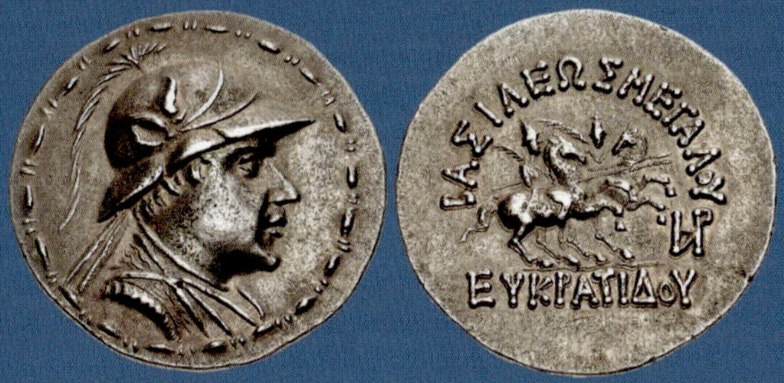

133. Baktrien, Eukratides I. Megas, 170 – 145, AR-Stater, 16,93 g, HGC 131. Der Helm ist verziert mit einem Stierhorn und dem Ohr eines Stiers als Zeichen königlicher Stärke und Allmacht. A 2015: 1100 $. ss+

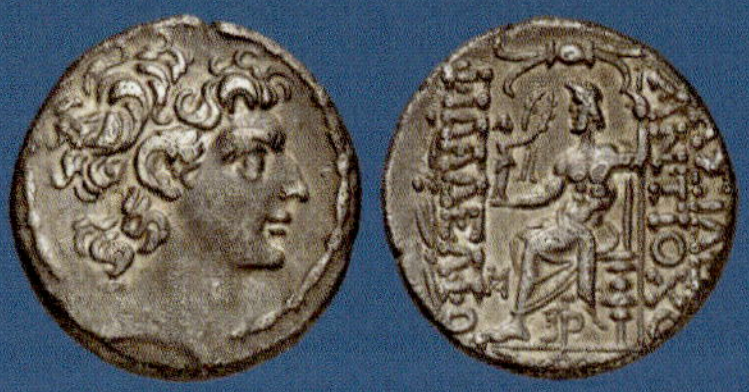

136. Antiochos XIII. Asiatikos, 69 – 64, AR-Stater, 15,21 g, Antiochia HGC 1340. Die Rs.-Darstellung mit dem von Nike bekränzten Zeus ist typisch für die spätseleukidischen Silbermünzen. A 2015: 850 €. ss+

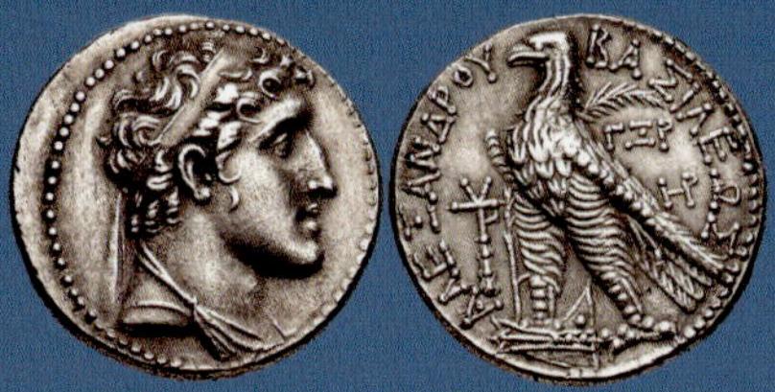

134. Alexander I. Balas, 152 – 145, AR-Stater, 14,25 g, Tyros, Jahr 150/49, SC 1835.2b. Die Zahl ΓΞΡ r. über dem Monogramm steht für das Jahr 163 der seleukidischen Ära, die 312 einsetzte. A 2015: 575 $. vz

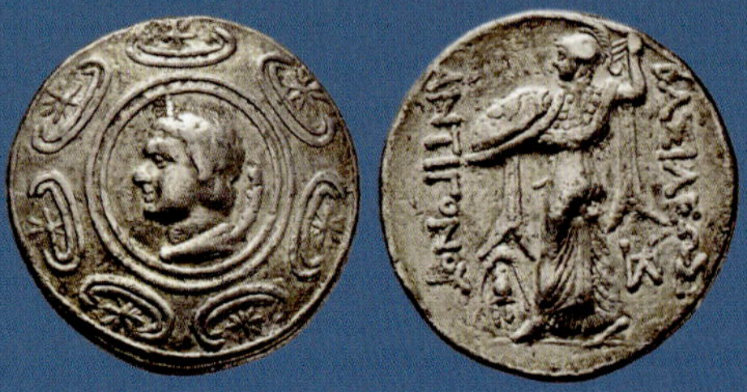

137. Makedonien, Antigonos II. Gonatas, Tetradrachme, SNG Cop 1199, 17,16 g. Die Vs. zeigt einen makedonischen Schild. Die Münze ist auch entsprechend gewölbt. A 2015: 280 €. ss

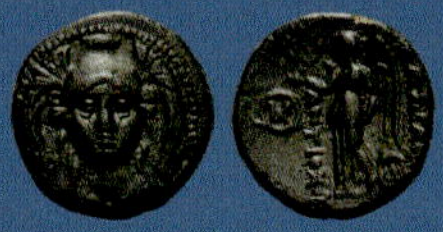

135. Antiochos I., Chalkous, 2,99 g, Smyrna oder Sardes, SC 315a. Die Vs. zeigt Athena in einer De-face-Darstellung. A 2015: 110 CHF. ss+

ziens und von Teilen Syriens war im 3. und 2. Jh. Anlass für zahlreiche Kriege mit den Ptolemäern. In dieser Region führte Alexander I. Balas (152 – 145) Tetradrachmen mit der für die Ptolemäer typischen Adler-Rückseite und reduziertem Gewicht von 14 g ein, die in Berytos, Ake, Sidon und, v. a., Tyros geprägt wurden (**134**). Im übrigen Reich galt der attische Münzfuß, der jedoch unter Antiochos IV. auf 16,6 g reduziert wurde, als er 15 000 Talente als Kriegsentschädigung an Rom zahlen musste. Unter Alexander II. fiel das Gewicht 128 auf 15,3 g, bald darauf begann die stärkere Legierung des Metalls mit Kupfer.

Bronzemünzen wurden in Sardes und Antiochia ab dem frühen 3. Jh. hergestellt. Das Grundnominal ist der *chalkus* („Bronzestück“, **135**). Während die Silbermünzen häufig ersetzt wurden, zirkulierte das Bronzegeld jahrhundertelang.

Ende des 2. Jhs. war das Reich auf den nordsyrisch-kilikischen Raum zusammengeschrumpft. Die letzten Tetradrachmen wurden für Antiochos XIII. im Jahr 64 in Antiochia geprägt (**136**), bevor Syrien als Provinz dem Römischen Imperium einverleibt wurde.

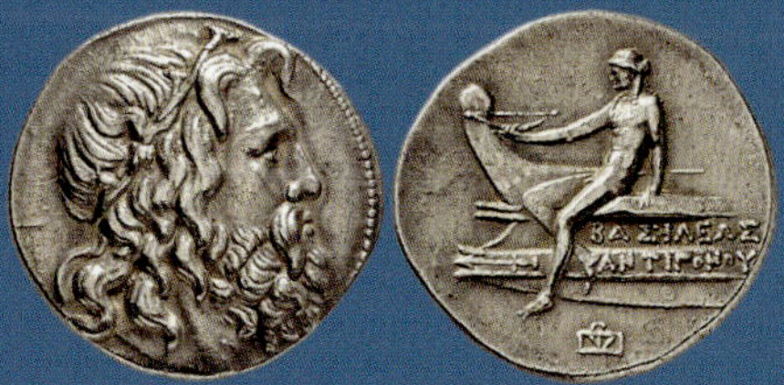

138. Makedonien, Antigonos III. Doson, Tetradrachme, SNG Cop Suppl. 218, 17,1 g. Vs.: Poseidonkopf, Rs.: Apollon sitzt auf Prora. A 2015: 3200 €. vz

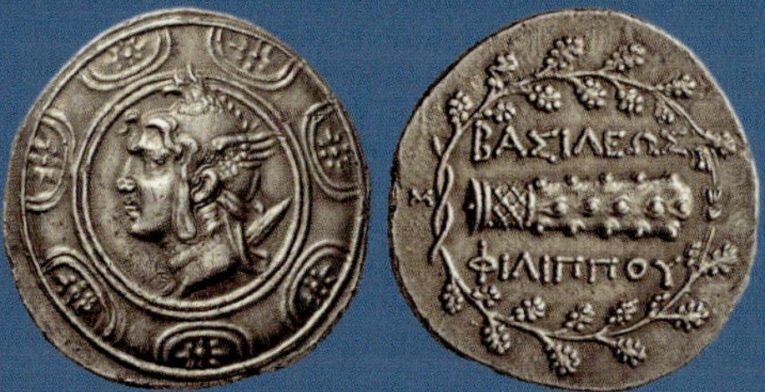

139. Makedonien, Philipp V., Tetradrachme, 202 – 200, Mzst. Pella, 17,03 g, SNG Lockett 1529. Auf dem Schildbuckel ist der Heros Perseus abgebildet, die Keule auf der Rs. verweist auf Herakles. A 2015: 4800 €. vz-

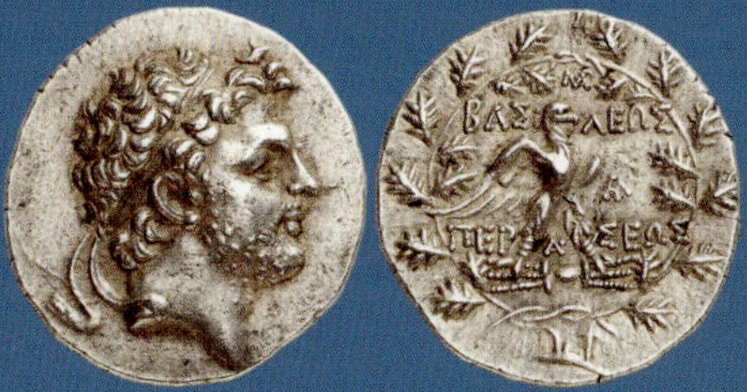

140. Makedonien, Perseus, Tetradrachme, 15,43 g, 173 – 171, Mzst. Amphipolis oder Pella, SNG Alpha Bank 1132. A 2015: 1500 €. vz

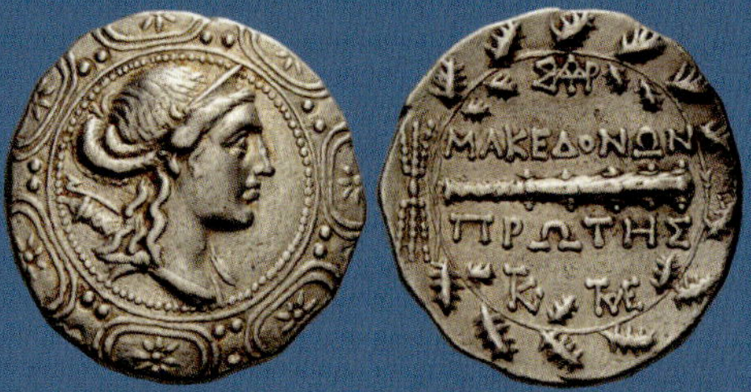

141. Makedonien als röm. Protektorat, 167 – 149, Tetradrachme, 16,73 g, Mzst. Amphipolis, SNG Cop 1314. Die Rs.-Legende nennt den ersten Verwaltungsdistrikt (Meris). A 2015: 340 CHF. ss+

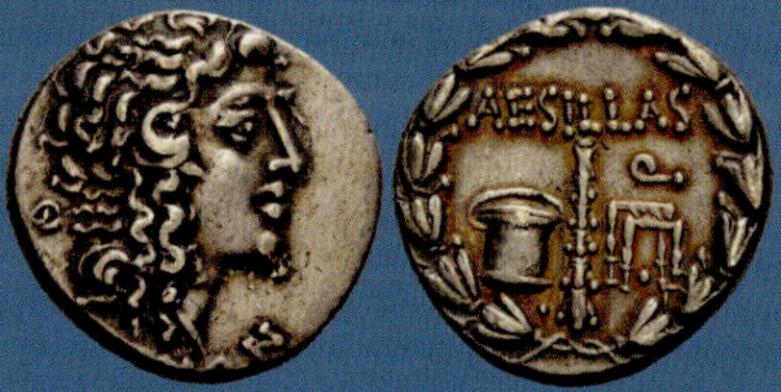

142. Provincia Macedonia, Quaestor Aesillas, 95 – 70, Tetradrachme, 16,24 g, SNG Cop 1330. Die Vs. zeigt Alexander den Großen. A 2015: 190 CHF. ss+

Das makedonische Königreich

Das griechische Mutterland war lange Zeit – vor allem wegen seiner symbolischen Bedeutung – der Zankapfel der Diadochen gewesen. Erst 278 gelang es Antigonos Gonatas, dauerhaft eine Dynastie in Makedonien einzurichten (**137**). Sein Sohn Demetrios II. herrschte nur von 239 bis 229, gefolgt von dem ebenfalls recht kurzlebigen Antigonos III. Doson (229 – 221, **138**). Philipp V. (221 – 179, (**139**) war von 215 bis 205 in einen Krieg mit Rom verwickelt, den er vorwiegend gegen den Stamm der Aitoler austrug (vgl. 164). Im 2. Römischen Krieg erlitt sein Reich 197 eine entscheidende Niederlage. Sein Sohn Perseus (**140**) schließlich stemmte sich in einem dritten Krieg gegen Rom, der in die Zerschlagung des Königreichs 168 mündete. Das Reich wurde in vier formal selbständige Gebiete aufgeteilt (**141**), die 148 zur Provinz Macedonia umgestaltet wurden (**142**).

König Lysimachos

Lysimachos, einem Leibgardisten Alexanders, wurde 321 die Satrapie Thrakien zugesprochen. Damit kontrollierte er den Weg von und nach Kleinasien. Nachdem er – wie die anderen Diadochen – 305 den Königstitel angenommen hatte, konnte er seinen

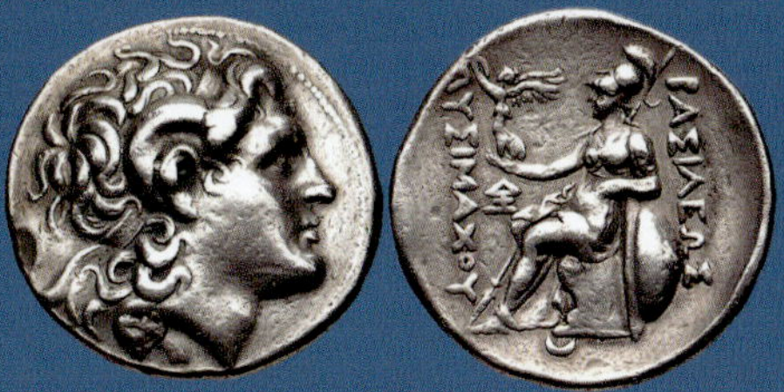

143. Lysimachos, Tetradrachme, 16,88 g, Mzst. Lampsakos, ca. 297/6–282/1, SNG Paris 2548. Die Vs. zeigt den Kopf des vergöttlichten Alexander, die Rs. Athena. A 2015: 300 $. Ger., ss

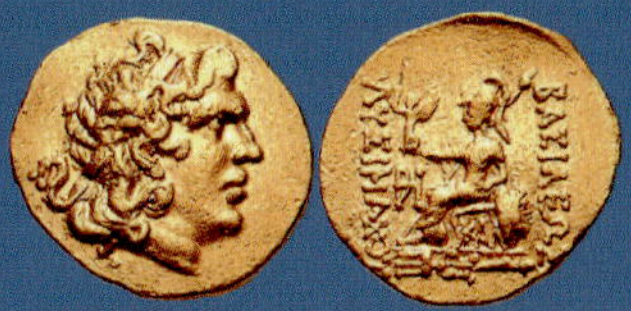

144. Kallatis (Thrakien), AU-Stater im Namen des Lysimachos, 2./1. Jh., 8,29 g, SNG Cop 1089. A 2015: 1500 $. ss+

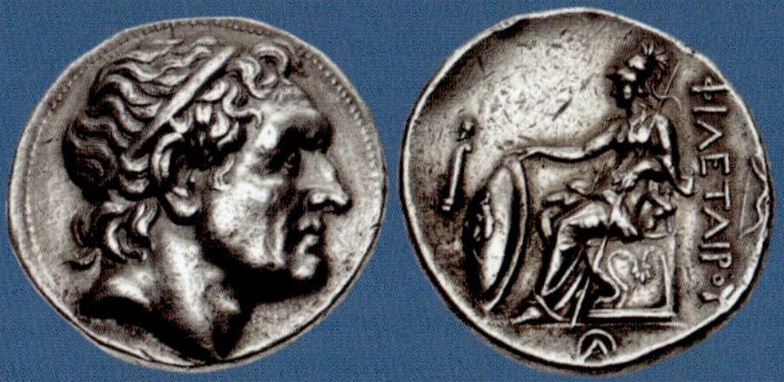

145. Pergamon, Philetairos, 282–263, Tetradrachme, 17,12 g, ca. 269/8–263, SC 309.3. Auf der Vs. ist der Kopf des Seleukos I. zu sehen. Nur 4 bekannte Expl. A 2015: 30000 $. ss+

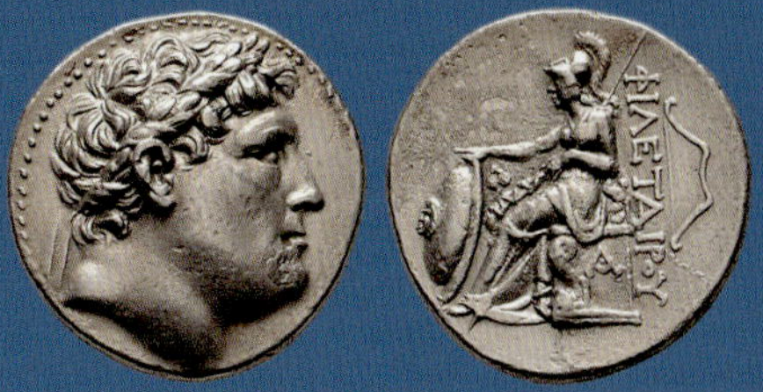

146. Pergamon, Eumenes I., Tetradrachme, 16,73 g, SNG Cop 334. Auf diesem gängigen Typ wird der Kopf des Philetairos gezeigt. A 2015: 400 €. Hornsilberauflagen, vz/ss

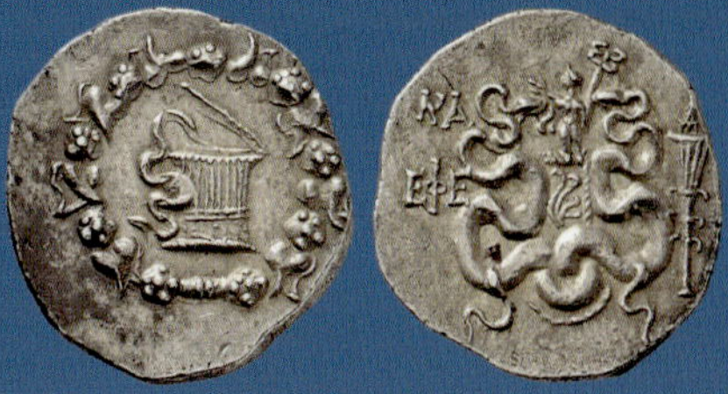

147. Ephesos (Ionien), Tetradrachme (Kistophor), 114/113, 12,59 g, SNG Cop 328. Auf der Vs. ist die namengebende Cista mystica zu sehen, in die eine Schlange steigt. Die Datierung KA (= 21) auf der Rs. bezieht sich auf den Regierungsantritt von Attalos III. A 2015: 170 €. vz

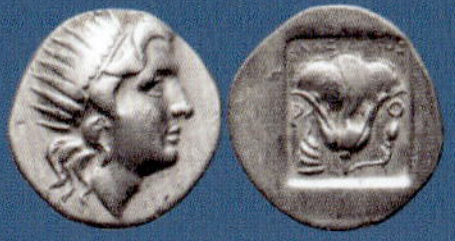

148. Rhodos, Drachme, 190–170, 2,86 g, HGC 1457. Vs.: Helioskopf. Rs.: Rose, oben Beamtenname Anaxidotos, links Schlange auf einem Omphalos. A 2015: 65 GBP. ss+

Einflussbereich in den Schwarzmeerraum ausdehnen, bald auch auf die kleinasiatische Westküste. 297/6 begann er mit dem Prägen sehr hübscher Tetradrachmen, deren Revers-Ikonographie bis in die Neuzeit nachwirkte (**143**). 285 riss er sogar Makedonien und Griechenland an sich, doch bereits 281 wurde sein Reich unter den Seleukiden und Antigoniden aufgeteilt. Besonders im Schwarzmeerraum wurden die Gold- und Silberstatere des Lysimachos noch lange Zeit später imitiert (**144**).

Das pergamenische Königreich
Philetairos, Sohn des Attalos, wurde von Lysimachos damit betraut, die Kriegskasse in Pergamon (9000 Talente) zu verwalten. 282 koalierte er mit Seleukos gegen Lysimachos und verwaltete das Umland um Pergamon nach dessen Sturz unter seleukidischer Oberherrschaft (**145**). Sein Sohn Eumenes (263–241) setzte sich von den Seleukiden ab, was sich in der Münzprägung zeigt (**146**). Im Frieden von Apameia (s. o.) legte Rom eine Vergrößerung des Attalidenreiches fest. Dies war die Geburtsstunde einer neuen Währung, der sog. Kistophoren („Münzen mit einer Kiste darauf"), deren Name auf dem gemeinsamen Vorderseitenbild, einem dionysisch-mystischen Korb, beruht. Sie wurden in Sardeis, Pergamon, Ephesos (**147**) und Tralleis mit einem Gewicht von 12,6 g geprägt, während die Tetradrachmen ur-

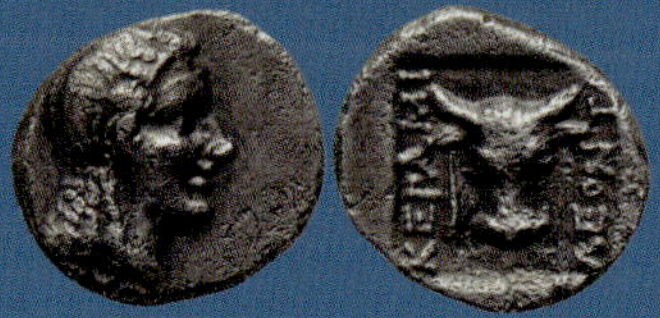

Abbildung 200 %
149. Keramos (Karien), 2. Jh., Diobol, 1,11 g, HNO 2299. Die Rs. zeigt einen Stierkopf in einem Incusum. Neben dem Ethnikon ist ein Beamtenname zu lesen. A 2015: 260 €. Korr., ss

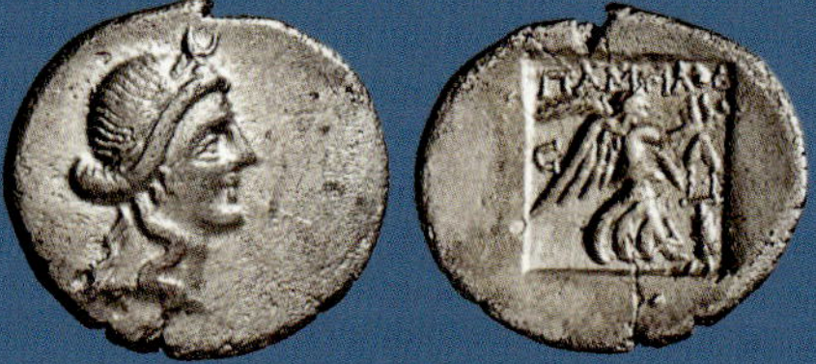

Abbildung 200 %
150. Stratonikeia (Karien), Hemidrachme, 2./1. Jh, Beamter Pamphilos, 1,74 g, HNO 2596. Belorbeerter Hekatekopf mit Mondsichel / Nike r. mit Kranz und Palmzweig. Beizeichen Ähre. A 2015: 160 €. vz-

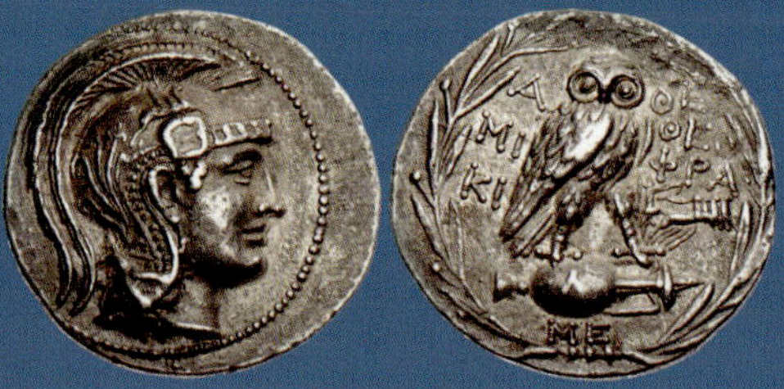

151. Athen, Tetradrachme, ca. 137/6, 16,52 g, HGC 1602. Die Datierung ist anhand der auf der Rs. genannten Beamten möglich. A 2015: 750 $. ss+

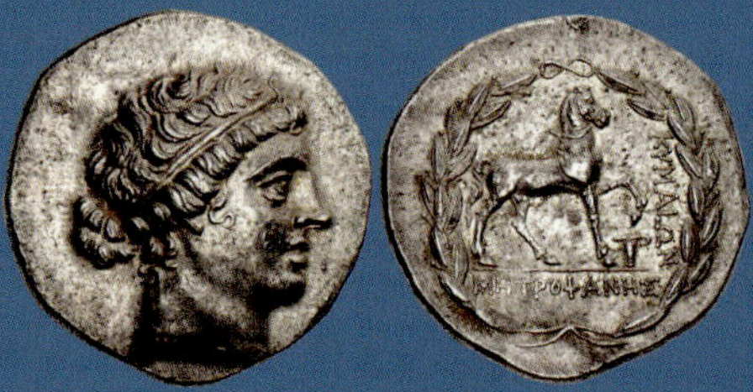

152. Kyme (Aiolis), Tetradrachme, 155–143, 16,66 g, SNG Cop 104. Auf der Vs. ist die Amazone Kyme zu sehen, auf der Rs. wird der Beamte Metrophanes genannt. A 2015: 1100 $. vz

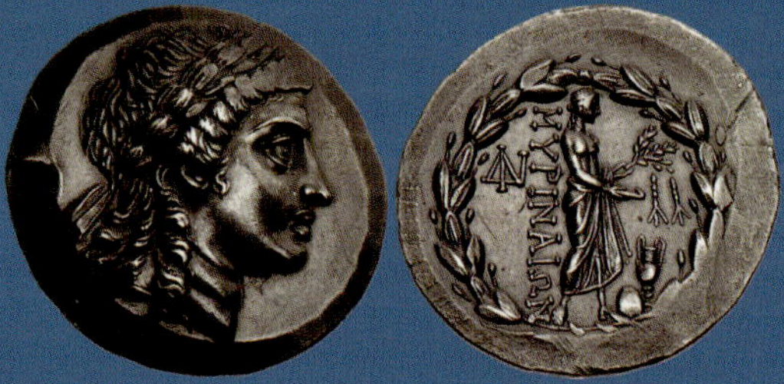

153. Myrina (Aiolis), Tetradrachme, 160–143, 16,28 g, SNG von Aulock 1663. Beide Seiten zeigen den lokal bedeutsamen Apollon Grynios. A 2015: 1500 €. Schwarze Glanzpatina, vz

sprünglich 16,8 g wogen. Auch dies war ein geschlossenes Währungssystem, vergleichbar dem ptolemäischen. Es blieb bis in die römische Kaiserzeit erhalten, wo es in der Provinz Asia gültig war.

Bedeutende Stadtstaaten

Einigen Poleis gelang es in dieser Epoche, ihre Selbstständigkeit aufrechtzuerhalten. Rhodos erlebte im Hellenismus eine Blütephase und etablierte einen großen Einflussbereich bis tief in das kleinasiatische Festland, der durch ein eigenes, geschlossenes Währungssystem gekennzeichnet ist (**148**). Diese sog. Plinthophoren („Münzen mit einem Stein darauf") wurden von Kos, Kaunos, Keramos (**149**), Stratonikeia (**150**) und Aphrodisias, teils auch in Bronze, imitiert. Auch die Prägetätigkeit von Athen blieb kontinuierlich bis weit ins 1. Jh. hinein bedeutend. Nachdem die Römer Athen den Freihafen auf Delos zugeschlagen hatten, lief 164 die Prägung neu gestalteter und exakt datierter Tetradrachmen („New Style") mit breitem Schrötling an (**151**). Besonders charakteristisch sind die sog. Stephanophoren („Kranzträger"), die von den westkleinasiatischen Poleis Kyme (**152**), Magnesia, Myrina (**153**), Herakleia, Smyrna, Lebedos und Aigai zwischen 155 und 140 emittiert wurden. Ihr Name rührt von der Reversdarstellung her, die in einen Lorbeerkranz gefasst ist. Auch Städte, die im Einflussbereich der großen

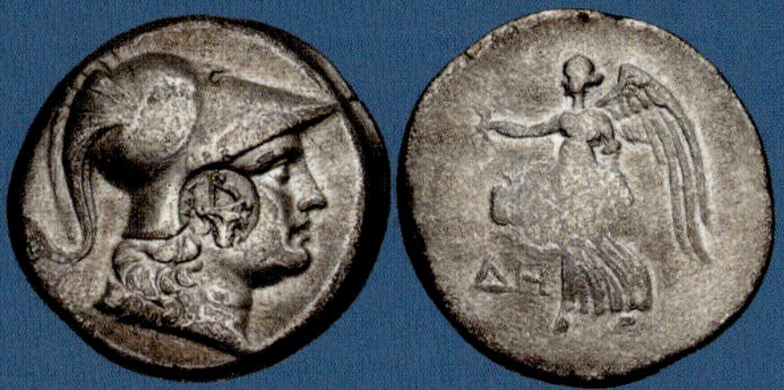

154. Side (Pamphylien), Tetradrachme, 205–100, 16,29 g, SNG Paris 682. Die Münze ist mit einem Gegenstempel der Stadt Tralles versehen. A 2015: 300 $. ss

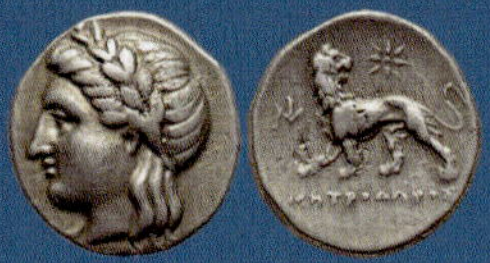

155. Milet (Ionien), Drachme, 352–323, 3,5 g, BMC 64. Der Löwe und Apollon sind seit der Frühzeit die wichtigsten Münzbilder Milets. A 2015: 180 €. Kr., ss

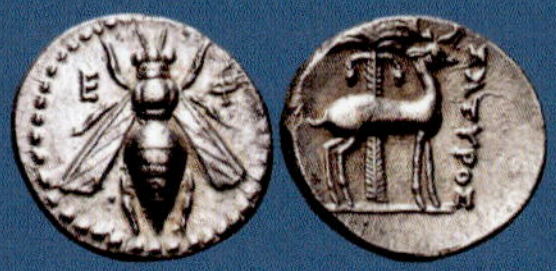

156. Ephesos (Ionien), Drachme, 202–150, 4,1 g, SNG Cop 298. Der Hirsch der Artemis (vor dem der Beamtenname Satyros zu lesen ist) und die Biene waren bereits auf den frühesten Münzen der Stadt zu sehen. A 2015: 320 GBP. vz-

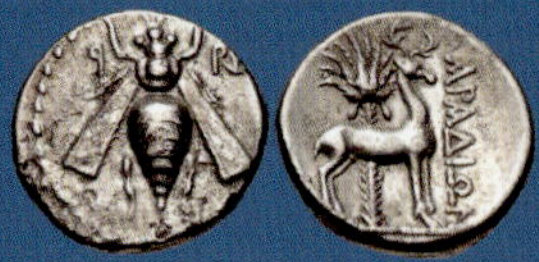

157. Arados (Phönizien), 170/169, Drachme, 3,98 g, HGC 63. Auf der Vs. findet sich die Datierung Ϙ (= 90), die Rs. nennt das Ethnikon. A 2015: 360 $. Korr., ss

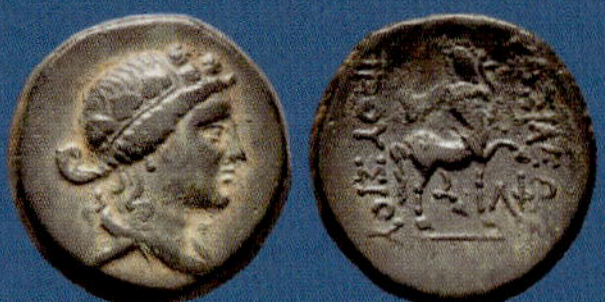

158. Prusias II. (182–149) von Bithynien, Tetrachalkus, 6,03 g, HGC 629. Büste des Dionysos mit Efeu-Blumenkranz / Kentaur Chiron mit Lyra. A 2015: 75 €. ss

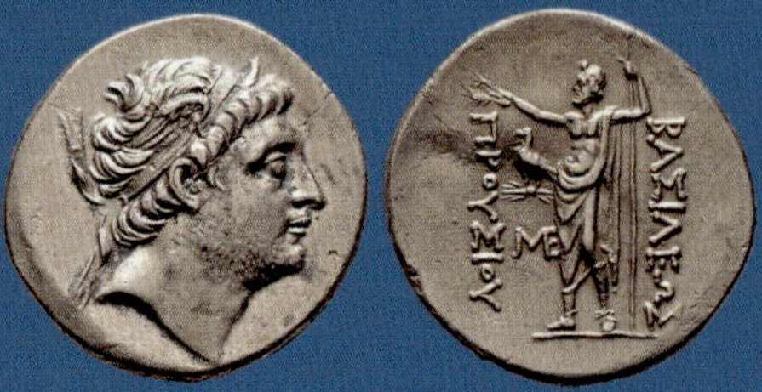

159. Prusias II. (182–149) von Bithynien, Tetradrachme, 16,14 g, HGC 623. Am Diadem des Königs sind die Flügel des Hermes befestigt. A 2015: 500 €. Kr., ger., Schrtlf., vz

Königreiche lagen, prägten eigenes Bronzegeld für den lokalen Gebrauch. Selbst für kleinste Poleis, von denen wir sonst nichts in den Quellen erfahren, etwa Kitanaura im ostlykischen Gebirge, war es von Bedeutung, durch eigene Münzen auf sich aufmerksam zu machen. Zahlreiche wirtschaftlich starke Städte setzten die Prägung von Alexandreiern bis in die 160er Jahre fort, die sie teils mit ihren eigenen Ethnika anstelle des Königsnamens versahen (vgl. **112**). Andere wagten es, eigenständige Münzen zu prägen – in der Hoffnung, dass diese breite Akzeptanz bei Handelspartnern finden würden –, beispielsweise Side in Pamphylien (**154**), Milet (**155**) und Ephesos (**156**) in Ionien. Die Münzen der letztgenannten Stadt wurden wiederum von Arados imitiert (**157**) – jedoch unter Verwendung eines anderen Fußes.

Bithynien, Pontos, Kappadokien

An der Südküste des Schwarzen Meers (griech.: *Póntos eúxinus*) etablierten sich mehrere kleinere Königreiche, die zeitweise jeweils überregionale Bedeutung erlangten, was sich auch in der Größe ihrer Münzemissionen niederschlug. Das westlich gelegene Bithynien prägte – neben zumeist seltenen Bronzemünzen (**158**) in verschiedenen Standards – hauptsächlich Tetradrachmen (**159**). Die Könige heißen entweder Prusias oder Nikomedes, die häufigsten Münzen stammen von Nikomedes III. Euergetes (127–94) und Nikomedes IV. Philopator (94–74), dem letzten bithynischen König, der das Reich Rom vermachte.

Diese Entwicklung hatte auch mit dem benachbarten Königreich Pontos zu tun. Dessen Herrscher hießen mit einer Ausnahme Mithradates (lat.: Mithri-

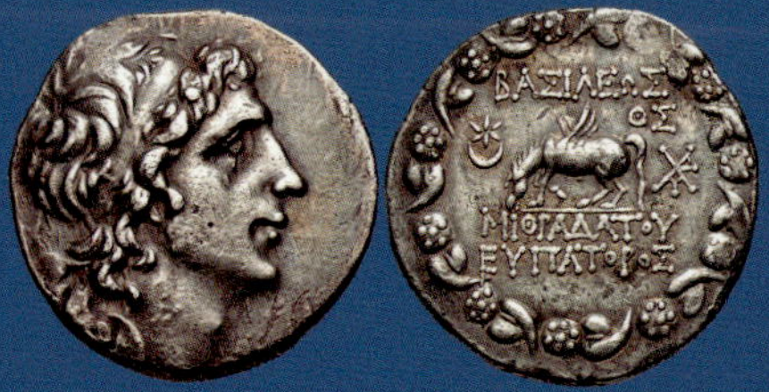

160. Mithradates VI. von Pontos (120 – 63), Tetradrachme, 16,73 g, HGC 338. Die Münze wurde 89/88 in Pergamon geprägt, als der König im Zenit seiner Macht stand. A 2015: 1700 $. ss

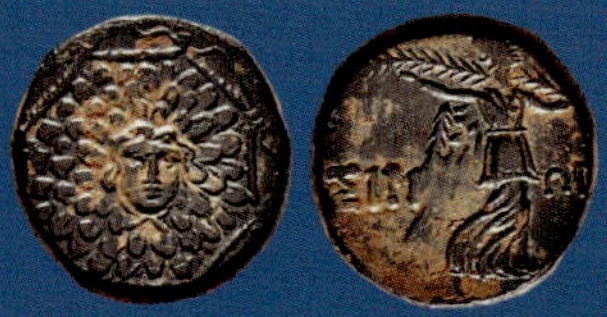

161. Sinope (Paphlagonien), unter Mithradates VI., ca. 105 – 85, 7,86 g, HGC 419. Auf der Vs. ist eine Ägis zu sehen, in deren Zentrum ein Gorgoneion sitzt. A 2015: 105 €, schwarze Patina, vz

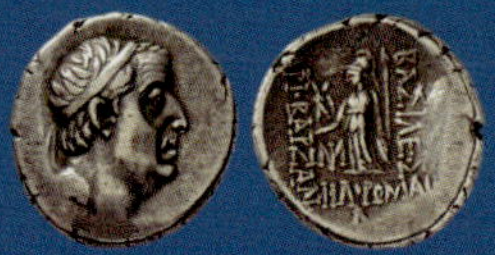

162. Ariobarzanes I. Philorhomaios („Römerfreund"), 95 – 63, Drachme, 3,71 g, HGC 846. Die Münze stammt aus dem 30. Jahr der Herrschaft des Ariobarzanes (Λ = 30). A 2015: 80 €. ss

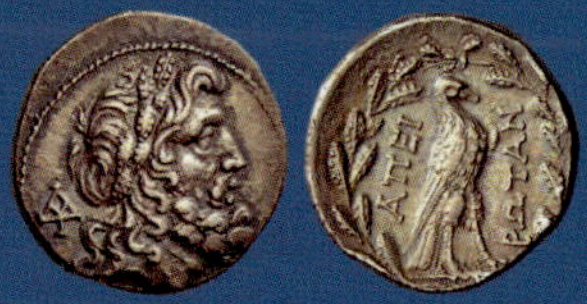

163. Epirotischer Bund, 234/3 – 168, Drachme, 4,67 g, Dodona, SNG Cop 110. In Dodona war der älteste Zeuskult Griechenlands angesiedelt. A 2015: 2200 CHF. vz

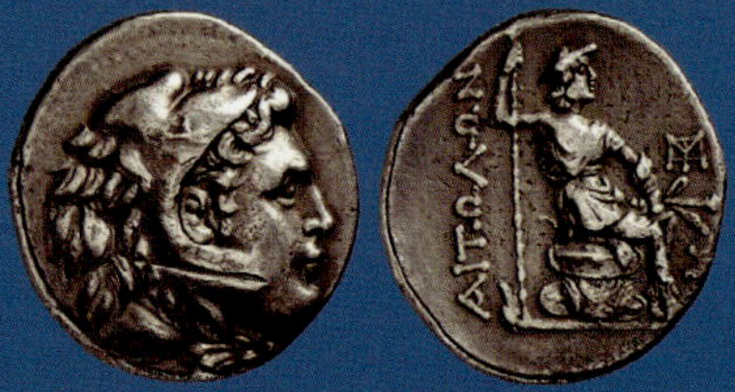

164. Aitolischer Bund, Tetradrachme, 238 – 228, 17,05 g, HGC 954. Rs.: Aitolia mit Kausia, Speer und Schwert sitzt r. auf einem Haufen aus gallischen und makedonischen Schilden. A 2015: 1600 €. Prüfhieb auf Vs., ss

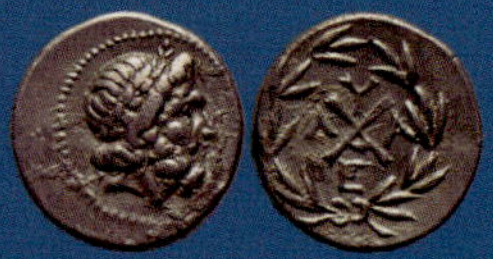

165. Achaischer Bund, Hemidrachme, Lakedaimon (Sparta), 175 – 168, 2,4 g, HGC 642. Der hohe Preis für dieses mäßig erhaltene Stück erklärt sich aus der Seltenheit spartanischer Prägungen. A 2015: 375 €. Hornsilberauflage, ss

dates). Die Dynastie war iranischen Ursprungs und spielte im kleinasiatischen Machtgefüge eine eher marginale Rolle, bis Mithradates VI. (119 – 63) an die Macht kam. Dieser erweiterte das Reich bis weit nach Kleinasien hinein, eroberte nahezu den gesamten Schwarzmeerraum und stemmte sich gegen die römische Macht, deren Vertreter Sulla, Lucullus und Pompeius ihre großen Siege Mithradates verdankten. Aufgrund seiner drei großen Feldzüge ist die Zahl seiner exakt datierten Tetradrachmen (**160**) und der in diesem Zusammenhang von zahlreichen Pontosstädten emittierten Bronze- bzw. Messingmünzen (vermutlich die ersten aus diesem Metall geprägten!) (**161**) hoch.

Auch die kappadokischen Könige waren Nachfahren persischer Satrapen. Die Könige, die namhafte Mengen an Münzen prägten, tragen entweder den Namen Ariarathes oder Ariobarzanes. Das gängige Nominal waren Drachmen (**162**), Tetradrachmen und Bronzen sind selten.

Staatenbünde

V. a. im griechischen Mutterland schlossen sich benachbarte Poleis zu Bundesgenossenschaften zusammen, um den aggressiven Königreichen zu trotzen. Von Westen nach Osten des griechischen Kernlandes waren dies die Bünde der Epiroten (**163**), Akarnanier, Aitoler (**164**), Achaier (**165**), Thessaler (**166**), Boiotier (**167**) und Euboier (**168**). In der Literatur werden diese Bündnisse, deren griechischer Terminus *„symmachia"* (Symmachie = Kampfgemeinschaft) lautet, oft auch als Ligen bezeichnet. In Kleinasien prägte die Lykische Liga (**169**) relativ große Geldmengen.

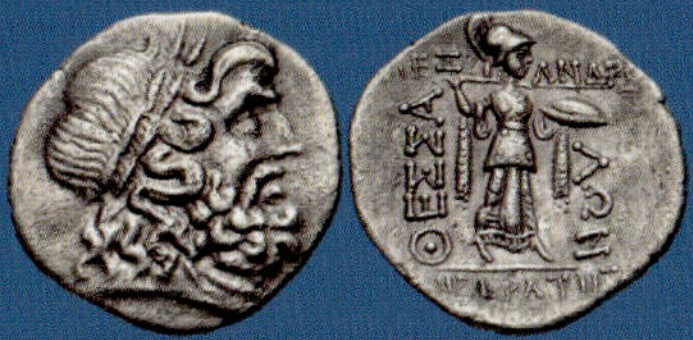

166. Thessalischer Bund, Stater, 5,83 g, 1. Jh., Beamten Alexandros und Menekrates, HGC 210. Die Rs. zeigt die thessalische Athena Itonia. A 2015: 140 $. ss

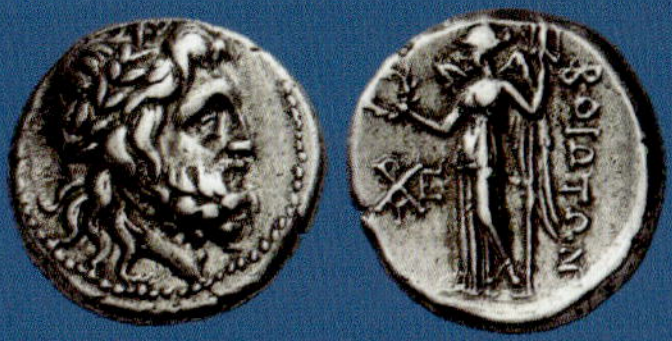

167. Boiotischer Bund, Drachme (reduzierter äginetischer Fuß), 5,06 g, 197–146, SNG Cop 389. Vs.: Kopf des Poseidon mit Lorbeerkranz nach rechts. A 2014: 180 €. ss

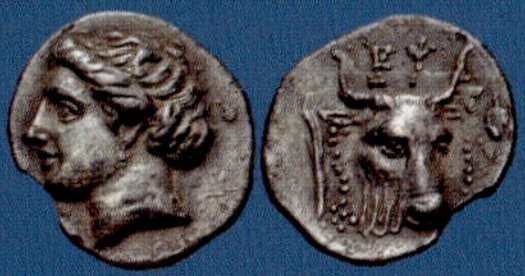

168. Euboischer Bund, 304–290, Drachme, 3,5 g, HGC 1421. Euboia wurde volksethymologisch als „die Rinderreiche (Insel)" verstanden, worauf die Rs. verweist. A 2015: 190 $. Randausbruch, Rs. Ds., ss.

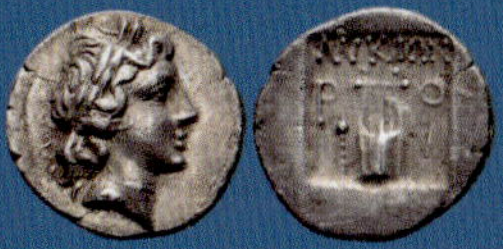

169. Lykischer Bund, Stadt Rhodiapolis, Drachme, 2,67 g, 167–81, BMC 1. Beide Seiten beziehen sich auf Apollon, der in Lykien besonders verehrt wurde. A 2015: 80 GBP. Prschw., Schrf., ss.

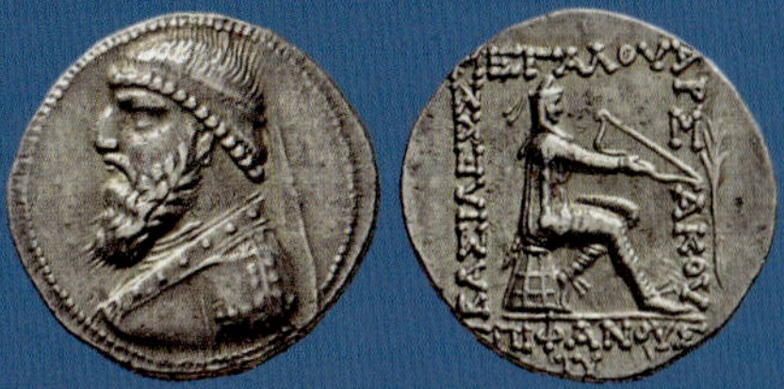

170. Parthien, Mithradathes II. (121–91) , Tetradrachme, 15,76 g, Mzst. Seleukeia am Tigris, Sellwood 24/1. Mithradates prägte noch im Namen des Dynastiegründers Arsakes, wie die Rs.-Legende zeigt. A 2015: 725 €. Abgenutzter Vs.-St., vz.

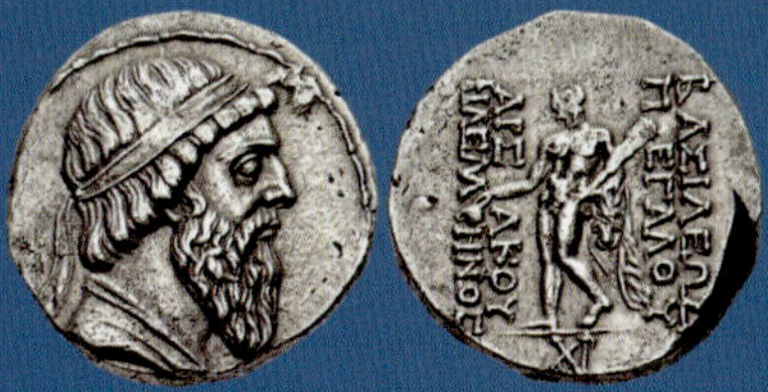

171. Parthien, Mithradates I., Tetradrachme, 15,05 g, Mzst. Seleukeia am Tigris, ca. 141, Sellwood 13.2. Mit der Einführung des Motivs des kraftstrotzenden und populären Herakles unterstrich der König seinen Philhellenismus und seinen Machtanspruch. A 2015: 1500 $. ss

Die Parther

Im Jahr 238 eroberte das zentralasiatische Volk der Parni unter ihrem Anführer Arsakes die seleukidische Satrapie Parthien. Gut 100 Jahre später konnten die „Parther" ihren Einflussbereich weiter auf den Iran und Mesopotamien ausdehnen. Diese enorme territoriale Basis verschaffte ihnen die nötigen Ressourcen, um neben Rom über Jahrhunderte als ernstzunehmender Gegner zu bestehen.

Die parthische Münzprägung steht in seleukidischer Tradition. Sie übernimmt nicht nur die Datierung der Seleukiden, sondern Bildelemente wie den auf einem Omphalos sitzenden Bogenschützen (**170**, der hier freilich nicht Apollon ist, sondern am ehesten als Steppenkrieger bezeichnet werden kann). Es war v. a. Mithradates I. (171–138), der sich als hellenischer Herrscher inszenierte (**171**), wozu das Tragen eines Diadems und die Annahme des programmatischen Namens *philhéllenos* („griechenfreundlich") zählt. Goldmünzen wurden nicht geprägt, Drachmen bilden das Standardnominal, während vermehrte Prägung von Tetradrachmen stets auf Kriege hinweist. Der bronzene Chalkus von ca. 1,5 g wurde ebenfalls von den Seleukiden übernommen, bald aber mit eigenen Motiven versehen (**172**). Während die Drachmen in allen wichtigen Städten (Ekbatana, Nisa, Rhagai, Susa, Margiane, Mithradatkart – Reihenfolge entspricht in etwa der Häufigkeit) geprägt wurden, stammen die Tetradrachmen hauptsächlich aus dem stark hellenisierten Seleukeia. Das

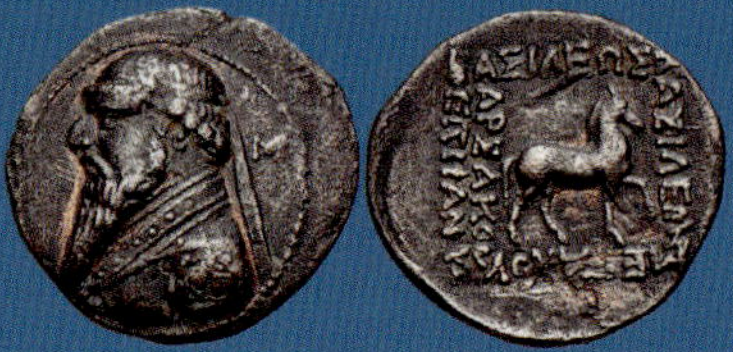

172. Parthien, Mithradathes II., Tetrachalkus, 5,55 g, Mzst. Ekbatana, 109 – 96/5, Sellwood 27.6. Das Pferd auf der Rs. ist als Hinweis auf die berüchtigte parthische Reiterei zu verstehen. A 2015: 130 $. Kr., ss

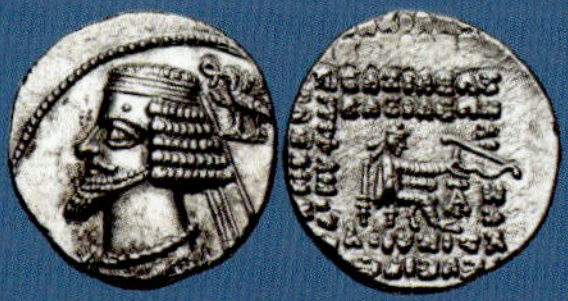

173. Parthien, Phraates IV. 38/7 – 2, Drachme, 3,57 g, Mzst. Ekbatana, Sellwood 52.10. A 2015: 200 $. vz

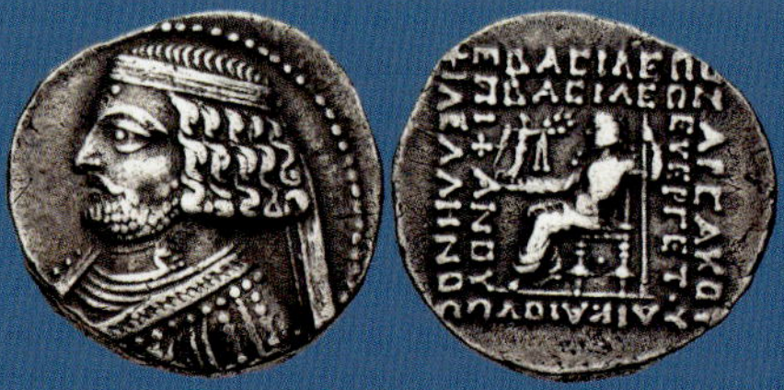

174. Parthien, Orodes II., ca. 57 – 38, Tetradrachme, 11,73 g, Mzst. Seleukeia am Tigris, Sellwood 48.1. Wie sich am Portrait zeigt, gehörten auch Halsringe (Torques) zur Tracht parthischer Großkönige. A 2015: 575 $. ss

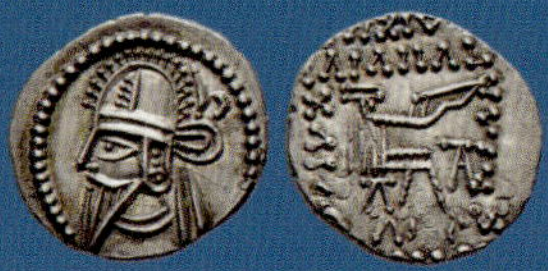

175. Parthien, Vologases VI., Drachme, 3,78 g, Mzst. Ekbatana, Sellwood 88.19. Das Bogenschützen-Motiv bleibt bis in die Spätzeit bestehen, die Legende ist aber nicht mehr lesbar. A 2015: 210 €. Ds. auf Rs., St

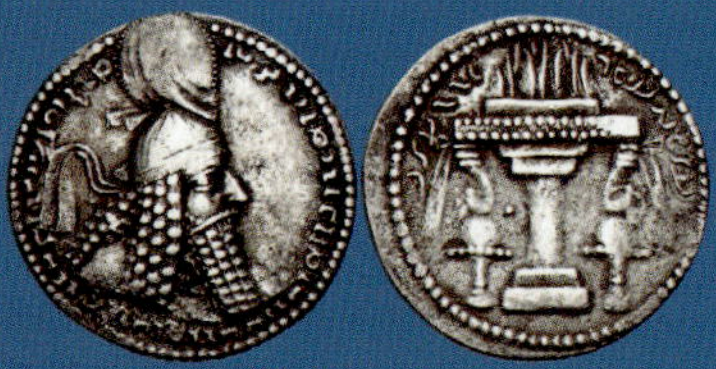

176. Sasaniden, Ardaschir (Artaxerxes) I., 223/4 – 240, Drachme, 4.46 g, ca. 233/4 – 238/9, SNS Typ IIIa(4a)/3c(2b). Auf der Rs. ist ein zoroastrischer Feueraltar zu erkennen. A 2015: 300 $. ss

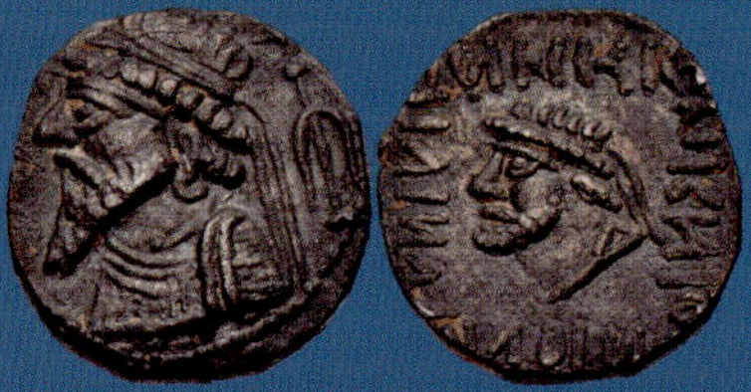

177. Könige von Elymais, Kamnaskires V., ca. 54/3 – 33/2, BI-Tetradrachme, 15,11 g, Mzst. Seleukeia am Hedyphon, Namenbuch 463. A 2015: 280 $. ss+

Zeichen für die Münzstätte befindet sich unter dem Bogen (Drachmen) oder dem Sitz des Bogenschützen (**173**). Das Portrait ist seit Mithradates II. meist nach links gewandt und mit einer königsspezifischen Tiara versehen. Unter Orodes II. (57 – 38) hält ein neues Reversmotiv Einzug, bei dem der Großkönig von Nike bekränzt wird (**174**). Ab ca. 50 n. Chr. tauchen auf den Münzen bis hinauf zur Drachme parthische Legenden auf. Im Laufe des 2. Jhs. werden die Darstellungen und Legenden zunehmend abstrakt, auch der Silbergehalt verringert sich stark, bis er unter Vologases VI. (208 – 222) nur noch ca. 20 % beträgt (**175**). 224 n. Chr. übernimmt die aus der Satrapie Persis stammende Dynastie der Sasaniden unter Ardaschir (**176**) den persischen Thron. Lange zuvor hatte sich bereits die Region Charakene (am Persischen Golf, **178**, ca. 130) von den Parthern abgespalten.

Gegenstempel

Ein in dieser Epoche erst aufkommendes Phänomen sind Gegenstempel, also die Kennzeichnung bereits geprägter und zirkulierter Münzen mit kleineren Stempeln oder auch Punzen. Hintergrund war meist Geldinflation aufgrund von Finanzkrisen (**179**). Mithilfe von Gegenstempeln konnte man entweder altes Geld mit einem neuen Wert versehen oder aus dem Verkehr ziehen (indem nicht gegengestempelte Münzen geächtet wurden). Gelegentlich ließen Könige die in frisch eroberten Gebieten zirkulierenden

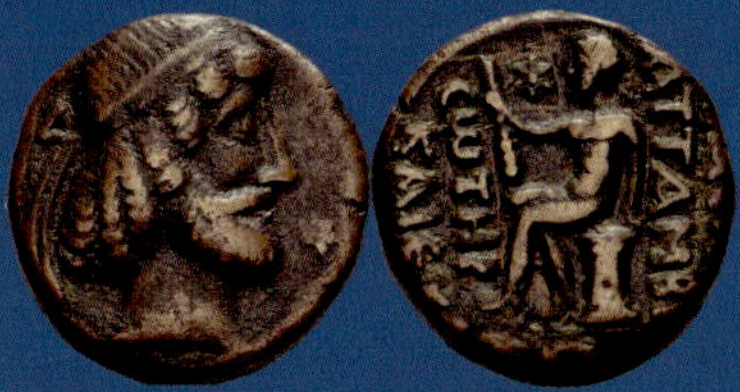

178. Charakene, Attambelos IV., 100 – 105, BI-Tetradrachme (Jahr unleserlich), Mzst. Spasinu Charax, 14,89 g, BMC 1. Auf der Rs. ist Herakles mit einer Keule auf einem Felsen zu erkennen. A 2015: 160 €. ss

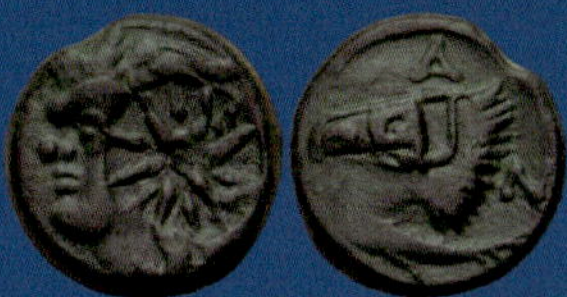

179. Kimerischer Bosporos (Krim), Mzst. Pantikapaion, 304/4 – 250, 6,47 g, HGC 113/114. Das Originalmotiv der Rs. war ein Löwenkopf, der mit einer Bogentasche überstempelt wurde. A 2015: 50 €. ss

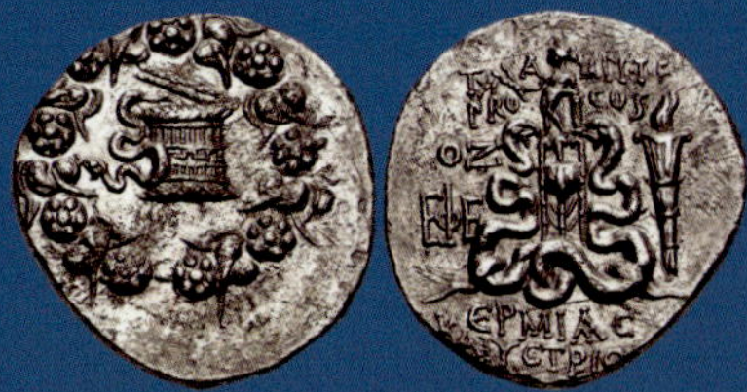

180. Ephesos (Provinz Asia), Proconsul T. Ampius T.f. Balbus, 58/57, Tetradrachme, 11,64 g, datiert ins Jahr 77 der Einrichtung der Provinz, BMC 174. Rs.: T · A–MPI · T · F/PRO–COS, OZ/EΦE, unten: ЄPMIAC/KAIYCTPIO[C]. A 2015: 1200 $. Kr., korr., ss

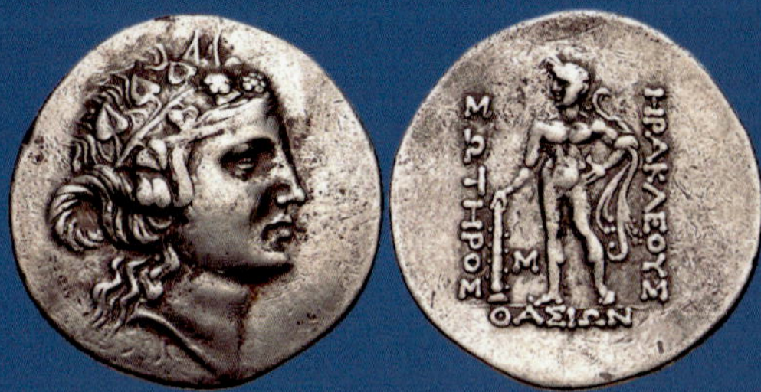

181. Insel Thasos (Thrakien), Tetradrachme, 150 – 140, 16,88 g, HGC 358. Dieser Münztyp machte einen Großteil der Silbermünzenprägung im nordgriechischen Raum im 2. Jh. aus. A 2015: 170 $. ss-

Münzen ihrer Konkurrenten mit Kontermarken versehen, um den Aufwand einer eigenen Münzprägung zu sparen. Aus dem gleichen Grund versahen manche Städte fremde Münzen mit ihrem Gegenstempel (**154**).

Das Auftreten Roms

Spätestens seit 188 war es für die östlich von Rom gelegenen Reiche nur noch eine Frage der Zeit, wann sie von den Römern unterworfen werden sollten, die sich in den Jahrhunderten zuvor Italien, Spanien und weite Teile Griechenlands angeeignet hatten. In den Gebieten, die von Rom bereits annektiert worden waren oder unter seiner Kuratel standen, blieben die Münzen jedoch weitgehend traditionell (das zeigt ein Beitrag des belgischen Hellenismus-Spezialisten F. de Callataÿ [2011]). Allerdings stellt man beispielsweise in der Provinz Asia, die Rom 129 auf dem Boden des einstigen pergamenischen Reiches eingerichtet hatte, fest, dass häufig die Namen römischer Beamten auf den Kistophoren auftauchen (**180**). Große Silbermünzenemissionen, wie die Athens und von Thasos (**181**) standen ab 146 unter Aufsicht Roms, ohne dass ihnen dies ohne Weiteres anzusehen wäre.

Zwischen Rom und den hellenistischen Reichen bestanden Wechselwirkungen (Rowan). Die römische Elite war durchaus offen für griechische Kunst. Auch Münzbilder und ikonographische Konzepte sickerten von Osten in die römische Münzprägung ein. In besonderem Maße wird das bei den Münzen des Augustus deutlich, die deutlich von der Selbstdarstellung hellenistischer Könige beeinflusst sind.

Bemerkungen zum Sammelgebiet

Einige Besonderheiten machen hellenistische Münzen besonders reizvoll. Sie dokumentieren den Aufstieg (und Fall) großer Männer, die oftmals in packenden Portraits wiedergegeben werden. Da sich die Könige meist einem oder mehreren Göttern besonders verpflichtet sahen (oder gar eine Abkunft von diesen vorgaben), sind häufig Anklänge daran in den Bildnissen erkennbar (beispielsweise erhielt Alexander der Große den Kopfschmuck des Zeus Ammon, **143**). Auch spiegelt sich die Vermischung griechischer Elemente mit anderen Kulturen in reizvollen Bildlösungen (z. B. **126 – 128, 133, 170**). Nicht umsonst betrachtete man den Hellenismus lange als die Epoche der Verschmelzung von Orient und Ok-

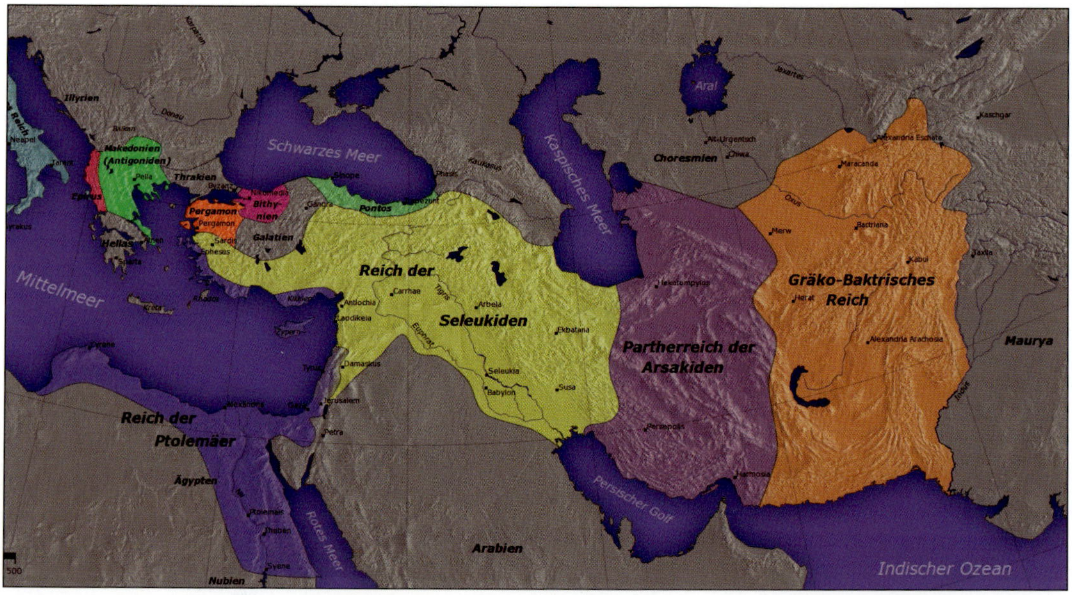

Die hellenistischen Königreiche im Ausmaß ihrer jeweils größten Ausbreitung, veranschaulicht auf Wikipedia.

zident. Durch oft massenhafte Auflagen sind viele Münztypen (bspw. **147, 154, 181**) durchaus erschwinglich.

Die naheliegendste Art, hellenistische Münzen zu sammeln, ist die Spezialisierung auf eine Dynastie, vielleicht auch nur auf einen oder wenige Herrscher. Dabei wiederum kann man sich auch auf einzelne Nominale spezialisieren. Besonders reizvoll kann es sein, entlang der Konfliktlinie zwischen den verschiedenen Herrschern zu sammeln, beispielsweise die Gepräge, die Seleukiden und Ptolemaier im 2. Syrischen Krieg emittierten. Nicht zu vernachlässigen sind die von den Städten geprägten Münzen. Besonders die Bronzemünzen bilden hiervon ein reizvolles und kostengünstiges Teilgebiet.

Weiterführende Literatur:

Auch hier bilden die SNG-Bände einen riesigen Materialfundus, wobei besonders die SNG Kopenhagen (SNG Cop) einen hellenistischen Schwerpunkt hat. Auch BMC und das HGC von Hoover decken diese Epoche gut ab. Für die Seleukiden gibt es mit SC (Seleucid Coinage) ein sehr gutes Corpuswerk. Für die Ptolemaier liegt ein solches von der Hand von Catharine Lorber vor (Lorber), das das altgediente Standardwerk von Svoronos ersetzt (dieser ist online benutzbar: https://numismatics.org/pco/). Die Münzen Alexanders des Großen (einschließlich der postumen) und seiner direkten Nachfolger sind in Price sehr gut erfasst, die seines Vaters Philipp bei Le Rider. Digitale Abbilder dieser wichtigen Kataloge finden sich unter https://numismatics.org/hrc/ (ANS) Die Münzen der kappadokischen Könige präsentiert Simonetta sehr vollständig, während die Münzprägung der meisten anderen Königshäuser etwas disparater erfasst ist. Für die parthische Münzprägung gibt es ein zwar reichlich veraltetes, aber immer noch hilfreiches Bestimmungsbuch von Sellwood. Weitere Münzen aus dem persischen Raum finden sich in Sunrise Collection sowie im Namenbuch. Eine exemplarische Studie zur Wiederentstehung einer verschollenen Stadt anhand ihrer Münzen bietet Nollé 1996. Dieser Autor hat auch eine interessante Studie zur Hellenisierung vorgelegt (Nollé 1998). Den wirtschaftsgeschichtlichen Hintergründen der hellenistischen Münzprägung widmet sich besonders F. de Callataÿ (dessen Aufsätze sich bei academia.edu leicht finden lassen), der auch eine Stempelstudie zur Münzprägung Mithradates' VI. von Pontos vorgelegt hat (de Callataÿ 1997).

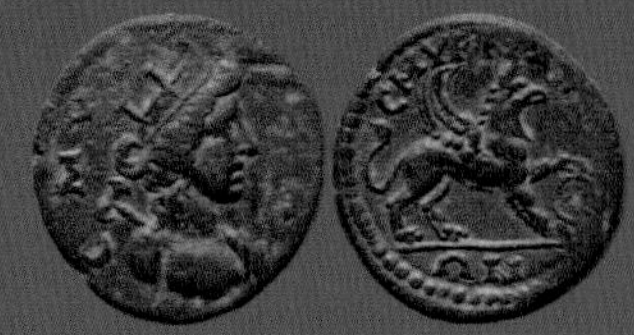

182. Smyrna (Ionien), 2. Jh., 3,53 g, RPC IV online 330. Vs.: Die Amazone Smyrna mit geschulterter Labrys, Rs.: Greif mit Tatze auf einem Rad. A 2015: 110 €. ss

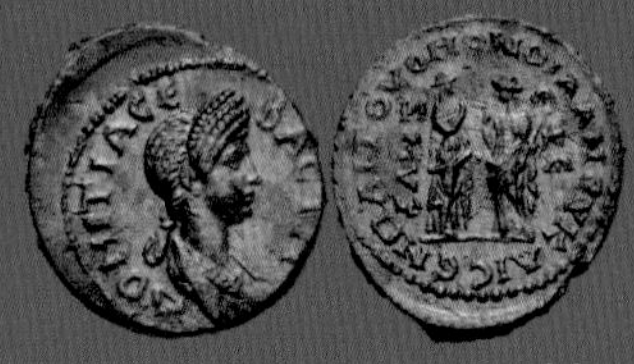

184. Ephesos (Ionien), unter Kaiser Domitian (81–96), 5,14 g, RPC II 1092. Homonoiaprägung. Die beiden Schicksalsgöttinnen (Nemeseis) auf der Rs. verkörpern die Städte Smyrna (l.) und Ephesos (r.), die Vs. zeigt die Kaiserin Domitia. A 2014: 1500 $. Vs. dez., vz

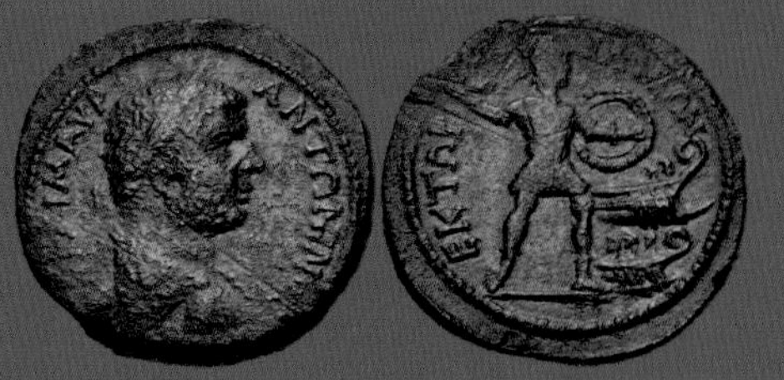

183. Ilion (Troas), unter Kaiser Caracalla (198–217), 20,58 g, BMC 91. Die Rs. nimmt Bezug auf die Ilias, indem sie Hektor (Legende: ΕΚΤΩΡ), den Heerführer Trojas im berühmten, von Homer beschriebenen Krieg, zeigt. A 2015: 2500 $. Kr., Korr., Prschw., ss

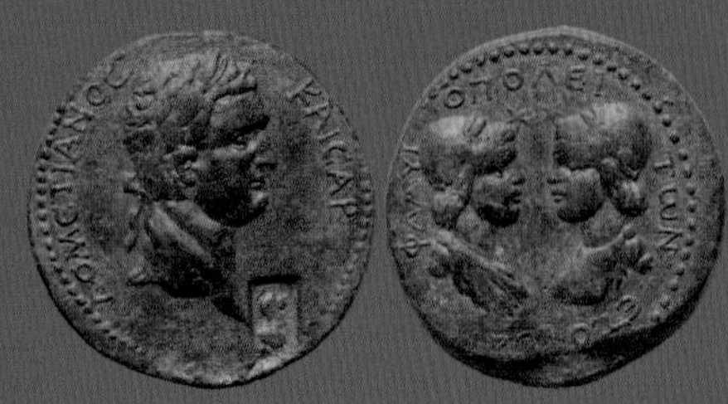

185. Flaviopolis (Kilikien), unter Kaiser Domitian (81–96), 17,91 g, RPC II 1757. Die Münze zeigt auf der Rs. die Köpfe der Dioskuren und die Jahreszahl ZI (= 16) der Stadtära. A 2015: 260 €. ss+

4. Unter römischer Herrschaft

Von ca. 31 v. bis 476 n. Chr. standen weite Teile Europas und der gesamte Mittelmeerraum unter römischer Herrschaft. Als Reminiszenz an ihre einstige Autonomie behielten die griechischsprachigen Städte ihre eigene Münzprägung, was zu einer ganz besonderen Münzgattung führte.

Mit der Seeschlacht von Actium (31 v. Chr., **125**) endete ein Jahrhundert voller Kämpfe. Zunächst hatten sich griechische Könige wie Mithridates VI. von Pontos (**160**) gegen die unaufhaltsame Romanisierung der Mittelmeerwelt gestemmt. Parallel dazu und darüber hinaus kämpften römische Bürgergeneräle um die alleinige Macht in der auseinanderfallenden Republik. Im Jahr 27 v. Chr. ließ sich schließlich Gaius Iulius Caesar, der zuvor Octavius geheißen hatte, vom Senat als Imperator Caesar Augustus akklamieren und etablierte einen meritokratischen Militärstaat, der drei Jahrhunderte prosperierte und 476 auseinanderbrach. Als der griechische Wanderredner Dion Chrysostomos („Goldmund") um das Jahr 110 vor der Volksversammlung von Tarsos (**52, 107**) im Südosten Kleinasiens sprach, hielt er den Bürgern ihre Lage drastisch vor Augen: Ihre Rangeleien untereinander und vor allem mit den benachbarten Städten sei nichts als ein Streit „um des Esels Schatten (…), denn das Herrschen und Gebieten, das besorgen andere." Zwar erlebten die einst autonomen griechischen Städte unter den römischen Kaisern eine Zeit des Wohlstands und des Friedens. Doch war dies mit weitgehender politischer Lähmung erkauft. Die Städte „durften" Steuern zahlen und durchziehende Heere versorgen, dafür erhielten sie vom Kaiser freundliche Briefe und gegebenenfalls einen Zuschuss für neue Bauwerke. Vorbei waren die Zeiten, als einzelne Städte über ganze Landschaften geboten und – wie beispielsweise Athen und Rhodos – mit ihren Flotten Teile des Mittelmeers beherrschten. All dies war nur einer Stadt vorbehalten: Rom.

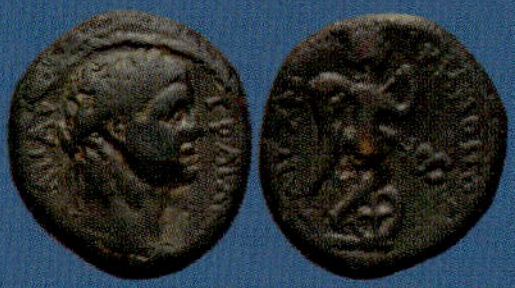

186. Irenopolis (Kilikien), unter Kaiser Trajan (98–117), 2,88 g, RPC III 3389. Auf der Rs. ist die synkretistische Göttin Eirene-Nemesis zu sehen sowie die Datierung ZM (= 47, 98 n. Chr.). A 2016: 50 €. s–ss

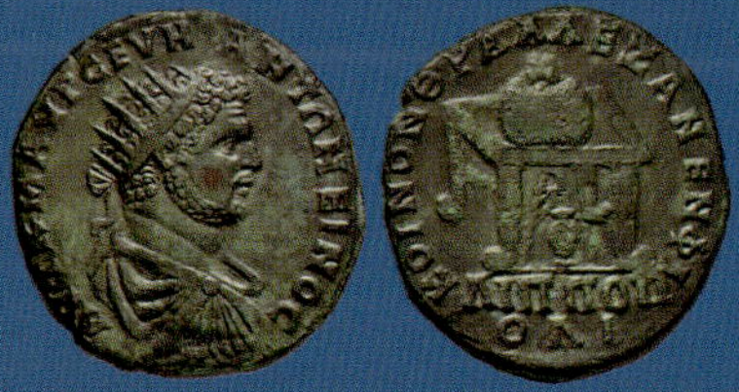

Abbildung 70 %

188. Philippopolis (Thrakien), unter Kaiser Caracalla (211–217), BMC 37 var. Rs.: Auf dem Tisch befindet sich ein Geldbeutel, darunter weitere Preise, die bei den in Philippopolis veranstalteten Spielen ausgelobt wurden. A 2015: 240 €. Gegl., bearb., ss

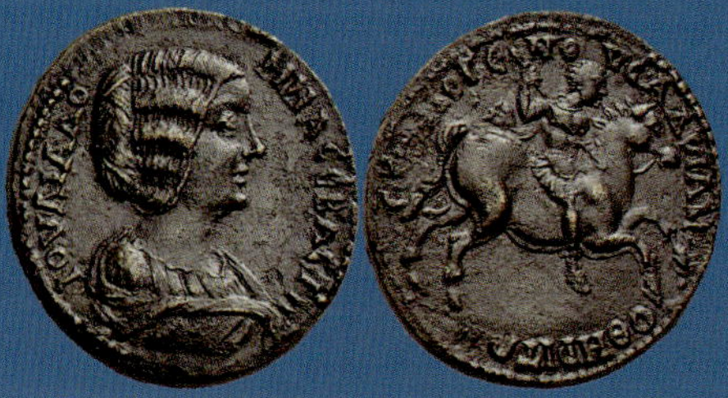

187. Hadrianotherai (Mysien), unter Kaiser Septimius Severus (193–211), 11,53 g, für Kaiserin Julia Domna, SNG Paris 1095 var. Die Rs. zeigt einen römischen Kaiser bei der Jagd. A 2013: 900 €. ss+

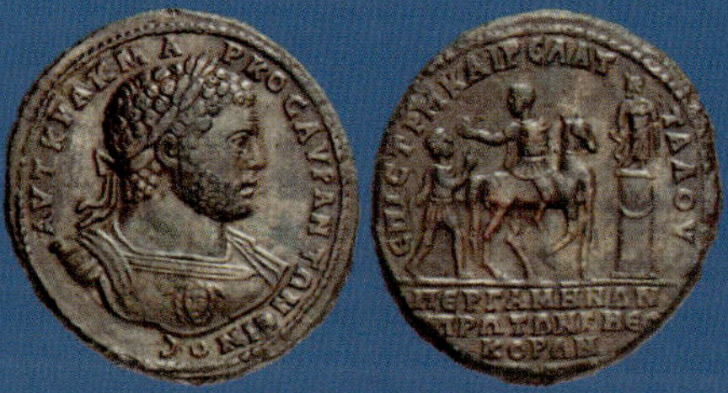

Abbildung 70 %

189. Pergamon (Mysien), unter Kaiser Caracalla (211–217), 36,45 g, SNG Paris 2333. Caracalla zu Pferd, vor ihm auf einer Basis Asklepios. Signiert vom Beamten Marcus Caerelius Attalus (der sich in der Reihe der Attaliden sah). A 2014: 1000 €. Bearb., ss

„Bronzener Katechismus“

In dieser spannungsgeladenen Atmosphäre handelten die Römer klug. Die frühen Kaiser beließen den Städten die meisten der Institutionen, die eine *polis* ausmachten. Die *poleis* blieben weitgehend selbstverwaltet, behielten Volksversammlung, Bürgermeister und Stadtrat und hatten eigene Einkünfte, über die sie selbst verfügten. Auch die Münzprägung, ein zentrales Medium der Außendarstellung der meist östlich gelegenen, griechischsprachigen Städte, blieb bestehen. So kommt es, dass allein in Kleinasien im 3. Jh. etwa 400 Städte eigene Münzen prägten. Darunter waren alte, berühmte *poleis* wie Smyrna (**182**), Ilion (= Troja, **183**) und Ephesos (**184**), aber auch kaiserliche Neugründungen wie Flaviopolis („Stadt des Flavius“, **185**), Irenopolis („Friedensstadt“, **186**) oder Hadrianotherai („Jagdgründe des Hadrian“, **187**). Eigene Münzen zu schlagen gehörte zu den zentralen Merkmalen einer Stadt. Seit der Erfindung der Münze war man sich der Außenwirkung dieses Geldes bewusst. Schon immer hatte darauf ein Stadtwappen oder eine lokale Gottheit geprangt. Unter den Römern trieb dies ganz besondere Blüten. In Zeiten politischer Bedeutungslosigkeit wetteiferten die Städte untereinander um die Gunst der Kaiser. Man verwies auf edle Urahnen (**183**), bedeutende Schlachten (**183**) und Stadtgründer (*ktisteis*), auf uralte Mythen (**195**) und nicht zuletzt: seine Reichstreue (**200**). Ganze Abordnungen von Diplomaten buhlten in Rom um die Aufmerksamkeit der Weltenlenker. Der Lohn: Manche Städte erhielten Privilegien in Form von Steuerbefreiungen, die Erlaubnis zur Ausrichtung von Spielen (**188**) und bestenfalls Geldgaben zur Errichtung von öffentlichen Bauten (**191**). Die Münzen erzählen heute von dem Bemühen der Städte um diese Privilegien. Sie tragen die Bilder, auf denen die Stadtbewohner ihr Selbstbewusstsein, ihre Identität aufbauten. So konnte man Reisenden, die ihre Denare gegen das Stadtgeld tauschen mussten, auf unaufdringliche Weise von der

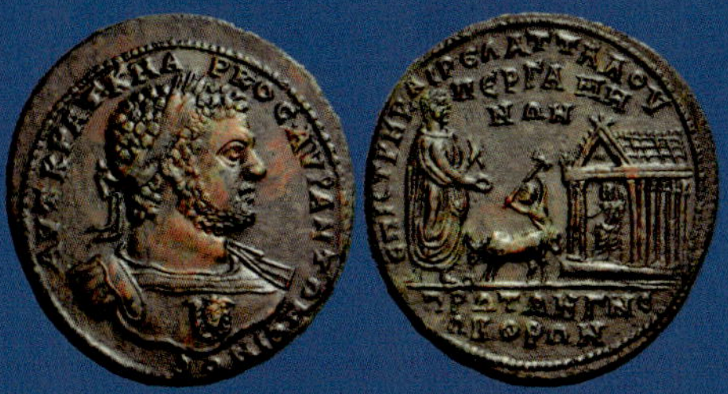

Abbildung 70 %
190. Pergamon (Mysien), unter Kaiser Caracalla (211–217), 46,14 g, SNG Paris 2230. Der Kaiser opfert vor dem Tempel des Asklepios einen Stier. Beamter: M. Kairellius Attalos. A 2011: 16 000 CHF. vz

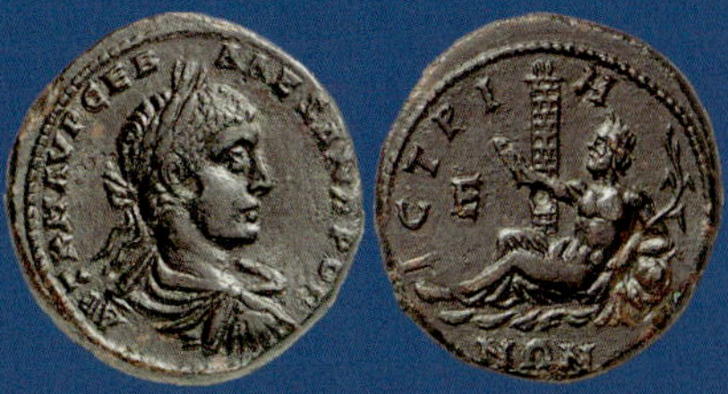

192. Istros (Thrakien), unter Kaiser Severus Alexander (222–235), 15,78 g, Varbanov GIC, 668. Rs.: Im Vordergrund lagert ein bärtiger Flussgott (mit Schilf und Fisch), im Hintergrund erhebt sich ein Leuchtturm. Das E im Feld steht für die Wertzahl 5 (Assaria). A 2014: 800 €. Gegl., vz

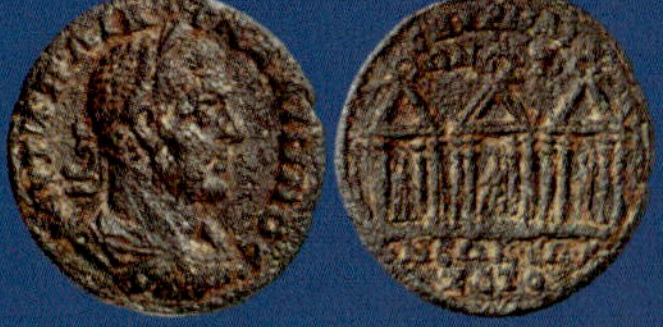

191. Smyrna (Ionien), unter Kaiser Gallienus (253–268) und dem Strategen Sextus, 6,18 g, Rs.: Die drei Neokorie-Tempel von Smyrna mit Kränzen auf den Giebeln nebeneinander stehend, im mittleren die Statue der Roma mit Schild und Speer,
im linken die Statue des Tiberius, im rechten die des Hadrian. A 2015: 170 €. Korr., ss

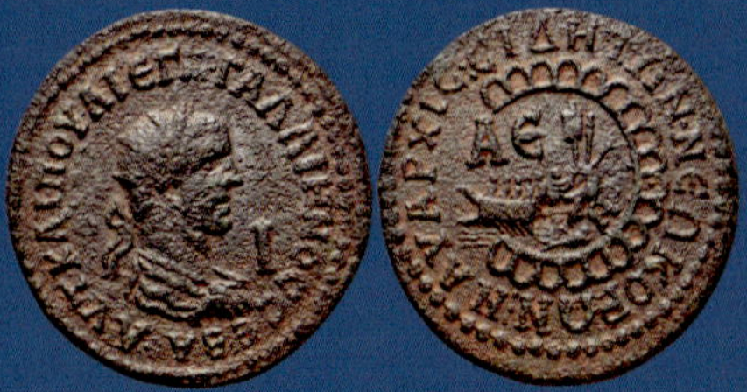

193. Side (Pamphylien), unter Kaiser Gallienus (253–268), 17,36 g, BMC 112. Side trug den Ehrentitel Nauarchís („Flottenstadt"). Die Rs. zeigt eine stark vereinfachte Hafenansicht. Das I vor dem Portrait ist die Wertzahl 10 (Assaria). A 2015: 1000 GBP. Korr., ss

eigenen Geschichte erzählen. Zugleich aber waren diese, wie der Spezialist für diese Münzengattung, Johannes Nollé, es formulierte „ein bronzener Katechismus". Die Bilder auf Münzen (und öffentlichen Gebäuden) vereinten die einzelnen Mitglieder der Polisgemeinschaft in ihrer gemeinsamen Herkunft.

Komplexe Bilder

Wie sahen diese Münzen aus? Die Vorderseite war in aller Regel dem Kaiser vorbehalten, genauso wie beim Reichsgeld, den Denaren und Sesterzen. Anfangs bestand auch eine engere Orientierung an Gewicht und Größe des römischen As, woraus das Standardnominal Assarion abgeleitet wurde (vgl. 192-193). Auch auf der Rückseite konnte der Kaiser zu sehen sein, beispielsweise, wenn er in einer besonderen Beziehung zur Stadt stand. So prägte Pergamon, das einen berühmten Heilkult beheimatete, Münzen, die den Besuch des Kaisers Caracalla in seinem Heilzentrum illustrieren. Dieser Kaiser stand in dauernder Verbindung mit den Heilgöttern der griechisch-römischen Welt, „selbst aus der Ferne sandte er ihnen Gebete, Opfer und Weihegaben zu, Tag für Tag liefen die Kuriere hin und her, die etwas dergleichen überbrachten. Auch persönlich fand er sich bei den Heiligtümern ein," berichtet sein Zeitgenosse Cassius Dio. Im Jahr 214 kam er nach Pergamon. Die erhaltenen Münzen zeigen, was er dort tat: Er ritt in einem aufwändigen Zeremoniell (lat. *adventus*) in die Stadt ein und begrüßte den Gott, an dem er das größte Interesse hatte: Asklepios, den Heilgott (**189**). Der Kaiser, bei seinen Zeitgenossen verschrien als Despot und Leuteschinder, brachte dem Gott sogar demütig ein Opfer dar, was ebenfalls *en detail* auf weiteren Münzen zu sehen ist (**190**). Es gibt eine opulente Serie dieser Münzen, doch sind Kaiserbesuche längst nicht alles, was es auf den provinzialrömischen Stadtmünzen zu sehen gibt.

Um bei den handfesten Dingen zu bleiben, mit denen Städte auf ihren Münzen protzten, kann man von wichtigen Bauwerken sprechen, die in Szene gesetzt wurden. So standen im antiken Smyrna (heute

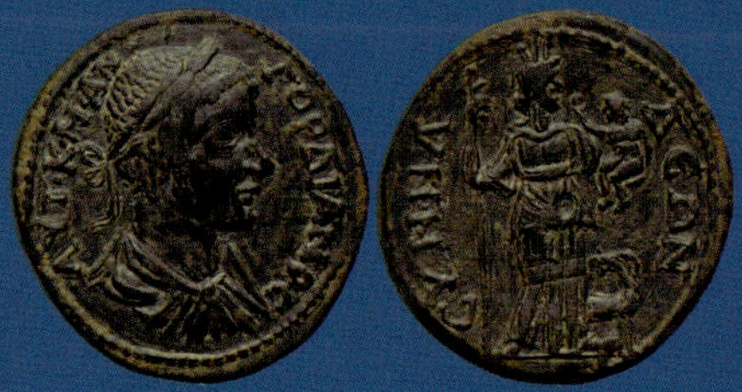

194. Synnada (Phrygien), unter Kaiser Gordian III (238–244), 11,5 g, RPC VII 794. Die Ziege zur Rechten Amaltheias half der Nymphe beim Säugen des Kindes. A 2015: 675 €. Kr., ss

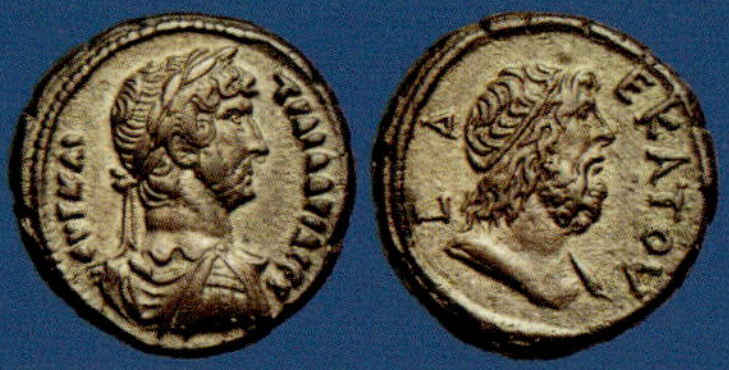

196. Alexandria (Ägypten), Billon-Tetradrachme unter Kaiser Hadrian (117–138), 13,04 g, Jahr 10 (=125/6), Ganschow-Kampmann Nr. 32, 362. Rs.: Zeus. Die Jahresangabe findet sich in der Rs.-Legende. A 2015: 180 €. F. vz

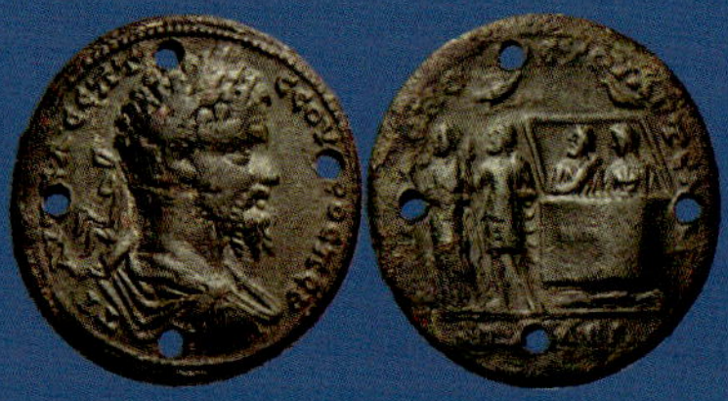

Abbildung 70 %

195. Apameia Kibotos (Phrygien), unter Kaiser Septimius Severus (193–211) und dem Agonotheten (Wettkampfbeamten) Artemas, 22,99 g. Rs.: Noah und seine Frau stehen in einer kastenförmigen Arche, deren Deckel aufgeklappt ist; l. in einer zweiten Szenerie danken sie im Adorationsgestus Gott, darüber eine Taube mit Ölzweig im Schnabel. A 2010: 12 500. Gel., f. ss

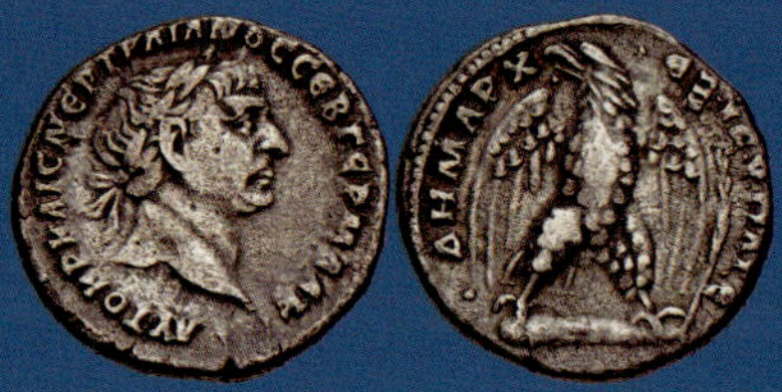

197. Antiocheia (Syrien), Tetradrachme unter Kaiser Trajan (98–117), 13,54 g, RPC III 3515. Die Adlerrückseite ist typisch für die syrophönizischen Provinzialsilbermünzen. A 2015: 130 $. F. ss

İzmir) drei Tempel, die römischen Kaisern geweiht waren. Natürlich waren sie der Stolz der Stadt und mussten auf Münzen gezeigt werden, denn die Erlaubnis zum Bau dieser Tempel hatte die Smyrnaier viele Gesandtschaften und Bittschriften gekostet (**191**). Andere Städte, die nicht über solche Bauwerke verfügten, zeigten andere Gebäude, mit denen sie sich aus der Masse heraushoben, z. B. einen Leuchtturm, den sie von Rom geschenkt erhalten hatten, um die Sicherheit von Truppentransporten zu gewährleisten (**192**). Oder sie verwiesen mit Schiffsdarstellungen auf ihre wichtige strategische Bedeutung, wie der Flottenstützpunkt Side in der Landschaft Pampyhlien (**193**).

Der Kern der griechischen Kultur war der Mythos. Aus diesem schöpften die kleinasiatischen Griechen weite Teile ihrer Identität. Einige Dutzend Städte sahen sich deshalb als Geburtsstätten des griechischen Hauptgottes Zeus. Der Mythos einer Zeusgeburt war für die Städte, die ihn auf ihren Münzen heraushoben, von erheblicher Bedeutung für ihr Selbst- und Außenbild. Eine Stadt, der eine Göttergeburt zuteil wurde, galt als von den Göttern erwählt und gottgeliebt: Ihr Territorium wurde ‚Heiliges Land'. Es ist deshalb wenig verwunderlich, wenn die Städte eine solche Göttergeburt in aller Deutlichkeit nach außen trugen, wofür Münzen ein ideales Medium waren. So zeigen Bronzemünzen von Synnada in Phrygien eine Amme („Amaltheia"), die das Zeusbaby im Arm hält (**194**). Zu allen Göttern, die die Städte auf ihren Geldstücken zeigten, hatten die Bürger ein besonderes Verhältnis. Entweder waren diese Gottheiten mythologisch mit der Stadtgeschichte eng verbunden, oder man wünschte sich von ihnen besonderen Beistand. So kommt es, dass in den 160er Jahren, als eine Seuche in Kleinasien umging, sehr viele Städte den Heilgott Asklepios (oder seine Gefährtin Hygieia, die Verkörperung der Gesundheit) auf ihre Münzen setzten. Selbst biblische Motive finden sich auf Münzen des griechischen Ostens. So zeigt die Stadt Apameia am Mäander ein Gefährt, in dem zwei Menschen stehen. Auf gut erhaltenen

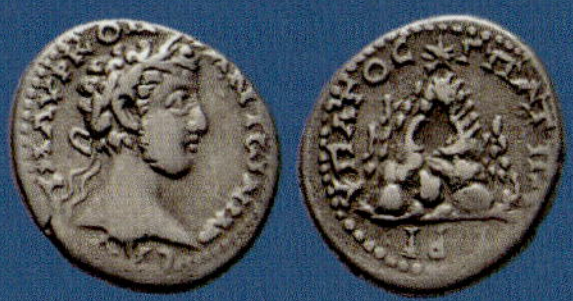

198. Kaisareia (Kappadokien), unter Kaiser Commodus (177/180–192), Drachme, 4,35 g, RPC IV 7117. Die Rs. zeigt skizzenhaft den der Stadt zugehörigen Vulkan Argaios (Erciyes Dagi). A 2015: 50 €. F. ss

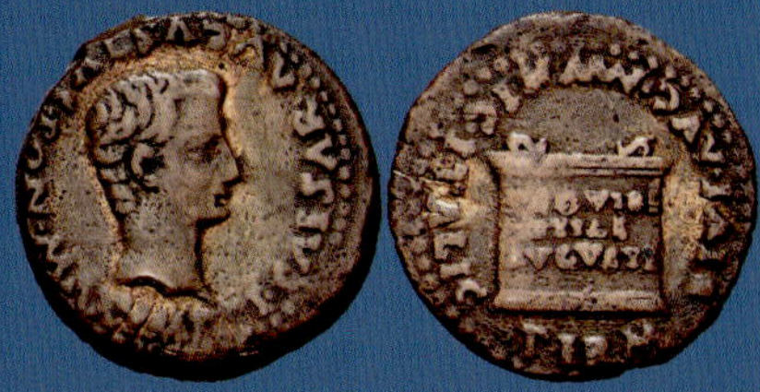

199. Hispania Tarraconensis, Italica, unter Kaiser Tiberius (14–37), 13,97 g, RPC I 65. Der Altar trägt die Beschriftung PROVIDE/NTIAE/AVGVSTI, lobt also die Hellsichtigkeit des Kaisers. A 2015: 75 $. Kr., ger., s

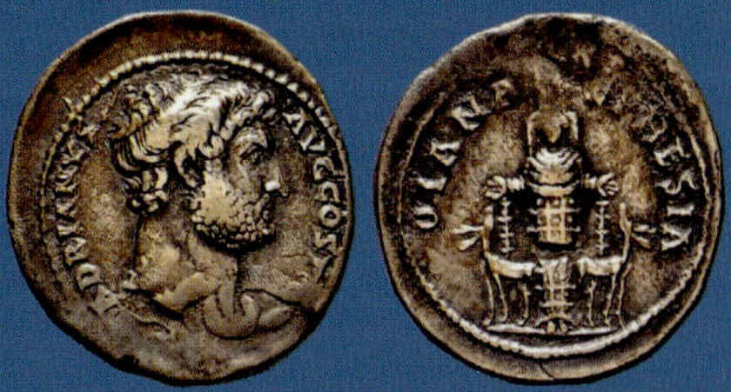

198a. Ephesos (Ionien), unter Kaiser Hadrian (117–138), Kistophor (Tetradrachme), 10,59 g, RIC 474. Die lateinische Legende benannt das Rs.-Bild: DIANA EPHESIA, die Artemis von Ephesos. Unter dem Vs.-Portrait erkennt man noch das überprägte Bild eines älteren Kistophors. A 2015: 520 €. Prschw., ss

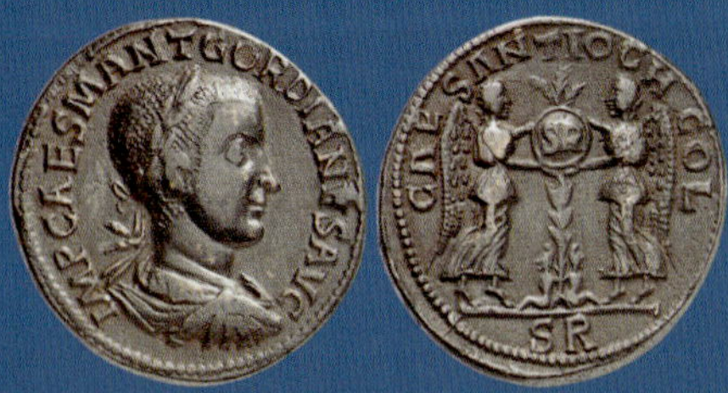

200. Antiochia (Pisidien), unter Kaiser Gordian III. (238–244), 23,80 g, SNG Paris 1216. Rs.: zwei Siegesgöttinnen (Niken) halten einen Schild auf einem Palmstumpf, an dessen Fuß Gefangene sitzen. Das darauf lesbare Kürzel SR steht für socia *Romanorum* (Verbündete der Römer). A 2015: 200 €. ss

Exemplaren lässt sich die Beschriftung erkennen: NOA(h) steht darauf (**195**). Apameia will damit glaubhaft machen, dass die Arche Noah auf ihrem Polisgebiet anlandete.

Von Spanien bis Ägypten

Das Phänomen der provinzialrömischen Münzen (auch „Greek Imperials") erstreckt sich weit über Kleinasien hinaus. Man findet die „Städtemünzen" in Griechenland (Provinzen Achaea und Macedonia), sowie in Thrakien (Dacia, Moesia inforior, Moesia ulterior), im gesamten Schwarzmeerraum (bis hin zur Krim), in Syrien, der Levante und in Ägypten (**196**, wo sie eine besondere Rolle spielten, da sie dort das Hauptzahlungsmittel waren). Letztere sind aufgrund ihres Typenreichtums von besonderem Reiz.

In aller Regel handelt es sich bei diesen auch Städteprägungen genannten Provinzialmünzen um Kleingeld für den täglichen Bedarf, das fast ausschließlich auf dem Gebiet der jeweiligen Stadt zirkulierte. Zeitweise wurden jedoch auch Silbermünzen für die weiträumigere Zirkulation geprägt, die die „Reichswährung", Denar und Aureus, ersetzten. Bedeutende Edelmetallprägestätten waren Antiochia in Syrien (**197**) und Casaraea in Kappadokien (**198**), daneben prägten Städte an der syrischen Küste und einige wenige kleinasiatische Poleis Silber bzw. Billon. Kaiser Hadrian ließ die alte Kistophorenwährung (**147**) der Provinz Kleinasien wiederbeleben (**198a**).

Auch westlich gelegene Munizipien prägten ihr eigenes Geld. Es handelt sich dabei ausschließlich um römische Kolonien, von denen die meisten auf der Iberischen Halbinsel, in den Provinzen Lusitania, Hispania Tarraconensis (**199**) und Hispania Baetica lagen. Hinzu kommen einige in Italien sowie zahlreiche weiter östlich gelegene Kolonien. Besondere Merkmale der Kolonialprägungen sind ihre lateinischen Legenden sowie ein sehr enges und konventionelles Motivrepertoir. Im Westen endeten diese Prägungen bereits kurz nach der Zeitenwende. Im Osten prägten Kolonien noch bis ins 3. Jh. eigenes Geld. Im 3. Jh. spielen aufgrund der zahlreichen Auseinandersetzungen mit den Parthern bzw. Sasaniden vermehrt Bildmotive eine Rolle, die die Sieghaftigkeit Roms bzw. die Unterstützung Roms durch

die jeweiligen Städte illustrieren. Die bedeutende Militärkolonie Antiochia in Pisidien liefert hierfür viele Beispiele (**200**).
Die letzten Provinzialprägungen erschienen unter dem Kaiser Claudius II. Gothicus (268 – 270), doch stellten die meisten Städte die Prägung bereits zur Mitte des 3. Jhs. ein. Als Grund dafür wird hauptsächlich angenommen, dass der Verfall der Reichswährung (s. S. 94 ff.) das Prägen von Wechselgeld unrentabel machte.

Weitere Besonderheiten
Die städtische Münzprägung war eine öffentliche Angelegenheit, über die der Stadtrat (die *boulä*) beschloss, der letztlich unter dem Einfluss reicher und alter Familien stand. In vielen Städten wurden die Münzen mit den Namen der höchsten Beamten (**189 – 191, 195**) versehen, womit sie (theoretisch) datierbar sind. Eine ebenso gängige Datierung war die nach lokalen oder regionalen Ären (**185, 186**); in Ägypten datierte man nach kaiserlichen Regierungsjahren (**196**), in Antiocheia und Kaisereia nach den Konsulatsjahren des Kaisers. Im 3. Jh. tauchen vermehrt Münzen auf, die die Homónoia („Eintracht") zweier Städte bekunden (Homonoiaprägungen, **184**) und damit eine Art diplomatisches Instrument sind.

Allgemeines zum Sammelgebiet:
Ästhetisch gesehen können die *Greek Imperials* mit den früheren griechischen Münzen, insbesondere aus der Klassik, nicht mithalten. Dafür faszinieren einige Gepräge mit komplexen Darstellungen von Monumenten und Ereignissen. Von kulturgeschichtlicher Warte aus zählt diese Münzgattung zu den interessantesten, da sie sehr viele Informationen über das Leben in den emittierenden Städten preisgibt, die andernfalls verschüttet wären, da weitere Quellen meist fehlen. Zudem tauchen regelmäßig neue Typen auf, was dem Sammler ermöglicht, auch zum wissenschaftlichen Erkenntnisgewinn beizutragen. Dazu sind allerdings Kenntnisse des Altgriechischen unabdingbar, denn die Legenden dieser Münzgattung sind oft sehr umfangreich. Aufgrund der meist sehr schwachen Qualität (in Bezug auf Erhaltung und Ästhetik) ist das Preisniveau sehr niedrig, v. a. wenn man berücksichtigt, dass viele Münztypen nur in wenigen Exemplaren belegt sind.

Weiterführende Hinweise:
Zahlreiche Syllogebände enthalten große Mengen an *Greek Imperials.* Die wichtigste Sammlung ist hier SNG von Aulock (mit Schwerpunkt auf Kleinasien, vgl. S. 146). Die von Michel Amandry und Andrew Burnett 1991 begonnene Reihe *Roman Provincial Coinage* (RPC) erfasst systematisch das gesamte Material einzelner Zeitabschnitte. Diese Serie ist bereits weit fortgeschritten und dankenswerterweise in großen Teilen online verfügbar (rpc.ashmus.ox.ac.uk/project). Die Regionen Thrakien, Moesien, Mysien und die Aiolis deckt das Projekt corpus-nummorum.eu ab. Die für antike Münzen generell materialreiche Datenbank www.wildwinds.com hat bei den *Greek Imperials* einen besonderen Schwerpunkt. Eine nach wie vor unersetzliche Bestimmungshilfe ist Icard, mit dem sich korrumpierte Legenden entschlüsseln lassen. Für Fortgeschrittene ebenso essentiell sind die beiden Bände von Franke – Leschhorn (2001 und 2011). Die Einführung von Butcher (1988, englisch) und Franke (1968, deutsch) sind nach wie vor empfehlenswert, wenn auch in Details überholt.

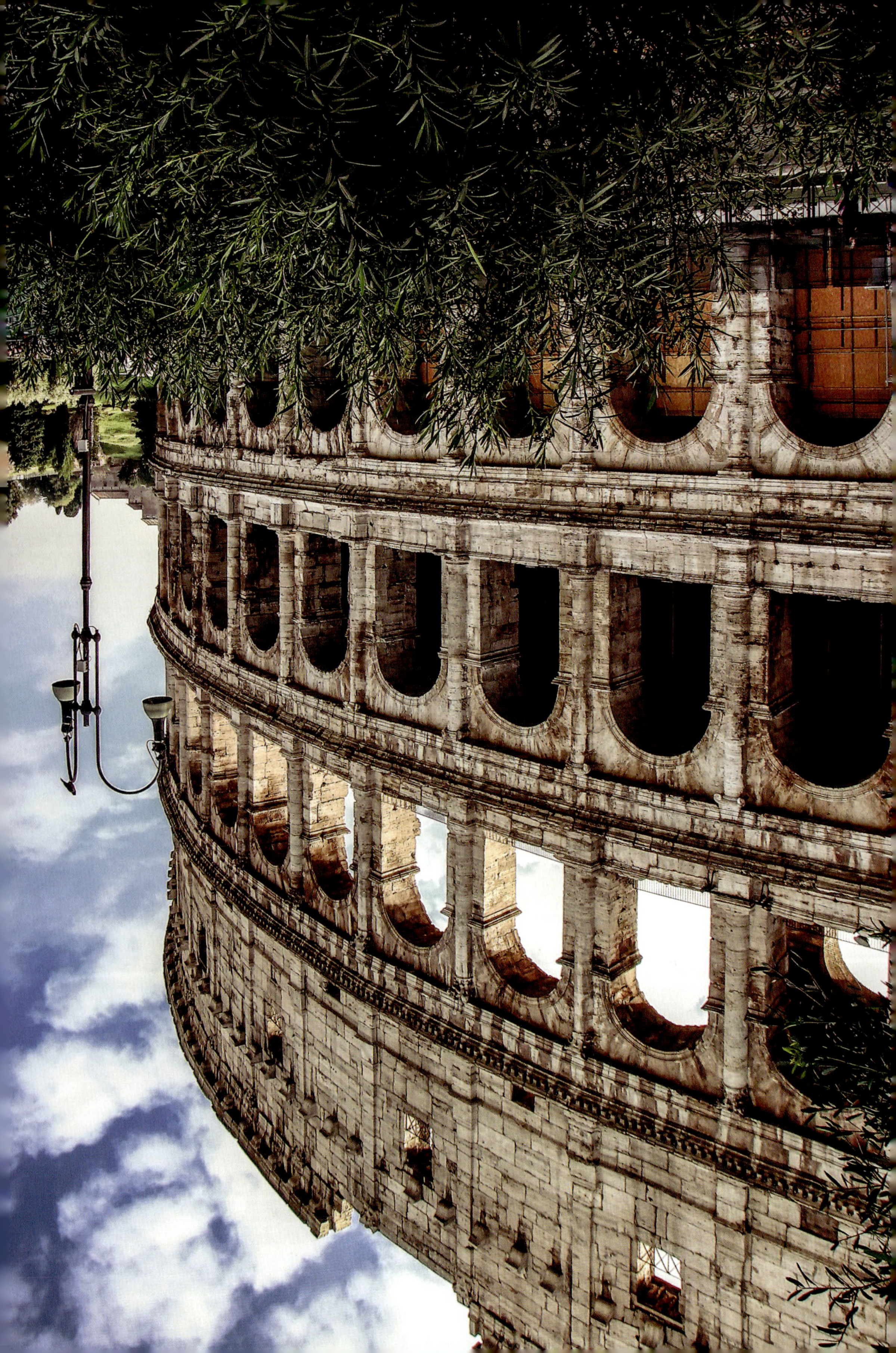

II. Römische Münzen

1. **Römische Republik** (ca. 400–27 v. Chr.)
2. **Römische Kaiserzeit** (27 v. – 476 n. Chr.)

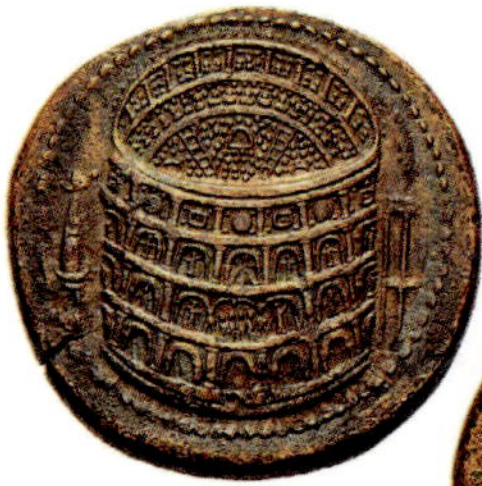

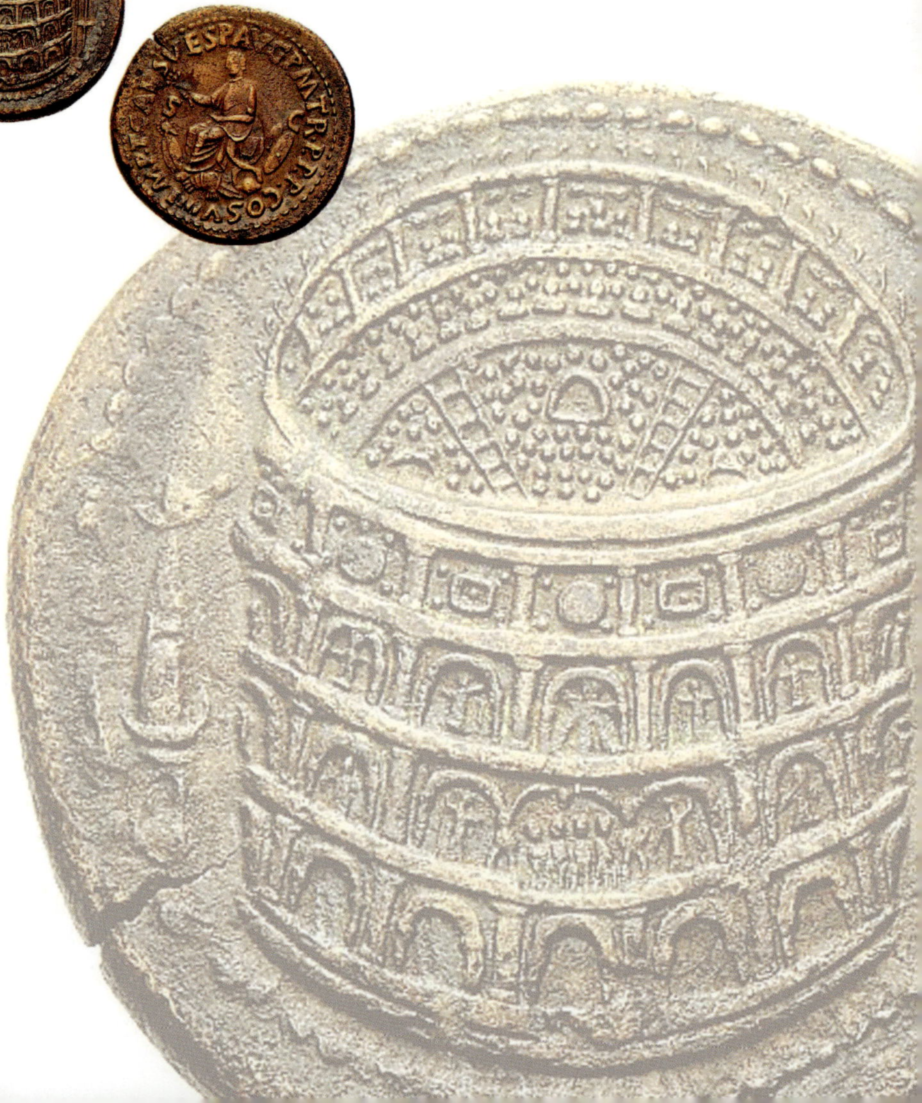

Abb. I.141b

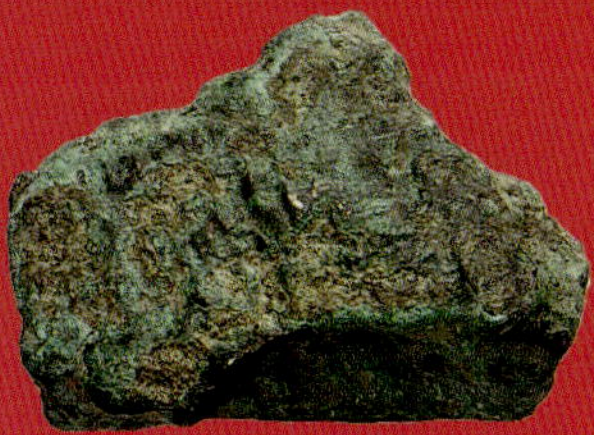

1. Eine Tradition in Mittelitalien war die Verwendung von Bronzebrocken (*aes rude*) als Zahlungsmittel. Dieses Exemplar wiegt ca. 45 g.
A 2013: 190 €

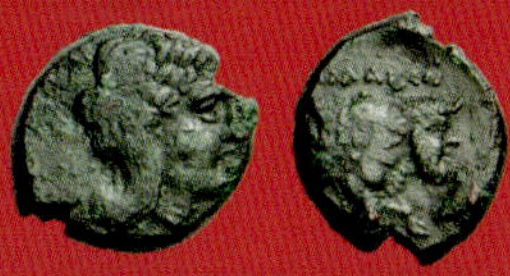

2. Die ersten Münzen, die den Namen Roms tragen, wurden in Neapolis geprägt und sind heute so extrem selten, dass wir dieses schlecht erhaltene und dennoch sehr teure Exemplar abbilden müssen (Albert 1, Cr. 1/1).
A 2011: 4500 CHF. f.ss

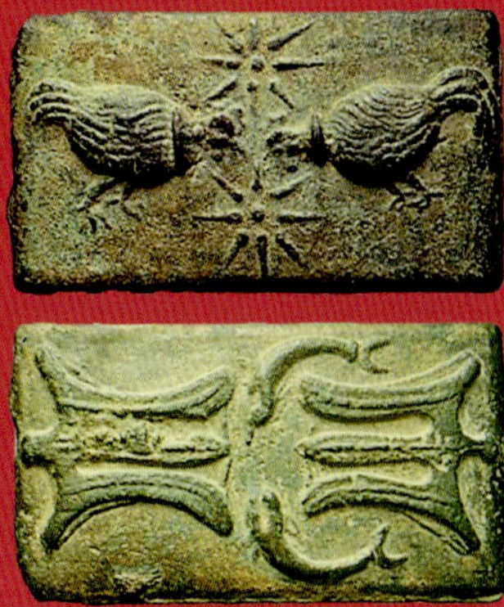

Abbildung stark verkleinert
3. Anhand der Bildmotive ordnet man diesen stattlichen, gut 1,4 kg schweren Barren (*aes signatum*) einer Seeschlacht im 1. Punischen Krieg zu (Albert 49, Cr. 12/1). A 2009: 130 000 CHF. vz

1. Römische Republik

Ca. 400–27 v. Chr.

Wie in vielen antiken Gesellschaften ging auch in Rom der Gebrauch von Geld der „Erfindung" der Münze um viele Jahrhunderte voraus. Man zahlte mit Rohmetall, handelte mit fremden Münzen, und auch ein ausgefeiltes System von Anleihen, Wechseln und ähnlichen immateriellen Geldformen dürfte existiert haben.

Noch um 400 v. Chr. war Rom eine wenig glanzvolle Stadt: eine unter vielen etruskischen Städten Latiums. Im Gegensatz zu den Städten, die die griechischen Siedler in Südtalien gegründet hatten (*Magna Graecia*), erscheint die materielle Kultur Altitaliens schlicht. So handelte man in Latium und Etrurien mit abgewogenen Bronzebröckchen (**1**, *aes rude*), während in den griechischen Kolonien, besonders auf Sizilien, die prachtvollsten Silbermünzen kursierten, die je von Menschenhand gefertigt wurden. Im Verlauf des 4. Jhs. allerdings wandelte sich das römische Münzwesen. Es ist verblüffend, wie eng dies mit den außen- wie innenpolitischen Umwälzungen in Verbindung steht, an deren Ende Rom Hegemon des gesamten Mittelmeerraums wurde.

Rom wird Hegemonialmacht

Im Verlaufe des 4. Jhs. v. Chr. war es den Römern gelungen, weite Teile Latiums zu erobern oder wenigstens unter ihre Führung im sog. Latinerbund zu zwingen. Der Sieg über das etruskische Veji (396 v. Chr.) ist ein ereignisgeschichtlicher Meilenstein. Nach dieser Expansionsphase geriet der Stadtstaat jedoch bald in eine prekäre Lage: Zwar hatten die Römer nach langem, zähem Ringen die Samnitenkriege (326–304 v. Chr.) für sich entscheiden können und damit ihren Einfluss auf die kampanischen Städte enorm vergrößert, doch war der Frieden fragil. Zwischen 298 und 290 forderten die Samniten, unterstützt von Etruskern und Galliern (norditalischen Kelten), Rom und seine Bundesgenossen erneut heraus. Erst 282 war mit der Vertreibung der Gallier ein entscheidender Schritt zur Hegemonie über die italische Halbinsel geschafft. Die nächste Episode, die Rom zur Führungsmacht werden ließ, stellte der 1. Punische Krieg dar (264–241 v. Chr.) dar, der sich an Streitigkeiten auf Sizilien entzündete. Im Rahmen dieser Auseinandersetzung durchlief Rom einen inneren Reifungsprozess, der nicht zuletzt in einer Etablierung des Münzgeldes mündete.

Roms erste Münzen

Das größte Problem bei der Erforschung der frühen Münzprägung Roms liegt darin, schriftlich-literarische und numismatische Quellen in Einklang zu bringen. Zwar enthalten die Texte einiger antiker Autoren Bemerkungen zu frührömischen Münzen, zum Teil sogar genaue Datierungen, wann diese geprägt wurden, doch all diese Schriften wurden hunderte

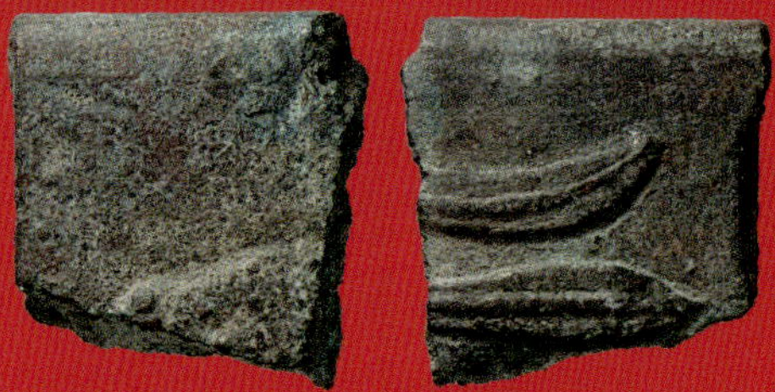

4. Auch die Barren wurden in handlichere Erzbrocken geteilt, wie dieses Stück von knapp 227 g belegt (Albert 4, Cr. 4/1). Die Bilder von (3) sind noch zu erkennen. A 2014: 2600 €. ss

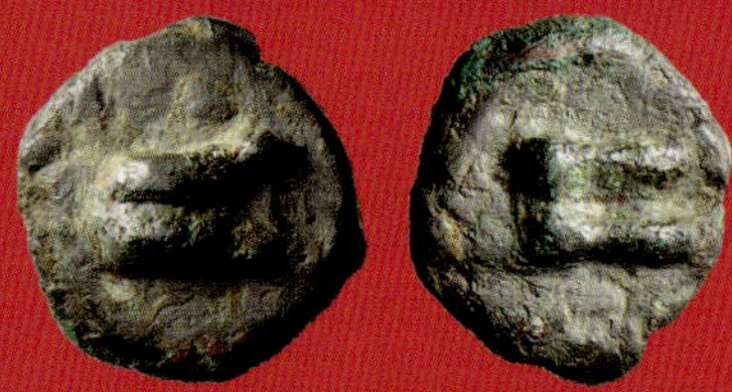

5. Diese Uncia aus der Zeit um 265 v. Chr. wiegt ca. 22 g (Albert 36, Cr. 21/6). Beide Seiten zeigen einen Astragal, einen Knochen, der als Spielstein verwendet wurde. Eine kräftige Patina umhüllt die Münze. A 2015: 325 CHF. ss-

von Jahren später verfasst. Wir müssen damit rechnen, dass diese Autoren fehlerhafte Angaben überliefern.[3] Beginnen wir mit dem Geld, das aus Bronze hergestellt wurde. In Mittelitalien hatte Rohbronze als Zahlungsmittel eine beständige Tradition. Viel länger als in anderen Regionen des Mittelmeerraums, zahlte man dort mit schweren Stücken aus Bronze. Erst als die indigenen Städte Latiums, Etruriens und Kampaniens in engeren Austausch mit griechischen Kolonien wie Neapolis (Neapel) traten, begannen auch sie, Münzgeld zu prägen, dessen Gewichte und Bilder stark griechisch beeinflusst waren. Die Münzen, die man heute für die ersten römischen Gepräge hält (**2**), stammen nicht einmal aus Rom. Sie wurden mit ziemlicher Sicherheit im mehr als 200 km südlicher gelegenen Neapolis geprägt. Die Bilder auf diesen extrem seltenen Bronzen liefern keinen Hinweis auf Rom, nur die Legende liefert die Information ΡΩΜΑΙΩΝ – „Münze der Römer". Tatsächlich dürften diese Stücke in Rom selbst nie kursiert sein, sie wurden wahrscheinlich für den Außenhandel hergestellt. Auch der folgende Münztyp fügt sich nicht in das stadtrömische Währungssystem, obwohl die Legende immerhin latinisiert wurde: ROMANO, zu ergänzen zu „Romanorum" – „(Münze) der Römer". Das von Plinius dem mythischen König Servius zugeschriebene *aes signatum* datiert sogar noch später: Diese Bronzebarren, versehen mit schlichten Bildern, dürften erst im beginnenden 3. Jh. gegossen worden sein. Dieses Schwergeld weist zwei Spezifika auf, die es von dem anderer Städte unterscheiden: Es folgte dem Gewichtsfuß des römischen Pfunds (*libra*), ausgehend von fünf Asses (**3**) bis hinab zur Uncia, dem Zwölftelpfund (**5**). Außerdem bestand das Geld aus einer mit Blei versetzten Zinnbronze. Spätestens 340 erhielten römische Bürgersoldaten einen Sold. Der lateinische Terminus *stipendium* (von lat. *pendere*, wiegen) verweist darauf, dass auch diese Zahlungen noch mit Rohbronze erfolgten. Dennoch schließt es die geringe Zahl der heute erhaltenen Geldstücke aus dem 3. Jh. v. Chr. aus, dass Kriege ausschließlich damit finanziert wurden. Es muss bereits ein ausgeklügelteres, bargeldloses Geldsystem gegeben haben. Probleme bereitet auch die Existenz von Großbronzen, die sich nicht an der Libra von ca. 328 g orientieren, sondern nach einem etwas leichteren Pfundgewicht gegossen wurden – und zwar in etwa gleichzeitig! Zudem wurde das Gewicht des Pfundes im Verlauf des 3. Jhs. ständig reduziert (**6–7**).

Erstes Silbergeld

Parallel zum Bronzegeld entwickelte sich, beginnend um 300 v. Chr., spezifisch römisches Silbergeld. Da Machart und Gewicht stark von der Magna Graecia beeinflusst waren, heißen diese Münzen heute Didrachmen. Wann solche erstmals im Namen der Römer geprägt wurden, war in der Forschung lange

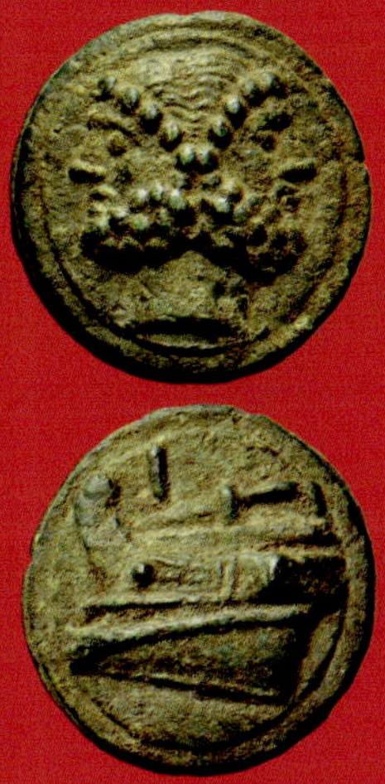

Abbildung 50 %
6. Der As, nach reduziertem Gewicht von ca. 276 g gegossen, zeigt auf der Vorderseite einen Januskopf, auf der Rückseite ein Schiffsvorderteil (Albert 97, Cr. 36/1). Auktionsergebnis 2011: 7500 CHF. vz

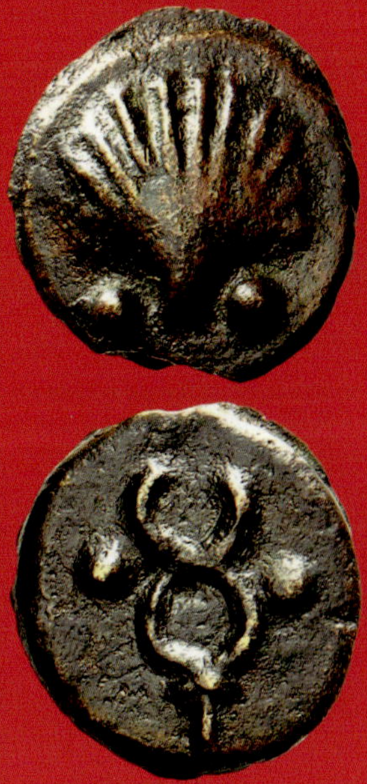

7. Sextans, Vs. Muschel, Rs. Caduceus, ca. 50 g, aus der Zeit nach 280 v. Chr. (Albert 15, Cr. 14/5). Auktionsergebnis 2012: 550 CHF. ss

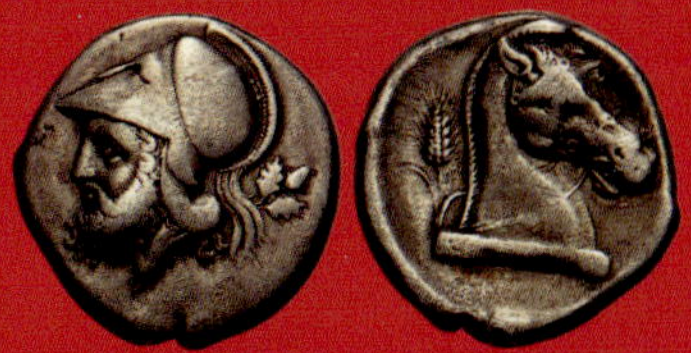

8. Didrachme mit Nennung von ROMANO als Auftraggeber oder Empfänger. Die Münze wurde wahrscheinlich um 292 v. Chr. in Neapolis geprägt (Albert 9, Cr. 13/1). Auktionsergebnis 2015: 700 €. ss

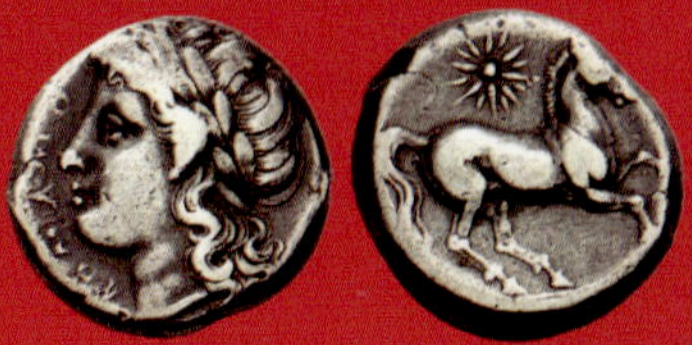

9. Didrachmentyp, geprägt ca. 272 v. Chr. nach dem Sieg Roms über Pyrrhos und die Tarentiner (Albert 19, Cr. 15/1). Auktionsergebnis 2013: 2200 CHF. ss-

umstritten. Mittlerweile hat man sich darauf einigen können, die erste, sehr kleine Silbermünzserie auf die Zeit um 300, wahrscheinlich das Jahr 292 v. Chr. anzusetzen (**8**). Sie wurde aus den Beutezahlungen hergestellt, die die Samniten nach ihrer schweren Niederlage von 293 zu leisten hatten. Auch die Didrachmen des Jahres 272 stehen mit einem militärischen Erfolg in Verbindung. In diesem Jahr beendete Rom den Krieg gegen die mit Pyrrhos verbündeten Tarentiner, die zudem mit den Lukanern, Brettiern und Samniten im Bunde standen. Ein Teil der Beute wurde ausgemünzt. Der auf der Vorderseite abgebildete Apollon ist der Gott des Sieges (**9**). Erst 269 dürften die Römer begonnen haben, Didrachmen auch für den Binnenhandel zu verwenden. Dieses Jahr markiert einen wirtschaftsgeschichtlichen Einschnitt für Rom, da es die Einführung einer Silberwährung mit sich brachte (**10**). Mit Erfolgen im 1. Punischen Krieg stehen die Didrachmen, die nach neueren Erkenntnissen zwischen 248 und 241 geprägt wurden,

Bronzenominale und Wertzeichen

Auf den Geldstücken geben häufig Wertmarken einen Einblick in das Nominalsystem: die II steht für den Dupondius, den doppelten As. Wertkugeln stehen für die Zahl der Unzen. Stücke mit vier Kugeln heißen Triens, da sie ein Drittel eines As wert sind, solche mit dreien Quadrans, denn sie wiegen nur ein Viertel des As.

I	As (ursprünglich ca. 328 g)	•	Uncia (1⁄12 As, ursprünglich ca. 28 g)
II	Dupondius	••	Sextans (1⁄6 As)
III	Tressis	•••	Quadrans (1⁄4 As)
S –	Semis (1⁄2 As)	••••	Triens (1⁄3 As)
		•••••	Quincunx (5 Unciae)

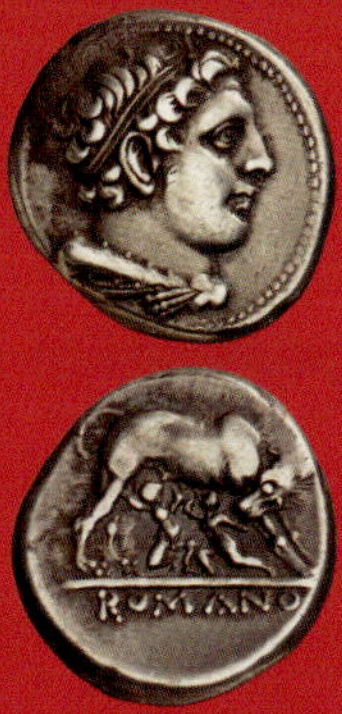

10. Der 3. Didrachmentyp aus dem Jahr 269 v. Chr. ist der erste in Rom selbst geprägte. Herkules ist der Schutzpatron der gens Fabia, die den Konsul im Jahr 269 stellte (Albert 30, Cr. 20/1). Auktionsergebnis 2015: 1350 €. ss

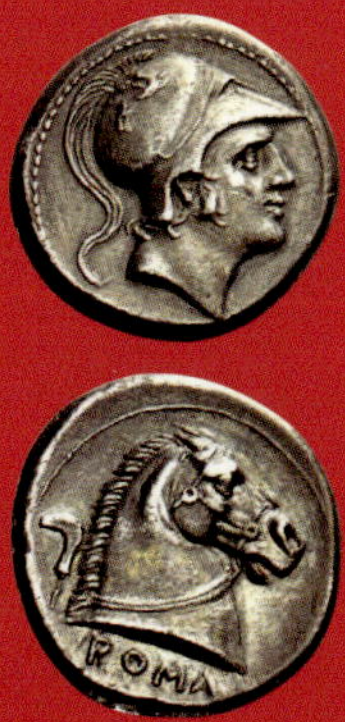

11. Auf diesen zwischen 248 und 241 geprägten Didrachmen wiederholt sich das Grundmotiv „Roma/Pferd" in verschiedenen Nuancen (Albert 50, 59, 67; Cr. 25/1, 26/1, 27/1). Auktionsergebnis 2013: 7000 CHF. vz

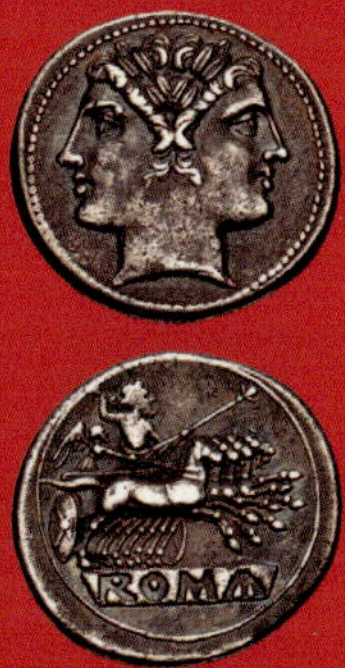

12. Mit dem Sieg über Karthago im Jahr 241 setzte die Emission der größten republikanischen Didrachmenserie, der Quadrigati, ein (Albert 83-90; Cr. 29/3-34/1). Auktionsergebnis 2015: 950 $. ss

in Verbindung (**11**). Den endgültigen Sieg über Karthago feiern die Silberstücke, deren Rückseite eine Triumphalquadriga zeigt (**12**). Der Januskopf auf der Vorderseite verweist direkt auf die Schließung des Janusbogens als Zeichen des Friedens nach der entscheidenden Seeschlacht bei den Aegatischen Inseln. Besonders die Silbermünzen zeigen, wie eng in Rom die Ausgabe von Münzen mit außenpolitischen Ereignissen verwoben war.

Nöte im 2. Punischen Krieg

Den Denar, der noch heute in manchen Ländern synonym für Geld steht (z. B. ital.: denaro, span.: dinero), verdanken die Römer indirekt dem karthagischen Eindringling Hannibal. Dieses Auftauchen in Italien setzte eine enorme geldgeschichtliche Entwicklungskette in Gang.

Aus dem 1. Punischen Krieg war Rom als unumschränkter Beherrscher Italiens hervorgegangen. Der Machtzuwachs schuf neue Animositäten, diesmal im Osten der Appenin-Halbinsel. Die Römer bekämpften Piraten im Adriatischen Meer (229 v. Chr.), die sich bald Unterstützung bei König Philipp V. von Makedonien holten. Schlimmer aber war der Kampf um die silberreiche Iberische Halbinsel, der im Jahr 218 v. Chr. entflammte und in dem erneut Karthago gegen Rom stand („Hannibalkrieg", 218 – 201 v. Chr.). Fast 20 Jahre lang steckte Rom in einem Zweifrontenkrieg. Prekär wurde die Situation, als Hannibal jahrelang mit seinem Heer durch Italien zog in der Hoffnung, das römische Bundesgenossensystem zum Kippen zu bringen. Traumatisch für die Römer war die verlustreiche Schlacht von Cannae (216 v. Chr.). Die Existenz der Stadt stand auf dem Spiel. Diese Notlage spiegelt sich auch in den Münzen wider. Wie in allen Notzeiten verschlechterte sich das Geld. Das hat einfache Gründe: Bronze ist ein kriegswichtiges Metall, weshalb das *Aes grave* rasant an Gewicht verlor. Anfangs wog der As ein römisches Pfund – ein Geldstück also von um die 330 g. Mit steigendem Metallmangel goss man das Schwergeld (es handelt sich um Gussmünzen!) im sogenannten Semilibralstandard (von *libra* = Pfund), womit das Gewicht auf die Hälfte verringert wurde (**13**). Gegen

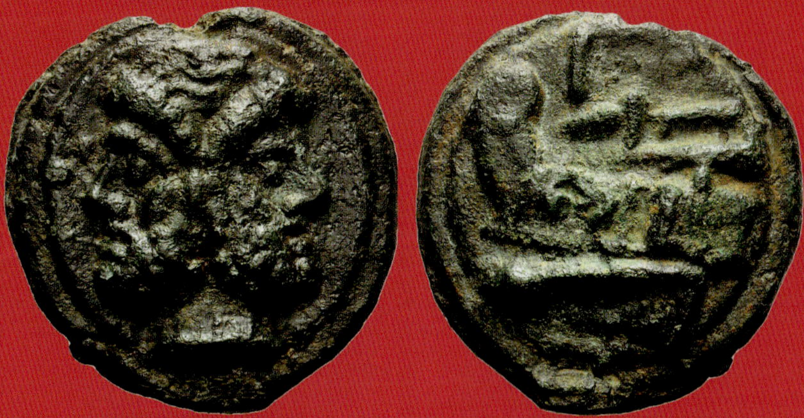

13. As nach dem Semilibralstandard (145 g) aus dem 2. Punischen Krieg, ca. 217–215 (Albert 103, Cr. 38/1). Auktionsergebnis 2015: 1460 €. ss

Ende des Kriegs wog der As dann nur noch etwa 75 g (**14**, sog. Postsemilibralstandard). Auch die Quadrigatus-Didrachmen (**12**) verschlechterten sich. Über viele Jahre hinweg wurden diese Münzen weiter geprägt, wie die Tatsache belegt, dass man kaum auf stempelgleiche Stücke stößt und ihr Stil eine deutlich erkennbare Entwicklung durchläuft. Der Silbergehalt der Quadrigati fiel innerhalb weniger Jahre von 98 auf 36 %.

Die „Erfindung" des Denars

Mitten im Krieg stand das römische Währungssystem vor dem Kollaps. Etwa im Jahr 211 v. Chr. schuf man ein neues, basierend auf kleineren Silbermünzen: dem Denar (**15**), dem Quinar (½ Denar, **16**) und dem Sesterz (¼ Denar, **17**). Die Datierung dieser Währungsrevolution hängt an einer archäologischen Ausgrabung auf Sizilien. In Morgantina entdeckte man in einer Bodenschicht, die mit der Zerstörung der Stadt im Jahr 211 v. Chr. in Zusammenhang steht, sehr gut erhaltene Münzen dieses Typs. Auf allen Nominalen prangt der Kopf der Stadtgöttin Roma auf der Vorderseite. Die Rückseite zeigt die Dioskuren, die Schutzpatrone der Stadt. Diese Silbermünzen tragen erstmals eindeutige Wertmarkierungen, die ihren Wert in Asses mitteilen. Denar 10, Quinar 5, Sesterz 2,5 Asses (*„semis est tertius"* – „der Dritte halb", daher der eigentümliche Name *sestertius*). Angesichts der Krisensituation wurde das neue Geld nicht in Rom, sondern in Münzstätten auf Sizilien, Sardinien und in Italien geprägt. Diese Flut an neuen Münzen bewirkte, dass innerhalb kürzester Zeit die älteren Währungssysteme der italischen Halbinsel verschwanden.

Der Denar – obwohl aus der Not heraus geboren – blieb über 500 Jahre das dominierende Geldstück im Mittelmeerraum. Auch danach blieb er in vielen Geldmärkten Währungseinheit, und auch Karl der Große nannte seinen neu eingeführten Pfennig *„denarius"*.

Weitere Neuerungen

Neben dem Denar wurde mit dem sogenannten Victoriatus eine weitere Münze geschaffen (**18**). Wog der Denar $1/72$ Pfund, hatte diese Münze, die in

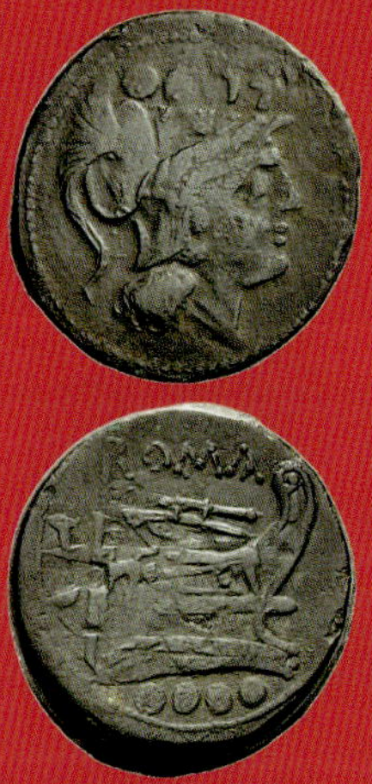

14. Triens nach dem Postsemilibralstandard, der den Tiefpunkt der römischen Wirtschaft im 2. Punischen Krieg markiert (Albert 124, Cr. 41/7, 24,3 g). Anders als der As wurde diese Münze, die Minerva im Avers zeigt, geprägt. Auktionsergebnis 2013: 325 CHF. ss

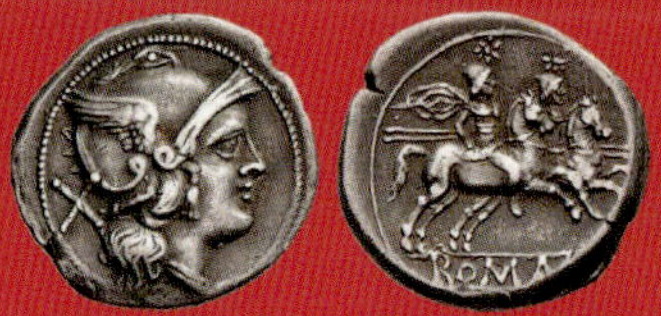

15. Denar, 4,01 g, der ersten Serie (Albert 147, Cr. 44/5). Das Wertzeichen X hinter dem Kopf der Roma steht für 10 Asse. Die Dioskuren Castor und Pollux sind anhand der Sterne über ihren Köpfen identifizierbar. Auktionsergebnis 2015: 180 CHF. ss+

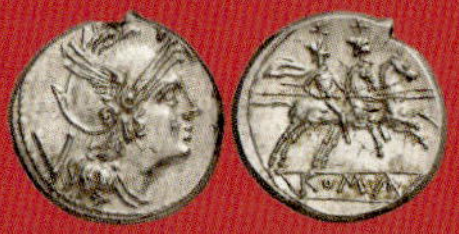

16. Quinar, 2,44g, (Albert 148, Cr. 44/6). Der halbe Denar trägt das Wertzeichen V. Die kleinen Silbernominale sind seltener und deshalb teurer als die häufigeren Denare. Auktionsergebnis 2015: 600 €. Schrötlingsfehler, St

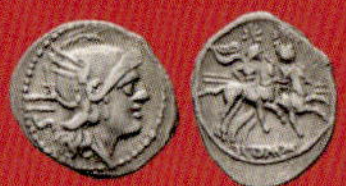

17. Sesterz, 1,1 g (Albert 149, Cr. 44/7). Die Dioskuren Castor und Pollux galten den Römern als Schlachtenhelfer, seitdem die mythischen Figuren ihnen 499 in einer Schlacht gegen die Latiner geholfen hatten. Auktionsergebnis 2015: 200 €. Schürfspur im Avers, ss

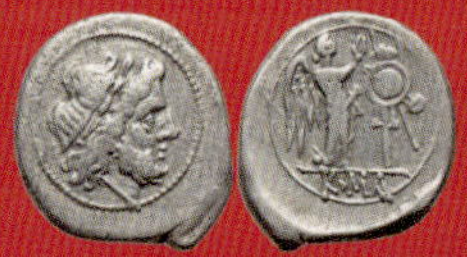

18. Victoriatus, 3,31 g (Albert 143, Cr. 44/1). Die Vorderseite zeigt Jupiter, den wichtigsten Gott der Römer. Auf der Rückseite schmückt die Siegesgöttin Victoria ein Siegesmal. Auktionsergebnis 2015: 80 €. ss

Süditalien kursierte, ein geringeres Gewicht und noch dazu geringeren Feingehalt. Sie diente wahrscheinlich dem Handelsverkehr. Als Zeichen einer Krise kann auch die Ausgabe von Goldmünzen verstanden werden. Nur im Krieg war die Zahlung sehr großer Beträge innerhalb kürzester Zeit erforderlich, wie sie mit Gold zu bewältigen ist. Auch diese Münzen, das wegen seiner Bilder sogenannte „Mars-Adler-Gold", tragen eindeutige Wertzeichen: 60, 40 und 20 Asse, womit die kleinste dieser Münzen den Wert von 2 Denaren hatte, was einem Gold-Silber-Wertverhältnis von 8:1 entspricht (**19–21**).

Auch bei den Bronzemünzen vollzog sich ein Wandel. Diese behielten zwar grundsätzlich ihre Bilder bei, doch wurden die großen Nominale von nun an nicht mehr gegossen, sondern geprägt. Auch wurde der Gewichtsstandard neu festgelegt auf ⅙ Pfund für den As, die Haupteinheit (**22**). Etwa zur Mitte des

Die römischen Silbernominale

Mit der Einführung des Denars etablierte Rom im Jahr 211 das folgende Nominalsystem:

Nominal	Wert	Wertzeichen	Gewicht
Denar (211 – ca. 200)	10 Asse	X	ca. 4,5 g
Denar ab ca. 200	10 Asse	X	ca. 3,9 g
Quinar	5 Asse, ½ Denar	V	ca. 2 g
Sesterz	2,5 Asse, ¼ Denar	HS	ca. 1 g
Victoriatus	¾ Denar		ca. 3 g

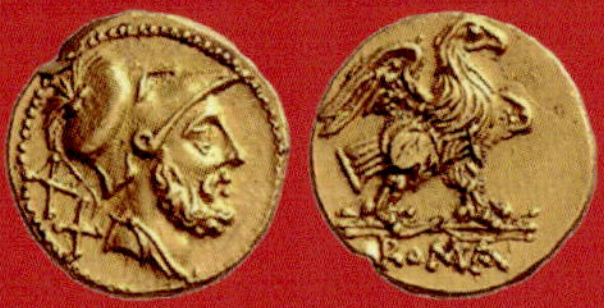

Abbildung 200 %
19. 20 Asses, 1,06 g (Albert 146, Cr. 44/4). Die Vs. zeigt den Kriegsgott Mars, der Adler auf der Rs. steht für Jupiter. Auktionsergebnis 2015: 8000 CHF. Randkerbe, Druckstelle im Rv., vz

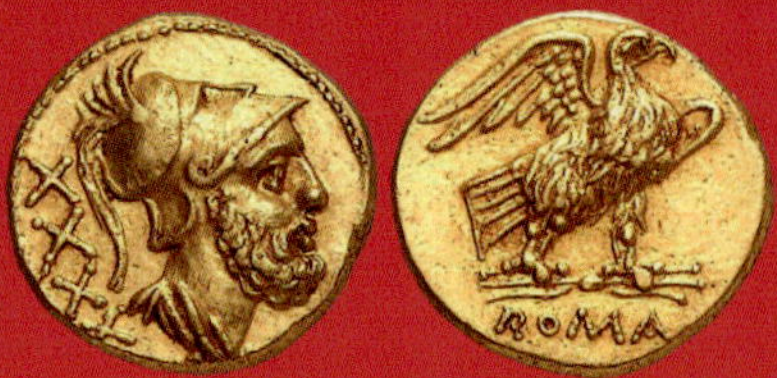

Abbildung 200 %
20. 40 Asses, 2,3 g (Albert 145, Cr. 44/3). Vorder- und Rückseitenbilder verweisen auf Krieg. Von diesem Nominal sind aktuell nur 12 Exemplare bekannt. Auktionsergebnis 2015: 55 000 €. vz

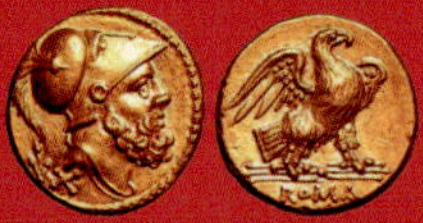

21. 60 Asses, 3,4g (Albert 144, Cr. 44/2). Das größte Nominal des sogenannten Mars-Adler-Goldes ist im Vergleich zu den kleineren relativ häufig. Auktionsergebnis 2015: 7500 GBP. vz

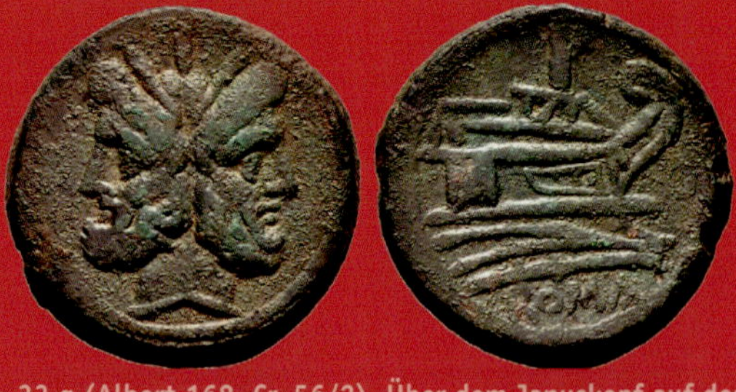

22. As, 33 g (Albert 168, Cr. 56/2). Über dem Januskopf auf der Vs. und dem Schiffsvorderteil (*prora*) auf der Rs. ist jeweils das Wertzeichen I erkennbar. Auktionsergebnis 2015: 170 €. ss

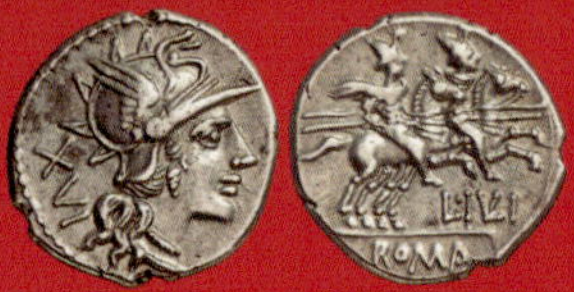

23. Denar, ca. 141 v. Chr., 3,61 g (Albert 878, Cr. 224/1). Das Wertzeichen XVI findet sich auf der Vs. hinter dem Kopf der Roma. Die Buchstaben unter den Dioskuren stehen für den Münzmeister L. IVL(ius). Auktionsergebnis 2015: 160 €. ss

2. Jhs. v. Chr. wurde das System noch einmal verändert. Der Wert des Denars wurde auf 16 Asse neu festgelegt. Gleichzeitig senkte man sein Gewicht von 4,5 auf 3,9 g, was insgesamt einer deutlichen Entwertung des As entspricht (**23**). Um dies zu kaschieren, so vermutet Michael Crawford, führte man um das Jahr 140 den (nicht mehr ausgeprägten) Sesterz als Rechnungseinheit ein.

Entwicklung der Bilder

Über viele Jahrzehnte hinweg blieben die Bilder der Münzen unverändert. Allerdings wurden stets Beizeichen eingefügt, anhand derer sich feststellen ließ, welcher Beamte für die jeweilige Prägung verantwortlich zeichnete. Ehrgeizige junge Römer, die eine politische Karriere anstrebten, bewarben sich darum, einer der drei *tresviri monetales* (etwa: Münzbeamten) zu werden, die die Münzprägung für die Dauer eines Jahres gemeinsam organisierten und überwachten. Diese hinterließen meist ihren Namen auf den Geldstücken, als Nachweis dafür, dass sie imstande waren, korrekt und vertrauenswürdig zu arbeiten. Das Amt setzte offenbar eine gewisse Reife voraus, denn wir kennen kaum Münzbeamte unter 25 Jahren. Diejenigen, die zu einem der *tresviri aere argento auro flando feriundo* („Dreimänner[gremium] zum Gießen und Prägen von Erz, Silber und Gold") bestimmt worden waren, hatten an erster Stelle Aufsicht über die Münzprägestätte zu führen, die sich am Kapitol, am Tempel der Juno Moneta (daher auch unser Wort „Moneten" sowie – unter Lautverschleifung – „Münze"), befand. Sie sorgten für die Ausprägung einer vom Senat vorgegebenen Menge Metall.

In den 170er Jahren begannen sich die Bilder auf den Silbermünzen zu wandeln. Die Vorderseite mit der Stadtgöttin Roma blieb zunächst unangetastet. Jedoch verschwanden die Dioskuren von der Rückseite und wurden durch Bigae (Zweigespanne) ersetzt, die

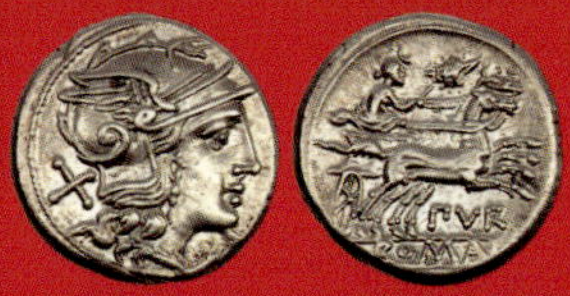

24. Denar des *tresvir monetalis* Furius Purpurio (ca. 169–158), 3,62 g (Albert 717, Cr. 187/1). Auktionsergebnis 2015: 240 €. vz

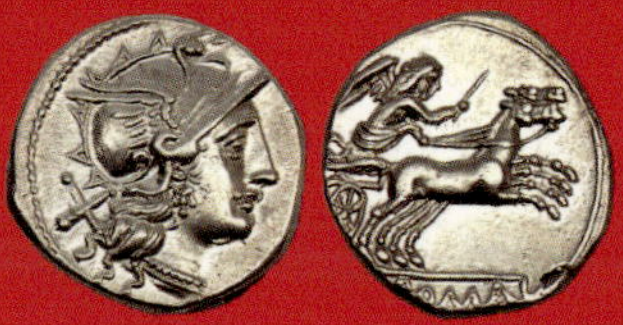

25. Anonymer Denar, ca. 157–156, 4,26 g (Albert 772, Cr. 197/1). Die Denare dieser Epoche weisen eine große Bandbreite im Gewicht auf. Auktionsergebnis 2015: 220 €. Knapper Schrötling, vz

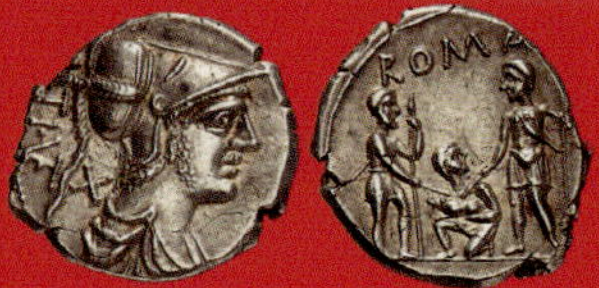

26. Denar des Titus Veturius, 137, 3,88 g (Albert 897, Cr. 234/1). Die Rückseite dürfte ein Opfer anläßlich der Ratifizierung des *foedus Numantinum* darstellen. Auktionsergebnis 2014: 600 €. Unregelmäßiger Schrötling, vz

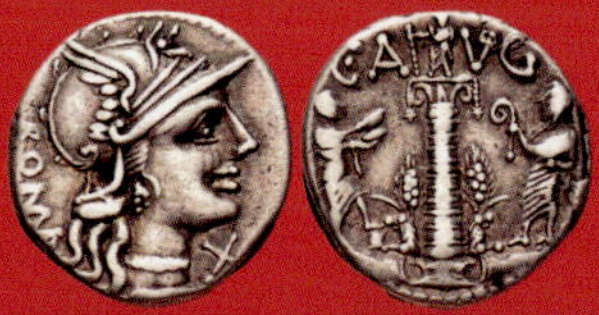

27. Denar des C. Minucius Augurinus, 135, 3,86 g (Cr. 242/1, Albert 925, ebd.: „Die abgebildete Ehrensäule wurde vor der Porta Trigemina errichtet für L. Minucius Esquilinus, der 439 als *Praefectus annonae* eine Hungersnot bekämpfte. M. Minucius Faesus [rechts, mit *lituus*] wurde 300 als erster Plebejer zum Augur gewählt."). Auktionsergebnis 2015: 90 GBP. ss

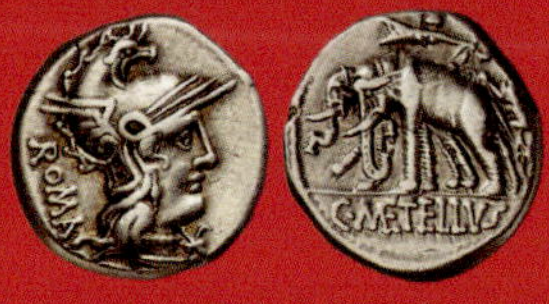

28. Denar des C. Metellus, 125, 3,91 g (Cr. 269/1, Albert 1019, ebd.: „250 erbeutete L. Caecilius Metellus, ein Vorfahr des Münzmeisters, bei einem Sieg über Hasdrubal punische Elefanten, die er in seinem Triumphzug mitführte."). Auktionsergebnis 2015: 275 €. ss

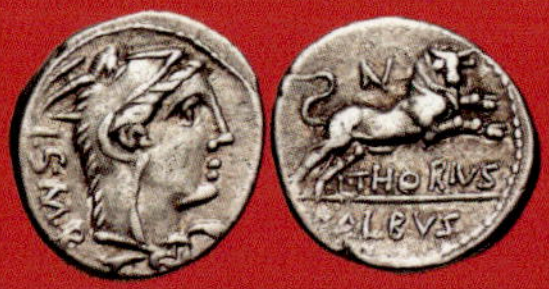

29. Denar des L. Thorius Balbus, 105, 3,98 g (Cr. 316/1, Albert 1117, ebd.: „Die auf der Vorderseite abgebildete Juno Sospita, Beschützerin der Frauen, war die Hauptgöttin von Lanuvium, dem Herkunftsort des Münzmeisters. Der springende Stier (*taurus*) auf der Rückseite ist eine Anspielung auf den Namen des Münzmeisters."). Auktionsergebnis 2015: 160 $. ss

zunächst von der Göttin Luna (**24**), dann – wohl ab 150 v. Chr. – von der Siegesgöttin Victoria gesteuert wurden (**25**). Der nächste Schritt war dann mit dem Auftauchen einer Quadriga getan – ein Münzbild, das aus der Didrachmenprägung des 3. Jhs. v. Chr. stammte (**12**). Schließlich gab man auch das Prinzip auf, ausschließlich Roma den Ehrenplatz auf der Vorderseite einzuräumen und entschied sich für einen Marskopf. Die Rückseite zeigte eine Schwurszene, die ebenfalls aus früherer Zeit bekannt ist (**26**). Damit, so scheint es, war der Damm gebrochen. Wenige Jahre später fanden sich die traditionellen Vorder- und Rückseitenbilder nur noch selten. Stattdessen wurden jedes Jahr neue Bilder ausgeprägt. Die *tresviri* nutzten die Münzen fortan als Medium, um ihre Familie (*gens*) ins bestmögliche Licht zu rücken. Bevorzugt machten die Münzbeamten auf Großtaten ihrer Ahnen aufmerksam (**27 f.**). Gelegentlich tragen die Münzen spielerische Verweise auf die Namen der Familie oder einzelner Mitglieder (**29**). Jedenfalls waren die Denare zu einem Medium geworden, das für die Rangstreitigkeiten der Aristokratie instrumentalisiert wurde. Diese politische Bedeutung ist es, die diese Münzen für Historiker und für Sammler so reizvoll macht. Noch längst sind nicht alle Bilder, die auf ihnen zu sehen sind, völlig befriedigend interpretiert.

Denare als politisches Medium

Bleibt noch das spannendste Feld, dem sich die Münzmotive zuordnen lassen: aktuelle politische Ereignisse. Der Münzmeister Q. Pomponius Rufus prägte wohl um das Jahr 70 Denare, die mit SC (für *senatus consulto* – auf Beschluss des Senats) als Sonderausgabe markiert sind, zusätzlich zum regulären Prägevolumen. Beide Seiten sind dem obersten Gott Roms gewidmet: Jupiter, Gott des Sieges und des Triumphes (**30**). War einem Feldherrn nach einem

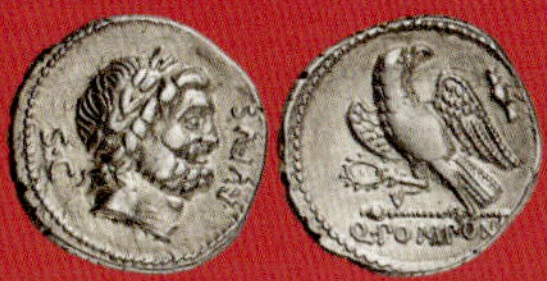

30. Denar, 3,92 g (Albert 1300, Cr. 398/1). Über den Münzmeister (Pomponius) Rufus sind keine prosopographischen Details bekannt. Seine Münzen gelten als selten, woraus der hohe Preis resultiert. Auktionsergebnis 2015: 1700 €. ss

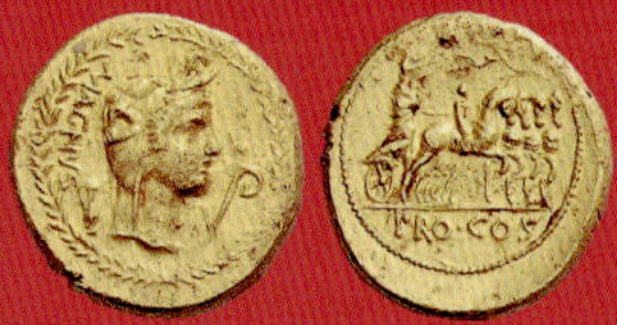

32. Goldmünze (*aureus*), 8,91 g. Die Vs. zeigt den Beinamen *Magnus* und die Personifikation Afrikas, wo er sich Ruhm erwarb, die Rückseite den Triumphator (Albert vgl. 1304, Cr. 402/1a,b – Unikum). Auktionsergebnis 2012: 95 000 CHF. Schrötlingsfehler, ss

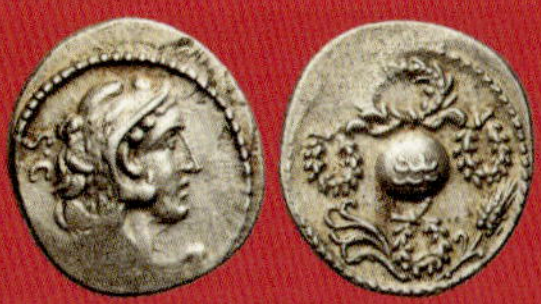

31. Denar, 4,01 g, geprägt von Faustus Cornelius Sulla, dem Sohn des einstigen Diktators über Rom (Albert 1350, Cr. 426/4). Auktionsergebnis 2015: 170 €. Prägeschwäche, vz

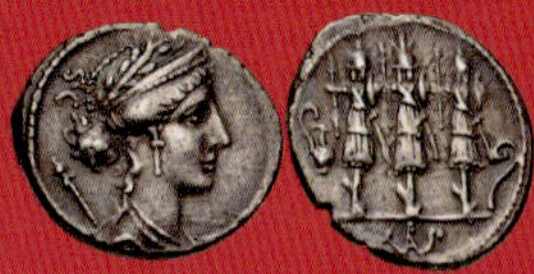

33. Dieser ebenfalls unter Faustus im Jahr 56 geprägte Denar (3,98 g) spielt explizit auf die drei Triumphe des Pompeius in Africa, Hispania und Asia an (Albert 1349, Cr. 426/3). Auktionsergebnis 2015: 320 $. ss

Sieg ein Triumph zugestanden worden, galt dieser Festzug letztendlich dem *Juppiter Optimus Maximus* (auf der Vorderseite mit Lorbeerkranz). Der Adler auf der Rückseite, Bote des Jupiter, überbringt einem auf der Münze nicht genannten Triumphator den Lorbeerkranz (Zeichen des Sieges) und das Triumphalzepter. Wer mit dieser Münzemission über wen triumphierte, bleibt uns allerdings verborgen.

Eindeutiger ist ein anderer Triumphaltyp, der sicher ins Jahr 56 datiert (**31**). Trotz der kondensierten Bildsprache können wir sicher sein, dass die Zeitgenossen die Anspielungen verstanden. Es war die Zeit, als Pompeius, der dominierende Feldherr und Politiker dieser Zeit, den Zenit seiner Macht erreicht hatte. Die drei kleineren Kränze auf der Rückseite sind die Lorbeerkränze, die Pompeius bei seinen drei Triumphen in Rom getragen hatte. Der vierte, größere und anders gestaltete Kranz steht für eine besondere Auszeichnung: Pompeius, der sich auch als *Magnus* („Der Große", **32**) bezeichnete, durfte seit dem Jahr 63 bei besonderen Schauspielen einen goldenen Kranz tragen. Solcherlei königliche Symbole waren in Rom – offiziell ja eine Republik – verpönt, was wiederum die Sonderstellung des Pompeius unterstreicht. Auch die Vorderseite des Denars nimmt auf Pompeius Bezug: Sie zeigt Herkules, den siegreichen Eroberer des Ostens und das heroische Vorbild des Pompeius. Ein Denar aus der gleichen Münzemission, geprägt unter der Obhut des Faustus Sulla, spielt ebenso eindeutig auf die Verdienste des Pompeius an (**33**). In diesen Münzen zeigt sich, dass die Münzprägung nominell zwar der Gestaltung durch die *tresviri monetales* unterstellt war. Am Ende waren sie jedoch ein politisches Instrument und trugen – mehr oder weniger – subtile Botschaften. So ließen sich Botschaften hunderttausend-, ja millionenfach in Rom und im ganzen Reich verbreiten.

Bürgerkrieg in Bildern

Auch in der Endphase der Römischen Republik (49 – 31) machten sich die Akteure die Doppelfunktion der Münze (als Botschaftenträger und Zahlungsmittel für Soldaten) zunutze.

Die erste Phase der Bürgerkriege war gekennzeichnet von der Auseinandersetzung zwischen den Anhängern des Gnaeus Pompeius Magnus und denen des Gaius Julius Caesar. Diese Persönlichkeiten standen für gegensätzliche politische Richtungen. Cäsar suchte seine Macht auf das Volk zu stützen („populare Partei") und auf diese Weise die Alleinherrschaft

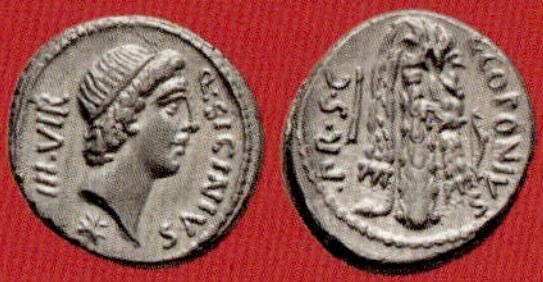

34. Denar (3,95 g) des Coponius, im Gefolge des Pompeius in einer improvisierten Münzstätte außerhalb Roms geprägt (Albert 1377, Cr. 444/1a). Auktionsergebnis 2015: 400 €. Schrötlingsfehler, vz

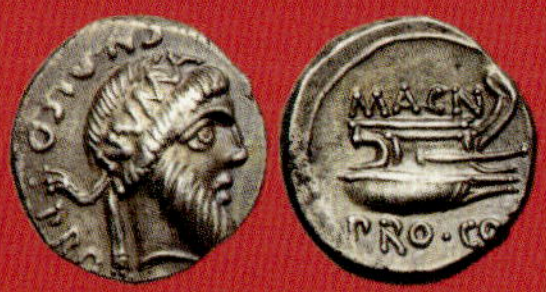

35. Denar (3,78 g) des Cn. Calpurnius Piso. Die Vs. zeigt König Numa, auf den sich die gens Calpurnia zurückführte, die Rückseite ein Symbol für die Seemacht der Pompeianer (Albert 1381, Cr. 446/1). Auktionsergebnis 2015: 1000 €. Feine Tönung, dezentriert, vz

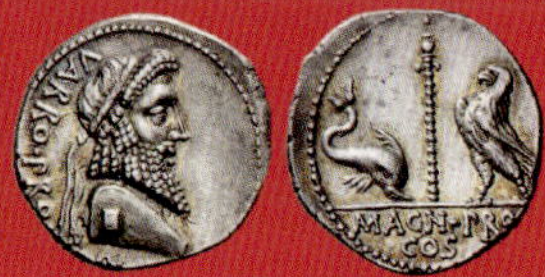

36. Denar des Ter. Varro für Pompeius. Die Tiere auf der Rs. verweisen auf die Beherrschung von Land und See (Albert 1382, Cr. 447/1a). Dies ist das besterhaltene Exemplar dieses seltenen Typs. Auktionsergebnis 2015: 24 000 CHF. Attraktive Tönung, St

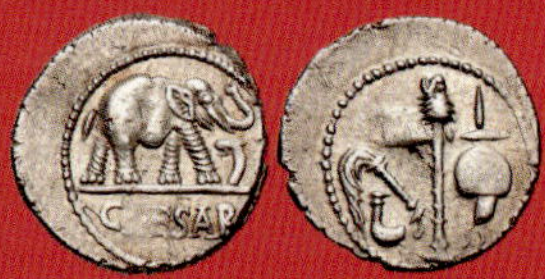

37. Denar, 3,76 g, aus einer unbekannten Prägestätte im Aktionsgebiet Caesars (Albert 1373, Cr. 443/1). Die Münze ist häufig, jedoch wegen der eindringlichen Bilder und des klangvollen Namens gefragt und deshalb teuer. Auktionsergebnis 2015: 1000 $. Prägeschwäche, ss-vz

zu erringen, während Pompeius die althergebrachte oligarchische Vorherrschaft des Senats sichern wollte („Optimaten"). Die Münzen dieser Phase rücken die militärischen Erfolge der Kontrahenten ins Bild. Zudem geht es in den Münzdarstellungen immer wieder um die Nähe zu bestimmten Göttern, deren Beistand die Kriegsherren jeweils für ihre Erfolge verantwortlich machten.

Einer der Schutzgötter der Pompeianer war die Lichtgottheit Apollo. Ein Denar verbindet sein Abbild mit den Attributen des Hercules, den Pompeius als persönlichen Beschützer verstand (**34**). Andere Münzen illustrieren unverblümt militärische Stärke (**35**). Ein weiterer Denar zeigt einen Delphin, der ebenfalls für die Seeflotte steht, sowie einen Adler, der militärische Stärke repräsentiert. Das Zepter in der Mitte ist als Zeichen der Dominanz aufzufassen (**36**).

Auch die Münzen der Cäsarianer spielen auf Cäsars militärische Stärke an. Die berühmteste (und wohl häufigste) seiner Münzen zeigt auf einer Seite einen Elefanten, der eine Schlange zertritt (**37**). In diesem Bild vereinen sich zwei Aussagen: Ein mächtiges Tier, zertrampelt eines, das für das Böse steht. Die Legende „CAESAR" dürfte daran erinnern, dass dieser Name als *cognomen* (Beiname) einem Vorfahren Julius Cäsars verliehen worden war und auch die Bedeutung „Elefant" trug. Die andere Seite bildet vier Gegenstände ab: *simpulum* (Kelle), *aspergillum* (Sprengwedel), *apex* (Priesterhut) und Axt. Sie verweisen auf das höchste Priesteramt als Pontifex Maximus, das Cäsar innehatte und mit dem enormes Prestige verbunden war.

Ermordung des Diktators

Völlig unerhört in der römischen Tradition war, dass die Münzbeamten im Januar 44 begannen, statt eines Götterkopfes, wie er sonst üblich war, den Kopf Cäsars auf der Vorderseite der Denare zu platzieren. Diese Ehre wurde sonst nur hellenistischen Königen zuteil. Eine riesige Emission wurde aufgelegt, die Cäsars häufig sogar bekränztes Haupt in diversen Varianten zeigt. Auf dem Revers findet sich häufig seine Familiengottheit Venus, die beispielsweise mit einer Victorienstatuette als Venus Victrix auf seine Sieghaftigkeit verweist (**38**). Die Machtfülle des Dictators findet in einer komplexen Rückseite ihren Ausdruck, die einen Globus (*sphaera*, Mehrung des Weltreiches), *fasces* (Rutenbündel, die Amtsgewalt symbolisierend), Axt (Priesteramt), verschlungene Hände (Milde – *„clementia"*) und einen Merkurstab

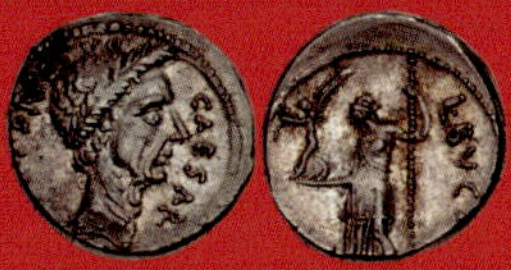

38. Denar, Februar/März 44, 4,18 g. Vs.-Legende: DICT(ator) PERPETVO CAESAR. Eindrückliche Portraits wie dieses werden mit hohen Preisen bezahlt. (Albert 1487, Cr. 480/8). Auktionsergebnis 2014: 4000 $. ss

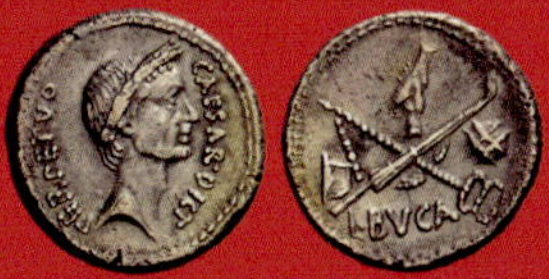

39. Die komplexe Symbolik dieses Denars (4,1 g) aus dem Jahr 44 verweist auf die zivilen und religiösen Ämter Cäsar sowie die Eintracht der Bürger, den Wohlstand und die Größe des Imperiums (Albert 1485, Cr. 480/6). Auktionsergebnis 2015: 4250 CHF. ss

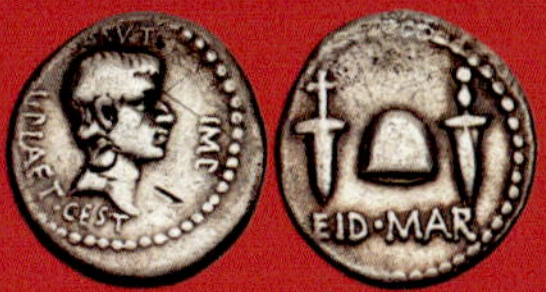

40. Denar des Brutus (3,58 g), geprägt in Kleinasien, auf der Flucht vor den Rächern Caesars. Die Mütze zwischen den Dolchen erinnert an die Freiheit, die an den Iden des März (EID[ibus] MAR[tis]) errungen worden sein sollte (Albert 1617, Cr. 508/3). Auktionsergebnis 2015: 85 000 $. Graffito, Punze, ss-

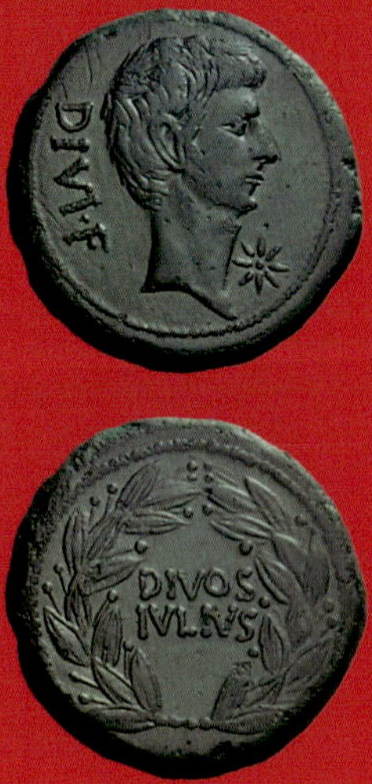

41. Bronze, 19,9 g, ca. 38. Die Vs. zeigt das Portrait Octavians und die Legende DIVI F(ilius; Sohn des Vergöttlichten; Albert 1685, Cr. 535/2). Auktionsergebnis 2015: 1500 CHF. Geglättet, ss

(*caduceus*, Mehrung des Reichtums) zeigt (**39**). Angesichts dieser demonstrativ zur Schau gestellten Machtfülle in völligem Bruch mit republikanischen Traditionen erscheint die Entscheidung seiner politischen Gegner zum Tyrannenmord im März 44 fast logisch. Dass sich dann auch Brutus auf seinen eigenen Münzen im Portrait darstellen lässt, zeigt, dass eine Wasserscheide überschritten war (**40**).

Schlussakt der Republik

Das Triumvirat („Dreimännerbündnis") aus Marcus Antonius, seit den gallischen Kriegen die rechte Hand Cäsars, dem jungen Octavius, der jetzt Gaius Julius Caesar hieß, da er testamentarisch adoptiert worden war, und dem Konsul Lepidus hatte die Mörder Cäsars innerhalb von zweieinhalb Jahren im Oktober 42 beseitigt. Auf den Münzen nennen sich die Triumvirn III VIR R P C (*triumviri rei publicae constituendae* – „zur Wiederherstellung der Republik"). In den darauffolgenden elf Jahren lieferten sich M. Antonius (der den Osten beherrschte) und Octavianus (der den Westen dominierte) einen Kampf, der das ganze Imperium Romanum in Atem hielt.

Die Münzen, die Octavian im Westen prägen ließ, betonen die Verwandtschaft mit dem großen Julius Caesar (**41**), aber auch die Volksnähe (**42**) und religiöse Pflichterfüllung (**43**).

M. Anton spielt auf seinen Münzen vielfach auf militärische Erfolge an (**44**). In Vorbereitung auf einen Perserfeldzug setzte er sogar das Portrait der Kleopatra VII. von Ägypten, mit der er bekanntlich zwei Kinder zeugte, auf Denare (**45**). Darin lag ein offener Bruch mit seinem einstigen Verbündeten Octavian, was schließlich zum Hochrüsten und zur Konfrontation an der illyrischen Küste führte. Im Verlaufe der Vorbereitungen prägte M. Antonius Millionen von Münzen, die heute unter dem Begriff Le-

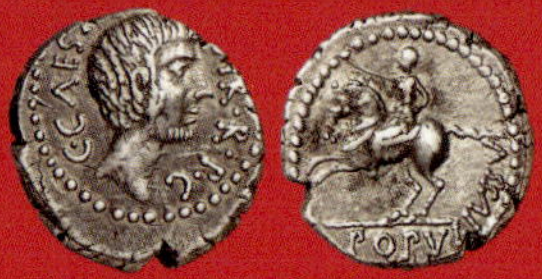

42. Diese vergoldete Reiterstatue war für Octavian *populi iussu* (auf Geheiß des Volkes) errichtet worden (Denar, 3,76 g, 41, Albert 1646, Cr. 518/2). Auktionsergebnis 2015: 900 €.

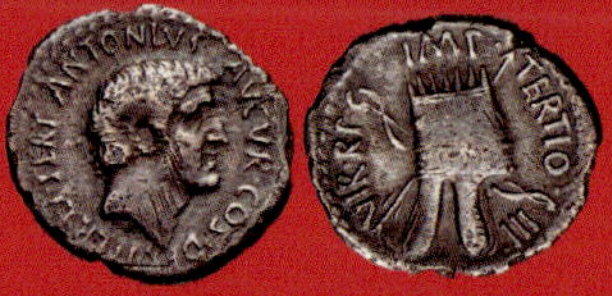

44. Denar, 3,41 g, ca. 39–38. Die Rs.-Legende verweist auf den Erhalt einer 3. imperatorischen Akklamation (IMP[erator] TERTIO) als Resultat eines Feldzugs in Syrien. Das Bild stellt eine Tiara dar, den Kopfschmuck orientalischer Könige (Albert 1694, Cr. 539/1). Auktionsergebnis 2015: 650 $. Schläge und Kratzer, s+.

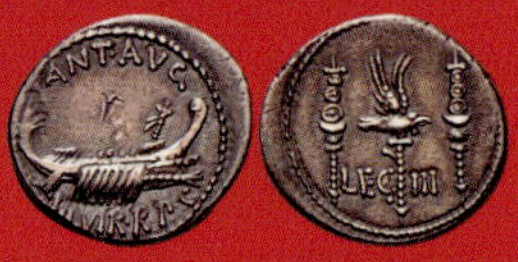

46. Diese sog. Legionsdenare sind die häufigsten Münzen der späten Republik und kursierten bis in die hohe Kaiserzeit. Sie sind meist untergewichtig und stark abgenutzt. Dieses Exemplar (3,72 g) feiert die III. Legion (Albert 1702ff., Cr. 544). Auktionsergebnis 2015: 400 GBP. ss+

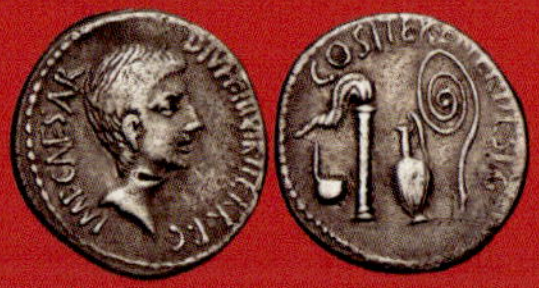

43. Denar, 3,7 g, des Octavian, Jahr 37 mit Priestergeräten, dem Ausweis religiöser Pflichterfüllung (Pietas), auf der Rs. (Albert 1692, Cr. 538/1). Die Rs.-Legende nennt das wichtige Amt des Konsuls: COS ITER ET TER DESIG. Auktionsergebnis 2015: 320 $. Graffito, Kratzer, Punzen, ss.

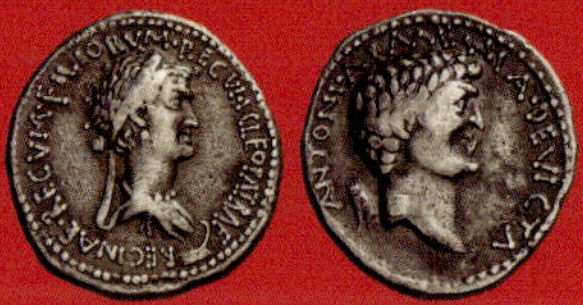

45. Denar, 3,6 g, östliche Münzstätte. Die Königin nimmt sogar die Vs. ein und wird mit ihrer hellenistischen Titulatur genannt: Königin der Könige. Der Typ ist nicht besonders selten, aber gefragt (Albert 1701, Cr. 543/1). Auktionsergebnis 2014: 12 000 €. ss

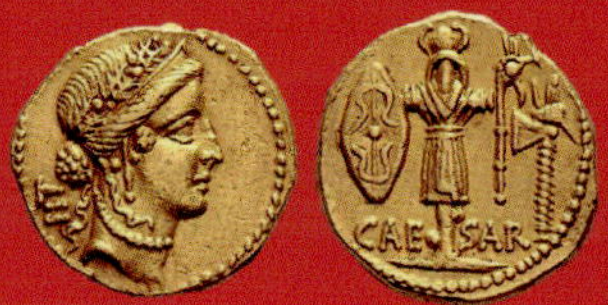

47. Aureus (8,55 g) für C. Julius Caesar, ca. 48 v. Chr. Von diesem Typ sind nur 10 Expl. bekannt. Die Rs. zeigt ein Siegesmal (*tropaeum*) aus gallischen Waffen. Auktionsergebnis 2015: 300 000 CHF. ss-vz

gionsdenare bekannt sind. Sie sind jeweils einer der Legionen gewidmet, die in Diensten Marc Antons standen (**46**). Wahrscheinlich prägte auch Octavian in dieser heißen Vorbereitungsphase des Jahres 31 Münzen. Jedoch besteht in der Forschung keine Einigkeit darüber, welche Stücke dieser Zeit zuzuordnen sind. Nach seinem Sieg vor Actium fiel Octavian auch die feindliche Kriegskasse mit den Legionsdenaren in die Hände. Offenbar hatte er keine Skrupel, diese Münzen in Verkehr zu setzen, sodass sie sich noch in Schatzfunden des 3. Jhs. n. Chr. finden.

Nominale der späten Republik

Die mit Abstand am häufigsten geprägte Münze war der Denar, mit dem Soldaten gut entlohnt werden konnten, die etwa einen Denar am Tag erhielten. Gelegentlich wurden auch Quinare emittiert, silberne Sesterzen sind Raritäten. Bronzemünzen wurden im 1. Jh. v. Chr. nur noch ausnahmsweise geprägt (z. B. **41**). In der Forschung herrscht keine Einigkeit darüber, welchem Nominal solche Münzen folgen. Auch Goldmünzen (*aurei*, Sing. *aureus*, **47**) sind Raritäten und stehen immer in Zusammenhang mit Sonderzahlungen an Soldaten, was ihre Motive meist auch widerspiegeln. Die Denare dieser Zeit erreichen relativ genau das Zielgewicht von 4,1 g. Liegt das Gewicht bei gut erhaltenen Exemplaren weit unter 3,6 g, kann es sich um silberplattierte (subaerate) Stücke handeln, deren Marktwert deutlich geringer ist, da es sich nicht um offizielle Münzen handelt, sondern um Produkte von (meist professionell arbeitenden,) antiken Fälscherwerkstätten. In der Bürgerkriegszeit wurden zahlreiche Münzen außerhalb Roms geprägt – dort, wo die Heere standen. Auf diesen Münzen nennen sich die Feldherren (meist waren dies Imperatoren) oder andere Beamte. Deshalb fallen sie unter den Sammelbegriff „Imperatorische Prägungen".

Allgemeines zum Sammelgebiet:
Viele Denaremissionen erschienen in millionenfacher Auflage und sind auch heute noch tausendfach erhalten. Dadurch werden sie zu einem relativ erschwinglichen Sammelgebiet, das die verschiedensten Schwerpunkte anbietet. Man kann nach Personen (Münzmeistern oder Imperatoren), Familien (*gentes*) oder Ereignissen sammeln, nach Nominalen oder auch Beizeichen. Einige Münzserien (z. B. Cr. 340 oder die sog. Legionsdenare) sind in dutzenden, teils hunderten Varianten geprägt worden, die durch Beizeichen o. ä. voneinander verschieden sind. Neuentdeckungen sind da nicht ausgeschlossen. Auch bei der ikonographischen Entschlüsselung der vielen Münztypen sind noch einige Entdeckungen zu machen. Die komplexen Bilder und teils kryptischen Legenden geben Anlass, sich tief in die römische Geschichte einzulesen. Die luziden Studien von Hollstein liefern zahlreiche Beispiele zur vorbildlichen Interpretation antiker Münzen (skd.academia.edu/WilhelmHollstein).

Weiterführende Hinweise:
Das unübertroffene – und sehr teure – Standardwerk zu den republikanischen Münzen ist Cr.(awford). Das günstige Buch von Albert (39,90 €) enthält alle Münzen der Epoche, viele Tipps zum Sammeln sowie Richtpreise. Die Versteigerung der bedeutenden Sammlung von Richard B. Witschonke wurde von einer Publikation begleitet, die den aktuellen Forschungsstand dokumentiert und somit eine willkommene Ergänzung zu Crawford ist (Russo).

Internet-Tipp:
Der Webauftritt des britischen Privatsammlers und Republik-Spezialisten Andrew McCabe bietet reichlich Bildmaterial, Literaturtipps und aktuelle Notizen zur Forschung (andrewmccabe.ancients.info). Von dort aus findet man auch leicht Zugang zu den großen Sammlungen und vor allem das äußerst hilfreiche CRRO-Portal (numismatics.org/crro) sowie das sich im Aufbau befindliche Roman Republican Die Project (numismatics.org/rrdp).

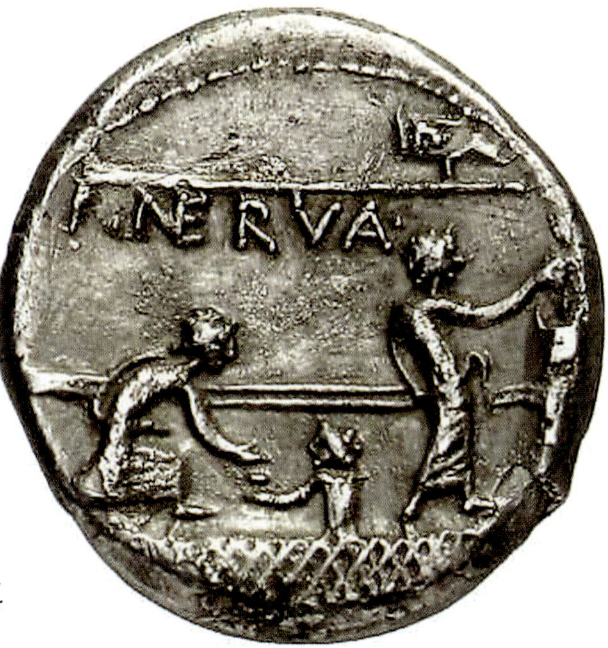

Denar des P. Licinius Nerva, 113 – 112 v. Chr., mit einer Wahlszene. Cr. 292/1.

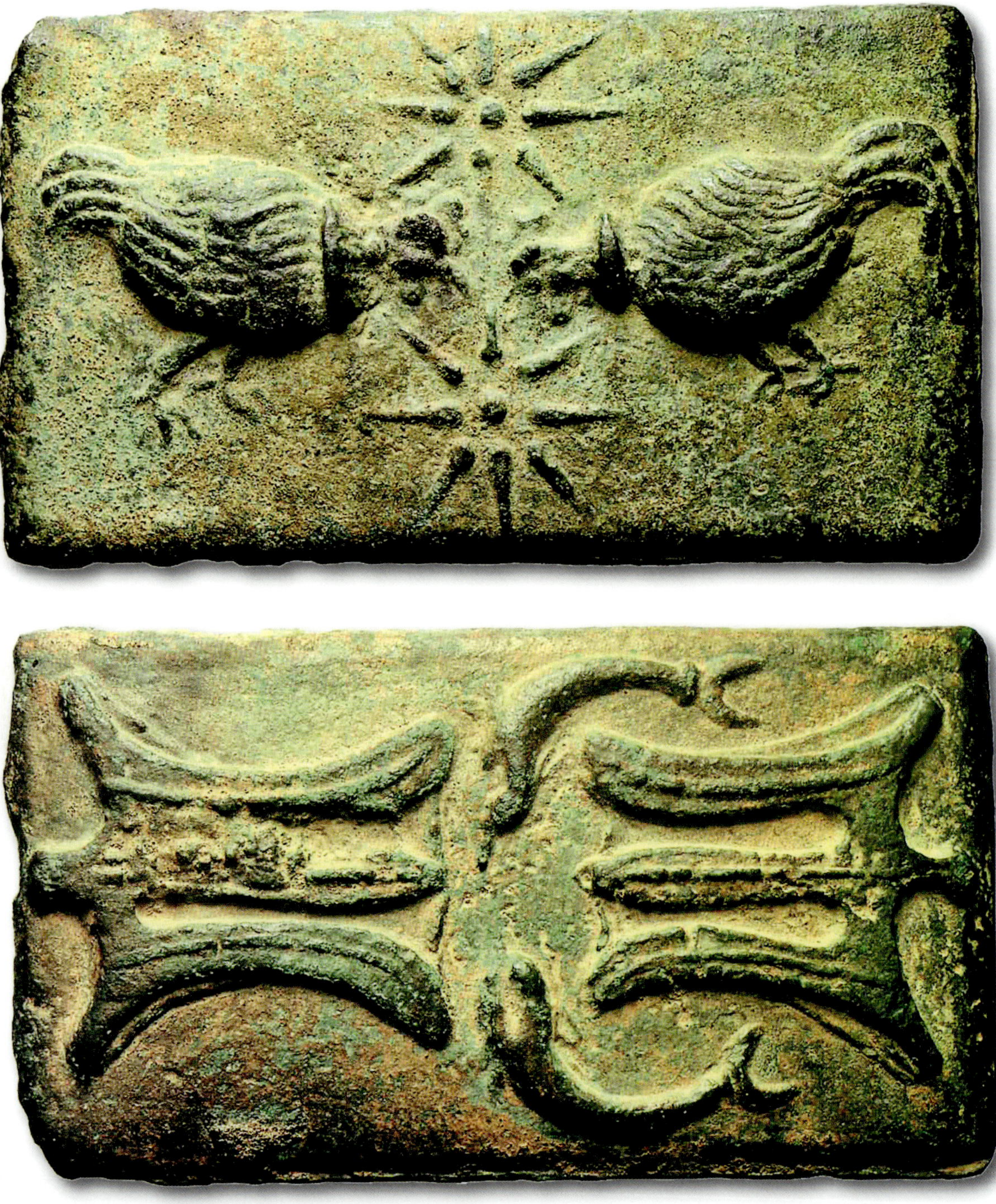

Abb. 3: hier in voller Größe abgebildet

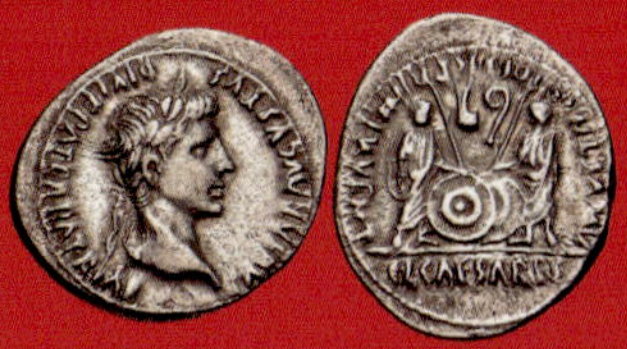

48. Denar, Lugdunum, 2 v. – 4 n. Chr., 3,53 g, Kampmann 2.50, RIC 207. Dies ist der häufigste unter Augustus geprägte Denartyp. Die (r. ansetzende) Rs.-Legende lautet: AVGVSTI F COS DESIG PRINC IVVENT / C L CAESARES (dazu s. u.). A 2016: 400 $. F. ss

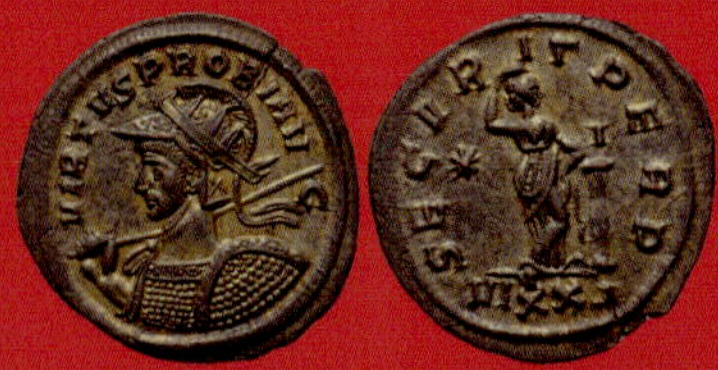

50. Antoninian, Ticinum, Probus, 3,49 g, Kampmann 112.78, RIC 526. Vs.: VIRTVS PROBI AVG. Rs.: SECVRIT PERP / * - I / VIXXI. Nicht nur der Feingehalt, auch das Gewicht der Antoniniane sank rasch. A 2016: 85 €. Schrtlr., Prschw. auf Rs., vz

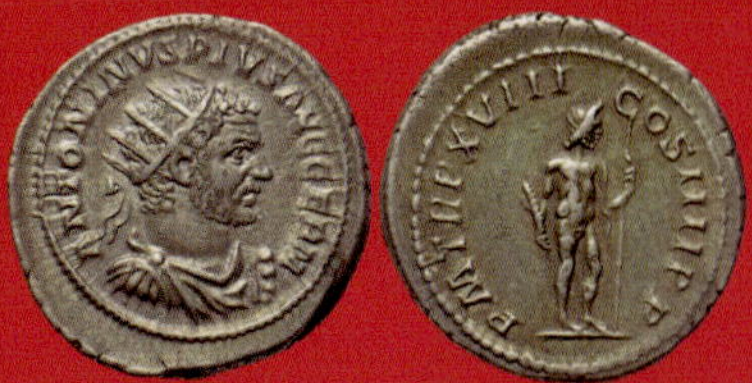

49. Doppeldenar (Antoninian), 215, Caracalla, 5,53 g, Kampmann 51.93, RIC 258a. Vs.: ANTONINVS PIVS AVG GERM, Rs.: P M TR P XVIII COS IIII P P. A 2016: 90 €. ss

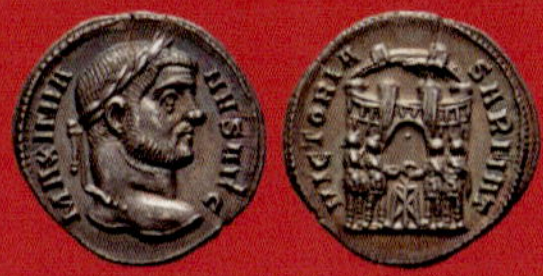

51. Argenteus, Ticinum, Diokletian, 295, 3,02 g (untergewichtig!), Kampmann 119.77, RIC 16b. Vs.: MAXIMIA-NVS AVG, Rs.: VICTORIA-SARMAT. Die Rs. ist ikonisch für die kurze Epoche der Tetrarchie: Die vier Tetrarchen opfern gemeinsam über Dreifuß, im Hintergrund Stadtmauerring mit sechs Türmen. A 2015: 600 €. Schrtlr., St

2. Römische Kaiserzeit (30 v. – 298 n. Chr.)

Dieser Zeitraum umfasst die Stabilisierung und Ausweitung eines riesigen Herrschaftsgebietes, das von Britannien bis auf die Krim reichte. Die Münzen spielten in diesem Imperium auch eine Rolle als Kommunikationsmittel.

Der Übergang von der römischen Republik zu einem Reich mit einem Monarchen an der Spitze vollzog sich zwischen 31 und 27 v. Chr., als Octavian seine im Bürgerkrieg angenommenen Machtbefugnisse ablegte und den Titel Augustus annahm. Bei seinem Tod im Jahr 14 n. Chr. war das neue Herrschaftssystem fest verankert. Dabei war nicht nur das politische System umgekrempelt worden. Die Leistung des Augustus besteht nicht zuletzt darin, neue kulturelle, insbesondere religiöse, Werte etabliert zu haben, um das Reich nach innen zu stabilisieren. Dazu gehörte vorrangig die Vorstellung vom Kaiser als dem Bringer des glücklichen Zeitalters, als eines Erlösers. Der staatsrechtliche Begriff Prinzipat leitet sich von der Vorstellung ab, dass der Herrscher *princeps inter pares* (Erster unter Gleichen) sein sollte, wobei theoretisch jedes Mitglied der römischen Nobilität (= die Aristokraten, die sich bereits in Ämtern bewährt hatten) das höchste Amt erlangen konnte. Meist gelang es allerdings einer Familie (*gens*), mehrere Kaiser nacheinander zu stellen. So leitete Julius Caesar (der selbst noch nicht zu den Kaisern zählt, **47**) die **Julisch-Claudische Dynastie** ein, die 68 mit dem Selbstmord Neros endete. Aus dem darauf folgenden, einjährigen Bürgerkrieg („Vierkaiserjahr") ging die Familie der **Flavier** (Vespasian, Titus, Domitian) siegreich hervor, die bis 96 herrschte. In jenem Jahr wurde Nerva vom Senat zum Kaiser ernannt, der die Epoche der **Adoptivkaiser** (Trajan, Hadrian, Aelius Caesar, Antoninus Pius, M. Aurel) einläutete, welcher die Idee zugrundeliegt, dass der Kaiser seinen Nachfolger frei wählte und adoptierte. Unter M. Aurel geriet das Reich erstmals in ernste Bedrängnis, da es in einen langwierigen Germanenkrieg an der mittleren Donau verwickelt wurde und auch eine Operation gegen die Parther verlustreich war. Mit Commodus, dem Sohn M. Aurels, endete dies in einem Bürgerkrieg (192 – 194; auch 193 war ein „Vierkaiserjahr"), der das Zeitalter der **Soldatenkaiser** einläutete. Anfangs etablierte Septimius Severus eine Dynastie (Geta, Caracalla, Elagabal, Severus Alexander – die **Severer**), der nach 235 zunehmend

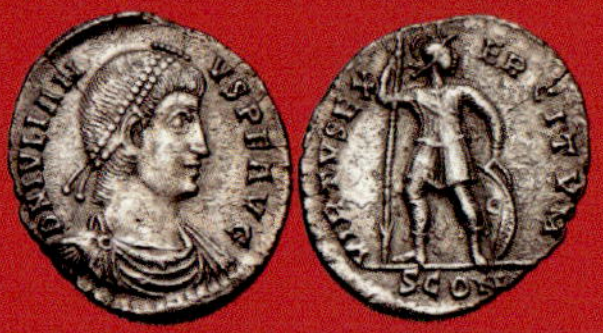

52. Miliarense (leicht), 360/361 Arelate, Julianus II., 4,00 g, Kampmann 153.29, RIC 290. Rs.: VIRTVS EXERCITVS / S CON. 12h). A 2016: 900 $. Por., ss

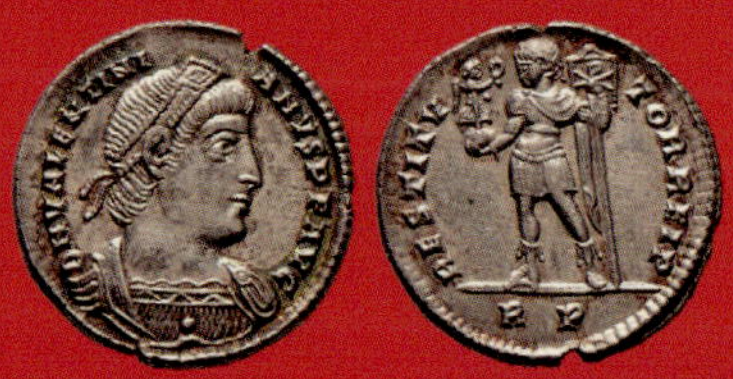

53. Miliarense (schwer), Rom, Valentinian, 4,86 g, Kampmann 155.23, RIC 7a. Vs. D N VALENTINI-ANVS P F AVG, Rs.: RESTITV-TOR REI P / R P. Kaiser mit Victorienglobus und Labarum en face. A 2015: 2700 €. vz–St

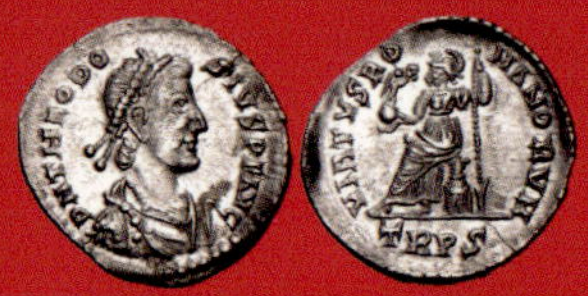

54. Siliqua, Treveri, 392–395, Theodosius II., 1,83 g, Kampmann 167.20.1, RIC 106a. Rs.: VIRTVS RO-MANORVM / TRP S. Das letzte S steht für secunda, also die 2. Offizin. A 2015: 280 $. vz

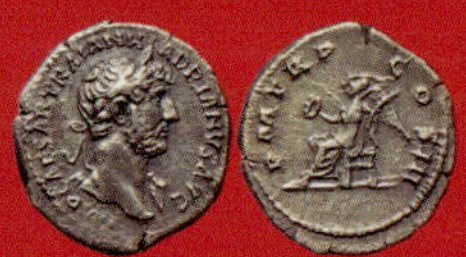

55. Quinar, Rom, 119–122, Hadrian, 1,44 g, Kampmann 32.92.5, RIC 108. Vs.: IMP CAESAR TRAIAN HADRIANVS AVG, Rs.: P M TR P COS III. Victoria auf Thron. A 2015: 375 €. ss-

Kaiser folgten, die durch Militärputsche an die Macht gelangten (die sie zumeist nur wenige Jahre ausüben konnten). Ab der Mitte des 3. Jhs. zeigten sich deutliche Verfallserscheinungen im römischen Imperium, die das Eindringen von Feinden begünstigten. Häufig sahen sich die Kaiser in Zweifrontenkriege in Ost und West verwickelt, was **Usurpationen** begünstigte (sog. „Rebellenkaiser" waren, z. T. belegt durch nur eine einzige Münze: Jotapianus [248], Pacatianus [248/9], Uranius Antoninus [253/4], Silbannacus [253], Regal[l]ianus [260], Laelianus [269], Saturninus [280], Bonosus [281], Proculus [281], Alexander [308–311]). Postumus (260–269) gelang es sogar, ein **„Gallisches Sonderreich"** mit Köln als Hauptstadt zu errichten, das sich unter Billigung der regulären Kaiser gut ein Jahrzehnt hielt (260–274). Carausius und Allectus gelang das Gleiche in Britannien (287–296).

Die Krisenhaftigkeit schlug sich auch in Finanzproblemen nieder, die in den 270er Jahren brisant wurden. Diocletian (284–305) initiierte einen Umbau hin zu einem absolutistischen Staat (**Dominat**), in dem der Kaiser als *dominus* (Herr) angesehen wurde. Die sog. Tetrarchie (**51**), ein System von vier Herrschern mit unterschiedlichem Machtbereich und differenzierter Autorität, hielt nur kurz. Seit Constantin d. Gr. (306–337) zeichnete sich der Kaiser auch durch besondere Nähe zu Gott aus. Die einzige Ausnahme von den diesem folgenden christlichen Kaisern bildete Julian Apostata („der Abtrünnige"); unter Theodosius (379–394) wurde das Christentum Staatsreligion. Mit letzterem etabliert sich auch die Aufteilung des Reiches unter mehreren Machthabern. Im westlichen Teil des Imperiums entwickeln sich die Kaiser im 5. Jh. zu Marionetten germanischer Anführer. 476 schickte der Heermeister (*magister militum*) Odoaker den „Kaiser" Romulus in den Ruhestand. Das westliche Imperium Romanum war zu diesem Zeitpunkt längst aufgelöst, weite Teile standen unter gotischem und fränkischem Einfluss. Im Osten erlebte das Römische Reich eine Transformation hin zum Byzantinischen Reich (s. Kap. III).

Nominalstruktur

a) Silber

Den Hintergrund der von Augustus durchgeführten Reform des Geldwesens bildet die in der Republik (Kap. II.1) entwickelte Nominalstruktur, deren metrologische Basis das römische Pfund (*libra,* 327,45 g, Abk. lb) war. Auch in der Kaiserzeit war der **Denar**

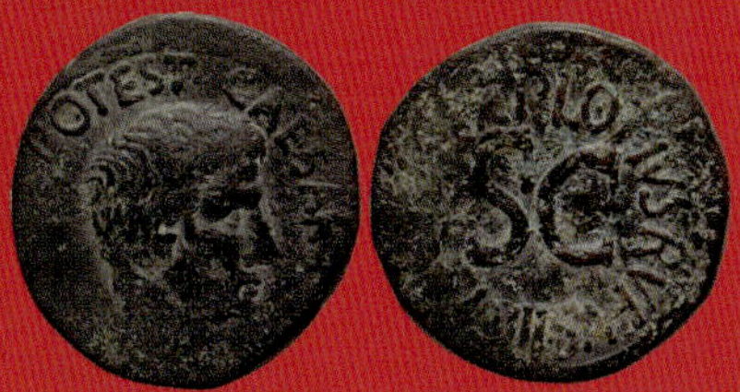

56. As, Rom, 19 v. Chr., Münzmeister C. Plotius Rufus, 10,74 g, Kampmann 2.91, RIC 389. Vs.: CAESAR AVGVSTVS TRIBVNIC POTEST, Rs.: C PLOTIVS RVFVS IIIVIR AAAFF / S C. Die sog. Münzmeisterasse wurden bis 6 v. Chr. geprägt. A 2015: 85 €. Prschw., s

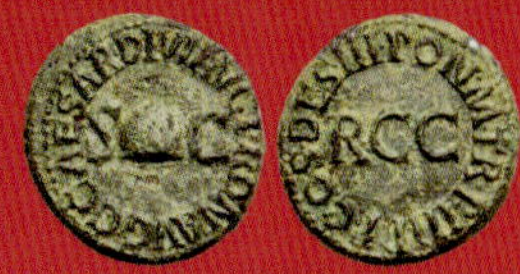

57a. Quadrans, Rom, Caligula, 39, 3,75 g, Kampmann 12.28, RIC 39. Vs.: CAESAR DIVI AVG PON AVG Pileus zwischen S C, Rs.: PON M TR P III P P COS DES III. Zur Erklärung s. S. 92. A 2015: 80 €. Bronzepest, ss

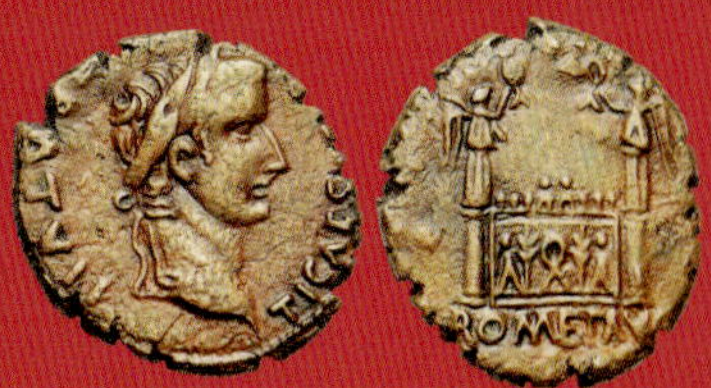

57. As, Lugdunum, 12 – 14, Tiberius als Caesar unter Augustus, 8,33 g, Kampmann 5.13. RIC 245. Die Rs. bildet den Lyoner Altar für Roma und Augustus ab, Legende: ROM ET AVG. A 2015: 280 €. ss

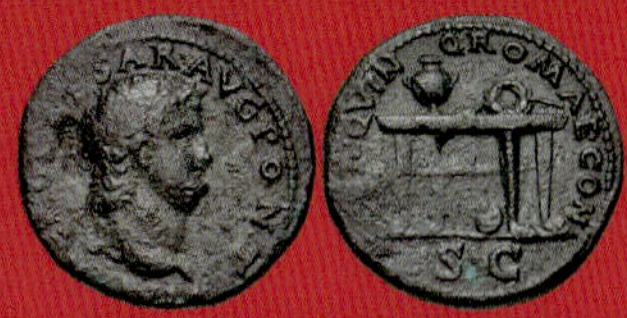

57b. Semis, Lugdunum, Nero, 66, 5,42 g, Kampmann 14.29, RIC 560 var. Auf dem Tisch liegen Preise, die für den Sieg bei den Neronia, einem Wettbewerb zum fünfjährigen Regierungsjubiläum Neros, ausgelobt waren. A 2016: 60 $. Prschw., Einhieb, ss-

(**48**) lange Zeit das Leitnominal. Anders als sein ursprünglicher Name (deni = 10) besagt, zählte der Denar damals bereits 16 Asse. Augustus legte sein Gewicht auf 1/84 Pfund (3,89 g) fest, er verlor jedoch mehr oder weniger kontinuierlich an Gewicht (unter Nero 1/96 lb, also 3,4 g, unter Commodus noch ca. 2,9 g) und seit Septimius Severus auch deutlich an Silberfeingehalt. Dessen Sohn M. Aurelius Severus Antoninus, genannt Caracalla, führte einen neuen Münztyp ein, der 2 Denare wert war, was durch eine Strahlenkrone gekennzeichnet wurde, die das Portrait zierte (bei Damen wird das Brustbild auf einer Mondsichel gezeigt). Dieses Nominal (genannt **Antoninian,** seltener *radiatus,* 49) verfiel im Laufe des 3. Jhs. stark, an dessen Ende es noch höchstens 4 % Silber enthielt, das durch die Technik des Weißsiedens bei der Prägung an die Oberfläche gebracht wurde, sich aber rasch abgriff (**50**). Unter Diokletian wurde der Denar zur reinen Recheneinheit. An seiner Stelle schuf er eine neuartige Silbermünze von 1/96 Pfund (3,41 g), die heute den Kunstnamen **Argenteus** („der Silberne", **51**) trägt. Dieser verschwand bald wieder und wurde um 324 durch das **Miliarense** („Tausender", **52**) von 1/72 Pfund (4,54 g) ersetzt, dem sich ab 337 noch ein schweres Miliarense (**53**) von 1/60 Pfund (5,54 g) hinzugesellte. 348 wurde eine **Siliqua** („Schote", **54**) genannte Kleinsilbermünze, die anfangs 2,3 g wog, eingeführt. Besonders dieses Nominal wurde häufig aus Gründen der Gewinnsucht beschnitten („geklippt"). Neben dem Denar wurden bis ins 3. Jh. gelegentlich kleine Emissionen von halben Denaren produziert, die **Quinare** hießen (quini = 5, s. o., **55**).

b) Bronzenominale

Das Rückgrat der Buntmetallprägung (auch Aes genannt) bildete der aus Kupfer geprägte **As** von ca. 9 – 11 g (**56 – 57**). Auch der halbe As (**Semis, 57b**) und der Viertelas (**Quadrans, 57a**) wurden aus Kupfer hergestellt, in der Regel jedoch in geringerer Menge und hauptsächlich für stadtrömischen Gebrauch. Aus Messing (Kupfer und Zink), für das die Römer den Terminus *orichalcum* („Goldbronze", auch: *aurichalcum*) kannten, wurden der **Dupondius** (2 Asse, **58 – 59**) und der **Sesterz** (4 Asse, **60**) geprägt, dem ebenfalls der Charakter eines Leitnominals zu-

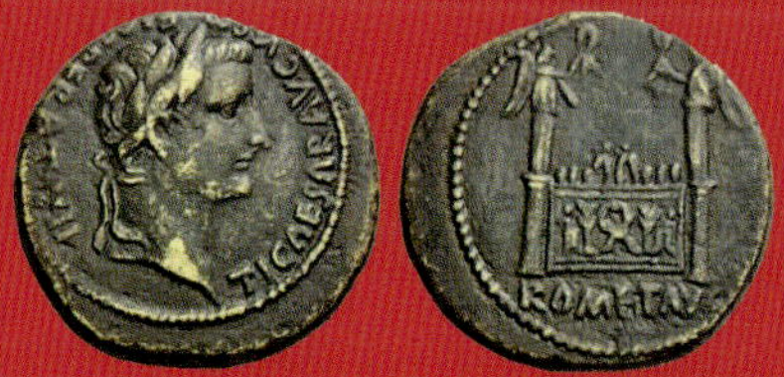

58. Dupondius, Lugdunum, 12 – 14, Tiberius als Caesar unter Augustus, 12,35 g, Kampmann 5.13. RIC 244. Vs.: TI CAESAR AVGVST F IMPERAT VII. Der Dupondius unterscheidet sich nicht allein durch das Gewicht, sondern durch das Metall vom As (57). A 2015: 550 CHF. Dez., ss

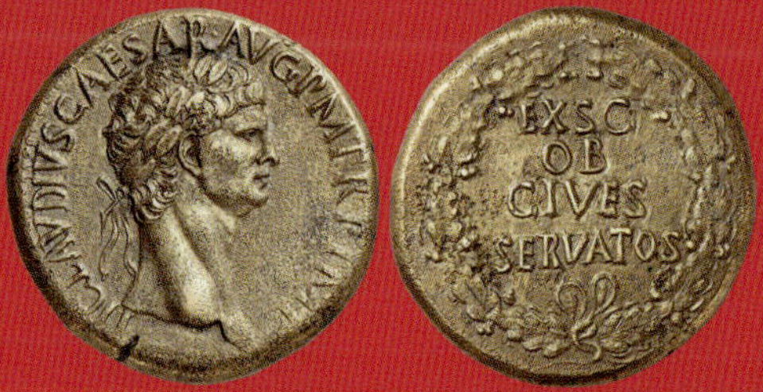

60. Sesterz, 41 – 50, Claudius, 27,78 g, Kampmann 12.22, RIC 96. Rs.: EX SC / OB / CIVES / SERVATOS im Eichenlaubkranz. A 2015: 5500 €. „Tiberpatina", raue Oberfl., ss+

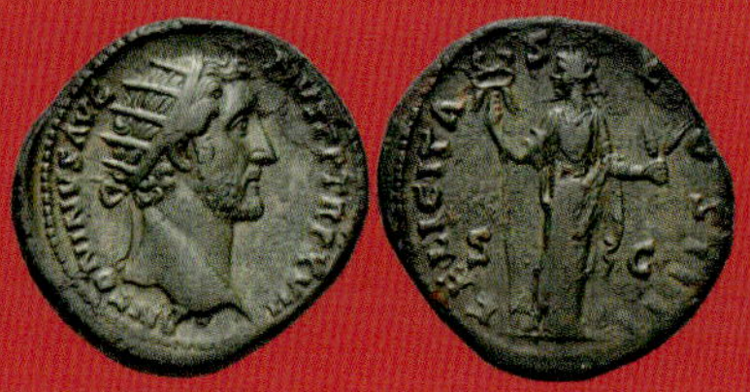

59. Dupondius, 153 – 154, Antoninus Pius, 12,71 g, Kampmann vgl. 35.160, RIC vgl. 924. Vs.: ANTONINVS AVG PIVS P P TR P XVII, Rs.: FELICITAS COS IIII. A 2015: 80 GBP. ss

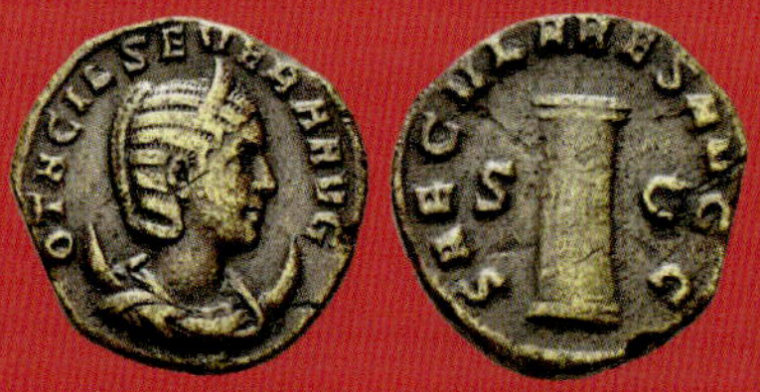

61. Dupondius, 248, Philippus Arabs für Otacilia Severa, 7,74 g, Kampmann –, RIC 202d. Rs.: SAECVLARES AVGG / S C. Das Motiv, eine Stele (*cippus*), spielt auf die Festspiele zur 1000-Jahrfeier Roms an. A 2014: 180 €. ss

kam, wurden doch große Summen häufig in Sesterzen beziffert (vgl. **128**). Der Dupondius ist seit Nero meist an der Verwendung der Strahlenkrone als kaiserlicher Kopfschmuck erkennbar (bei Damen schwebt das Brustbild gelegentlich auf einer Mondsichel, **61**), sein Gewicht liegt um 12 g. Der Sesterz wiegt um 25 g. Beide Nominale wurden oft auch in schlechterer, mit Zinn und Blei legierter Bronze ausgegeben, was es gelegentlich erschwert, den Dupondius vom As zu unterscheiden, besonders bei den Damenprägungen. Eine Besonderheit stellen die eindrucksvollen Doppelsesterze des Trajanus Decius und des Postumus (**62**) dar, auf denen der Kaiser ebenfalls eine Strahlenkrone trägt. Allgemeines Merkmal aller o. g. Nominale ist der auf der Rückseite befindliche Vermerk SC (*senatus consulto* – „auf Beschluss des Senats").

Im 3. Jh. verringerte sich die Menge der Buntmetallmünzen, da bereits der Antoninian zusehends zu einer solchen geworden war. Die Geldreform des Diokletian brachte den heute **Follis** genannten Münztyp hervor, der zunächst ca. 10 g wog und mit einer hauchdünnen Silberschicht („Silbersud") versehen war (**63**). Sein Gewicht reduzierte sich rasch, sodass die Söhne Konstantins mit der *pecunia maiorina* („Hauptmünze", kurz: **Maiorina, 64 – 65**) ein neues bronzenes Großnominal einführten. Flankiert wurde dies von dem deutlich kleineren **Centenionalis** (**66**). Der Name bedeutet „ein Hundertstel", wobei nicht klar ist, worauf sich diese Teilmenge bezieht. Die Verhältnisse der spätantiken Kleinnominale untereinander lassen sich kaum bestimmen und unterlagen Schwankungen. Der Terminus **Follis** meinte eigentlich abgepackte Beutel mit bestimmten Mengen an Kleingeld. In den Quellen findet sich für einzelne Kleinmünzen auch der Begriff **Nummus** (dt.: „Münze"). Die Unterscheidung zwischen Follis, Nummus und Centenionalis ist beizeiten schwierig, wenn nicht unmöglich. In einigen Katalogwerken findet sich daher die Bezeichnung AE1, AE2, AE3, AE4, wobei das größte Nominal AE1 ist. Auf den spätantiken Aes-Nominalen befindet sich unterhalb der Standlinie eine verkürzte Angabe der Münzstätte. Oft liest man davor noch SM, was zu *sacra moneta* („kaiserliche Münzstätte") aufzulösen ist. Meist kommt noch eine Angabe der Offizin (lat.: *officina,*

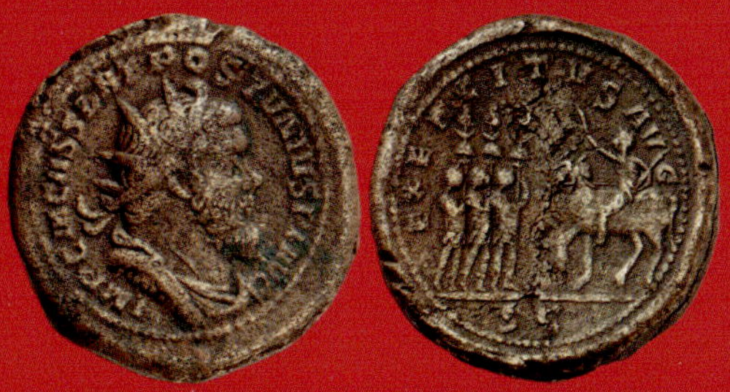

62. Doppelsesterz, 260, Postumus, Treveri, 37,90 g, Kampmann 98.86, RIC 116. Rs.: EXERCITVS AVG / S C, Kaiser zu Pferd, davor drei Soldaten. A 2015: 1300 €. Schrtlf., s-ss

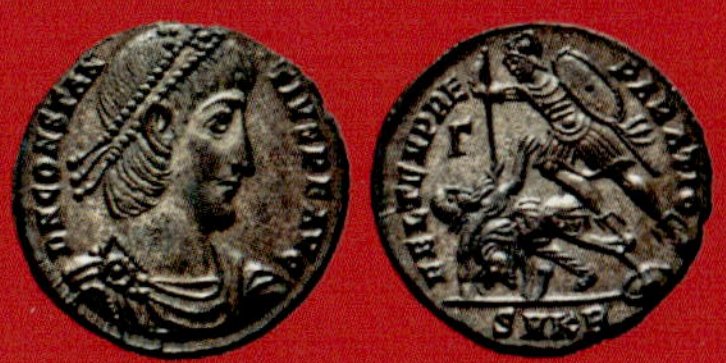

64. Maiorina, 351–354, Constantius II., Cyzicus, 6,17 g, Kampmann 147.89.4, RIC 92. Rs.: Soldat mit Lanze und Schild über gestürztem Reiter, rechts Schild. Im Abschnitt: SM K B (B steht für die 2. Offizin). A 2015: 95 €. vz

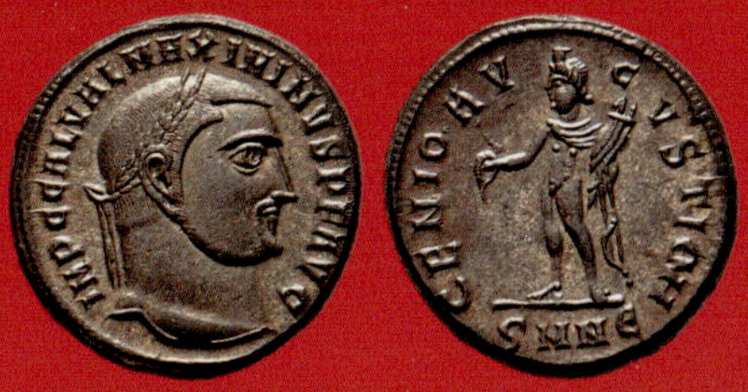

63. Follis, 310–311, Maximinus Daia, Nicomedia, 7,05 g, Kampmann 128.38, RIC 66c. Vs.: IMP C GAL VAL MAXIMINVS P F AVG, Rs.: GENIO AV-GVSTI CMH / S M N E (der letzte Buchstabe steht für die 5. Offizin). A 2015: 210 €. vz

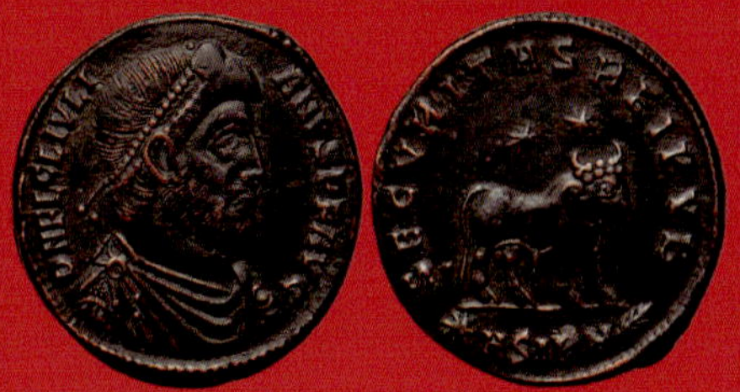

65. Doppelmaiorina, Julian II., Sirmium, 1. Offizin, 9,04 g, Kampmann 153.33, RIC 107. Rs.: SECVRITAS REI PVB / A SIRM. Zur Zeit Julians lag das Gewicht der Maiorina schon deutlich unter 5 g. Dieses Großnominal ist also eine doppelte Maiorina. A 2015: 110 €. ss

„Arbeitsgruppe") hinzu, etwa P(rima) oder S(ecunda), aber auch A (=Alpha, 1), B (=Beta, 2) usw. Diese kann sich auch im Feld befinden. Die Ausführung der Buchstaben ist in der Spätantike gewöhnungsbedürftig.

c) Goldnominale

Während in der Republik Gold meist unter außergewöhnlichen Umständen geprägt wurde, führte Augustus den **Aureus** von 1/42 Pfund (7,8 g; laut Plinius 1/40 lb) als reguläre Säule eines trimetallischen Geldsystems ein (**67**). Lag sein Gewicht unter dem späten Nero noch um 7,27 g, verringerte sich dieses im 3. Jh. stark und betrug unter Diokletian nur noch 4,67 g (1/70 Pfund) – allerdings schwankte das Gewicht enorm und lag zeitweise deutlich darunter. Der deutlich seltener ausgeprägte Halbaureus wird fälschlicherweise meist als **Goldquinar** (**68 – 69**) bezeichnet. Es mag sein, dass dieser Münztyp – und auch der Silberquinar – allein zeremoniellen Zwecken diente. Aufgrund des Gewichtsverfalls begegnet im 3. Jh. gelegentlich der **Binio** (Doppelaureus, **70**), während weitere **Multipla** („Mehrfache", Sing.: Multiplum), bspw. 4, 6 oder 8-facher Aureus, zu den seltenen Festprägungen zählen und nahezu unerschwingliche Raritäten sind. Zur Geldreform des

Wertverhältnisse

	Aureus	Denarius	Sestertius	Dupondius	As	Quadrans
Aureus	1	25	100	200	400	1600
Denarius		1	4	8	16	64
Sestertius			1	2	4	16

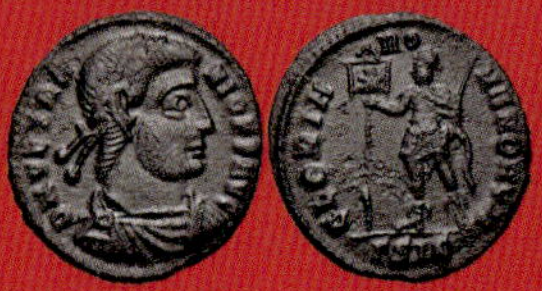

66. Centenionalis, Vetranio, 350, Siscia, 2,39 g, 3. Offizin. Kampmann 151.8, RIC 294. Rs.: GLORIA RO-MANORVM / ΓSIS. Der Kaiser mit Feldzeichen stehend. A 2015: 90 $. ss

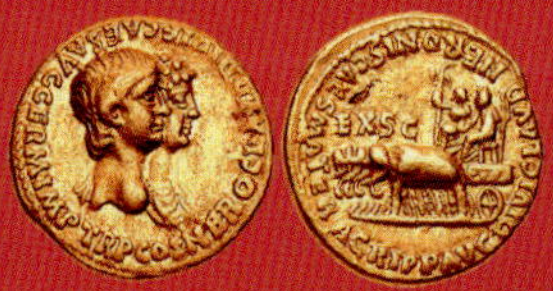

67. Aureus, Nero mit Agrippina Junior als Augusta, 55, 7,67 g, Kampmann 13.1, RIC 6. Vs.: NERO CLAVD DIVI F CAES AVG GERM IMP TR P COS, Rs.: AGRIPP AVG DIVI CLAVD NERONIS CAES MATER / EX S C. Die Rs. zeigt den Leichenzug des vergöttlichten Claudius, der von einer Elefantenquadriga gezogen wird. A 2015: 14 000 $. ss

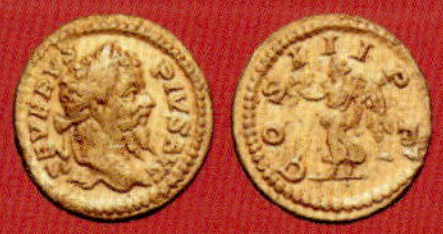

68. Halbaureus, 205, Septimius Severus, 3,56 g, Kampmann -, RIC vgl. 258 (Silberquinar). Die Forschung datiert dieses Stück in die 5. Liberalitas des Kaisers, bei der vielleicht solche Münzen verteilt wurden. A 2015: 4000 GBP. Berieben, Kr., ss.

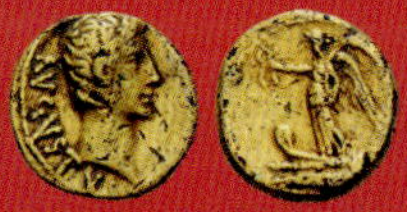

69. „Halbaureus", nach 27 v. Chr., Augustus, 1,87 g, Kampmann -, RIC 474 (Silberquinar). Antike Fälschung (fourré), bei der hauchdünne Goldfolie zum Einsatz kam. Derart plattierte Münzen fallen nicht nur durch die Korrosion auf, sondern auch durch ihre konturschwache Prägung. A 2015: 235 CHF. s-ss

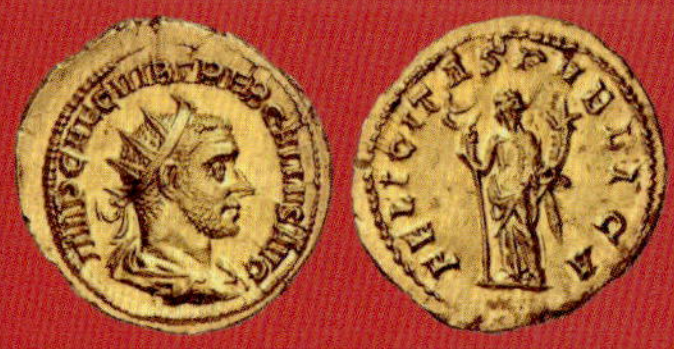

70. Binio, 251–253, Trebonianus Gallus, 6,36 g. Kampmann -, RIC 8. Das Gewicht des Aureus lag zu dieser Zeit bei nur noch ca. 3,6 g. Die Strahlenkrone zeigt das Doppelnominal an. A 2015: 34000 CHF. F. St

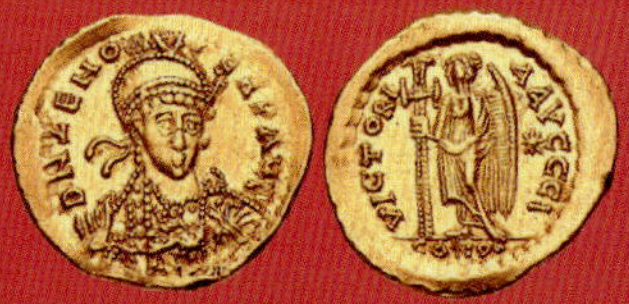

71. Solidus, 476–491, Zeno (oströmisches Reich), 4,49 g, Konstantinopel, 10. Offizin, Kampmann 174.4, RIC 911. Rs.: Victoria mit Langkreuz. Die Offizinangabe (I=10) befindet sich am Ende der Legende. Im Abschnitt: CON OB. A 2016: 500 $. ss

Konstantin gehörte die Einführung des **Solidus** von 1/72 Pfund (4,54 g), dessen Gewicht dann auch über lange Zeit hinweg stabil blieb (**71**). Seine Teilstücke heißen **Semissis** (1/2, **72**) und **Tremissis** (1/3, **73**). Im 4. Jh. sind **Goldmultipla** (**74**) etwas häufiger als Multipla von Aurei gewesen waren. Römische Goldmünzen bestehen fast ausnahmslos aus Feingold, was in der Spätantike gelegentlich durch OB (für *obryzum* = geläutert, **71**) angegeben wird.

Im Gegensatz zu anderen Epochen und Regionen überstieg in der römischen Kaiserzeit der Nennwert den Metallwert nicht wesentlich: Die Münzen waren im Grunde das wert, was sie an Edelmetall enthielten, wobei gewisse Gewichtsunterschiede toleriert wurden. Die aus Silber und Buntmetall geprägten Münzen wurden *„al marco"* justiert, d.h. eine bestimmte Menge von ihnen musste ein bestimmtes Zielgewicht ergeben. Dabei können Unterschiede von 0,5 g beim Silber und deutlich mehr bei Bronze vorkommen. Die Goldstücke wurden dagegen sehr exakt (*„a pezzo"*, stückweise) justiert. Zu den Kaufwerten: In Julisch-Claudischer Zeit erhielt ein gewöhnlicher Legionär 225 Denare als Jahressold. Ein Becher Wein kostete einen As, ebenso ein Laib Brot. Der Eintritt ins öffentliche Bad kostete einen Quadrans (Szaivert – Wolters 2005).

Die Vorderseiten (Averse)

In aller Regel wird auf der Vorderseite ein Kaiserportrait gezeigt. Nur sehr wenige Münzen, insbesondere in Julisch-Claudischer Zeit, weichen von diesem Prinzip ab. Weitere Ausnahmen finden sich bei Quadrantes, Tesserae und Kontorniaten (s. u.). Geldhistorisch betrachtet, ersetzt das Kaiserportrait das Götterbildnis, das auf den frühen griechischen Münzen dominierte.

Von besonderem historischem Wert ist die Legende, die fast jedes Portrait begleitet und erläutert und die Münze zu einem offiziellen Dokument macht. Seit Nerva verläuft sie von links nach rechts, während davor Legenden häufig auch in die entgegengesetzte Richtung liefen. Die Umschrift enthält den Namen

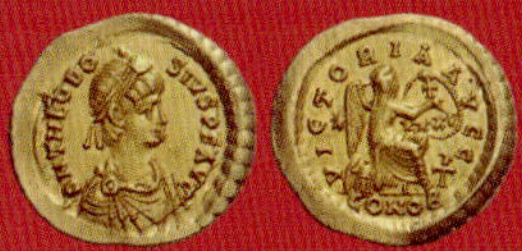

72. Semissis, 444, Konstantinopel, Theodosius II., 2,2 g, Kampmann 167.10.6, RIC 331. Victoria auf Brustpanzer sitzend und Schild mit † / XXXV beschreibend. A 2015: 900. Stf., vz

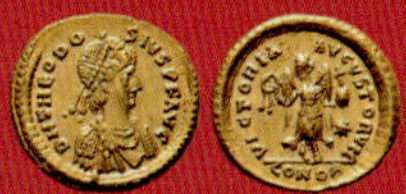

73. Tremissis, 408 – 420/430, Konstantinopel, Theodosius II., 1,5 g, Kampmann 167.12, RIC 213. Vs.: D N THEODO-SIVS P F AVG, Rs.: VICTORIA - AVGVSTORVM / CON OB. A 2015: 500 €. F. St

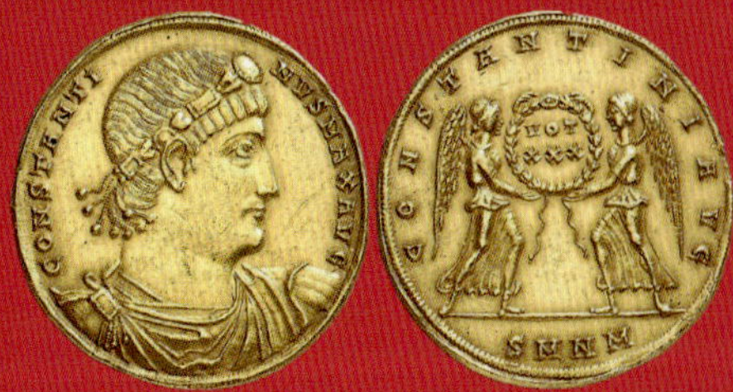

74. 6 Solidi, Constantin I., d. Große, Juli 335, Nicomedia, 26,77 g. Juli 335, unediert. Das Medaillon wurde vermutlich zum 30. Regierungsjubiläum geprägt (VOT / XXX). A 2013: 560 000 €. Kr. auf Vs., vz

des Kaisers sowie seine Amts- und Ehrentitel. Dies lässt sich gut an einem Sesterz des Kaisers Trajan (75) veranschaulichen, der mit die längste Titulatur der römischen Kaiserzeit aufweist:
IMP(eratori) CAES(ari) NERVAE TRAIANO AVG(usto) GER(manico) DAC(ico) P(ontifici) M(aximo) TR(ibunicia) P(otestate) CO(n)S(uli) V(=quintum) P(atri) P(atriae).
Diese Legende steht im Dativ, was aus der Form des *cognomen* Traiano (Nominativ: Traianus) ersichtlich ist. Für die Münzen Trajans wird häufig diese Widmungsform (Dedikativ; „für Kaiser Traianus") verwendet, während die Legenden anderer Kaiser meist im Nominativ stehen.

Typische Legenden:
Die Abb. 75 gezeigte Münze trägt eine lange Legende. Sie lässt sich wie folgt auflösen.
IMP(erator): Ein wichtiger Bestandteil des Kaisertitels, der aus der militärischen Amtsbezeichnung eines Befehlshabers über ein Heer hervorgegangen ist. Manche Kaiser zählen die Zahl ihrer imperatorischen Akklamationen, die sie für die Siege ihrer Feldherren erhielten (s. z. B. Nr. **58, 78**).
CAES(ar): Der Beiname (*cognomen*) u. a. von Julius Caesar. Durch die propagandistische inszenierte Nachfolge Caesars durch Augustus wurde der Name bald synonym für einen Alleinherrscher und gelangte in die offizielle Titulatur. Seit Hadrian wurde Caesar als Titel für den Thronfolger verwandt. Diokletian initiierte das System der Tetrarchie, bei der 2 „Hauptkaisern" (Augusti) jeweils ein „Mitkaiser" (Caesar) zugeordnet wurde (**51**). Aus Caesar leiten sich etymologisch die Begriffe Kaiser und Zar ab.
Name: Ein römischer Vollbürger war mit drei Namen (*tria nomina*) identifizierbar, dem Vornamen (*praenomen*), Familiennamen (*nomen gentile*) und Beinamen (*cognomen*). In diesem Fall ist mit TRAIANVS nur das *praenomen* genannt, während das *nomen gentile* (Ulpius) entfallen ist. Das liegt daran, dass Trajan von Nerva adoptiert worden war, weshalb dieser Name (im Genitiv) die Stelle des Gentilnomens einnimmt.
AVG(usto): Diesen Ehrennamen, der „der Erhabene" bedeutet, verlieh der Senat dem Octavian im Jahr 27 v. Chr. Seitdem war er Hauptbestandteil der dreiteiligen Kaisertitulatur (Imperator Caesar Augustus) und wurde vom Senat jedem als Kaiser anerkannten Mann verliehen. Ab Marc Aurel findet sich die Abkürzung AVGG auf Münzrückseiten, ab den Severern AVGGG. Der erste Fall deutet auf eine Samtherrschaft, denn Aurel regierte gemeinsam mit Lucius Verus, im zweiten Fall waren sogar drei Män-

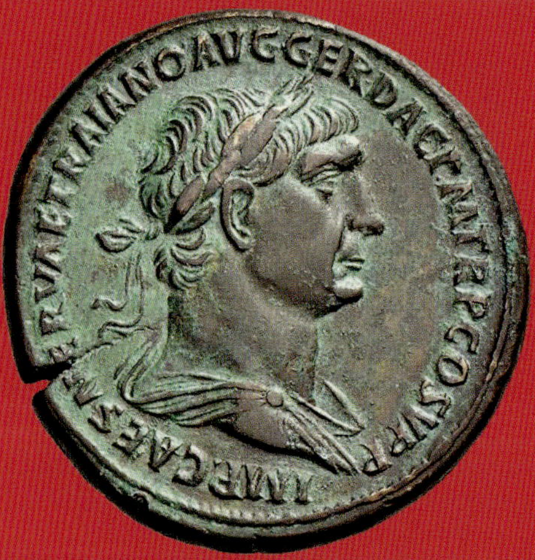

75. (Abb. vergrößert)
Sesterz, Trajan. Vs.: IMP CAES NERVAE TRAIANO AVG GER DAC PART TR P COS V PP

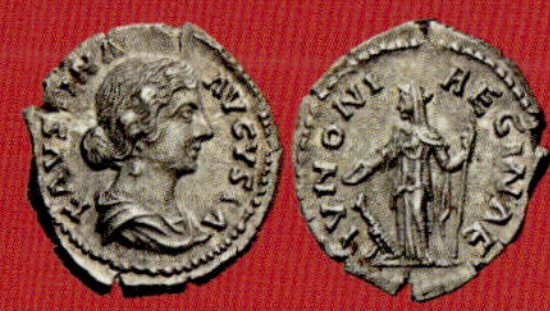

76. Denar, Rom, M. Aurel für Faustina II., 161–164, 3,18 g, Kampmann 38.46, RIC 696. Vs.: FAVSTINA AVGVSTA, Rs.: IVNONI REGINAE (Genitiv, „der Königin Juno"). A 2016: 100 CHF. Schrtlf., vz

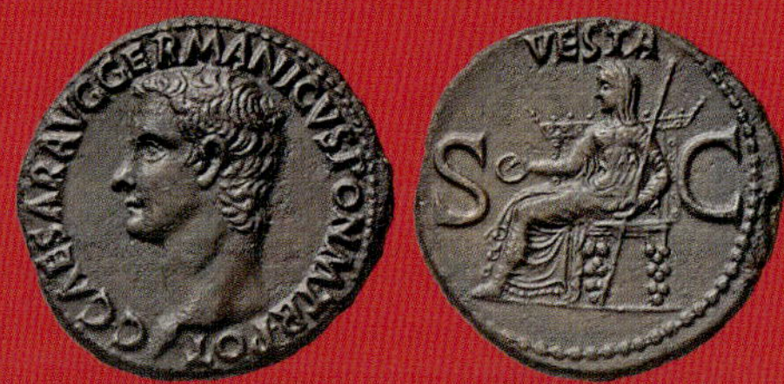

77. As, Rom, Caligula, 9,59 g, Kampmann 11.9, RIC 47. Vs.: C CAESAR AVG GERMANICUS PON M TR POT. A 2015: 1000 €. Nachgeschnitten, künstl. patiniert, „vz"

ner gleichzeitig Kaiser. Solcherlei war in der Spätantike die Regel (z. B. **71**).

GERM(anico): Nach siegreich beendeten Kriegen verlieh der Senat einem Kaiser einen Siegestitel. Hier ist ein Sieg über einen germanischen Stamm gemeint. Solche Titel können zusätzlich verstärkt werden, bspw. GERM(anicus) MAX(imus).

DAC(ico) spielt auf einen gewonnenen Krieg über die Daker an, die im heutigen Rumänien ansässig waren. Weitere Siegestitel römischer Kaiser waren: Adiabenicus (Caracalla, Septimius Severus), Arabicus (Caracalla), Armeniacus (M. Aurel und L. Verus), Britannicus (Commodus, Septimius Severus, Geta, Caracalla), Parthicus (Sieg gegen die Parther bzw. ihre Nachfolger, die Sasaniden; viele Träger), Sarmaticus (M. Aurel, Commodus). Solche Titel konnten auch als *cognomen* übernommen werden, so beim Sohn des Drusus (Germanicus Julius Caesar) oder bei einem Sohn des Claudius (Britannicus).

P(ontifex) M(aximus): Bezeichnet den Vorsitz über das oberste Priesterkollegium Roms, der dem Kaiser qua Amt zukam. Der Titel verschwindet in der Spätantike unter Kaiser Gratianus.

TR(ibunicia) P(otestate): steht für die Amtsgewalt eines Volkstribunen. Hierin spiegelt sich die augusteische Ideologie, wonach der Kaiser zwar die höchsten römischen Ämter vom Senat verliehen bekam, aber kein Monarch war. Ab dem Jahr 148 vermerken Münzen, wie oft dem Amtsträger das Volkstribunat verliehen worden war (was jährlich geschah). Damit lassen sich Münzen meist jahrgenau datieren.

COS(ol): Ältere Form von *consul,* dem höchsten politischen Amt, das der Kaiser gemeinsam mit einem Kollegen innehatte. Auch hierin besteht eine Fortführung einer republikanischen Tradition, um den Schein zu wahren. Die Konsuln traten jeweils am 1.1. ihr Amt an, das ein eponymes war. D. h., dass das Jahr nach dem Konsulnpaar benannt wurde. Nicht immer ließ sich der Kaiser zum Konsul ernennen, jedoch bietet die Wiederholungszahl meist einen wichtigen Anhaltspunkt zur Chronologie.

P(ater) P(atriae): Vater des Vaterlandes. Ein bloßer Ehrentitel, der Augustus 2 v. Chr. verliehen wurde und den viele spätere Kaiser übernahmen, besonders wenn sie an augusteische Traditionen anknüpfen wollten.

Spätere Titel sind D(ominus) N(oster), was typisch für die Epoche des mit Diokletian anzusetzenden Dominats typisch ist (s.o., regulär jedoch erst ab 345). P(ius) F(elix), also: „der sich Wohlverhaltene und Glückliche", findet erstmals unter Caracalla Verwendung. Die einzelnen Bestandteile finden sich früher (Pius bei Antoninus Pius, Felix bei Commodus).

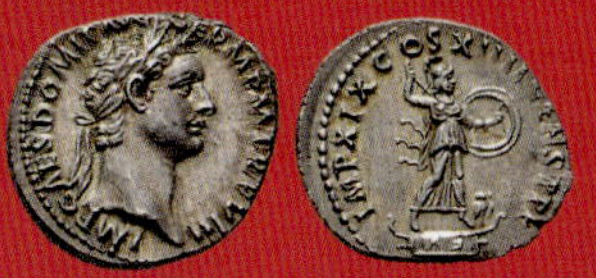

78. Denar, Rom, Domitian, 88/89, Kampmann 24.77.4, RIC 668. Vs.: IMP CAES DOMIT AVG-GERM P M TR P VIII, Rs.: IMP XIX COS XIIII CENS P P P. Minerva steht hier auf einer Prora, die Ägis flattert an ihrem Rücken. A 2015: 320 €. F. St

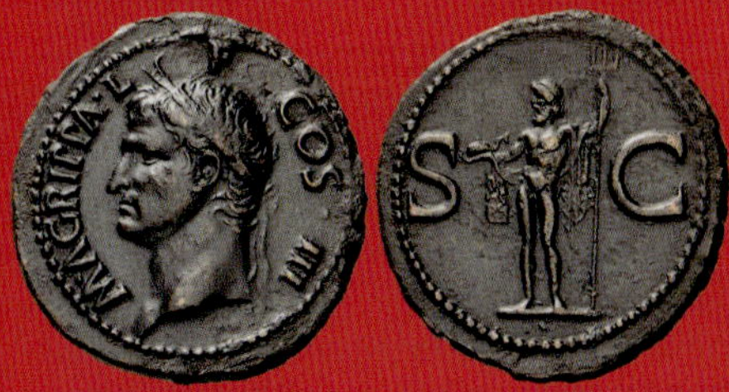

79. As, Rom, Caligula, 37–41, mit dem Portrait des Agrippa (†12 v. Chr.), 11,55 g, Kampmann 4.5, RIC 58. Vs.: M AGRIPPA L F COS III. A 2015: 560 CHF. vz-

Gestaltung der Büste

Normalerweise wird der amtierende Kaiser abgebildet. Allerdings werden gelegentlich auch kürzlich verstorbene und divinisierte (vergöttlichte) Kaiser im Portrait gezeigt, die dann meist eine Strahlenkrone tragen (sog. Konsekrationsprägungen). Die übliche Ausrichtung des Kopfes weist nach rechts; Linksportraits kommen seltener vor (**109**), ganz selten sind Frontaldarstellungen („*de face*"), die sich erst in der Zeit Constantins langsam mehren. Neben dem Kaiser tauchen bedeutende Mitglieder seiner Familie auf Münzvorderseiten auf: seine Gattin und sein Nachfolger („Caesar"). Ab dem 3. Jh. werden vermehrt mehrere Machthaber auf einer Vorderseite dargestellt. (Eine frühe und seltene Ausnahme ist bspw. die Doppelbüste von Nero und Agrippina, **67**.)

Der Variantenreichtum der Büstenformen ist enorm: in heroischer Nacktheit, bekleidet mit einem Panzer (an den Lederlaschen, den sog. *pteryges* erkennbar) oder einem Schultermantel (*paludamentum,* bei den Griechen *chlamys* genannt) oder einer Kombination aus beidem. In der Spätantike kommt gelegentlich die sog. Trabaebüste vor, bei der der Kaiser zum Konsulatsantritt ein Prunkgewand trägt. Neben den vorgenannten Formen ist schließlich noch das reine Kopfbild zu nennen.

Der übliche kaiserliche Kopfschmuck ist der Lorbeerkranz (*corona laurea*), dessen verknotete Enden im Nacken herabhängen. Selten erscheint der Kopf von Kaisern barhäuptig, was für Caesaren freilich der Normalfall ist. Divinisierte Kaiser werden mit einem Strahlenkranz (auch Strahlenkrone genannt) markiert; allerdings ist dieses Attribut auch Erkennungsmerkmal von Doppelnominalen wie Dupondius, Antoninian und Doppelsesterz. (Zu diesem Zweck werden Augustae im 3. Jh. in einer Mondsichel dargestellt.) Soldatenkaiser werden gelegentlich mit einem Helm gezeigt, um den auch ein Strahlenkranz gelegt sein kann. Seit Konstantin d. Gr. (genauer: seit 325) tragen die Kaiser regulär ein Diadem aus Perlen und Juwelplatten (**74**).

Die Büste kann mit weiteren Attributen versehen werden. So ließ sich bspw. Commodus als Hercules, also mit dem Kopf im geöffneten Rachen eines Löwenskalps darstellen. Gängiger sind Inszenierungen des Kaisers als Soldat, was mithilfe von Helmen, Speeren, Schilden und Lanzen geschieht (**50**). Auch ein *trophaeum* (eine Waffentrophäe) oder ein Adlerszepter können beigegeben sein. Am Halsausschnitt des Panzers ist gelegentlich eine *aegis* erkennbar, ein schuppiges Fell mit einem Gorgoneion. Die spätantiken Kaiser halten oft eine *mappa* (eine Rolle als Symbol der kaiserlichen Verordnungsgewalt), ein Adlerszepter oder einen Kreuzglobus in der Hand. Gelegentlich ist über der Büste die Hand Gottes (*manus Dei*) angedeutet.

Die Haartracht der Kaiser ist sehr charakteristisch und hatte meist entscheidenden Einfluss auf den Zeitstil. Für die Frisuren der kaiserlichen Damen gilt das genauso. Kaiser Hadrian trug als erster einen Vollbart, was die meisten seiner Nachfolger bis weit ins 3. Jh. hinein übernahmen. Erst im Dominat geriet der Vollbart aus der Mode. Jugendliche Thronfolger trugen häufig einen Flaumbart, was nicht immer leicht erkennbar ist.

Auch wenn das Wort Portrait den Eindruck erweckt, dass man es mit einer realistischen Abbildung zu tun hat, muss man sich darüber klar sein, dass das Kaiserbildnis ein eminenter Bestandteil der Selbstdarstellung eines Alleinherrschers war und somit vor-

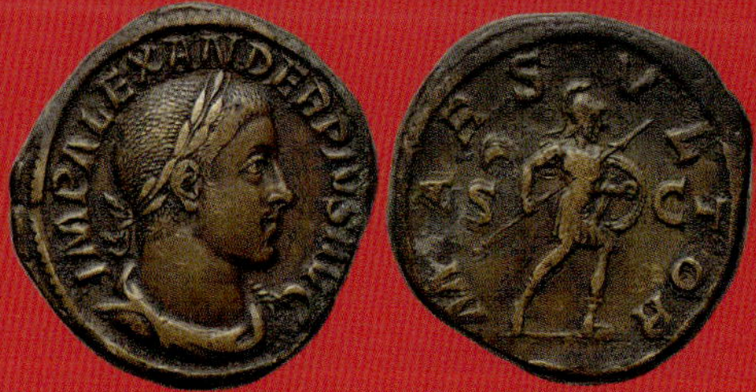

80. Sesterz, Rom, Severus Alexander, 23,57 g, Kampmann 62.97.1, RIC 635d. Vs.: IMP ALEXANDER PIVS AVG, Rs.: MARS VLTOR / S C. A 2016: 75 €. Ds., ss+

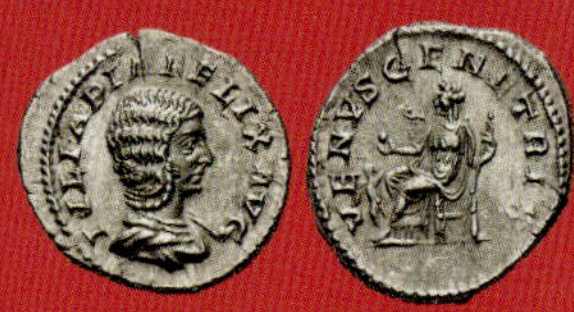

81. Denar, Rom, Julia Domna unter Caracalla 211–217, 3,0 g, Kampmann -, RIC 389b. A 2015: 52 €. Schrtlr., vz

rangig propagandistischen Zwecken diente. Ganz deutlich wird das im Fall des Augustus, der sich im hohen Alter in Skulpturen und eben auch auf Münzen geradezu als Jüngling darstellen ließ.

Rückseiten (Reverse)

Während die numismatische Bildsprache der römischen Republik oft komplex und zum Teil nur für ein versiertes Publikum zu entschlüsseln war, sind die Botschaften der kaiserzeitlichen Münzen an ein breites Publikum gerichtet. Bei näherer Betrachtung ergibt sich zwingend, dass Münzen gezielt als Träger politischer Botschaften genutzt wurden, weshalb man sie vielfach als „Zeitung des Altertums" bezeichnet hat, was allerdings den reinen Informationswert von Münzen zu hoch taxiert. Es ist aber zu bedenken, dass kein anderes Medium eine so weite Verbreitung fand wie die Münze, weshalb sie als Medium kaiserlicher Selbstdarstellung sehr ernst zu nehmen ist. Nur in wenigen Fällen lässt sich glaubhaft machen, dass die so gestreuten Botschaften vom Kaiser persönlich ausgingen. Vielmehr darf man annehmen, dass sein direktes Umfeld, zu dem auch der Verwalter des öffentlichen Haushaltes gehörte, ein sehr genaues Gespür für dessen Vorlieben hatte.
Es ist immer zu beachten, dass die Vorder- und Rückseite einer Münze miteinander korrespondieren. So ist die Reverslegende häufig eine Fortsetzung der Averslegende.

Die 12 Hauptgötter

Den Kern der römischen Religiosität bildete die sog. Kapitolinische Trias, die aus Jupiter (Optimus Maximus), seiner Gattin Juno (dem Pendant zur griech. Hera) und Minerva (dem römischen Pendant zur griechischen Athena) bestand. Die augusteische Propaganda behauptete, dass Mars (mit der Epiklese Ultor, also: der Rächende – Rache für Julius Caesar) Augustus den Sieg in der Entscheidungsschlacht von Philippi geschenkt hatte und dass Augustus den Sieg bei Actium (gegen M. Antonius und Kleopatra) Apollo verdankte. Deshalb kam diesen beiden Göttern in der Kaiserzeit ebenfalls eine herausragende Rolle zu. Insgesamt sind es 12 Hauptgötter, denen die Römer bei der zeremoniellen Götterspeisung die Ehre erwiesen. Da die Römer ein sehr pragmatisches Verhältnis zu ihren Gottheiten unterhielten, wurden sie mit Beinamen (Epiklesen) angerufen, die ihren Wirkungsbereich näher beschrieben.

1) **Jupiter Optimus Maximus:** der Beste und Größte. Bärtiger, meist älterer Mann, ausgestattet mit Blitz (oder Blitzbündel), Szepter, oft begleitet von einem Adler (**49**).
Jupiter Stator: der Widerstandskraft Verleihende (kommt in Krisenzeiten häufiger vor)
Jupiter Ultor: der Rächende
Jupiter Conservator: der Bewahrende

2) **Juno Regina:** die Königin. Meist verschleierte Frau, stets mit einem Langszepter ausgestattet, oft von einem Pfau begleitet. Die *patera* unterstreicht den Aspekt der Pietas (**76**).

3) **Vesta:** Göttin des Herdfeuers. Verschleierte Frau mit Langszepter und *patera* (77).

4) **Minerva:** Göttin des Handwerks, der Künste und Wissenschaften, aber auch eine wehrhafte Göttin (vgl. die griech. Athena). Mit Helm,

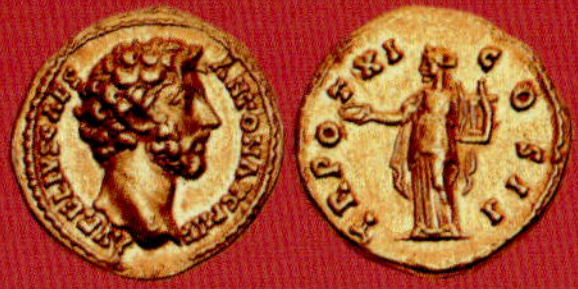

82. Aureus, Rom, M. Aurel als Caesar, 156/157, 7,28 g, Kampmann 37.10, RIC 469a (Pius). Vs.: AVRELIVS CAES ANTON AVG P II F / TR PO T XI COS II. A 2016: 4750 $. ss+

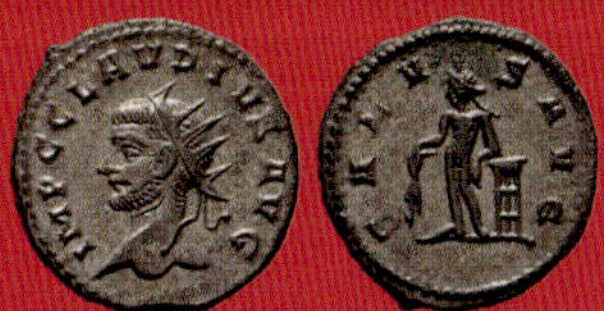

83. Antoninian, Antiochia, 270, Claudius II., 3,46 g, Kampmann 104.67.1, RIC -. Die Rs.-Legende SALV-S AVG evoziert Apollo als Heilgott. A 2015: 260 €. vz

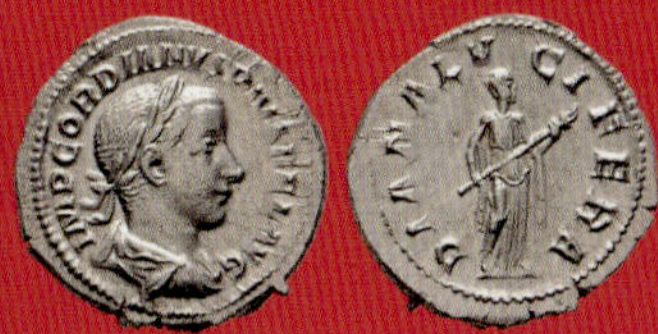

84. Antoninian, Rom, Gordian III., 241, 2,89 g, Kampmann 72.10, RIC 127. Die Münzen Gordians zählen zu den häufigsten des 3. Jhs. und sind deshalb sehr preisgünstig. A 2015: 30 €. ss

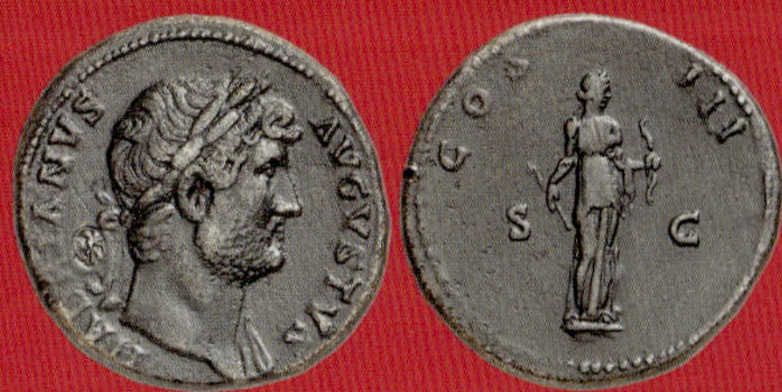

85. Sesterz, Rom, Hadrian, 125/128, 25,82 g, Kampmann 32.151.2, RIC 631b. Auf der Vs. wurde hinter dem Kaiserkopf im 16. Jh. eine Sammlermarke eingelassen. A 2015: 460 €. ss

Schild, Ägis und Speer gerüstete Frau, gelegentlich von einer Eule begleitet (**78**).

5) **Neptun:** Gott der Tiefe; er wirkte im Meer, verursachte aber auch Erdbeben (vgl. den griech. Poseidon). Dargestellt als nackter, bärtiger Mann mit Dreizack und *paludamentum.* Oft hält er einen Delphin oder ein *aphlaston* (**79**).

6) **Mars:** das Pendant zum griechischen Kriegsgott Ares. Meist als junger Mann dargestellt, immer mit einem Helm ausgerüstet, oft aber ansonsten nackt, sonst in soldatischer Ausrüstung. Gelegentlich bärtig, trägt er meist ein *tropaeum* oder ein Feldzeichen, immer jedoch eine Lanze (**80**).
Mars Pacifer: der Friedensbringer (Attribut: Palmzweig)
Mars Propugnator: der Vorkämpfer
Mars Ultor: der Rächende
Mars Victor: der Sieger (Attribut: Victoriola).

7) **Venus:** entspricht der griechischen Liebesgöttin Aphrodite. Wird dargestellt in meist langem Gewand (selten mit entblößter Brust oder entblößtem Hinterteil) mit Langszepter. Meist hält sie einen Apfel, gelegentlich begleitet Amor sie (**81**).
Venus Victrix: die siegreiche Venus
Venus Genetrix: die das Wachstum fördernde.

8) **Apollo:** als Heilgott wehrte er Krankheiten, v. a. die Pest, ab und war zugleich Schützer der Dichtkunst; er war auch eine Lichtgottheit mit Nähe zu Helios und der Orakelgeber von Delphi. Er wird als androgyner Jüngling im langen Gewand („*chítôn*") gezeigt. Er hält entweder eine Kithara, dann wird sein musischer Aspekt hervorgehoben, oder Pfeil und Bogen, dann ist er Heilgott. Eine andere Darstellungsart kennt ihn nackt, einen Lorbeerzweig haltend und neben einem Dreifuß stehend. So wird sein Wesen als Orakelgott hervorgehoben (**82 – 83**).

9) **Diana:** v. a. eine Jagdgöttin (wie die griechische Artemis), aber ebenfalls eine Lichtgottheit wie ihr Bruder Apollo. Sie erscheint entweder als Jägerin mit Pfeil und Bogen, oft begleitet von

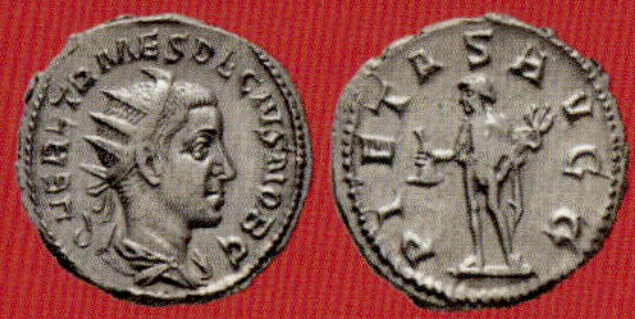

86. Antoninian, Rom, Herennius Etruscus als Caesar, 250 – 251, 3,97 g, Kampmann 81.6, RIC 142b. A 2015: 105 €. Aus verbrauchtem Rs.-St., vz

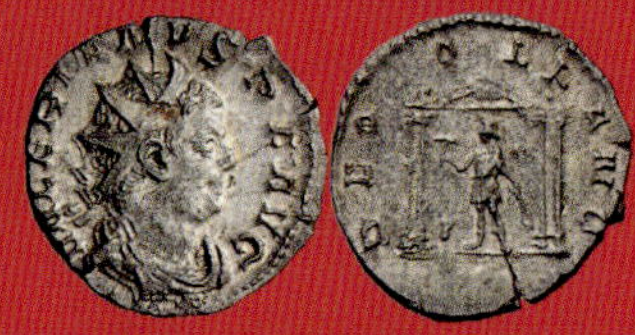

88. Antoninian, Lugdunum, 258, Valerian I., 3,23 g, Kampmann 88.24, RIC 5. Rs.: DEO VOLKANO (sic!) / Statue des Vulcanus mit Hammer und Zange neben Amboss in Tempel. A 2010: 100 €. Schrtlr., ss

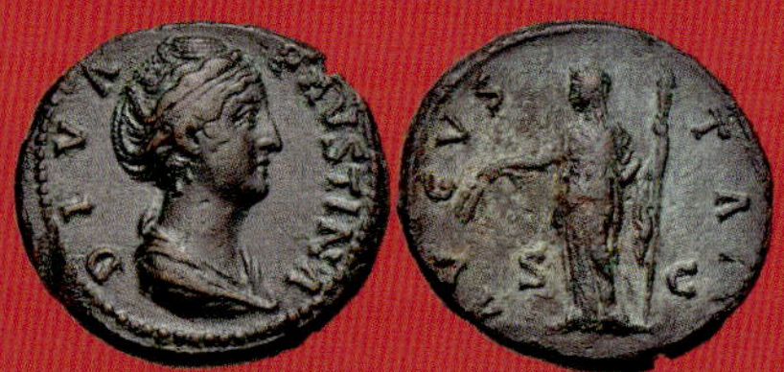

87. As, Rom, Diva Faustina I. (†140/1), 12,9 g, Kampmann 36.41.2, RIC 1169. A 2016: 110 $. Belag, ss

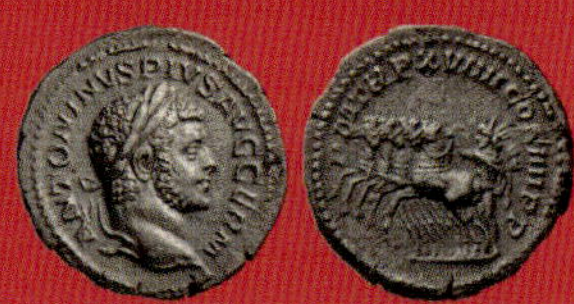

88a. Denar, 216, Rom, Caracalla. Kampmann 51.92.8, RIC 282f. Rs.: P M TR P XVIIII COS IIII P P, Sol mit Peitsche, den Wagen einer nach links galoppierenden Quadriga besteigend. A 2015: 310 €. ss+

einem Hirsch, oder im *chítôn* mit einer oder zwei Fackeln (**84 – 85**).
Diana Lucifera: die Lichtbringerin (Pendant zur griechischen Luna).

10) **Mercur:** hauptsächlich als Gott des Handels verehrt (wie der griechische Hermes). Er trägt einen (*cadúceus*) und oft eine Geldbörse (**86**). Auch Flügelschuhe und ein geflügelter Helm zählen zu seiner Ausstattung, in früherer Zeit trug er einen Hirtenhut (*pétasos*).

11) **Ceres:** Erntegöttin (= Demeter), aber damit auch eine Gottheit der Unterwelt. Sie trägt einen langen *chítôn* und hält immer ein Bündel aus Ähren. Meist hat sie auch eine lange Fackel dabei (**87**).

12) **Vulcan:** Gott des Feuers und der Schmiede (Hephaistos). Er ist ausgestattet mit Hammer und Zange. Er kommt kaum auf Münzen vor. Seine Filzkappe (*píleus*) allerdings ist ein beliebtes Symbol, das auch mit Libertas und den Dioskuren verbunden ist (**88**).

Auswahl weniger verbreiteter Götter

Im 3. Jh. wurde zudem, gefördert durch die Severer, der Sonnengott Sol (der griechische Helios, **88a**) ein populärer Gott. Er wurde mit einer Strahlenkrone sowie einer Peitsche oder einer Kugel dargestellt und kann häufig als Personifikation des Morgenlandes aufgefasst werden. Der Gott Saturn (griech.: Pluto) erschien in republikanischer Zeit häufiger auf Münzen. In der Kaiserzeit kommt er selten vor (**88b**). Der Heilgott Aesculapius wird auf den Münzen Caracallas (aufgrund von dessen psychischer Disposition, vgl. S. 72) häufiger gezeigt und ist ansonsten eher selten (**88c**). Die kleinasiatische Göttin Kybele war in Rom als Magna Mater (= Mater Deorum) unter den Severern recht beliebt (**88d**).

Neben diesen Göttern genossen einige Halbgötter bei den Römern große Popularität, allen voran die Dioskuren (Castor und Pollux), die bereits in republikanischer Zeit oft auf Münzen erschienen (**15, 17, 23**). Auch Hercules war ein beliebtes Münzmotiv, was sich wahrscheinlich seinen vielen Heldentaten verdankte, die Stoff für zahlreiche Anekdoten und Anspielungen boten. Eine weitere bedeutende Göttin stellte Roma dar, die Verkörperung der Stadt. Sie

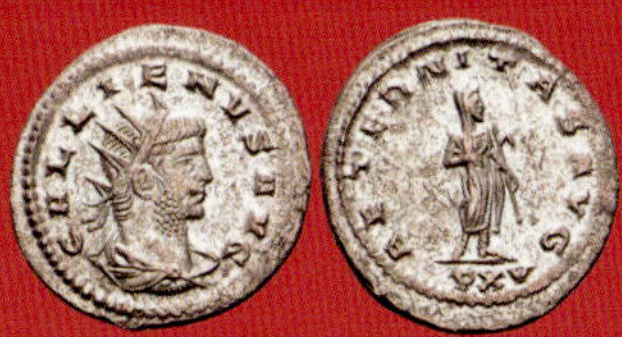

88b. Antoninian, Antiochia, 267, Gallienus, Kampmann 90.41.2, RIC 606. Saturn, Gott der Unterwelt, ist meist verschleiert und mit einer Harpe (Sichelschwert) bewaffnet. A 2015: 75 GBP. Rau, vz

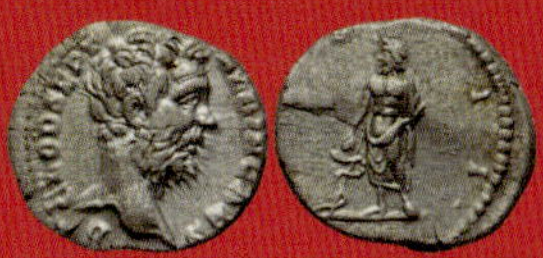

88c. Denar, Rom, 193 – 195, Clodius Albinus, 2,91 g, Kampmann 48.5, RIC 2. Die Münzen dieses kurzlebigen Kaisers sind nicht besonders häufig und meist auf zu kleinen Schrötlingen geprägt. A 2015: 130 €. ss

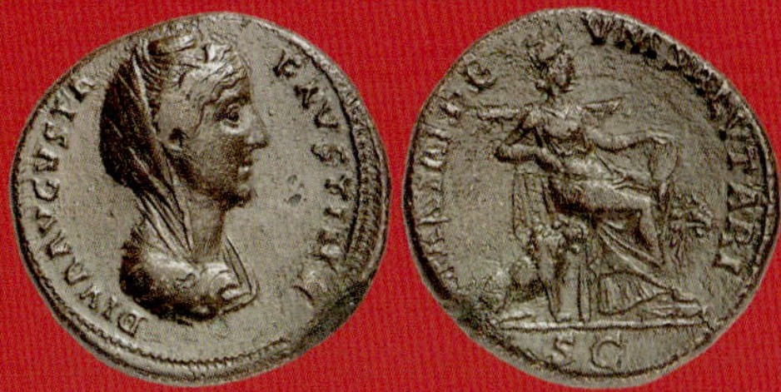

88d. Sesterz, Rom, Antoninus Pius für Diva Faustina I., nach 140, 22,85 g, Kampmann 36.52, RIC 1145. Rs.: MATRI DEVM SALVTARI / S C, Kybele mit Mauerkrone u. Trommel thront zwischen zwei Löwen. A 2015: 180 €. Korr., ss

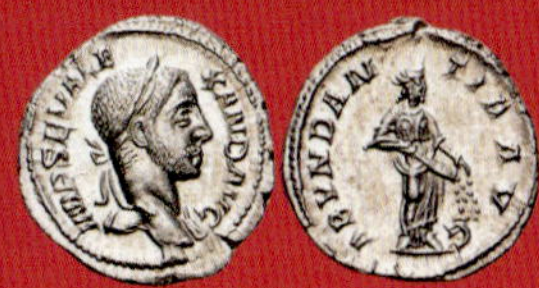

89. Denar, Rom, 228 – 231, Severus Alexander, 3,08 g, Kampmann 36.12, RIC 184a. Auf der Rs. wird Abundantia gezeigt, wie sie ihr Füllhorn ausschüttet. A 2015: 160 GBP. St

wird meist als eine vollgerüstete, sitzende Frau dargestellt, die gelegentlich eine Victoriola auf der Hand hält (**54**).

Numina (göttliches Geheiß, Walten)
Der römische Kosmos göttlicher Wesenheiten war so bunt und reichhaltig wie das Leben selbst. Viele Dinge, die wir heute als Schicksal, Glück oder Zufall hinnehmen oder als abstrakte Vorstellungen betrachten, wurden von den Römern als göttliches Wirken empfunden, das man zu beeinflussen trachtete. Aus dieser Vorstellung ergab es sich, dass zahlreiche für das Wohl des Staates zentrale Begriffe in Form von göttlichen Wesen auf Münzen vorkommen. Aus deren Auftreten (oder Abwesenheit) lassen sich durchaus Schlüsse auf die konkreten Zeitumstände ziehen.

Abundantia (Überfluss)
Wird von einer Frau mit einem (Doppel-)Füllhorn dargestellt und soll meist eher materiellen Überfluss (bzw. überhaupt Auskommen) beschwören als zelebrieren. Gelegentlich hat sie auch ein Szepter, ein Ährenbündel oder einen Modius als Attribut (**89**).

Aequitas (Gerechtigkeit)
Verkörpert von einer Frau mit Waage (vgl. Iustitia) und Füllhorn (**90**). Gelegentlich ersetzt ein Langszepter das Füllhorn.

Aeternitas (Ewigkeit)
Meist findet sich dieser auf den Kaiser oder das Reich bezogene Begriff allein in der Legende, wo er von verschiedenen Darstellungen, bspw. der Wölfin mit den Zwillingen oder Sol, spezifiziert wird. Aeternitas als Personifikation kann die Gestalt einer Frau mit Globus und Phönix annehmen. Auch ein Szepter kann ihr beigegeben sein (**91**).

Annona (Getreideversorgung)
Eine zentrale Aufgabe des Staates war die Versorgung der *plebs* mit kostenlosem Getreide. Die entsprechende Personifikation ist weiblich und mit Ähren sowie einem *modius* (Getreidescheffel) ausgestattet (**92**).

Concordia (Eintracht)
Dieser Wert bezieht sich meist auf die Harmonie im Kaiserhaus (Legende: CONCORDIA AVG oder AVGG etc.) oder im Heer (CONCORDIA MI-

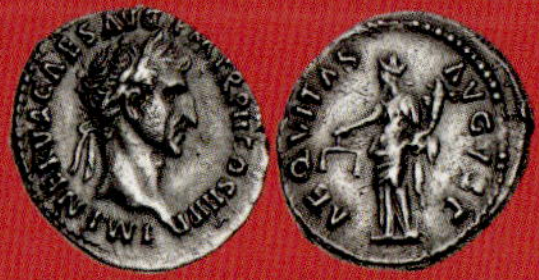

90. Denar, Rom, 97, Nerva, 3,12 g, Kampmann 26.3, RIC 25. Unter dem ausgewiesenen Juristen Nerva kommt das Reversmotiv der Aequitas besonders häufig vor. A 2016: 650 $. ss+

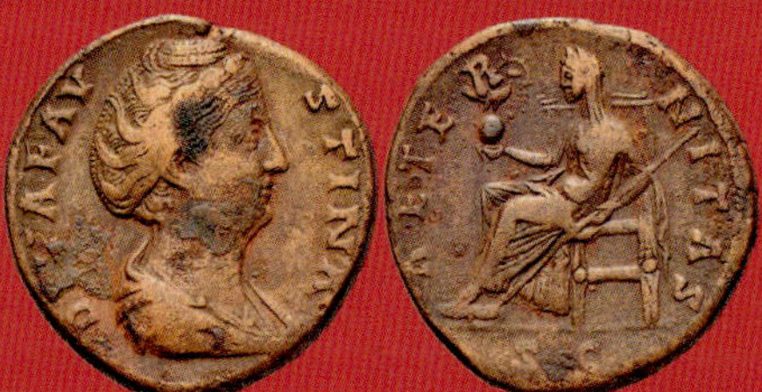

91. Sesterz, Rom, 175, für Diva Faustina (II.), 24,2 g, Kampmann 38.90, RIC 1696. Die verschleierte Aeternitas hält einen auf einem Globus sitzenden Phoenix in der Rechten und ein Langszepter in der Linken. A 2015: 55 GBP. Entpatiniert, Auflagen, ss

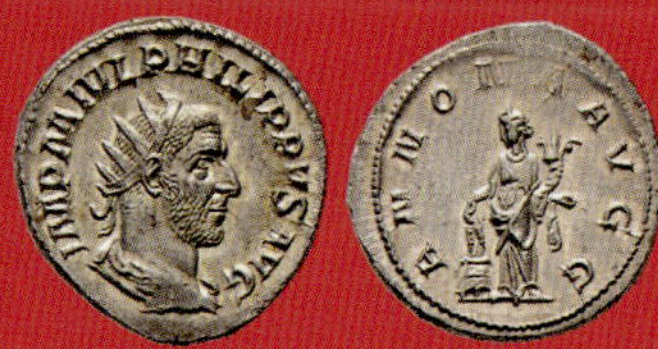

92. Antoninian, Rom, Philippus Arabs, 244–247, 4,42 g, Kampmann 74.4, RIC 28c. Vs.: IMP M IVL PHILIPPVS AVG, Rs.: ANNONA AVGG. Die Dopplung „Augg" bezieht sich darauf, dass der Kaiser gemeinsam mit seinem Sohn regierte. A 2015: 105 €. Prschw., St

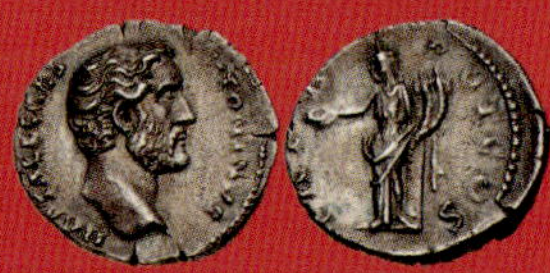

93. Denar, Rom, Hadrian für Antoninus Caesar, 138, 3,3 g, Kampmann 35.5.4, RIC 449 (Hadrian). Caesar-Prägungen von Antoninus Pius sind relativ selten, daher der recht hohe Preis für das mäßig erhaltene Expl. A 2016: 130 $. Rs. dez., ss

LITVM). Im ersten Fall ist die weibliche Personifikation meist mit Füllhorn und *patera* ausgestattet, in letzterem Standarten (Feldzeichen). Concordia kann auch durch ineinandergreifende Hände versinnbildlicht werden (**93–95**).

Fecunditas (Fruchtbarkeit)
Bezieht sich hauptsächlich auf das Kaiserhaus, dessen Kindersegen beschworen oder gefeiert und meist durch die Abbildungen einer Frau im *chiton* mit einem oder mehreren Kindern illustriert wird (**96**).

Felicitas (Glück, **59, 70**)
Die entsprechende Personifikation ist mit einem *caduceus* (Merkurstab) ausgestattet und beschwört entweder den glückliche Gelingen kaiserlichen Tuns (FELICITAS AVG) oder das Glück des Staates (FELICITAS PVBLICA).

Fides (Treue)
Bezieht sich meist auf die Ergebenheit des Heeres (FIDES MILITVM etc.) und wird von einer weiblichen Figur verkörpert, die ein oder zwei Feldzeichen hält. Fides kann auch durch eine *dextrarum iunctio* verbildlicht werden (vgl. Concordia).

Fortuna (glückliches Schicksal)
Als Schicksalsgöttin hält Fortuna ein Steuerruder und zudem meist ein Füllhorn (vgl. die griech. Tyche). Zudem wird ihr oft ein Rad beigegeben, das sich als „Glücksrad" erklärt. Besonders oft kommt die Legende FORTVNA REDVX („Glückliche Rückkehr") vor, die beim Auszug oder der Rückkehr des Kaisers aus Rom verwendet wurde (**97**).

Genius („Geist", **63**)
„Ein waltender Geist, den man verehrt und dem man opfert" (Göbl). Diese stark abstrahierende, männliche Personifikation mit Füllhorn, *patera* und *modius* (auf dem Kopf) ist meist dem Heer (GENIVS EXERCITVS), dem Kaiser oder dem Volk (GENIVS POPVLI ROMANI) geweiht.

Hilaritas (Heiterkeit)
Diese weibliche Personifikation (meist mit Palmzweig, Füllhorn und Kindern) feiert sorgenfreie Zeiten oder drückt die Sehnsucht danach aus (**98**).

Laetitia (Freude)
Verkörpert durch eine Frau mit Kranz und Anker, steht Laetitia für die „grundlose Freude" (**99**).

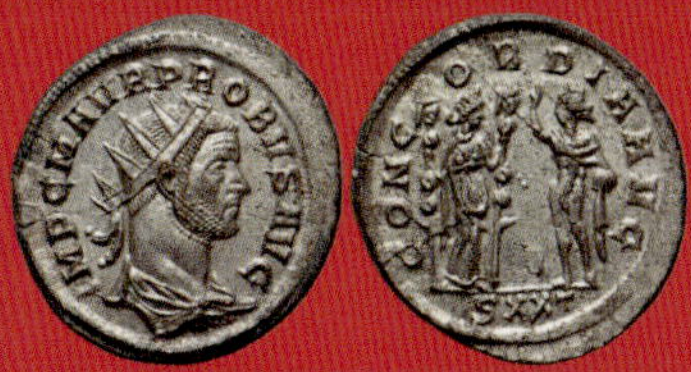

94. Antoninian, Ticinum, Probus, 276/277, 2. Offizin, 3,86 g, Kampmann 112.29, RIC 323. Auf der Rs. steht Concordia (l.) Sol (r.) gegenüber. Solche Szenen mit 2 Personifikationen sind eher selten. A 2015: 300 €. Schrtlr., etw. rau, vz-

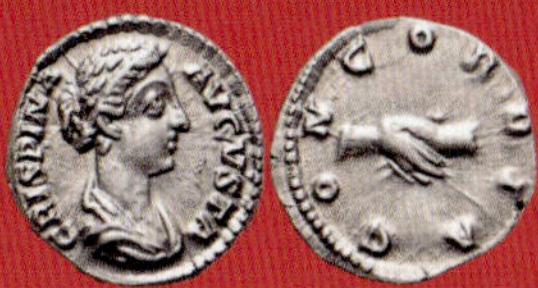

95. Denar, Rom, Commodus für Crispina, 178 – 182, 3,34 g, Kampmann 42.6, RIC 279. Die lateinische Formulierung für Handschlag lautet „dextrarum iunctio". A 2016: 70 GBP. Aus müden Stempeln, vz

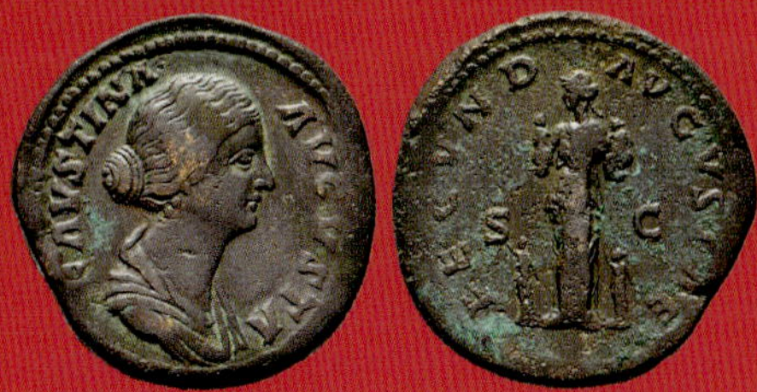

96. Sesterz, Rom, M. Aurel für Faustina II., 160/161, 26,61 g, Kampmann 38.62, RIC 1635. Die Rs. zeigt Fecunditas mit zwei Kindern auf Arm, zu Füßen zwei weitere Kinder. A 2015: 75 €. Rs. korr., ss

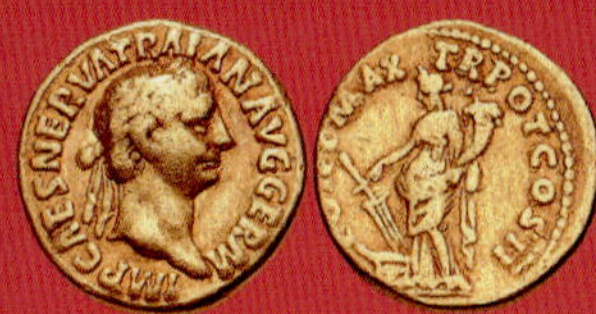

97. Aureus, Rom, Trajan, 98, 7,12 g, Kampmann 27.21.1, RIC 14. Vs.: IMP CAES NERVA TRAIAN AVG GERM, Rs.: PONT MAX TR POT COS II. A 2016: 2500 $. s+

Libertas (Freiheit)
Diese weibliche Personifikation hält stets die Freiheitsmütze (*píleus libertatis*) und meist ein Szepter in der Hand (**100**).

Moneta (Münzwesen)
Ursprünglich war Moneta der Beiname der Juno, in deren Tempel in Rom die erste Münzstätte eingerichtet war. Bald wurde dieser Beiname (wahrscheinlich „die Ermahnerin") im Lateinischen synonym für Geld. Die weibliche Personifikation erscheint mit Waage und Füllhorn, gelegentlich steht sie neben einem Geldhaufen. Gängig ist auch die Darstellung von drei Frauen, die für die drei Metallsorten (Gold, Silber, Bronze bzw. Kupfer) stehen, aus denen römische Münzen bestanden (**101 – 102**).

Pax (Frieden)
Die Friedensgöttin hält einen Palmzweig und ein Langszepter. Ihr griechisches Pendant heißt Eirene (**103**).

Pietas (Frömmigkeit, Pflichtbewusstsein)
Wird meist durch eine sitzende Frau mit Opferschale (*patera*) und Zepter dargestellt. Ein Weihrauchkästchen (*acerra*) oder ein Räucherfaß (*turibulum*) unterstützt häufig die religiöse Assoziation (**104 – 105**).

Providentia (göttliche Vorsehung)
Ihr sind eine Kugel (stellvertretend für den Erdball), ein Stab und gelegentlich ein Füllhorn beigegeben. Dieses Numen steht auch für die kaiserliche Weisheit und Fürsorge für das Reich (PROVIDENTIA AVG, **106**).

Pudicitia (Keuschheit)
Pudicitia ist die Verkörperung der weiblichen Tugenden der Keuschheit und Züchtigkeit. Sie ist in ein langes Gewandt gekleidet, an dem sie schamhaft zupft, während sie steht oder sitzt und ein Szepter hält (**107**).

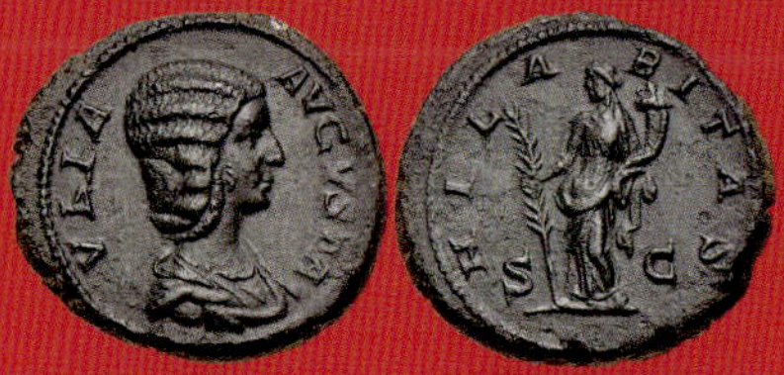

98. As, Rom, Septimius Severus für Julia Domna, 198–200, 13,57 g, Kampmann 50.54, RIC 877. A 2016: 280 $. Etw. rau, ss

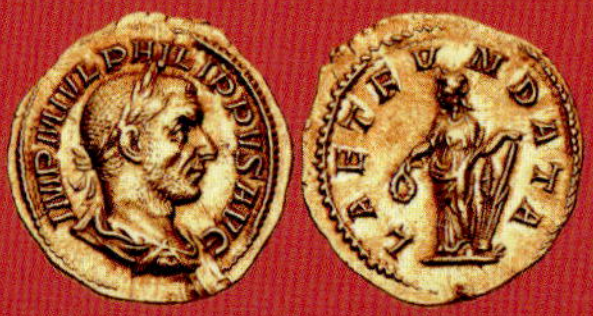

99. Aureus, Rom, Gordian III., 244, 4,26 g, Kampmann 72.18, RIC 35a. Rs.: LAET(itia) FVNDATA. In dieser Zeit sind Aurei schon Raritäten. A 2016: 19 000 $. vz

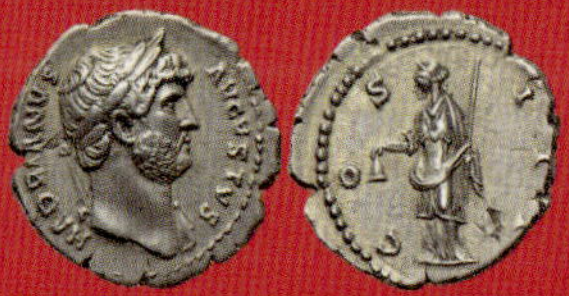

100. Denar, Rom, Hadrian, 3,16 g, 125–128, Kampmann 32.90.8, RIC 175, Vs.: HADRIANVS AVGVSTVS. A 2016: 180 €. vz

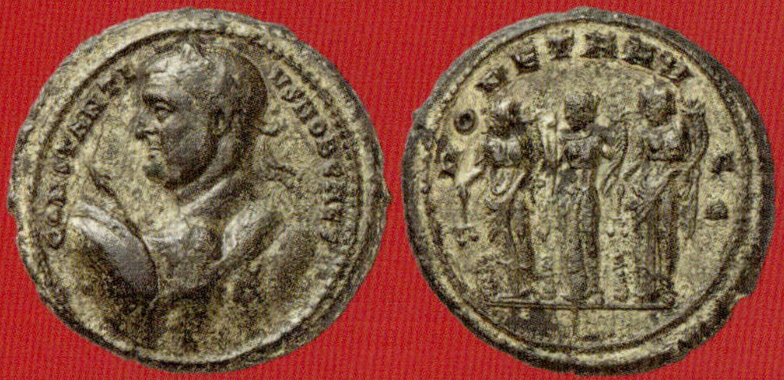

101. Medaillon, Constantius I. Chlorus als Caesar, Rom, 293–305, 24,41 g, unpubliziert. Rs.: die drei Monetae mit Füllhorn und Waage, zu ihren Füßen Münzen. A 2016: 8000 €. Vergoldet, ss

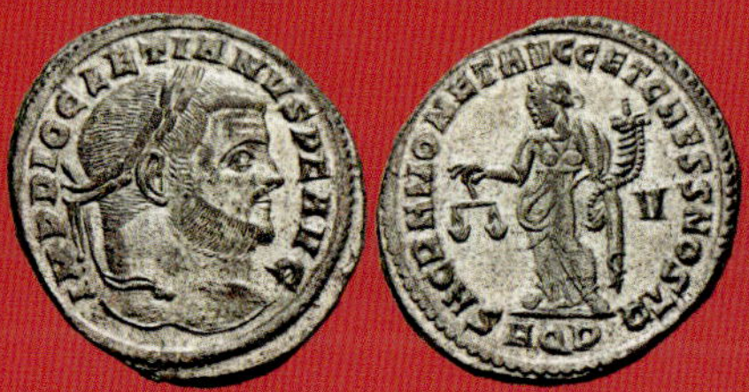

102. Follis, Diocletian, Aquileia, 301, 10,1 g 6), Kampmann 119.89, RIC 31a. Vs.: IMP DIOCLETIANVS P F AVG, Rs.: SACRA MONET AVGG ET CAESS NOSTR / V / AQS. A 2016: 130 CHF. Raue Oberfl., vz-

Salus (Gesundheit)
Zu ihr gehören die Schlange (die sich gelegentlich um einen Altar windet) und eine *patera*. Sie beschwört den Schutz vor Seuchen (SALVS PVBLICA) oder die Gesundheit des Kaiser (SALVS AVG, **108**).

Securitas (Sorglosigkeit, **50**)
Die Etymologie aus „se" (ohne) und „cura" (Sorge) wird meist mit dem Bild einer entspannt sitzenden Frau mit hinter den Kopf gelegtem Ellbogen wiedergegeben. Alternativ: Frau mit übereinandergeschlagenen Beinen, an Säule gelehnt.

Spes (Hoffnung)
Eine Frau mit einer Blume in der Hand und einem weiten Rock, den sie lupft, verkörpert die Hoffnung auf einen glücklichen Ausgang oder dauerhaftes Glück (**109**).

Uberitas (Fruchtbarkeit)
Auch Ubertas genannt, verkörpert die Göttin mit Füllhorn und Geldsäckchen den Ertragreichtum (**110**). Sie taucht erst im 3. Jh. auf und ist eher ein Hinweis auf den wirtschaftlichen Niedergang Roms als auf prosperierende Zeiten.

Victoria (Sieg, **55**)
Die geflügelte Siegesgöttin, die meist einen Kranz und/oder einen Palmwedel hält, ist ein sehr beliebtes Münzmotiv. Ob hinter seiner Verwendung ein tatsächlich errungener oder nur ein ersehnter Sieg steht, ergibt sich meist aus der Legende, bspw. VICTORIA GERMANICA, VICTORIA PARTHICA, VICTORIA AVG(usti).

Virtus (Tugendhaftigkeit, Tüchtigkeit, **52**)
Bei der Virtus handelte es sich um einen zentralen römischen Wertbegriff. Sie wird weiblich dargestellt und weist große Nähe zu Roma auf, ist aber gelegentlich von Mars kaum zu unterscheiden.

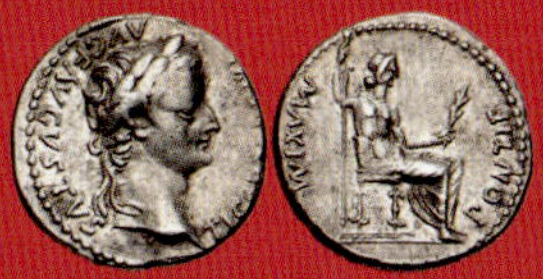

103. Denar, Tiberius, 15 – 18, Lugdunum, Kampmann 5.4, RIC 28. Dieser Denartyp war zur Zeit von Jesus Christus der meistgeprägte. Deshalb wird er als „Steuergroschen" bezeichnet und erzielt – angesichts seiner Häufigkeit – sehr hohe Preise. A 2016: 280 $. Vs. Prschw., ss

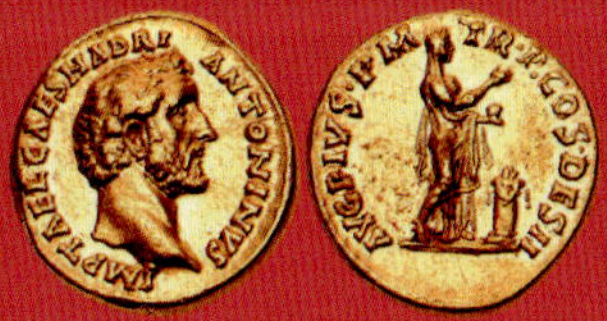

104. Aureus, Antoninus Pius als Caesar, Rom, 138, 7,1 g, Kampmann 35.6, RIC 13. Vs.: IMP T AEL CAES HADRI ANTONINVS, Rs.: AVG PIVS P M TR P COS DES II. A 2016: 6500 €. vz

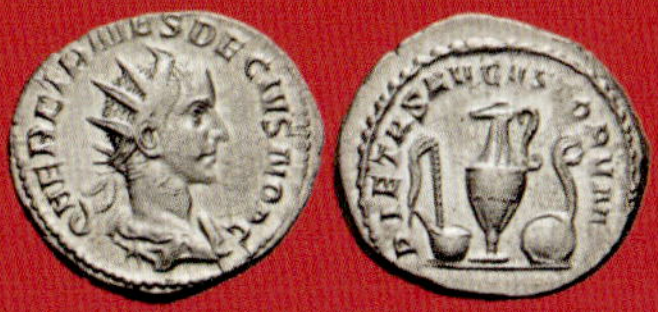

105. Antoninian, Herennius Etruscus als Caesar, Rom, 249–251, 3,89 g, Kampmann 81.7, RIC 143. Die Rs. zeigt die folgenden Priestergeräte (v. l. n. r.): Sprenkler (aspergillum), Schöpfkelle (simpulum), Kanne (guttus), Lituus (Priesterstab). A 2016: 110 CHF. Por., ss

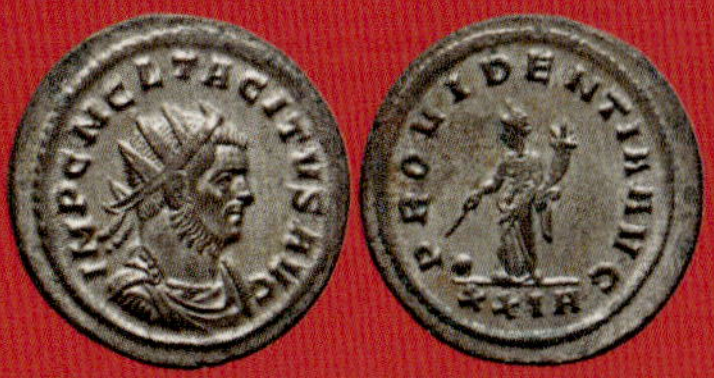

106. Antoninian, Rom, 1. Offizin, Tacitus, 275 – 276, 3,96 g, Kampmann 110.29, RIC 92. Vs.: IMP C M CL TACITVS AVG, Rs.: PROVIDENTIA AVG / XXIA. A 2016: 95 €. ss-vz

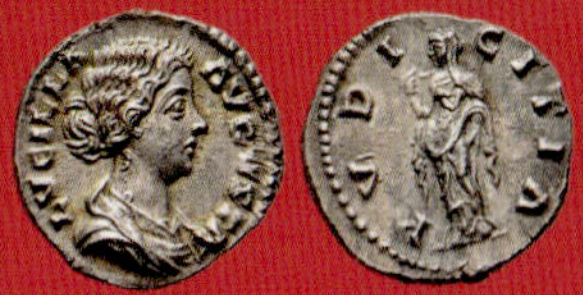

107. Denar, Rom, Lucilla, 163 – 169, Kampmann 40.11, RIC 780. Vs.: LVCILLA - AVGVSTA, Rs.: PVDI-CITIA. A 2015: 3400 €. St

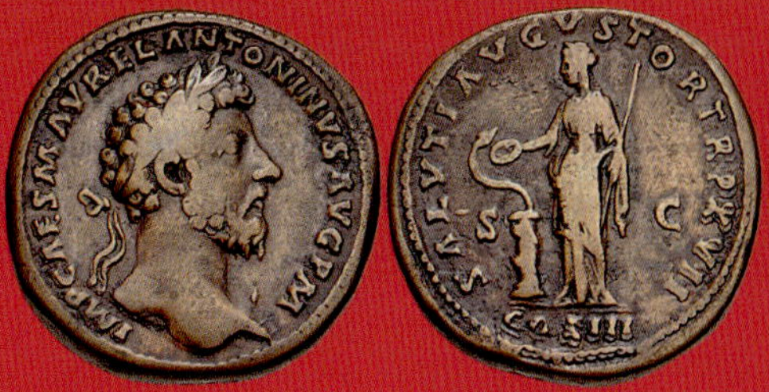

108. Sesterz, Rom, 163, Marc Aurel, 30,74 g, Kampmann 37.221, RIC 843. A 2016: 380 $. F. ss

In den meisten Fällen steht die Legende in engem Zusammenhang mit dem Reversmotiv. Gelegentlich ist sie aber eher als Ergänzung zu verstehen, sodass beispielsweise die Legende „ABVNDANTIA" lauten kann, während die Heilgöttin Salus zu sehen ist.

Weitere religiöse Münzbilder

Ein zentraler Aspekt der römischen Religiosität waren Brandopfer, die entsprechend häufig auf Münzen dargestellt werden. Der Opfernde steht dabei rechts neben einem Altar oder Dreifuß und schüttet aus einer Schale (*patera*) etwas in die Flamme. Das Tieropfer selbst wird selten dargestellt (s. **111**, vgl. **112**). Auch das Abhalten von Spielen war eng mit der Religion verknüpft. Selten geben Münzen einen Einblick in die Arenen und Theater (**113**), jedoch verweisen sie gelegentlich auf die Veranstaltung besonders wichtiger Spiele (z. B. LVDI SAECVLARES, Neronia [**57b**] und die Spiele aus Anlass der 1000-Jahrfeier Roms 248, **61**).

Schließlich zählen noch die öffentlichen Gelübde für das Wohlergehen des Kaisers zum religiösen Bereich (VOTA PVBLICA). Im 3. Jh. wurde es vermehrt gebräuchlich, auch die Gelübde des Kaisers beim Regierungsantritt (VOTA SVSCEPTA, **111**) und bei späteren Regierungsjubiläen (VOTA SOLVTA, **74**) auf Münzen zu publizieren.

Nach ihrem Tod konnten auch Kaiser zu göttlichen Wesen werden, zu *divi imperatores.* Der formale Vorgang hierzu hieß *consecratio,* was auch auf den Münz-

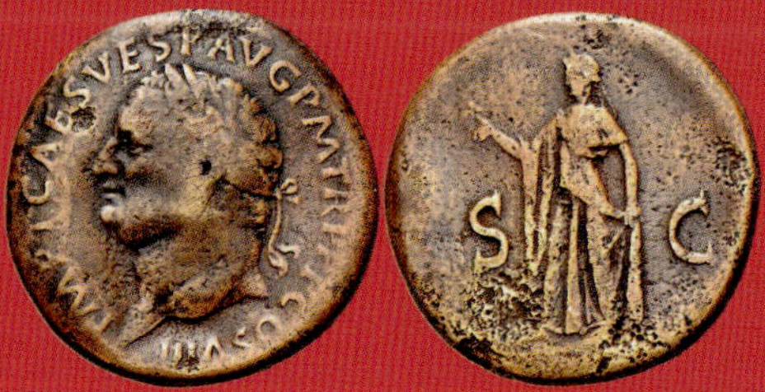

109. Sesterz, Rom, 80/81, Titus, 21,62 g, Kampmann 22.108, RIC 100. Die schwach erhaltene Münze ist wegen des Linksportraits so teuer, welches unter den Flaviern selten ist. A 2016: 190 GBP. s

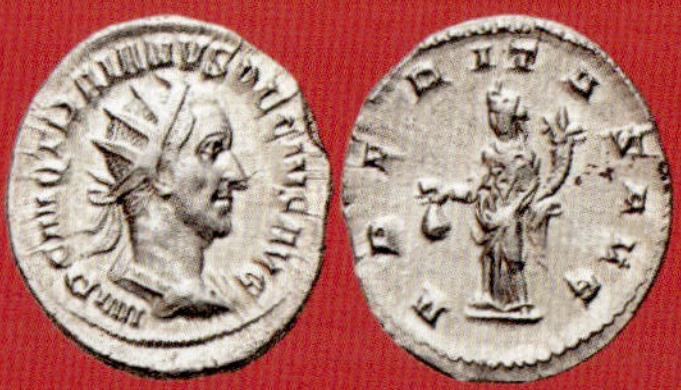

110. Antoninian, Rom, 249 – 251, Trajanus Decius, Kampmann 79.12, RIC 28b. Vs.: IMP C M Q TRAIANVS DECIVS AVG, Rs.: VBERITAS AVG. A 2015: 40 GBP. ss+

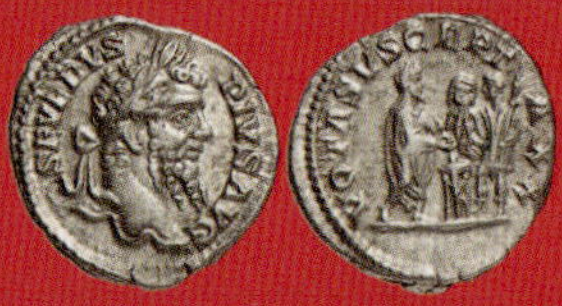

111. Denar, Rom, Septimius Severus, 206, 2,85 g, Kampmann 49.198, RIC 308. Rs.: VOTA SVSCEPT-A XX, Kaiser *capite velato* opfert aus einer *patera* auf Dreifuß, neben ihm Julia Domna, rechts Opferdiener. A 2015: 170 €. ss+

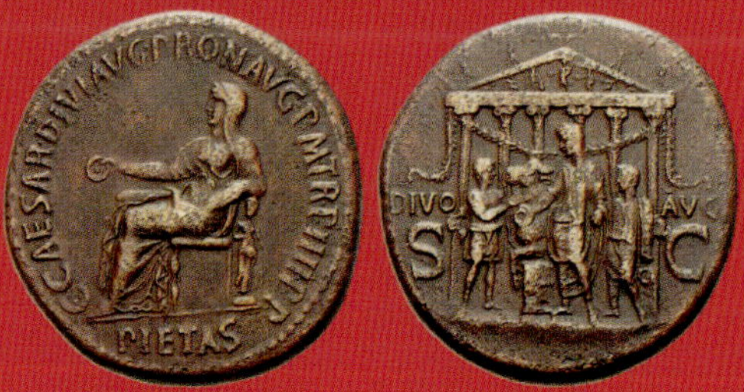

112. Sesterz, Rom, 37/38, Caligula, 26,28 g, Kampmann 11.10, RIC 36. Rs.: DIVO-AVG / S C, Verschleierter Caligula in Toga opfert aus Patera auf girlandengeschmücktem Altar; l. dahinter ein nach l. schreitender Stier, der von einem Opferdiener mit Beil im Gürtel zum Altar geführt wird; hinter dem Kaiser ein weiterer Opferdiener mit *patera;* im Hintergrund Tempel des Divus Augustus auf dem Forum Romanum. A 2015: 1000 €. ss-vz

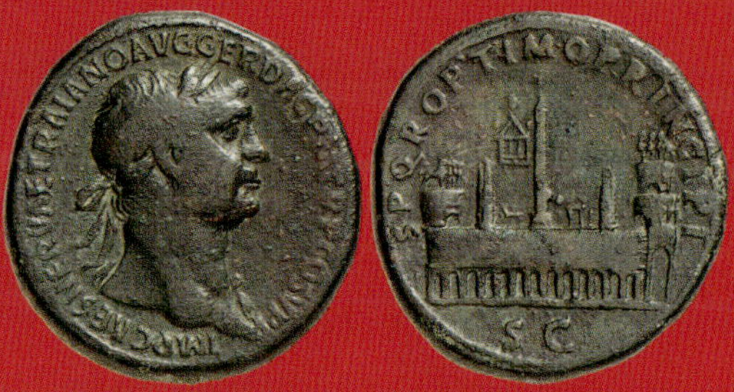

113. Sesterz, Rom, Trajan, 103/4, 27,83 g, Kampmann 27.117, RIC 571. Die Ansicht des Circus Maximus zeigt im Vordergund eine breite Kolonnade. Darüber erkennt man die *metae* (Wendemarken), dazwischen den großen, unter Augustus errichteten Obelisken. Links und rechts sind Triumphbögen erkennbar. Im Hintergrund befindet sich der Tempel des Sol. A 2016: 2000 €. ss-

reversen geschrieben steht, die aus diesem Anlass erschienen. Die zugehörigen Bilder folgen gewissen Konventionen. Oft wird der Scheiterhaufen (*rogus*) dargestellt, auf dem der kaiserliche Leichnam verbrannt wurde und von dem ein Adler Aufstieg, der den Geist des Kaisers in den Himmel trug (**114**). Gelegentlich wird auch allein der Adler abgebildet bzw. ein Pfau (bei weiblichen Mitgliedern des Kaiserhauses). Auch die Darstellung eines Altars ist üblich auf Konsekrationsprägungen.

Das Kaiserhaus und seine Aktivitäten

Bereits Augustus lässt seine Gattin Livia ins Bild setzen, verbrämt dies allerdings, indem er sie mit den Legenden SALVS, PIETAS (**115**) und IVSTITIA versieht. Erst Agrippina d. Ä. wird auch in der Legende genannt (**116**). Danach bilden die Damenprägungen stets einen kleinen Prozentsatz der Gesamtprägung, wobei ab Antoninus Pius und später bei den Severern eine leichte Steigerung feststellbar ist. Die designierten Thronfolger (Caesares) wurden ebenfalls auf Münzen dargestellt, entweder im Portrait auf der Vorderseite (**57 – 58, 86, 105**) oder als PRINCIPES IVENTVTIS („Vorstände der Ritterschaft", Sing.: *princeps iuventutis*) im Ganzbild auf der Rückseite (**48**).

Militär

Als Anführer des Heeres gehörte es zur kaiserlichen Selbstdarstellung, sich als tüchtiger Feldherr zu prä-

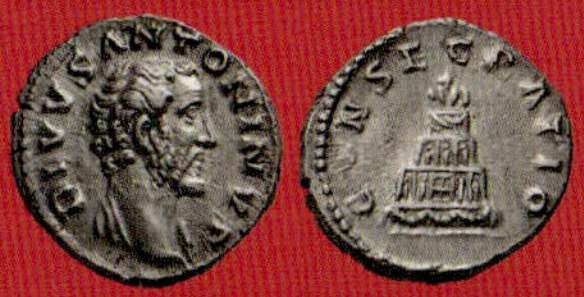

114. Denar, Rom, für Divus Antoninus Pius († 161), 3,39 g, Kampmann 35.318, RIC 438. Rs: CONSECRATIO, mit Girlanden geschmückter Scheiterhaufen (*rogus*) des verstorbenen Kaisers, bekrönt von einer Quadriga in Vorderansicht. A 2015: 180 €. Prschw., vz.

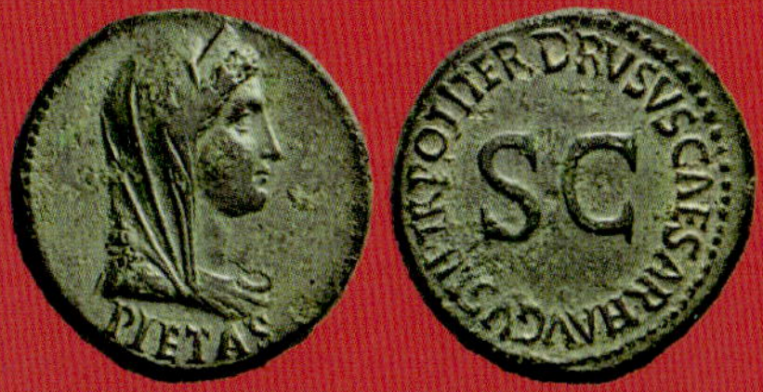

115. Dupondius, Rom, Tiberius, 22/23, 14,7 g, Kampmann 5.19, RIC 43. Rs.: DRVSVS CAESAR TI AVGVSTI F TR POT ITER / S C. In der Forschung ist es umstritten, ob die Vs. wirklich Livia zeigt. A 2014: 3250 CHF. Korr., ss–vz.

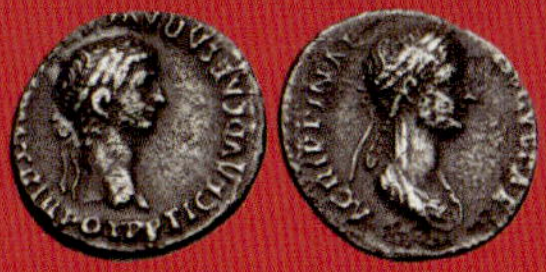

116. Denar, Rom, Claudius mit Agrippina II., 50–54, 3,08 g, Kampmann 12.9, RIC 81. Vs.: TI. CLAVD. CAESAR AVG. GERM. P M TRIB POT P P R, Rs.: AGRIPPINAE AVGVSTAE. A 2016: 850 $. Korr., ss-.

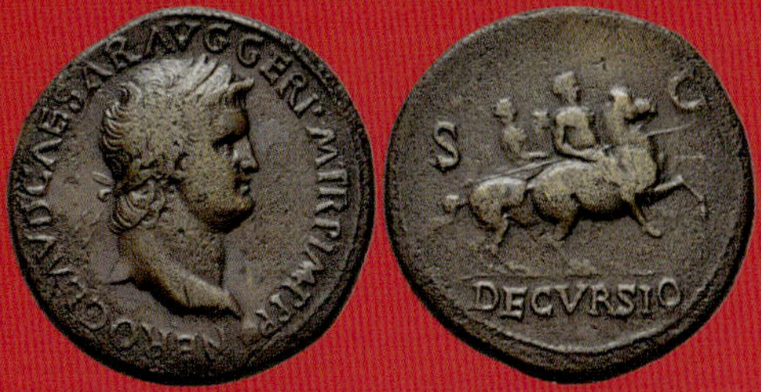

117. Sesterz, Rom, Nero, 64, 26,04 g, Kampmann 14.31, RIC 168. Vs.: NERO CLAVD CAESAR AVG GER P M TR P IMP P P, Rs.: DECVRSIO / S C. A 2023: 440 €. S-ss

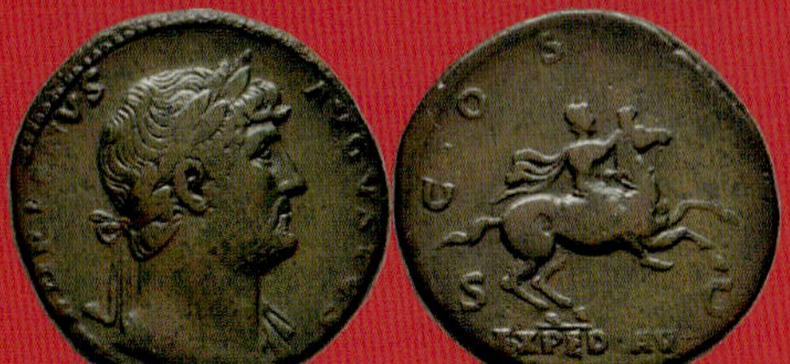

118. Sesterz, Rom, Hadrian, 125–128, 29,22 g, Kampmann 32.154.2, RIC 644. Vs.: HADRIANVS AVGVSTVS / Rs.: COS III S C EXPED AVG. F 2016: 450 €. f. ss

sentieren. Einzigartig ist die Darstellung Neros bei der Teilnahme an einer Heeresparade (DECVRSIO, **117**), gängig hingegen die Wiedergabe des berittenen Kaisers beim Auszug in einen Feldzug (PROFECTIO oder EXPEDITIO, **118**) oder bei der Rückkehr von einem solchen (ADVENTVS, **119**). Auch die ADLOCVTIO (Ansprache des Kaisers an das Heer, **120**) fand mehrfach in Münzbildern einen Niederschlag. Die Legende DISCIPLINA AVG (Achtung vor der militärischen Tugend des Kaisers) findet sich hingegen nur bei Hadrian. Nahezu jeder Kaiser beschritt eigene Wege, seine militärische Entschlossenheit in neuartigen Münzbildern darzustellen, wobei meist Feldzeichen, ineinander verschlungene Hände und besiegte Feinde gezeigt wurden. Im 3. Jh. wird die Darstellung besiegter oder niedergestochener Barbaren – parallel zur äußeren Bedrohungslage – häufiger und fixiert sich im 4. Jh. u. a. zum „Reitersturz"-Typus (**64**). Im 4. Jh. finden zunehmend Parolen wie GLORIA ROMANORVM („der Ruhm der Römer", **66**) oder FEL(icia) TEMP(orum) REP(aratio) („Wiederherstellung der glücklichen Zeiten", **64**) Verwendung, die das Ringen um den Fortbestand des Imperiums kaum überdecken können.

Ein weiteres militärisches Themenfeld bilden direkte Erwähnungen des Heeres (lat.: *exercitus*, **62**). Der Prototyp hierfür waren die „Legionsdenare" des M. Antonius (**46**). Auch später wurden einzelne Legionen (*legiones*, Sing.: *legio*) lobend auf Münzen erwähnt. Meist geschah dies, um den militärischen Rückhalt des Kaisers zu untermauern, was naturgemäß im Zeitalter der Soldatenkaiser häufig vorkommt, so unter Septimius Severus (**120**), Gallienus (**121**) und Victorinus (nur Aurei! **122**), der das Gallische Sonderreich von 269 bis 271 beherrschte. Ei-

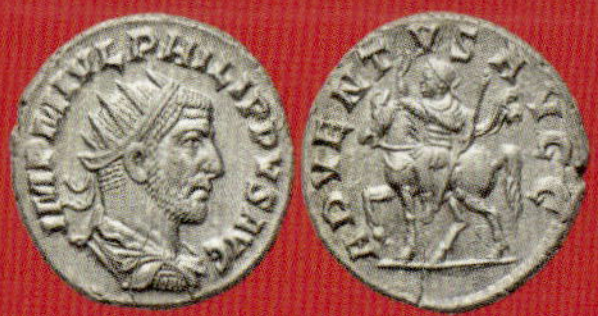

119. Antoninian, Antiochia, Philippus I. Arabs, 249, 3,84 g, Kampmann 74.1, RIC 81. Vs.: IMP M IVL PHILIPPVS AVG, Rs.: ADVENTVS AVGG. A 2016: 325 €. Schrtlgr., rau, vz

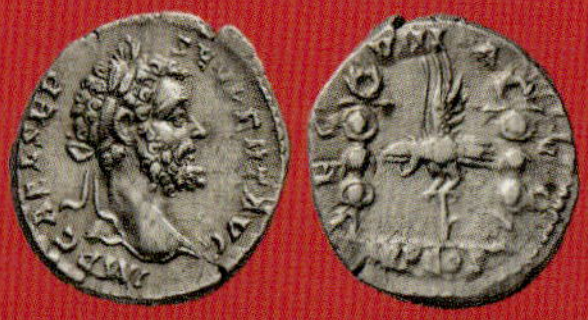

120. Denar, Rom, Septimius Severus, 193, 2,91 g, Kampmann 49.96, RIC 11. Rs.: LEG VIII AVG / TR P COS, Legionsadler zwischen zwei Standarten. A 2015: 380 €. vz/ss

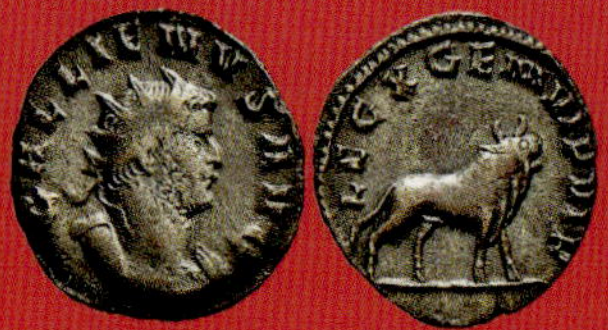

121. Antoninian, Mediolanum, Gallienus, 258, Mailand, 2,85 g, Kampmann 90.164, RIC 357. Prägung für die X. Legion Gemina. A 2015: 195 €. f. ss

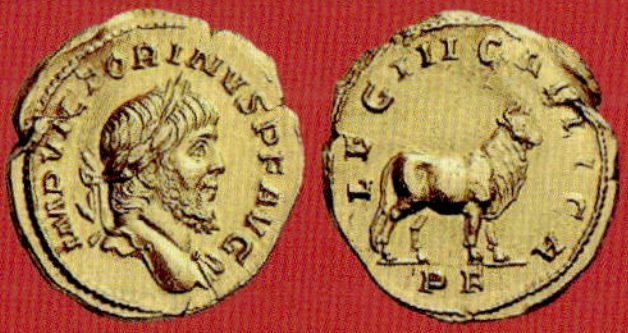

122. Aureus, Köln, Victorinus, Januar 271, 4,89 g, Kampmann -, RIC 14. Rs.: LEG III GALLICA / P F. C. Münzen dieser Art gelangen kaum in den Handel. A 2009: 42 500 CHF. Schrötling gebogen, vz

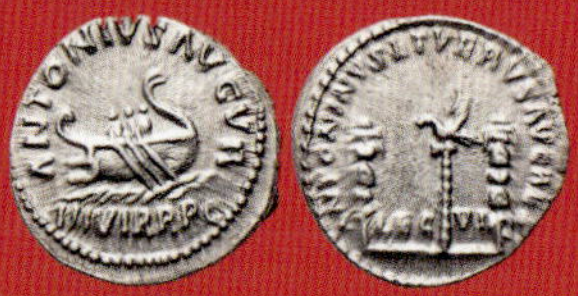

123. Denar, Rom, M. Aurel, 165/6, 3,56 g, Kampmann -, RIC 443. Rs.: III VIR R P C / ANTONINVS ET VERVS AVG REST / LEG VI. A 2016: 220 GBP. ss

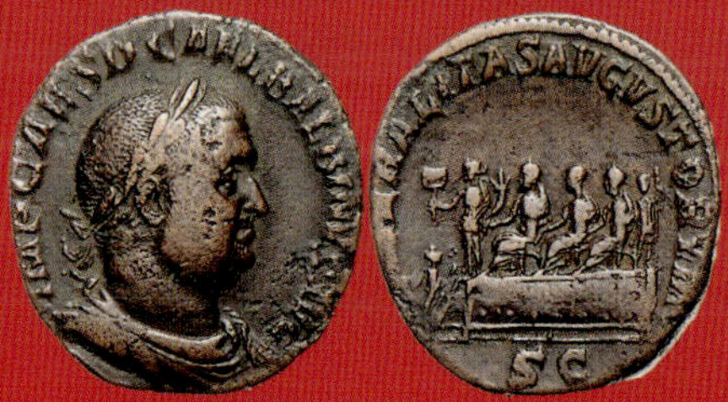

124. Sesterz, Rom, Balbinus, 18,02 g, Kampmann 70.13, RIC 14. Rs.: LIBERALITAS AVGVSTORVM / S C. Balbinus, Pupienus und Gordian III. l. auf Tribunal sitzend, vor ihnen Liberalitas stehend, hinter ihnen ein Soldat. Vor dem Podium ein Bürger, der Münzen empfängt. F 2016: 1690 €. ss-

nen Sonderfall stellen die restituierten (neu aufgelegten) Legionsdenare dar, die unter der Samtherrschaft von M. Aurel und L. Verus aus Anlass der 200. Jahrestages der Schlacht bei Actium geprägt wurden (**123**).

Kaiser und Volk *(plebs)*

Da Augustus nach seiner eigenen Propaganda den Bürgerkrieg beendete, konnte er sich vom Senat und vom Volk (SPQR) OB CIVES SERVATOS („für die Rettung der Bürger", **60**) ehren lassen, was auf zahlreichen Münzen verbreitet wurde. Von dieser propagandistischen Linie aus stilisierten sich die Kaiser zunehmend als Retter und Erlöser, was im 3. Jh. in Legenden wie RESTITVTOR ORBIS („Wiederhersteller des Erdkreises") oder, später, RESTITVTOR REI PVBLICAE („Wiederhersteller des Staates") kulminierte (**53**).

Daneben waren es handfeste Dinge, mit denen die Kaiser sich die Gunst der Massen sicherten, was auch auf Münzen verkündet wurde. Die Getreideversorgung der *plebs* gehörte zu den kaiserlichen Aufgaben, die gelegentlich besonders inszeniert wurde, in Form einer LIBERALITAS (Freigiebigkeit), die auch wiederholt werden konnte (**124**). Das Getreide wurde im Hohlmaß eines *congius* bemessen, wovon sich der Terminus *congiarium* für Getreideverteilung ableitet, der gelegentlich auf Münzen vorkommt. Von Nerva gibt es den seltenen Sesterz mit der Legende PLEBEI VRBANAE FRVMENTO CONSTITVTO („Die Getreideversorgung der *plebs* wurde eingerichtet.", **125**). Trajan erweiterte den Kreis der Getreideempfänger auf Waisenkinder, was er mit der Legende ALIM(entatio) ITAL(iae) bekundete (**126**).
Besonders in Phasen, in denen sich (neue) Kaiser ihres Rückhalts in der Bevölkerung nicht sicher waren,

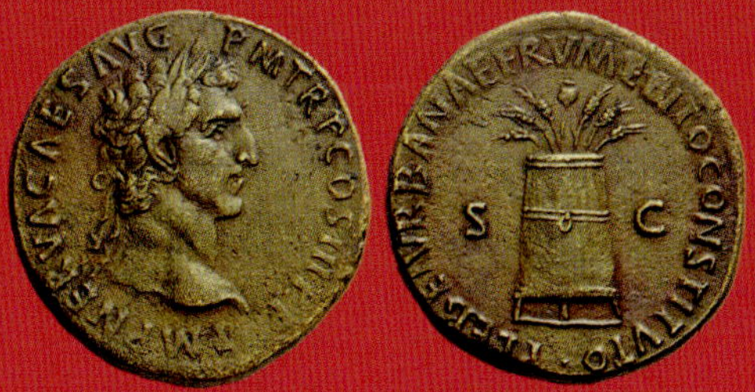

125. Sesterz, Rom, Nerva, 97, 24,37 g, Kampmann 26.32, RIC 89. Rs.: PLEBEI VRBANAE FRVMENTO CONSTITVTO / S C. Modius mit Getreideähren, darüber eine Mohnkapsel. A 2015: 6500 CHF. Tiberpatina, ss+

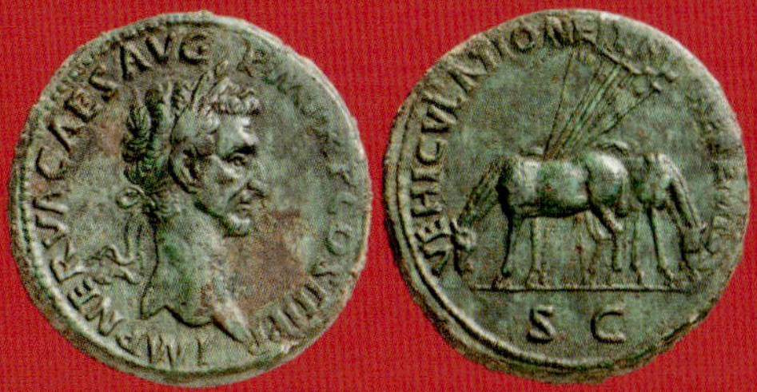

127. Sesterz, Rom, Nerva, 97, 26,58 g, Kampmann 26.36, RIC 93. Rs.: VEHICVLATIONE ITALIAE REMISSA / S C, zwei in entgegengesetzter Richtung grasende Maultiere, dahinter zwei Deichseln mit Pferdegeschirr. A 2015: 2800 €. Leicht korr., ss-vz

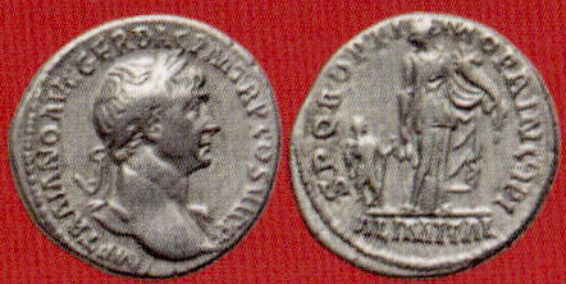

126. Denar, Trajan, 112/3, 3,27 g, Kampmann 27.59.1, RIC 243. Rs.: SPQR OPTIMO PRINCIPI / ALIM ITAL. Annona begleitet von einem Kind. A 2015: 75 €. ss

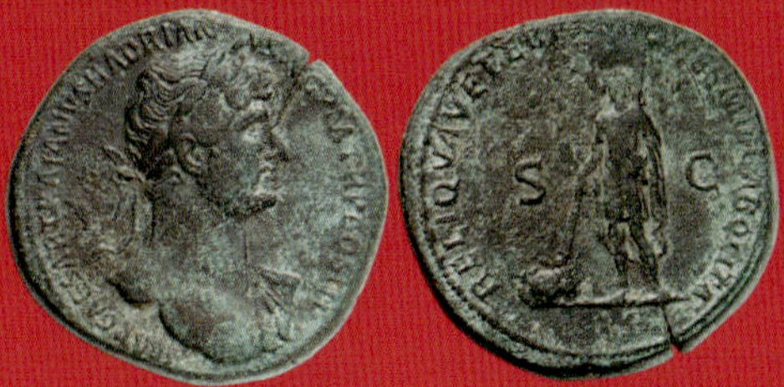

128. Sesterz, Rom, Hadrian, 119–121, 25,22 g, Kampmann 32.224, RIC 590a. Rs.: RELIQVA VETERA HS NOVIES MILL ABOLITA / S C. Liktor mit *fascies* entzündet einen Papierhaufen. A 2015: 600 €. Schrtlgr., f. ss

kam es zu Steuererleichterungen, welche erstmals von Quadrantes des Caligula bekundet wurden: RCC bedeutet *remissa ducentesima,* also „das Zweihundertstel erlassen", was sich auf eine Umsatzsteuer von 0,5 % bezog (**57a**).

Galba erließ eine 2,5 %ige Einfuhrsteuer (R XL – *remissa quadragesima*), Nerva ließ eine „Judensteuer" abschaffen (FISCI IVDAICA CALVMNIA SVBLATA) und erließ den Bewohnern Italiens die Spanndienste für die Staatspost (VEHICVLATIONE ITALIAE REMISSA, **127**). Besonders bemerkenswert ist die Tilgung der gesamten Steuerschuld aller Römer in Höhe von 900 Mio. Sesterzen durch Hadrian (RELIQVA VETERA HS NOVIES MILL. ABOLITA, **128**) – eine Maßnahme, die historisch in Zeiten belegt ist, in denen sich der Volkszorn regte.

Außenpolitik

Als Nachrichtenmedium hielten die Münzen die Bewohner des Imperium Romanum vor allem über außenpolitische Erfolge auf dem Laufenden (oder sie hielten diese in Erinnerung), worunter insbesondere Siege über benachbarte Völker fallen. Einige dieser Ereignisse wurden besonders eindringlich propagiert: Den epochalen Sieg des Octavian gegen den mit Kleopatra verbündeten M. Antonius feierten Denare mit der Legende AEGYPTOA CAPTA („Ägypten ist unterworfen worden", **129**). Unter Augustus spielte auch die Einigung mit dem als bedrohlich empfundenen Partherreich eine große Rolle. Dazu wurde als Erfolg verkündet, dass die Feldzeichen, die den Parthern in die Hände gefallen waren, zurückerworben wurden (SIGNIS [Parthicis] RECEPTIS, **130**). Germanicus, der Vater des Caligula, konnte die bei der Varusschlacht verlorengegangenen Feldzeichen wiedergewinnen (SIGNIS REC[eptis] DEVICTIS GERM[anis]), was sein Sohn auf Dupondien kundtat (**131**). Nero durfte es als persönlichen Erfolg verbuchen, dass unter ihm Frieden herrschte. Aus diesem Grund wurden die Türen des Janustempels auf dem Marsfeld zeremoniell geschlossen: PACE P(opulo) R(omano) TERRA MARIQ(ue) PARTA IANVM CLVSIT – „(Nero) hat nach Erlangung des Friedens für das römische Volk zu Lande und zu

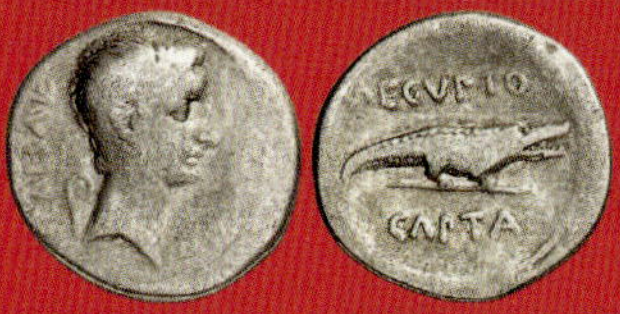

129. Denar, Augustus, italische Münzstätte; 28, 3,47 g, Kampmann 2.3, RIC 275a. Hinter dem Kopf des Augustus befindet sich ein *lituus* (Augurenstab). A 2015: 460 €. s

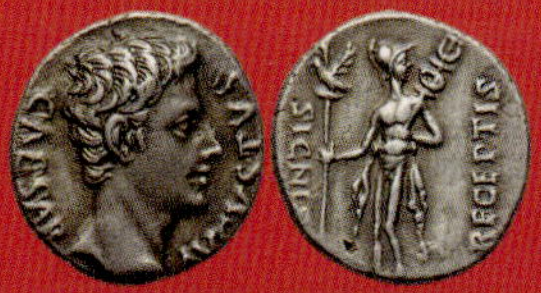

130. Denar, Augustus, spanische Münzstätte, 19, 3,74 g, Kampmann 2.68, RIC 82a. Rs.: SIGNIS RECEPTIS. Mars mit aquila (Legionsadler) und Feldzeichen. A 2016: 550 €. ss

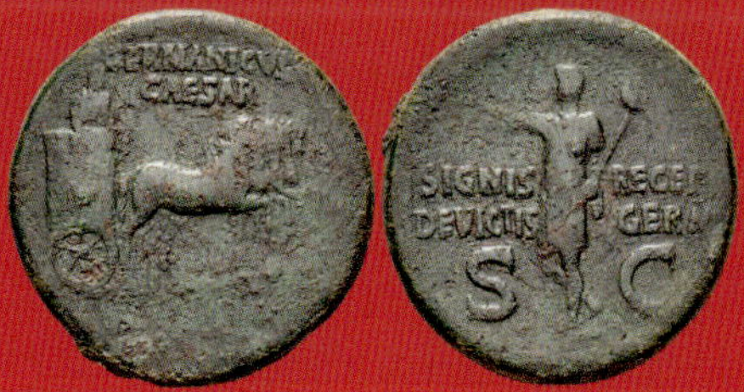

131. Dupondius, Rom, Caligula, 40/41, 16,22 g, Kampmann 9.5, RIC 57. Vs.: GERMANICVS CAESAR, Germanicus in Quadriga fahrend. Rs.: SIGNIS RECEPT DEVICTIS GERM / S C, Germanicus in Toga mit aquila (Legionsadler). A 2015: 60 GBP. s

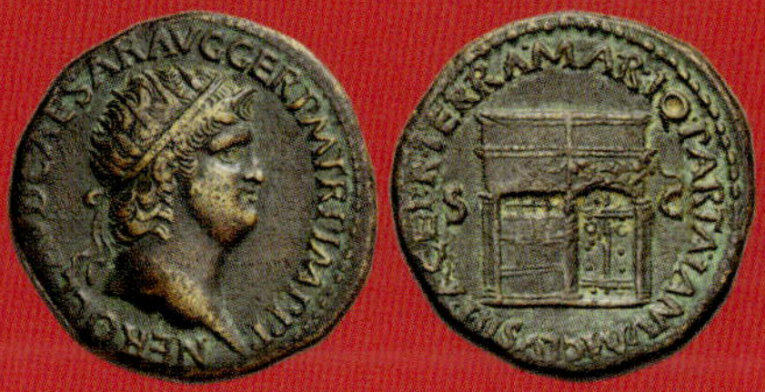

132. Dupondius, Rom, Nero, 65, 14,14 g, Kampmann 14.35, RIC 284. Rs.: PACE P R TERRA MARIQ PARTA IANVM CLVSIT, Janustempel. A 2016: 400 €. ss

Wasser den Janus(tempel) geschlossen", stand auf den entsprechenden Assen, Dupondien (**132**), Sesterzen und Aurei zu lesen. Unter Vespasian wurde die Unterwerfung der Provinz Judäa durch zahlreiche Münzen mit der Legende IVDAEA CAPTA propagiert (**133**). Die Siege Trajans über die Daker erwähnen Münzen mit der Legende VIC(toria) DAC(ica). Seine Erfolge im Zweistromland werden von Personifikationen der (neuen) Provinzen Arabia und Mesopotamia illustriert, die von der komplexen Legende ARMENIA ET MESOPOTAMIA IN POTESTATEM P(opuli) R(omani) REDACTAE („Arabien und Mesopotamien in die Gewalt des römischen Volkes zurück[!]geführt") erläutert werden (**134**). Antoninus Pius ließ auf Münzen verkünden, dass REX ARMENIIS DATVS sowie REX QVADIS DATVS, also den Armeniern und Quaden ein König gegeben wurde (der freilich von Rom eingesetzt worden war), so wie bereits unter Trajan REX PARTHIS DATVS, also im Partherreich ein neuer König von Roms Gnaden eingesetzt worden war (**135**). Unter M. Aurel und L. Verus wurde relativ lapidar verkündet DE GERMANIS und DE SARMATIS (vgl. auch **51**). Die zugehörigen Abbildungen eines Waffenhaufens machten den Betrachtern klar, dass es sich um Siege über Germanen und Sarmaten handelte. Unter Konstantin dem Großen hieß es dann – in Verbindung mit der für die Spätantike typischen Siegesikonographie – ALAMANNIA DEVICTA und SARMATIA DEVICTA (*devictus* = besiegt). Dass die auf den Münzen verbreiteten Botschaften oftmals beschönigenden Charakter hatten, zeigt sich bei Philippus I. Arabs, der, nachdem er den von seinem Vorgänger Gordian begonnenen Perserkrieg gegen hohe Reparationszahlungen hatte abbrechen müssen, verkünden ließ PAX FVNDATA CVM PERSIS („Mit den Persern wurde Friede geschlossen", **136**).

Bauwerke und sonstige Darstellungen

Den größten Raum nehmen hier die Abbildungen von Sakralbauwerken ein. Von den meisten der folgenden auf Münzen gezeigten Tempel sind noch heute Überreste in Rom zu sehen: Tempel des Jupiter

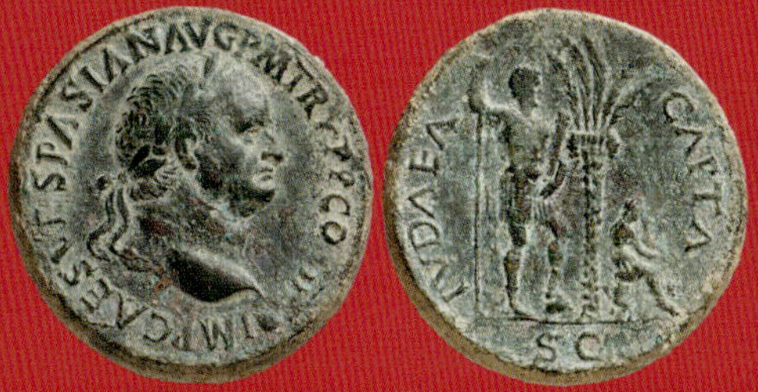

133. Sesterz, Rom, Vespasian, 71, 26,88 g, Kampmann 20.101, RIC 427. Rs.: IVDAEA CAPTA / SC, Vespasian mit Speer u. Parazonium, Fuß auf Helm, r. sitzende Judaea, dazwischen Palme. A 2016: 7000 €. ss+

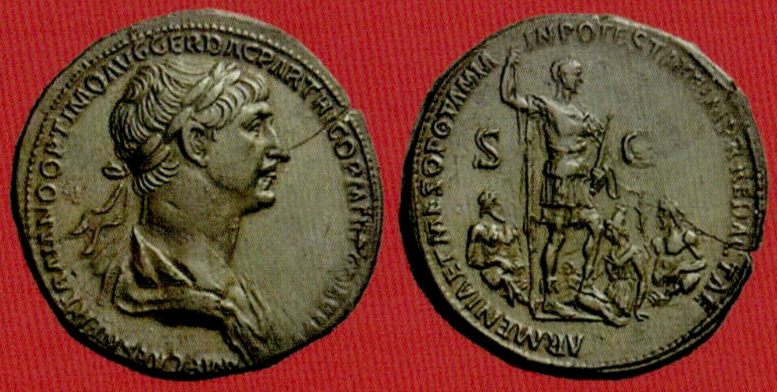

134. Sesterz, Rom, Trajan, 20.2.116 – August 117, 27,21 g, Kampmann 27.66, RIC 642. Rs.: ARMENIA ET MESOPOTAMIA IN POTESTATEM P R REDACTAE, Trajan stehend, zu seinen Füßen die Personifikationen Armenia, Euphrat und Tigris. A 2015: 11 000 CHF. Schrtlgr., vz

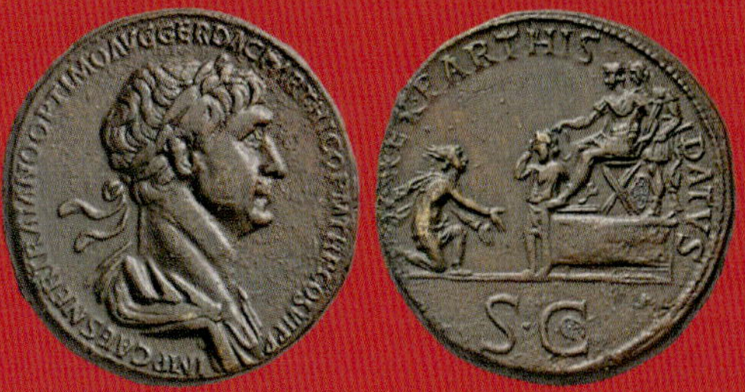

135. Sesterz, Rom, Trajan, 116/117, Kampmann 27.94, RIC 667. Rs: REX PARTHIS-DATVS, Kaiser mit Parazonium auf *sella castrensis* nach links sitzend, dahinter Offizier, davor kniende Parthia und Parthamaspates, im Abschnitt S C. A 2015: 1600. Etw. narbige Oberfl., vz

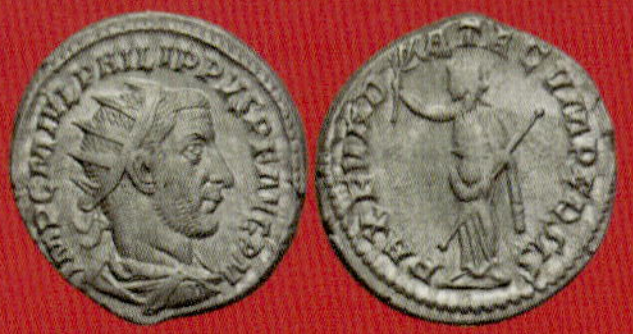

136. Antoninian, Rom, Philippus Arabs, 244, 4,46 g, Kampmann 74.16, RIC 69. Rs.: PAX FVNDATA CVM PERSIS, Pax mit Zweig und Szepter. A 2014: 60 €. ss

Capitolinus, der Juno Martialis, der Vesta, des Mars Ultor, des Mercur, des Janus, der Venus und Roma, des Antoninus Pius und seiner Gattin Faustina, der Concordia, des Divus Augustus (**112**), der Diva Faustina, der Matidia sowie der Grabbau des Romulus, des Sohnes des Maxentius.

Ebenso wurden Altäre, die *Ara pacis* und der Altar der Roma und des Augustus in Lugdunum (Lyon) abgebildet (**57–58**).

Hatte ein Kaiser einen besonders wichtigen Sieg errungen, wurde ihm ein Triumphbogen an einer prominenten Stelle Roms errichtet, wie sich auch heute noch sehen lässt. Die Bögen des Augustus, des Drusus, des Nero (**137**), Domitian, Trajan und des Septimius Severus wurden auch auf Münzen dargestellt, um den jeweiligen Sieg im ganzen Reich zu propagieren. Zum gleichen Zweck wurden auch die Säulen des Trajan und des Antoninus Pius (**138**) errichtet und auf Münzen geprägt.

Im Rahmen der von Augustus eingeleiteten *publica magnificentia* („öffentliche Prachtentfaltung") sollte sich die Größe des Imperium Romanum auch in seinen prachtvollen öffentlichen Bauten spiegeln. Einige dieser Bauwerke finden sich auf Münzen wieder, wobei sie meist einen besonderen Aspekt des kaiserlichen Wirkens unterstreichen sollten. So ließen Nero und Trajan Hafenanlagen zeigen, um den Reichtum Roms und die Sicherheit der Getreideversorgung zu veranschaulichen (vgl. **139**). Selten werden auch Brücken auf stadtrömischen Münzen gezeigt (**140**), die auf den Münzen der Provinzstädte häufiger waren. Unter Trajan und Caracalla vermitteln Münzen einen Blick in den Circus Maximus, eine zentrale Einrichtung der „Brot-und-Spiele"-Programmatik. Zu jener gehört auch das „Colosseum" (antik: *amphiteatrum Flavium*), das unter den Flaviern (und unter Severus Alexander) auf Münzen gebracht wurde (**141a, b**). Unter Trajan erscheinen weitere Bauwerke wie das Macellum (Fleischmarkt), die Basilica Ulpia und die Aqua Traiana (Wasserleitung), die v. a. das Wohlergehen der Bewohner des prachtvollen Rom illustrieren. Caracalla ließ seine

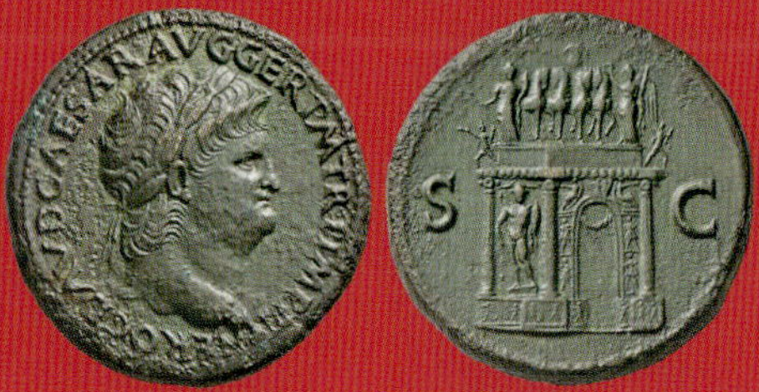

137. Sesterz, Lugdunum, Nero, 65, 26,54 g, Kampmann 14.46, RIC 432. Rs.: S C, Triumphbogen, darauf auf erhöhtem Sockel der Kaiser in Quadriga zwischen Victoria und Pax, flankiert von zwei Soldatenfiguren; in einer seitlichen Nische Marsstatue mit Lanze und Schild. A 2015: 1200 €. ss+

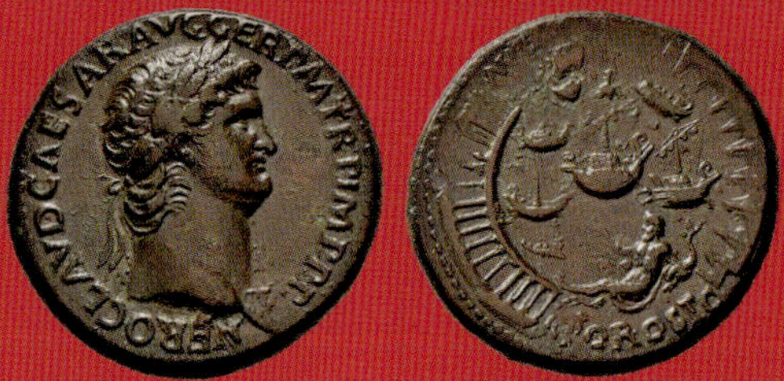

139. Sesterz 64 (?), Rom, Nero. Hafen von Ostia aus der Vogelperspektive mit 7 Schiffen und dem liegenden Flussgott Tiber mit Ruder und Delphin. RIC 178. A 2016: 25.000 €. ss+

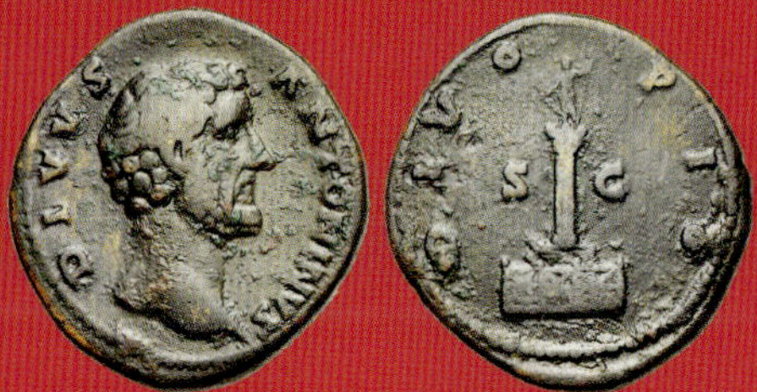

138. Sesterz, Rom, Antoninus Pius, 26,34 g, Kampmann 35.319, RIC 1269. Auf dem Revers dürfte die Ehrensäule des Kaisers auf dem Marsfeld dargestellt sein, von der sich leider nur die Basis erhalten hat. Sie ist in den Vatikanischen Museen ausgestellt. F 2016: 140 €. Belag, ss-

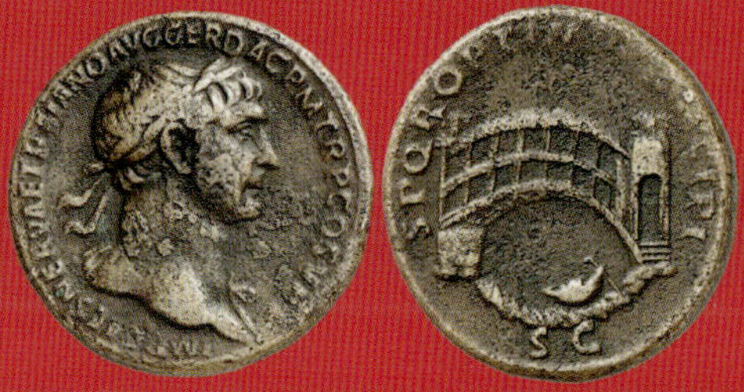

140. Sesterz, Rom, Trajan, 107–109, Rom, 23,71 g, Kampmann 27.116, RIC 569. Rs.: Brücke, darunter ankerndes Boot. A 2015: 380 €. Ger., korr., ss.

riesige Thermenanlage auf Münzen verewigen. Während, wie gesehen, Trajans propagandistischer Schwerpunkt auf der von ihm geschaffenen urbanen Architektur lag, setzte Hadrian ein einzigartiges Prägeprogramm in Gang, das den römischen Provinzen gewidmet war, die er bereist hatte. Die Legenden berichten entweder von der Ankunft Hadrians in einer der Provinzen (ADVENTVI AVG) oder sie feiern den Kaiser gar als „Wiederhersteller“ (*restitutor*) derselben (RESTITVTORI GALLIAE etc. – dem Wiederhersteller der Provinz Gallien etc., **142**). Gelegentlich finden auch die in den Provinzen stationierten Heere Erwähnung (EXERCITVS MAVRETANICVS etc., **143**). Antoninus Pius setzte die Ausgabe der sog. „Provinzmünzen“ in abgeänderter Form fort.

Tesserae

Es gibt weitere münzähnliche Objekte, die für Numismatiker von Interesse sein können – nicht zuletzt, da sie sich häufig auf den gleichen Verkaufstabletts finden wie „gewöhnliche“ Münzen. Dazu gehören die Tesserae (Sing.: Tessera, **144**), die funktional mit neuzeitlichen Jetons oder Token verwandt sind. Ihr Name leitet sich her von den einzelnen Steinchen von Mosaiken und ist am ehesten mit „Marke“ zu übersetzen. Nur selten können wir den Bildern und Beschriftungen entnehmen, was man mit diesen Marken erwerben konnte oder wozu sie berechtigten. Auch zur griechischen Numismatik gehören Tesserae, wenngleich sie dort noch seltener vorkommen. Eine eigene Gruppe unter den römischen Tesserae stellen die sog. Spintrien (**145**) dar. Dies ist ein barocker Kunstbegriff, der auf die sexuellen Darstellungen auf den Vorderseiten dieser Marken Bezug nimmt. Ob die Spintrien wirklich in Bordellen Verwendung fanden, wie ein Teil der Forschung meint, ist nicht sicher. Möglich ist auch, dass sie als Spielsteine verwendet wurden.

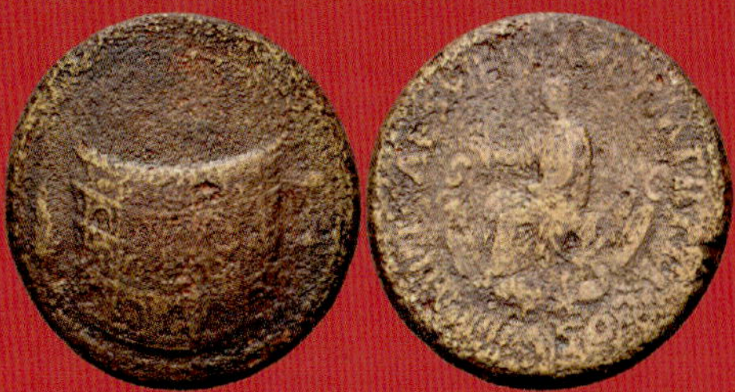

141a. Sesterz, Rom, Domitian für Divus Titus, 81, 22,31 g, Kampmann 22.90, RIC 184. Rs.: Colosseum (Amphiteatrum Flavium), l. Brunnen (Meta Sudans), r. Gebäude. A 2016: 8000 GBP. sge

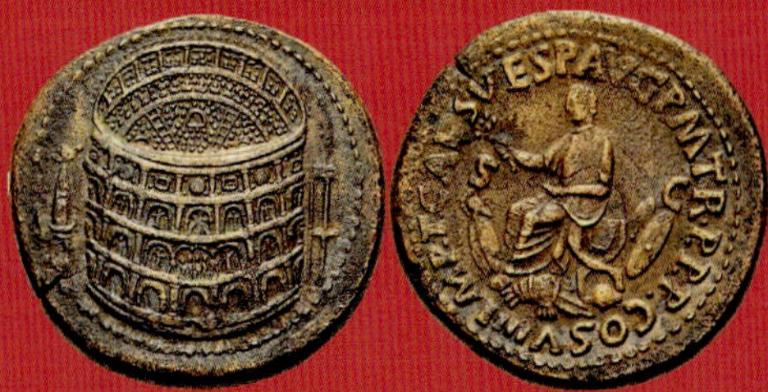

141b. Sesterz ,Rom, 81, 25,92 g. Dieser Münztyp ist äußerst rar. Nur sieben Stück befinden sich in privater Hand. A 2011: 380000 CHF. ss-

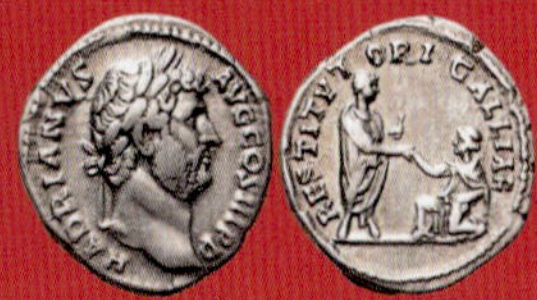

142. Denar, Rom, Hadrian, 134–138, 3,41 g, Kampmann 32.230, RIC 324. Rs.: RESTITVTORI GALLIAE, Hadrian reicht der knienden Personifikation Galliens die Hand. A 2015: 95 GBP. ss

Kontorniaten

Dieser Begriff (Sing.: Kontorniat) ist eine Wortschöpfung der Renaissance und nimmt darauf Bezug, dass der Rand dieser Objekte rundherum mit einem Hammer bearbeitet wurde. Der Rand bildet also beidseitig einen dicken Wulst und besitzt somit ein charakteristisches Profil (ital.: contorno). Anfangs wurden (meist große) Bronzemünzen aus dem Umlauf derart umgearbeitet, um sie als Spielsteine verwenden zu können. Diese frühe Stufe der Kontorniaten werden heute auch als Proto-, manchmal sogar als Pseudokontorniaten bezeichnet (**146**). Im 4. Jh. wurden Kontorniaten dann eigens geprägt oder auch gegossen und mit zusätzlichen Gravuren versehen. Diese Stücke sind keine Münzen mehr. Ihr Zweck ist nicht ganz klar. Ihre Bilder evozieren vergangene Zeiten. Oft taucht Alexander der Große auf, aber auch Nero und Trajan erfahren eine Wiederkehr. Auf den Rückseiten befinden sich oft mythische oder triumphale Szenen (**147**). Die Forschung ist sich noch uneinig, ob diese eigenartigen und sehr seltenen Objekte eher dem offiziellen oder dem privaten Bereich zuzuordnen sind. Grundlegend zu diesem (recht exklusiven) Sammelgebiet sind Alföldi 1976 sowie Mittag 1999.

Medaillons

Dieser Terminus birgt einige definitorische Tücken, denn nicht immer sind sich zwei Numismatiker darüber einig, ob sie ein Medaillon oder eine Münze vor sich liegen haben. Medaillons sind (i. d. R.) besonders große Münzen, die nicht primär für den Zahlungsverkehr hergestellt worden sind, aber dennoch meist an das Nominalsystem gekoppelt sind. Ihre Größe, die qualitätvolle Ausführung und/oder die ungewöhnlichen Bilder heben Medaillons von gewöhnlichem Geld ab. Üblicherweise findet Buntmetall Verwendung, gelegentlich werden sogar zwei Metallsorten miteinander verkoppelt – ähnlich wie bei den Euromünzen (Bimetall-Medaillons). Auch Medaillons aus Silber kommen vor. Als Goldmedaillons kann man die Mehrfach-Stücke (Multipla) von Aurei und Solidi bezeichnen (**74**). Manchmal geben die Stücke zu erkennen, zu welchem besonderen Anlass sie geprägt wurden, oft regen sie zu Spekulationen an, an wen der Kaiser sie verschenkt haben mag. Ab der Mitte des 3. Jhs. nimmt die Prägung von Goldmultipla zu. Diese dienten mit Sicherheit als kaiserliche Gaben (*donativa*) in militärisch-politischem Zusammenhang. Zeitgenössische Fassungen und Lochungen zeigen, dass die Empfänger sie als Auszeichnungen empfanden und entsprechend zur

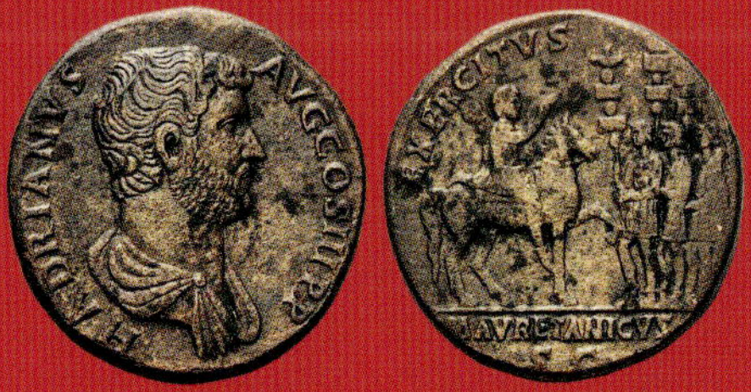

143. Sesterz, Rom, Hadrian, 134–138, 17,44 g, Kampmann 32.177, RIC 925. EXERCITVS / MAVRETANICVS / S-C. Hadrian zu Pferd vor einer Gruppe von Soldaten mit Standarten. A 2013: 550 GBP. Por., entpatiniert, ss-

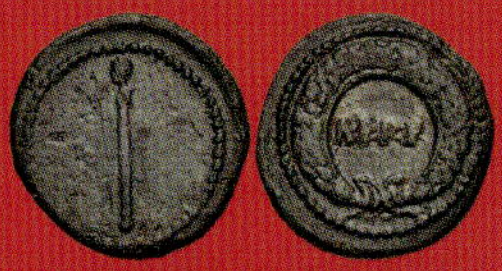

144. Tessera, 1.–2. Jh., 2,33 g, anonym, Cohen VIII 53. Auf der Vs. ist ein Szepter mit einem Köpfchen zu sehen, die Rs. zeigt einen Kranz, darin steht: A P P F. A 2015: 140 $. f. ss

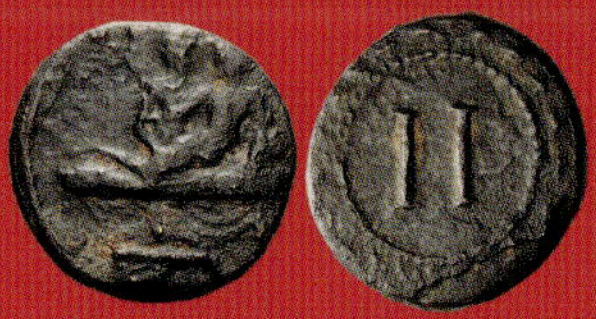

145. Tessera, Zeit des Tiberius, 14–37, 5,21 g. Die Vs. zeigt eine Beischlafszene auf einer Kline (Liege), bei der der Mann *a tergo* eindringt. A 2015: 550 CHF. s

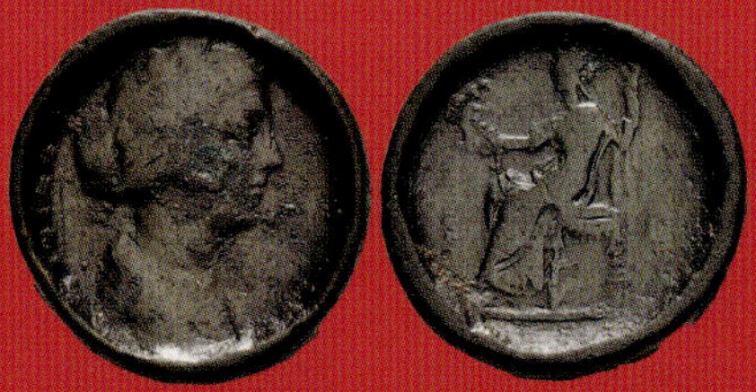

146. Sesterz, antik bearbeitet (aufgehämmerter Rand), Lucilla, 163–181, 23,89 g, Kampmann 40.33, RIC 1771. Rs.: Venus linkshin sitzend. F 2015: 75 GBP. s

Schau stellten. Einen aktuellen Überblick über die bronzenen Medaillons von Augustus bis Pius bieten Mittag 2010 und 2019. Standardwerk ist nach wie vor Gnecchi.

Restitutionsprägungen

Diese Münzen sind eine römisch-kaiserzeitliche Besonderheit. Es handelt sich um Nachprägungen älterer Münztypen. Die Legende weist darauf hin, welcher Kaiser für die Wiederauflage verantwortlich war (mit dem Wort REST[ituit] – „hat wiederhergestellt“). Besonders Vespasian und Trajan taten sich mit Restitutionsmünzen hervor. Die Münzbilder, die sie dabei auswählten (teils auch noch solche aus der Römischen Republik) deuten darauf hin, dass sie damit politische Botschaften zur Herrschaftsstabilisierung senden wollten, indem sie u. a. ihr Traditionsbewusstsein hervorhoben. Allerdings hatten sie wahrscheinlich auch fiskalische Gründe, altes Geld aus dem Verkehr zu ziehen, um neues zu prägen, was besonders auf Trajan zutrifft. Auch unter anderen Kaisern erschienen Restitutionsmünzen, meist zu speziellen Anlässen, so wurden z.B. zur 200. Jährung der Schlacht bei Actium Legionsdenare neu aufgelegt. Eine Untersuchung zu den Restitutionsmünzen des 1. Jhs. liefert Komnick.

Zeitgenössische Bearbeitungen

Münzen waren stets mehr als Geldstücke und Träger offizieller Botschaften. Das sieht man an den Veränderungen, die Menschen an ihnen vorgenommen haben. Ein häufiger Gebrauch war der als Amulett. Solche Stücke sind an ein- oder mehrfachen Lochungen erkennbar. Einfach gelochte Münzen wurden wahrscheinlich als Halsschmuck getragen, wobei sich an der Position des Lochs meist erahnen lässt, welche Münzseite als Schauseite betrachtet wurde. Ob eine Lochung in der Antike oder eher in jüngerer Zeit vorgenommen wurde, lässt sich meist an der Patinierung des Lochs abschätzen. Mehrfache (meist vierfache) Lochungen deuten darauf hin, dass das Geldstück appliziert wurde, beispielsweise auf einem Kleidungsstück. Auch aufwändigere Bearbeitungen von Münzen zu Schmuck kommen vor. So findet man gelegentlich Aurei, die mit aufwändigen Fassungen versehen worden sind (die allerdings nicht immer antik sein müssen!). Aus der Spätantike kennt man ganze Colliers, bestehend aus Goldmünzen. Neben der Verarbeitung zu Schmuck wurden Münzen zu Spielsteinen umgewidmet (s. o., **146**). In gewissen Zeiten und Regionen wurden Münzen (besonders Bronzemünzen) in zwei Hälften geteilt, um als Teilnominal weiterverwendet zu werden (**149**) – ein

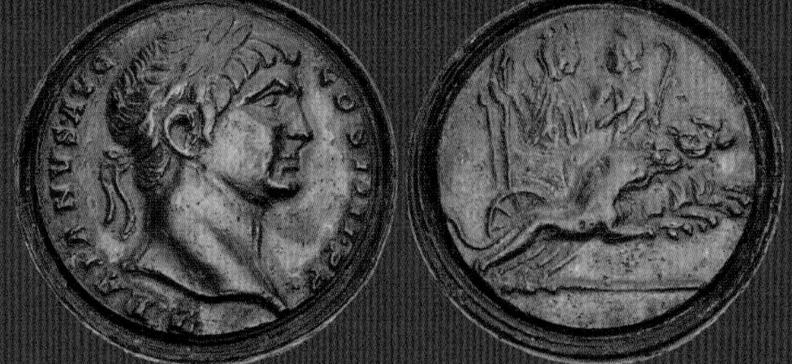

147. Kontorniat mit Portrait des Trajan, 4. Jh., 25,69 g, Alföldi 301, Tf. 124, 12–Tf. 125, 4. Vs.: TRAIANVS AVG COS IIII P P, Rs.: Cybele und Attis in Löwenquadriga. A 2015: 7000 €. Rs. Doppelschl., vz/ss

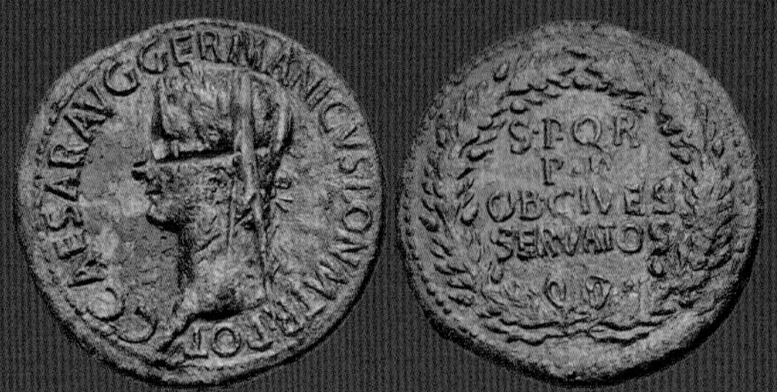

148. Sesterz, Rom, Caligula, 37/38, 26,2 g, Kampmann 11.8, RIC 37. Die gezielte Beschädigung des Kaiserportraits auf der Vs. deutet auf eine damnatio memoriae hin. A 2016: 1200 $. ss

Notbehelf aus Mangel an Kleingeld. Schließlich kommen immer mal wieder Münzen mit Beschädigungen vor, die nicht immer zufälliger Natur sind. Eine besondere Stellung nehmen hierbei Geldstücke von Kaisern ein, die im Nachhinein als Tyrannen angesehen wurden. Auf manchen ihrer Münzen sind die Portraits mehr oder weniger stark beschädigt, bis hin zur vollständigen Erasion. Diese Tilgung des Angedenkens ist unter dem neuzeitlichen Kunstbegriff *damnatio memoriae* bekannt (**148**). Weniger gravierend sind die zeitgenössischen Eingriffe, die man als *graffiti* (Sing.: *graffito,* **40, 43**), also in etwa: „Kritzeleien", bezeichnet (dies ist wiederum ein zeitgenössischer Begriff). Darunter versteht man (meist sehr feine) Einritzungen, häufig von einzelnen Buchstaben, Zahlen, Initialen oder Symbolen (wie dem in der Spätantike beliebten Chi-Rho, dem Christogramm). Kaufleute oder Bankiers versahen zu gewissen Zeiten, vorwiegend in der späten römischen Republik, Edelmetallmünzen mit Punzierungen, also kleinen Einhieben (vgl. auch Abb. **I.12**). Vermutlich kennzeichneten sie damit Münzen, von deren Echtheit sie überzeugt waren. Obwohl sie alle den historischen Reiz der jeweiligen Objekte erhöhen, sind all diese Eingriffe wertmindern.

Schließlich gab es noch Verwendungen von Münzen abseits ihres ursprünglich bestimmten Zwecks, die an den Objekten selbst allerdings keine Spuren hinterließen: Münzen wurden als Glücksbringer in Brunnen oder Flüssen geworfen oder an heiligen Orten niedergelegt, gelegentlich auch als Opfergabe. In diesen Zusammenhang gehört auch der sog. „Charonsobol", eine Münze, die Toten mit ins Grab (unter die Zunge) gegeben wurde und bei archäologischen Grabungen dann im Kopfbereich anzutreffen ist. Auch die übrigen vorgenannten Verwendungszwecke lassen sich nur archäologisch erschließen.

Zeitgenössische Imitationen und Fälschungen

Fast sofort nach „Erfindung" der Münze entstanden die ersten Fälschungen. Sie erforderten hohes handwerkliches Geschick: Ein minderwertiger Metallkern musste von einer dünnen Schicht edleren Materials umschlossen werden, und das Prägebild wurde meist

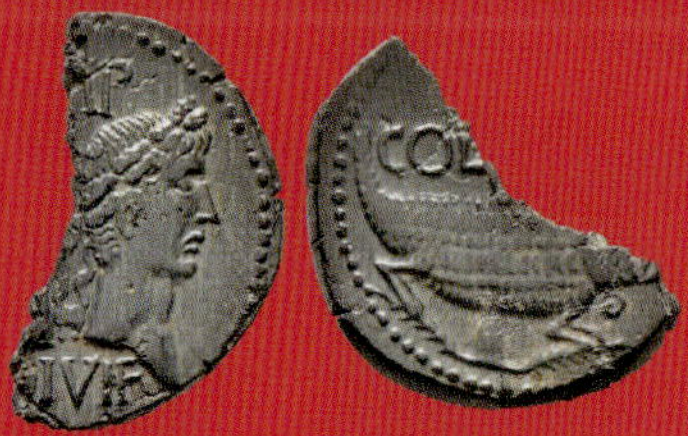

149. As oder Dupondius, antik halbiert, Nemausus (Nîmes), 9 v.–10 n. Chr., 6,74 g, Kampmann 4.4, RIC 158, RPC 524. Vs.: Kopf des Augustus mit Eichenkranz (links ist das Portrait des Agrippa zu ergänzen), Rs.: Krokodil an Palme gekettet. F 2015: 50 €. ss+

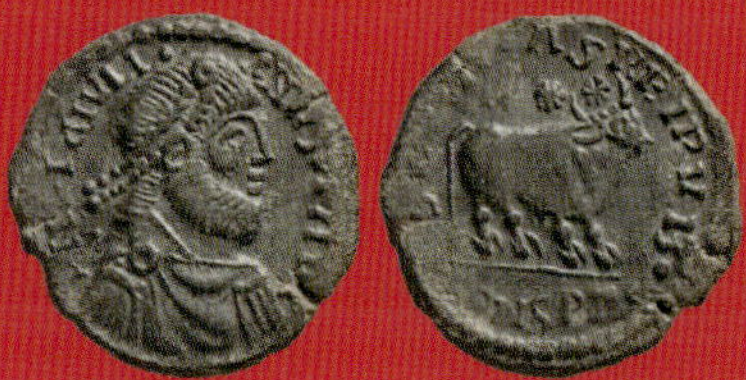

150. Imitation einer Doppelmaiorina des Julianus Apostata (360–363), ca. 3. Viertel 4. Jh., 8,23 g, vgl. Kampmann 153.33, RIC 162. D N F I d I IVLI·-ANVS VP AVC (sic!), Rs.: SECVRITAS REI PVB·/ CONSPA, vgl. Abb. 62. A 2015: 800 €. ss

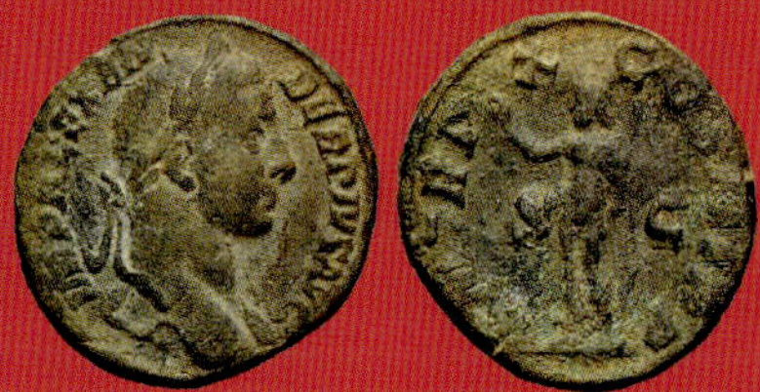

151. Antiker Nachguss eines Sesterz des Severus Alexander (222–235), sog. Limesfalsum, 9,97 g, vgl. RIC 513. Große Nominale sind als Limesfälschungen nicht besonders häufig auf Auktionen zu finden. A 2012: 30 €. ss

sehr exakt von Originalen abgenommen (**I. 80**). In der römischen Numismatik kommen solche plattierten Münzen mit großer Regelmäßigkeit vor. Handelt es sich um Imitationen silberner Denare, bei denen ein Kern aus unedlem Erz (lat.: *aes*) verwendet wurde, nennt man die Produkte *subaerat* oder auch *Subaerati.* Fälschungen von Aurei sind wesentlich seltener (**69**). Bei ihnen kam häufig Blei zum Einsatz. In manchen Zeiten und Regionen wurden sogar Bronzemünzen gefälscht, die dann mit einem Eisenkern (Eisen = *ferrum*) versehen waren und als *subferrat* bezeichnet werden können. Der Oberbegriff für all diese Fälschungen heißt plattierte Münzen oder „fourrés" (dt.: „Gefütterte"). In den meisten Fällen darf man den antiken Münzfälschern Gewinnsucht unterstellen. Es gibt aber auch Fälschungen aus gutem Metall, bei denen kaum zu erkennen ist, dass der Fälscher damit einen Gewinn erzielen konnte, besonders wenn das Gewicht auf dem Niveau der Originale liegt. In diesen Bereich fallen die Imitationen: Münzen, die sich vor allem durch stilistische Eigenheiten von den authentischen Exemplaren unterscheiden. Sie ahmen die Originale eher nach, als dass sie sie kopierten. Häufig sind sie an ungeschickt geschnittenen Motiven oder grobschlächtigen bis unlesbaren Legenden zu erkennen und werden dann auch als „Barbarisierungen" bezeichnet (**150**). Dieser Begriff lenkt zugleich den Blick auf den zu vermutenden Zweck dieser Münzen: Sie sollten offizielles römisches Geld in den Regionen ersetzen, wo an solchem Mangel herrschte. Eine spezielle Sorte dieser Barbarisierungen sind die sog. Limesfalsa (also: „Limesfälschungen"): Dies sind hauptsächliche kleine und kleinste Nominale aus Buntmetall, die mithilfe sehr einfacher Förmchen gegossen wurden (**151**). Man kann sie auch als Ersatzkleingeld bezeichnen.

Allgemeine Hinweise zum Sammelgebiet:
Die römische Kaiserzeit bietet unzählige Möglichkeiten, seinem Sammlertrieb nachzugehen. Dabei muss man nicht gleich nach dem Höchsten streben, eine vollständige Dokumentation sämtlicher Kaiser (und Usurpatoren) bis in die Spätzeit anzulegen (was ein äußerst kostspieliges Unterfangen wäre). Es bietet sich beispielsweise an, nur die Münzen bestimmter Kaiser (vielleicht der „Guten“ oder auch der „Schlechten“) oder Dynastien zu sammeln. Auch kann man sich auf einzelne Nominale, bspw. prachtvolle Sesterzen, beschränken, die bestimmte Motive zeigen, z. B. die Architektur Roms, Konsekrationen oder Heilgötter. Auch ließe sich ein hübsches Pantheon der römischen Götter zusammentragen. Oder man legt eine Querschnittssammlung an, die sich wichtigen Momenten der römischen Ereignisgeschichte widmet. Wer von der Qualität römischer Portraits fasziniert ist, kann sich auch auf einen Kaiser spezialisieren und dessen verschiedene Portraittypen studieren. Heimatkundlich Interessierte können sich auf bestimmte römische Münzstätten, bspw. Köln (Colonia Agrippina, 257–274) und Trier (Augusta Treverorum / Treveri, 260–423) spezialisieren. Dies alles sind nur einige Möglichkeiten, die sich anbieten.
Der Einstieg in das Sammelgebiet ist sehr günstig – besonders im Hinblick auf das hohe Alter der Sammelobjekte: Spätantike Kleinmünzen in mäßiger Qualität findet man auf Münzbörsen leicht für unter 10 €, Stücke in besserer Erhaltung (ss, vz) bereits ab 20 €, kommune Denare aus dem 2. Jh. kosten in ss kaum mehr als 80 €, Sesterzen in s um die 50 €. Natürlich sind die Preise für qualitätvolle Stücke deutlich höher anzusetzen. Neben den üblichen Kriterien wie Erhaltung und Seltenheit (wobei auch Portraitvarianten eine Rolle spielen) ist es auch die Qualität des Kaiserportraits, die den Preis beeinflusst. Das niedrige Preisniveau für „schwache“ Römer liegt auch daran, dass solche in vielen europäischen Ländern immer wieder gefunden werden, der Nachschub also nicht abreißt. Allgemein ist vor dem Erwerb von Fundmünzen zu warnen, denn gerade im osteuropäischen Raum werden oft Fundplätze systematisch abgeräumt, um meist minderwertige Bronzemünzen zu gewinnen. Großbritannien und die Niederlande allerdings praktizieren eine vorbildliche Zusammenarbeit von Archäologen und Sondengängern, die ihre Funde online melden (https://finds.org.uk/) und damit legalisieren können. Derart dokumentierte Münzen kann man als Sammler bedenkenlos erwerben. In Deutschland herrscht das staatliche Schatzregal, wonach Bodenfunde dem Land gehören. Ob man gemeldete Funde behalten darf, hängt vom guten Willen des jeweiligen Landesdenkmalamtes ab.

Weiterführende Literatur:
Einen sehr guten ersten Überblick über das gesamte römische Münzwesen (einschließlich Preisen, die eine grobe Orientierung geben) bietet Kampmann-Walther 2022, mit dem allerdings keine Feinbestimmung möglich ist. Der englischsprachige Sear 2000–2014 ermöglicht eine solche und bietet größere Ausführlichkeit, da fünf Bände vorliegen, was die Anschaffung allerdings auch deutlich teurer macht. Das Nonplusultra für Wissenschaftler stellt der elfbändige RIC dar, wobei einige Bände jedoch als veraltet gelten müssen (Preis kplt. ab ca. 300 €). Vergleichbar sind nur noch BMC und Hunter. Auch der alte Katalog von Cohen wird häufig noch zitiert („C.“).Von den älteren Referenzwerken kursieren pdfs im Internet.
Für einige Kaiser, Perioden oder Münzstätten existieren Spezialwerke wie Bastien (Lugdunum), Calicó (Aurei), King (Quinare) und Schulte (Postumus). Die Reihe Moneta Imperii Romani (MIR) bietet ambitionierte Detailstudien zu einzelnen Kaisern (bislang: Tiberius, Caligula, Trajan, Marc Aurel, L. Verus, Valentinian, Gallienus, Salonina, Aurelian). Einen guten Überblick aus eher historischer Perspektive bietet schließlich Carson 1990. Einzelne Artikel im Handbuch von Metcalf 2012 beleuchten die Epochen aus wissenschaftlicher Perspektive: Wolters 2012 (Julisch-Claudische Zeit), Carradice 2012 (Flavier), Beckmann 2012 (Trajan und Hadrian), Yarrow 2012 (Antoninus Pius bis Commodus), Abdy 2012 (Severer), Bland 2012 (Soldatenkaiser), Estiot 2012 (spätes 3. Jh.). Eine wertvolle Hilfe beim Einstieg in das faszinierende Feld der spätantiken Kleinmünzen bietet Bruck 2014.
Neben den Münzcorpora gibt es unzählige Spezialstudien und strukturale Darstellungen zum Thema, von denen einige genannt sein sollen. Ponting – Butcher bringen eine umfassende Analyse der Metallgehalte römischer Münzen auf neuestem Stand der Technik. Hasler hat eine sehr gute Geld- und Finanz-

geschichte geschrieben. Szaivert – Wolters verzeichnen historische Angaben zu Löhnen und Preisen. Zahlreiche generelle Fragen, aber auch Spezialprobleme zum römischen Münzwesen behandelt Wolters 1999. Ein umfassendes Verzeichnis fast aller Funde bietet die große Reihe „Die Fundmünzen römischer Zeit in Deutschland“ (FMRD).

Von den zahlreichen Webseiten, die sich mit römischen Münzen befassen, verdient OCRE (Online Coins of the Roman Empire, numismatics.org/ocre) besondere Erwähnung, da er die Informationen zahlreicher RIC-Bände umfasst und diese mit Funddaten und Sammlungskatalogen verlinkt. Daneben gibt es weitere Datenbanken, die auch den RIC abbilden wollen und dabei bestimmte Schwerpunkte setzen: davy.potdevin.free.fr/Site/home.html , artemis.austincollege.edu/acad/cml/rcape/vcrc/index.html , www.romancoins.info . Auch wildwinds.com bietet einen großen Bestand römischer Münzen, basierend auf ihrem Vorkommen im Handel.

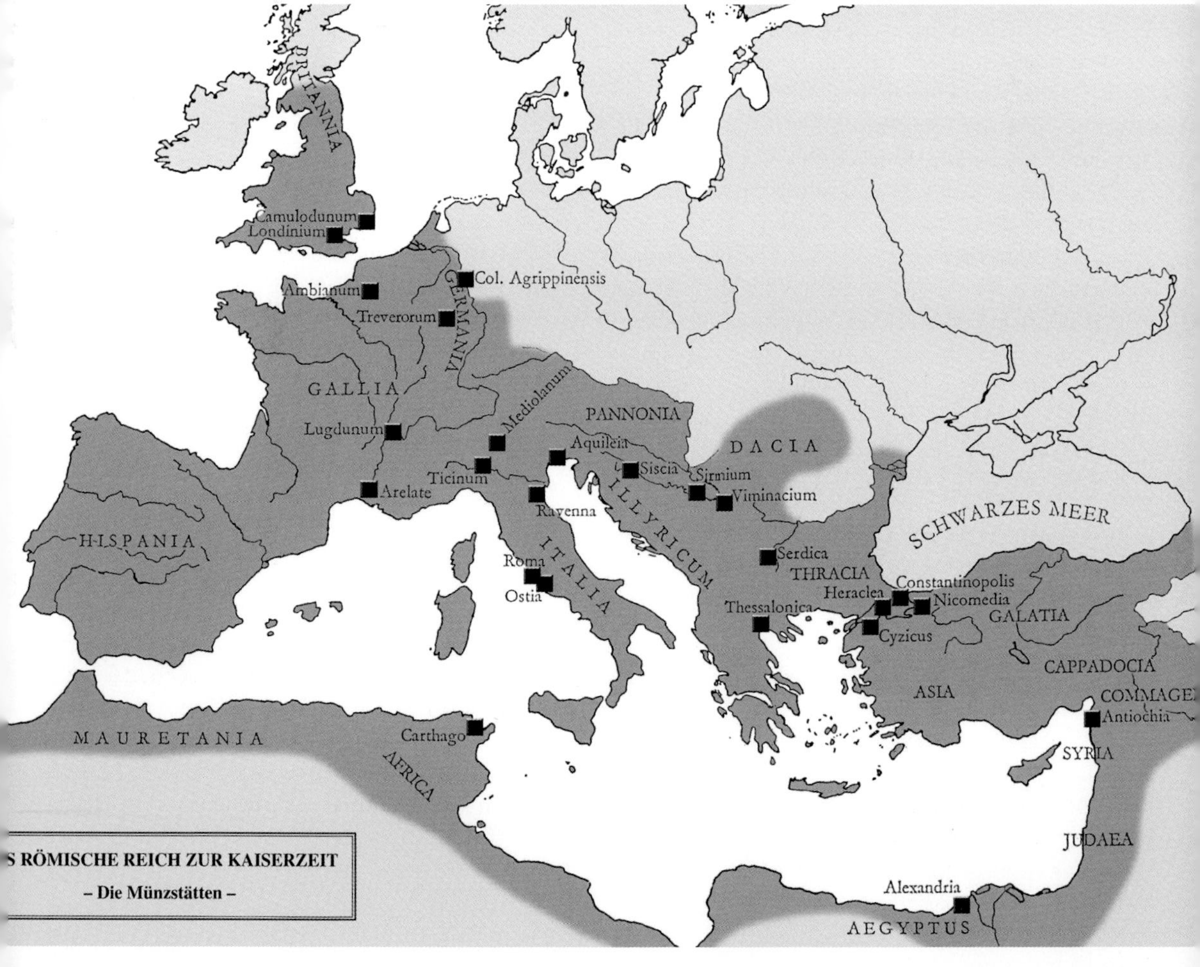

S RÖMISCHE REICH ZUR KAISERZEIT
– Die Münzstätten –

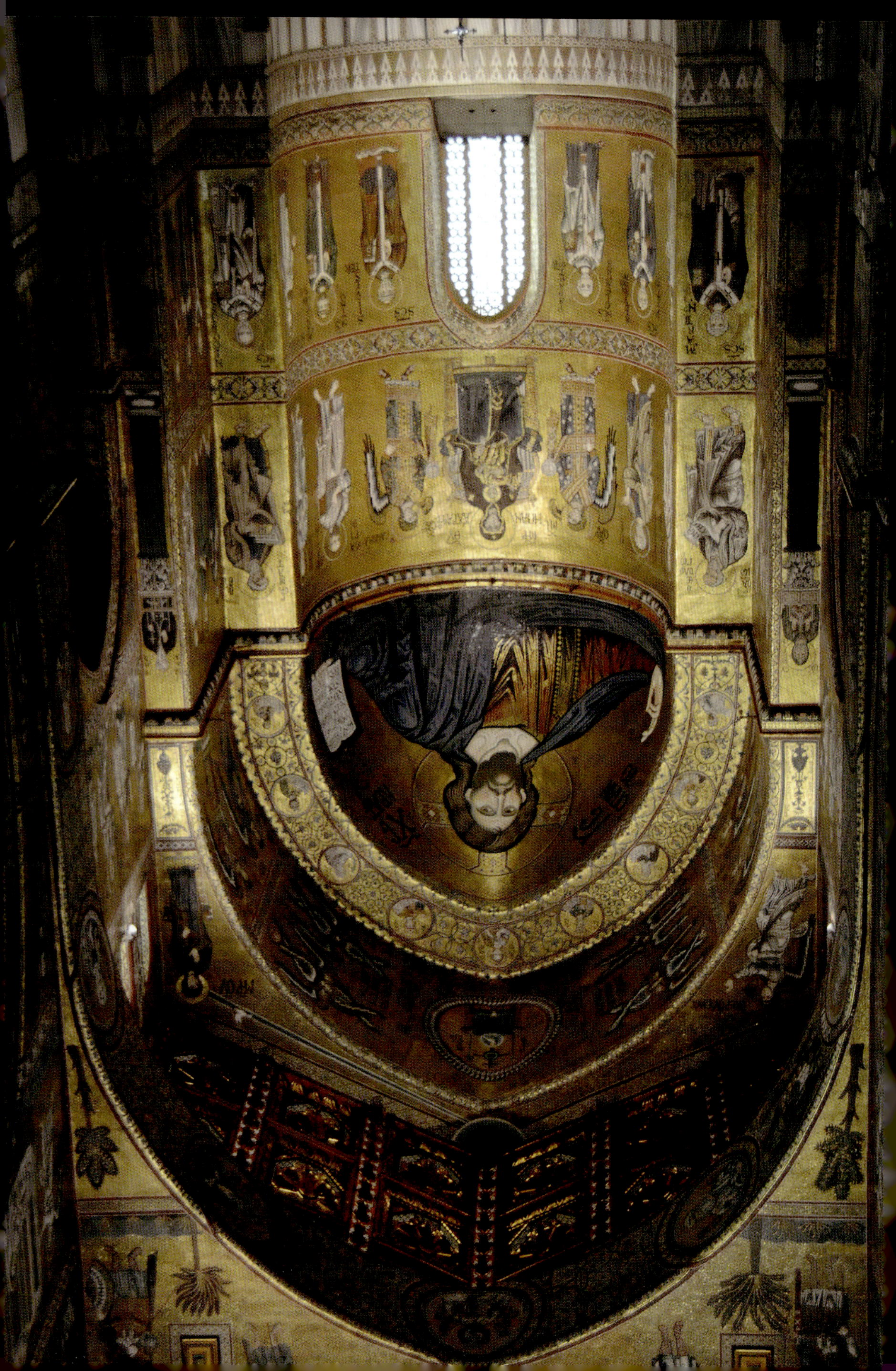

III. Exkurs: Byzantinische Münzen

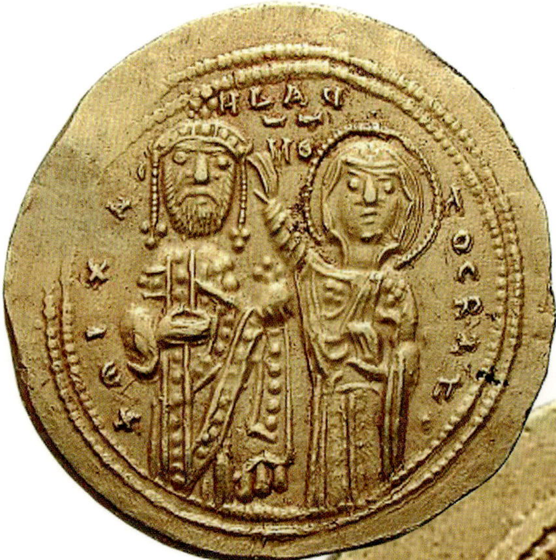

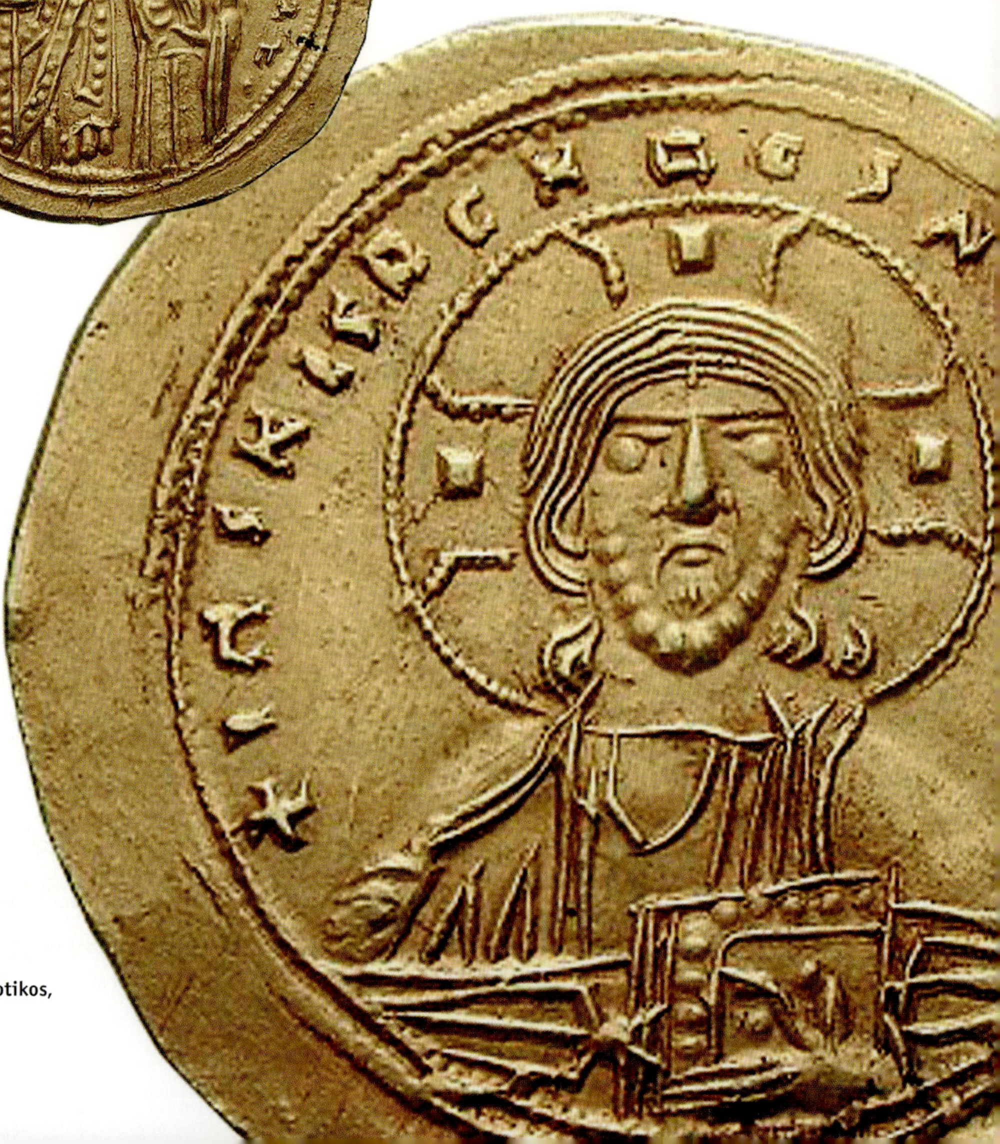

Histamenon,
Michael VI. Stratiotikos,
1056 – 1057.

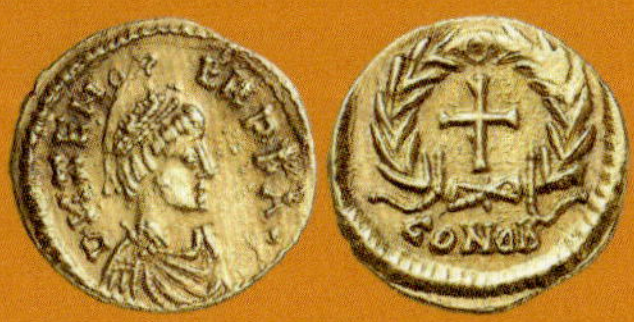

Abbildung 150 %

1. Ostgoten, Odoaker, 476 – 493 (im Namen des Zeno), Tremissis, Ravenna, 1,47g, RIC vgl. 3637. Vs.: DN Z(retrograd)ENO P-ERP F AV, drapierte Panzerbüste im Profil n. r. mit Diadem. A 2015: 1200. Schrtf., vz

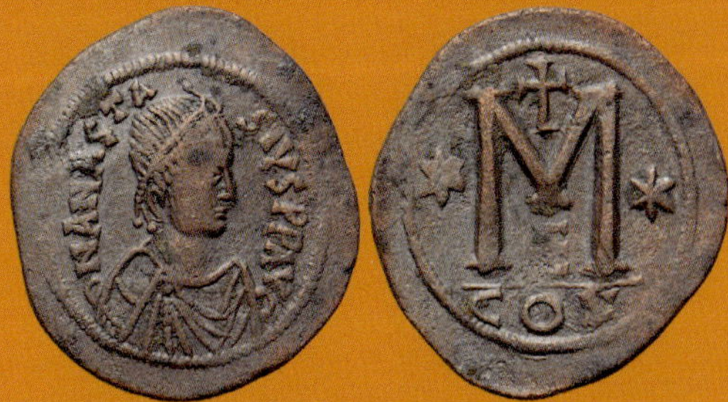

2. Anastasius, 491–518, Follis, Konstantinopel, 18,48 g, Sommer 1.15, Sear 19. Der Buchstabe E(psilon) unter dem Wertzeichen M steht für die 5. Offizin. Im Abschnitt steht das Kürzel für die Prägestätte. A 2015: 40 €. Prschw., ss

III. Byzantinische Münzen

Das oströmische Reich war eines der beständigsten Weltreiche. Fast 1000 Jahre lang, von ca. 500 bis 1453, beherrschte es den östlichen Mittelmeerraum. Es spannt also einen Bogen von der Antike in die frühe Neuzeit.

Im Jahr 330 n. Chr. traf Konstantin der Große eine folgenreiche Entscheidung: Er gründete – auf dem Boden der Stadt Byzantion (**I 48**) – eine Stadt, die sich zu einem Gegengewicht zu Rom, das seit Jahrhunderten das Machtzentrum des Mittelmeerraums gewesen war, entwickeln sollte. Die Stadt benannte er nach sich selbst: Konstantinopolis, die Stadt Konstantins (heute Istanbul). In den darauffolgenden Jahrhunderten geriet das lang etablierte Machtgefüge rund um das Mittelmeer aus den Fugen. Alles war im Umbruch. Hatte Konstantin die Religion der Christen nur toleriert, erhob Kaiser Theodosius (379 – 395, **II 54**) das Christentum 392 zur Staatsreligion. Auch politisch bedeutet seine Regierungszeit eine Zäsur, denn unter ihm wurde die Trennung des Römischen Reichs zu einer vollendeten Tatsache. Seinem jüngeren Sohn Honorius (395 – 423) fiel die Westhälfte mit Rom als Hauptstadt zu, während der ältere, Arcadius (395 – 408), über den Osten herrschte, dessen Metropole Konstantinopolis war. Das westliche Imperium stand unter dem Druck der Völkerwanderung und verfiel im 5. Jh. in Chaos. Einen Schlusspunkt des weströmischen Reichs stellte der Sturz des erst 16jährigen „Kaisers" Romulus „Augustulus" durch den Herulerkönig Odoaker (**1**) dar. Das oströmische Reich dagegen erhob die Weiterführung des glanzvollen *Imperium Romanum* in griechischem Gewand zu seinem Programm. Die byzantinischen Kaiser verstanden sich als Römer (griech.: *Rhomaioi*) und betrachteten die späteren westeuropäischen Kaiser, die den gleichen Anspruch hegten, mit gutem Recht als Usurpatoren, denn schließlich klaffte zwischen der Herrschaft der Karolinger und dem Tod des Romulus Augustulus eine enorme zeitliche Lücke, während das byzantinische Reich einigermaßen stabil gewesen war. In diesem Gebilde gingen die christliche und hellenische Kultur unter orientalischem Einfluss eine einzigartige Verbindung ein, die sich überdies als sehr beständig und regenerationsfähig erwies. In der byzantinischen Münzprägung spiegeln sich zahlreiche Entwicklungen und Charakteristika dieses Gebildes wider. Aus kunstgeschichtlicher Perspektive nehmen diese Münzen einen besonderen Platz in der Abfolge von der klassischen Antike zur Frühen Neuzeit ein.

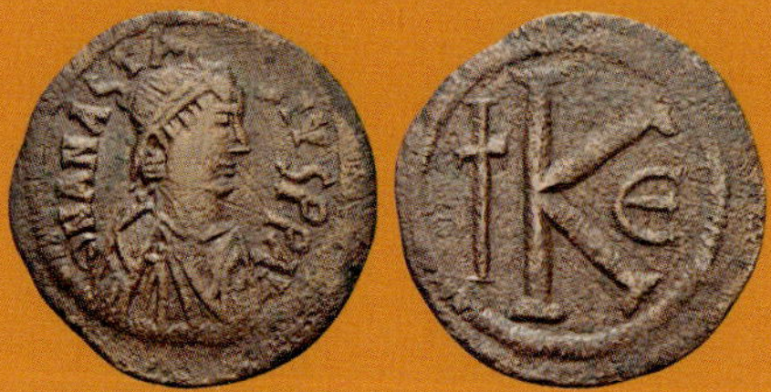

3. Anastasius, 20 Nummi (Halbfollis), Konstantinopel, 8,36 g, Sommer 1.22, Sear 25. Auch diese Münze stammt von der 5. Offizin. V 2014: 75 €. ss

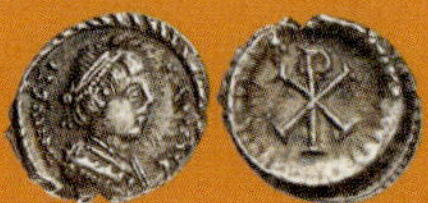

4. Justinian I, 527–561, 1/2 Siliqua, Ravenna, 552–565, 1,51 g, Sommer -, Sear 319. Vs.: D N IVSTI-NIANVS PP AVG, Konsularbüste mit Perlendiadem n. r. A 2015: 275 €. ss

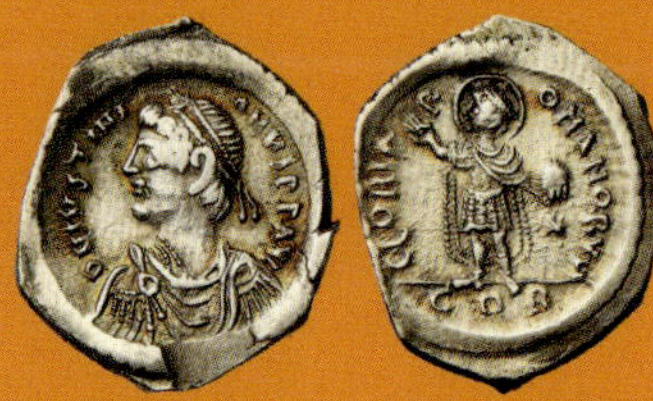

5. Justinian I., Miliarense, Konstantinopel, 527–537, 3,93 g, Sommer 4.11, Sear 154. A 2015: 1700 €. ss

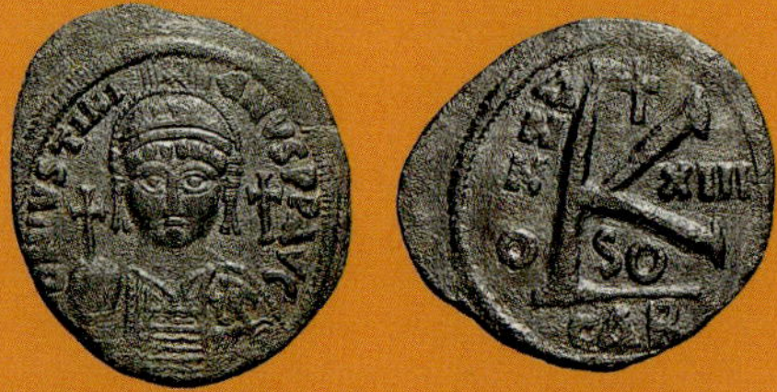

6. Justinian I., ½ Follis (20 Nummi), Karthago, Jahr 540/541, Sommer 4.127, Sear vgl. 264–266. Rechts in den Winkeln des Wertzeichens K befindet sich die Jahresangabe 13, die sich auf die Regierungsjahre bezieht. A 2010: 130 €. ss

Anastasius (491–518)

Aus numismatischer Perspektive setzt mit diesem Kaiser bereits das byzantinische Zeitalter ein, denn ihm ist eine Münzreform zu verdanken (498), die lange nachwirkte. Das byzantinische Münzwesen blieb innerhalb der von Konstantin dem Großen vorgegebenen Bahnen. Dieser hatte im Jahr 309 das römische Währungssystem, das zuvor mehrfach kurz hintereinander kollabiert war, auf eine neue Grundlage gestellt, indem er den goldenen Solidus als Leitnominal einführte (s. S. 97). Dieses Währungssystem mit den Halb- („Semissis") und Drittelstücken („Tremissis") wurde von den oströmischen Kaisern übernommen. Auch die Bronzenominale Konstantins fanden in das byzantinische Geldgefüge Eingang. Hauptnominal war der Follis, der als 1/210 des Solidus zählte (**2**). Der große, bronzene Follis kannte noch eine Untereinheit, den Nummus: 40 Nummi waren ein Follis. Aus diesem Grund finden sich auf den Bronzemünzen meist (griechische) Zahlzeichen: M (40) für den Follis, K (20) für den Halbfollis (**3**), Λ (30) für den Dreiviertelfollis (eher selten geprägt). Neben diesem Kleingeld, das es noch in anderen Abstufungen (z. B. den 10er [Dekanummion] oder den 5er [Pentanummion]) gab, bestanden auch die spätrömischen Silbernominale weiter. Sie wurden unter den meisten Kaisern jedoch in sehr geringer Zahl geprägt. Der Solidus war unterteilt in 24 Siliquen, Silberstücke von dann noch etwa 2,3 g, die allerdings recht selten und gelegentlich nur in Teilstücken ausgeprägt wurden (**4**). Von diesen gab es auch Doppelstücke, sogenannte Miliarensia, die anfangs auch sehr selten waren (**5**, Sing. Miliarense). Spätere Kaiser nahmen Modifikationen an diesem System vor (s. u.). Die folgende Übersicht beschränkt sich auf die Kaiser, unter denen nennenswerte Änderungen an den byzantinischen Münzen, sei es bei den Nominalen oder der Ikonographie, vorgenommen wurden.

Justinian (527–565)

Einen Höhepunkt in der byzantinischen Geschichte stellt die Regierungszeit des Kaisers Justinian dar. Unter ihm erlangte das Reich fast wieder seine alte Größe. In mehreren Feldzügen eroberte er Italien und Nordafrika zurück und sicherte die Herrschaft über den Mittelmeerraum. Münzen mit seinem Namen wurden in Antiochia (Syrien), Karthago (**6**), Alexandria (**7**), Ravenna und auf der Krim (= Taurische Chersones) geprägt. Auch gegen die persischen Sasaniden (vgl. **I 176**) konnte er sich behaupten, war allerdings zu Kontributionen gezwungen. Von den kulturgeschichtlichen Glanzlichtern unter seiner

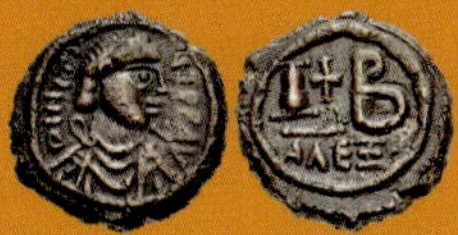

7. Justinus I. 518 – 527, 12 Nummi, Alexandria, 4,42 g, Sommer -, Sear 112. Dies ist die erste byzantinische Münzemission aus Alexandria. Die Münzstättensigle findet sich im Abschnitt. A 2015: 280 $. ss

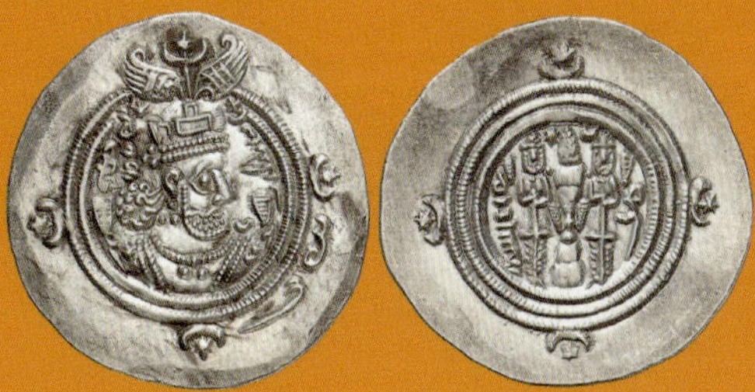

8. Sasaniden, Khusro II., Mzst. Merv, Jahr 25 (= 614/615), Drachme, 4,14 g, Göbl, Sas., 211. Vs.: Büste des Königs mit geflügelter Tiara, Rs.: Feueraltar mit zwei Assistenzfiguren. A 2015: 80 €. vz

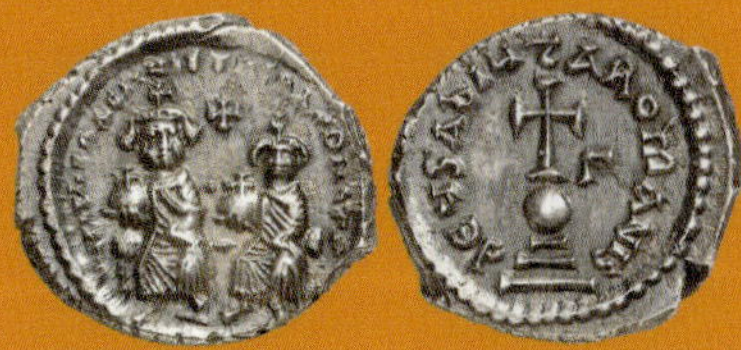

9. Heraclius, 610 – 641, Hexagramm, 615 – 625, Mzst. Konstantinopel, 6,43 g, Sommer 11.46, Sear 797a. Vs.: dd NN hERACLIVS ET hERA CONST A, Heraclius u. Heraclius Constantinus mit Kreuzgloben frontal auf Bisellium thronend, darüber Kreuz. Rs.: dEVS AdIVTA ROmANIS, Kreuzglobus auf drei Stufen, r. im Feld Γ. A 2015: 1200 €. Korr., vz

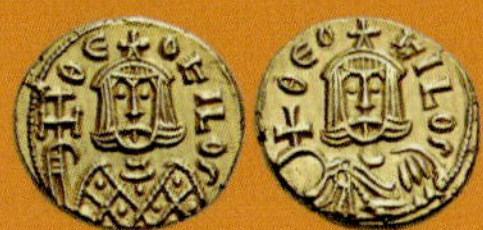

10. Theophilos, 829–842, Solidus, Syrakus, 3,87 g, Sommer 31.8, Sear 1670. Vs.: ΘЄOFILOS / gekrönte Büste des Theophilos, mit *loros* und Krückenkreuz, Rs.: ΘЄOFILOS, gekrönte Büste desselben mit *chlamys* und Kreuzglobus. A 2016: 1000 CHF. vz+

Ägide ist – neben der noch erhaltenen Hagia Sophia – vor allem das Corpus Iuris Civile zu nennen, eine systematische Dokumentation der Rechtsprechung, die bis in unser Bürgerliches Gesetzbuch (BGB) nachwirkt.

Heraklius (610 – 641)

Heraklius übernahm die Macht in einer Phase, in der das Reich am Abgrund stand: Im Südosten bedrängt von den sasanidischen Persern, im Westen von den Ostgoten. Mit einer Verwaltungsreform gestaltete er das Reich effizienter, indem er das Territorium neu in Themen (Provinzen) gliederte (sog. Themenverfassung). In langen, ausdauernden Feldzügen nahm er sich persönlich die Sassaniden unter ihrem Großkönig Chosrau (auch: Khusro) II. (**8**) vor, die er schließlich in der Schlacht von Ninive besiegte und somit von der politischen Landkarte eliminierte (627/8). Diesen Krieg hatte Heraklius unter dem Zeichen des Kreuzes geführt. Beim Friedensschluss zwang er den persischen Großkönig zur Herausgabe des von diesem in Jerusalem erbeuteten Heiligen Kreuzes. Schon im Jahr 629 stand Heraklius mit der Expansion der Araber die nächste Katastrophe ins Haus. Zunächst konnte sich Ostrom gegen die Muslime wehren, doch 635 eroberten diese endgültig die Levante, womit das Oströmische Reich auf Kleinasien, die Ägäis und Karthago schrumpfte.

Neben diesen politischen Ereignissen war Heraklius auch im Bereich der Geldwirtschaft wirksam. Unter ihm wurde ein neuartiges, schweres Silberstück eingeführt. Es hatte den Wert von 2 Miliarensia, galt also 4 Siliquae. Diese neue Münze hieß Hexagramma (Plural: Hexagrammata, **9**). Auch die Münzbilder änderten sich in dieser Periode markant: Da Heraklius im Begriff war, eine Dynastie einzurichten, finden sich auch seine Söhne plötzlich auf den Münzen wieder. Auch seine Frau Martina zeigte der Kaiser im Münzbild. So entstand das Genre der Familienmünzen (**9**). Das erstmals unter Tiberius II. (578 – 582) geprägte Reversmotiv des auf einer Treppe stehenden Krückenkreuzes wurde unter den Herakliden zu einer Standardrückseite (**9**).

Unter Constans II. (641 – 668; auf Münzen CONSTANTINVS), der das Reich zuletzt von Syrakus aus regierte, erscheinen erstmals markante, fast ku-

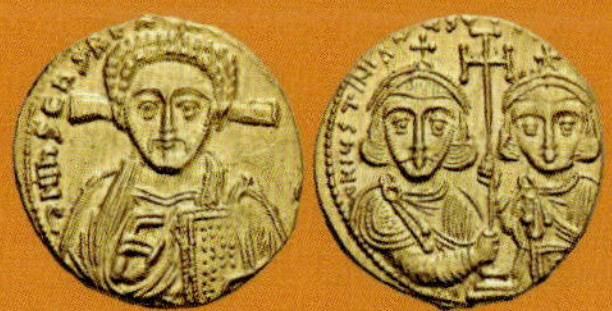

11. Justinian II. mit Tiberius, 705–711, Mzst. Konstantinopel, Solidus, 4,22 g, Sommer 17.2, Sear 1414. Vsd N IhS ChS REX [-] / Büste Christi de face mit *pallium* und *colobium*, die Rechte im Segnungsgestus erhoben, die Linke auf Gebetbuch. A 2016: 1800 CHF. vz

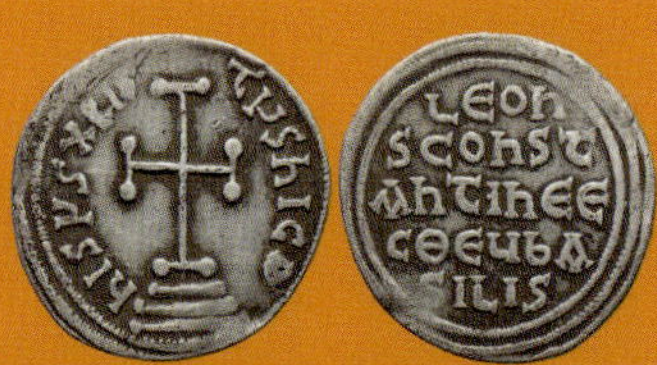

12. Leo III. mit Konstantin V., 717-741, Miliaresion, Konstantinopel, 2,11 g, Sommer 21.7, Sear 1512. Vs.: hISUS XRISTUS hICA, Krückenkreuz auf Stufen. Die Rs.-Legende ist in einer Mischung aus lateinischen und griechischen Buchstaben verfasst und soll in etwa das Folgende aussagen: „Leo und Konstantin, gottestreue Kaiser". A 2016: 150 €. ss

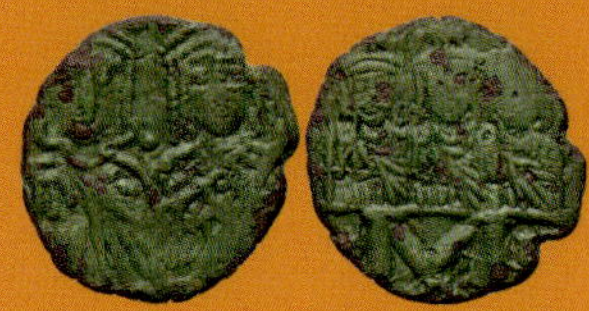

13. Konstantin VI. und Irene, 780–797, Follis, Konstantinopel, 2,08 g, Sommer 25.5, Sear 1596. Vs.: Büsten des herrschenden Kaiserpaars, Rs.: Büsten Konstantins V., Leos IV. und Leos III, darunter Wertzeichen M. A 2016: 65 €. Kl. Schrtlg., beschädigte Patina, ss

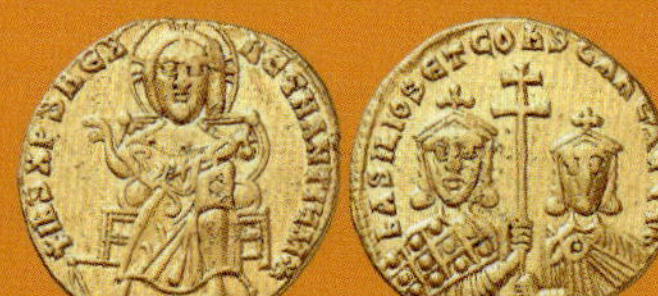

14. Basilios I. der Makedone, 867–886, Solidus, Konstantinopel, 870/1, 4,43 g, Sommer 33.3, Sear 1704. Vs.: † IhS XPS REX REGNANTIVM* (= Jesus Christus, König der Könige), thronender Christus mit Kodex. A 2016: 425 €. ss

gelige Solidi (geprägt in Karthago), wie sie von späteren Kaisern auch aus Sizilien bekannt sind (**10**). Justinian II. (685–695; 705–711) ordnete eine ikonographische Revolution an, indem er Jesus Christus auf die Vorderseiten seiner Münzen brachte (**11**). Zu diesem Schritt trugen sowohl die Streitigkeiten mit dem römischen Papst als auch mit dem arabischen Kalifen bei.

Der Bilderstreit (726–843)

Im Jahr 726 – auch der karthagische Reichsteil war mittlerweile verloren – suchte ein schweres Erdbeben Konstantinopel heim. Kaiser Leo III. („Isauricus", 717–741) nahm dies als Zeichen der Empörung Gottes gegen die vielen Christusikonen, die über die Stadt verteilt waren. Er ließ die Bilder durch Kreuze ersetzen. Bei dieser Entscheidung war er beeinflusst von einer Bewegung innerhalb der ostgriechischen Oberschicht, die wiederum der Kontakt mit dem Islam beeinflusst hatte. Der berief sich auf das alttestamentliche Bilderverbot, das Kaiser Leo III. nur allzu willkommen war, um einen Konflikt mit dem Papst in Rom zu provozieren. Historiker vermuten, dass der wahre Grund für den Bilderstreit (Ikonoklasmus) in Fragen der kirchlichen Oberhoheit und in Steuerfragen zu suchen ist. Der Ikonoklasmus (von griech. *eikonos*, Bild) übertrug sich von Kaiser zu Kaiser. Leos Nachfolger erlaubte die Ikonen wieder, der nächste Kaiser verbot sie. Die Münzprägung ist ein wichtiger Zeuge dieser Vorgänge. So weist das von Leo III. eingeführte Miliaresion weder auf der Vorder- noch auf der Rückseite ein wirkliches Bild auf (**12**). Sein Sohn Constantinus V. (741–775) brachte eine weitere Innovation auf die Münzrückseiten: das Bildnis eines verstorbenen Kaisers, hier Leo III. (**13**). Kaiser Michael III. (842–867) erließ 843 das Bilderedikt, das die Sache zugunsten der Bilderverehrer (Ikonodulen) entschied und beilegte. Basilius I. Macedonicus (867–886) ließ dann sogar den Heiland im Ganzbild auf seine Münzen setzen (**14**).

Nikephoros II. Phokas (963–969)

In den folgenden Jahrhunderten geriet Byzanz immer wieder unter Druck von Slaven und Arabern. Das Kerngebiet schrumpfte auf das heutige Grie-

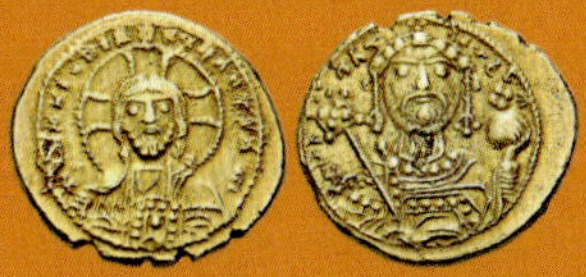

15. Nikephoros II. Phokas, 963 – 969, Tetarteron, Konstantinopel, 4,10 g, Sommer 38.4, Sear 1780. Vs.: Christusbüste mit Kodex de face, Rs.: Halbfiguren Mariens u. Nikephoros II. de face, die in der Mitte ein Kreuzzepter halten, im Feld l. u. r. von Maria M - Θ, unter dem M ein Dreieck. A 2014: 950 €. Aus müden Stempeln, ss-vz

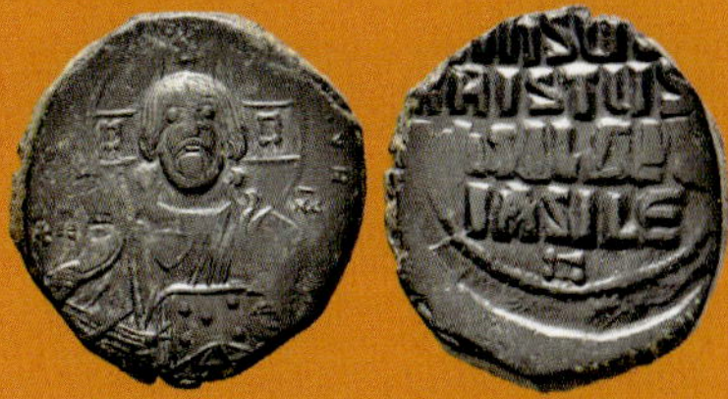

17. Follis, anonym, Konstantinopel, 976 – 1025, 14,48 g, Sommer 40.2, Sear 1813. Vs.: Christusbüste im Benediktionsgestus mit Nimbus und Evangelium, Rs.: Legende in vier Zeilen, darüber und darunter Ornament. A 2015: 80 €. ss

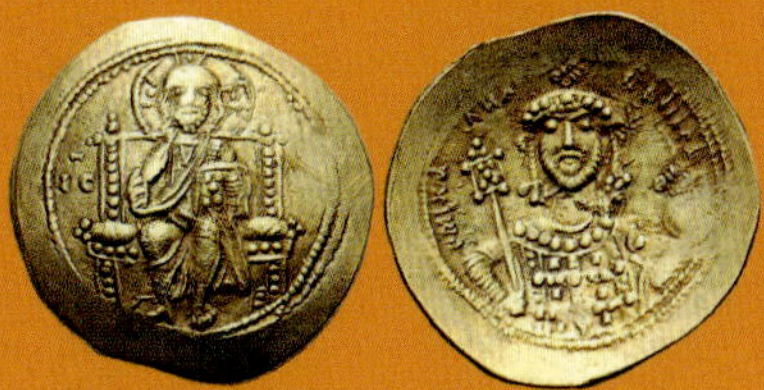

16. Michael VII Ducas, 1071 – 1078, Histamenon (Nomisma), Konstantinopel, 4,38 g, Sommer 55.1, Sear 1869. Vs.: Christus de face thronend mit Gebetbuch und Segensgestus, Rs.: +MIX ΔΗΛ RACIΛΟΔ, Michael de face. A 2016: 260 CHF. F. vz

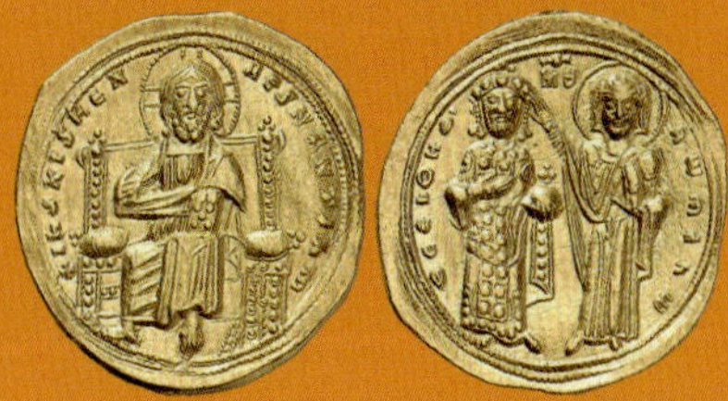

18. Romanus III., 1028 – 1034, Konstantinopel, Histamenon, 4,31 g, Sommer 43.2, Sear 1819. Vs.: Christus thront de face, Rs.: Maria krönt Kaiser. A 2015: 800 €. vz

chenland und weite Teile der heutigen Türkei zusammen. Immer wieder jedoch gelang machtbewussten Herrschern eine Expansion. So auch dem Feldherrnsohn Nikephoros II., genannt Phokas, der Mesopotamien, Syrien und Zypern wieder für einige Jahre in den Reichsverbund eingliedern konnte. Phokas tat auch einen wichtigen Schritt im Geldwesen, der auf lange Sicht die Gestalt der Goldmünzen völlig veränderte. Er führte ein neues Nominal ein, das um 1/12 leichter war als der Solidus: das Tetarteron (**15**). Es war damit mit dem fatimidischen Dinar kompatibel. Im Vergleich zum Solidus ist das Tetarteron fast immer selten. Zur Unterscheidung ging man bald dazu über, den vollgewichtigen Solidus (jetzt Histamenon Nomisma genannt) breiter auszuprägen (**16**). Das führte bald dazu, dass die gängigen Goldstücke breit und schüsselförmig wurden. Im Anschluss an die Herrschaft des Phokas wurden bis ca. 1118 anonyme – also keinem Herrscher eindeutig zuweisbare – Folles geprägt, die jeweils Christus und eine religiöse Titulatur anstelle des Kaisers zeigen (**17**). Unter Romanus III. (1028 – 1032) hielt die Gottesmutter Maria Einzug in die byzantinische Münzikonographie (**18**). Unter Constantinus IX. Monomachus (1042 – 1055) wurde ein neuartiges, konkaves Miliaresion herausgegeben, auf dem der Kaiser im Revers in Militärtracht steht, was von seinen Nachfolgern reproduziert wurde (**19**). Romanus IV. Diogenes (1068 – 1071) führte Bronze-Folles ein, auf deren Revers die kaiserlichen Initialen in den Kreuzwinkeln zu lesen sind (**20**).

Traumatisches 11. Jh.

Im 11. Jahrhundert wurde das Schicksal des Byzantinischen Reiches besiegelt. Im Jahr 1054 brach die endgültige Kirchenspaltung (Schisma) aus, die bis heute irreversibel scheint. Gravierender für die politische Stabilität des Reiches war jedoch die verheerende Niederlage gegen die Seldschuken in der Schlacht von Mantzikert (1071). Damit hatte sich eine neue Macht etabliert, die den Kaisern von Konstantinopel ihren kleinasiatischen Besitz streitig machte. Eine letzte Stabilisierungsphase erlebte Byzanz unter der Dynastie der Komnenen mit

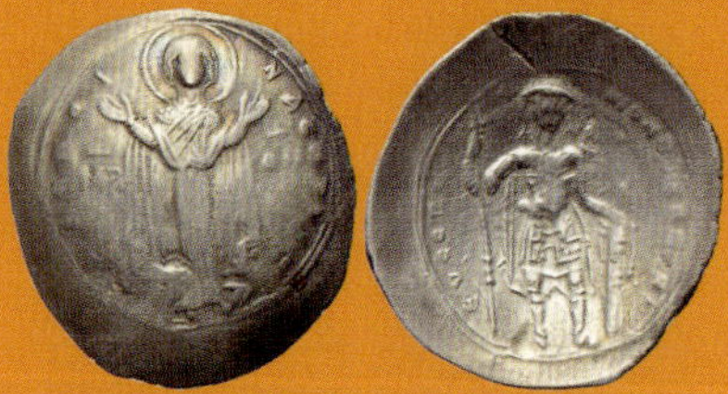

19. Konstantin IX. Monomachos, 1042–1055, Miliaresion, Konstantinopel, 2,81 g, Sommer 48.7, Sear 1834. Vs. Maria mit *pallium* und *maphorium*, Rs.: Kaiser in Militärtracht mit Langkreuz und Schwert. A 2015: 160 €. s

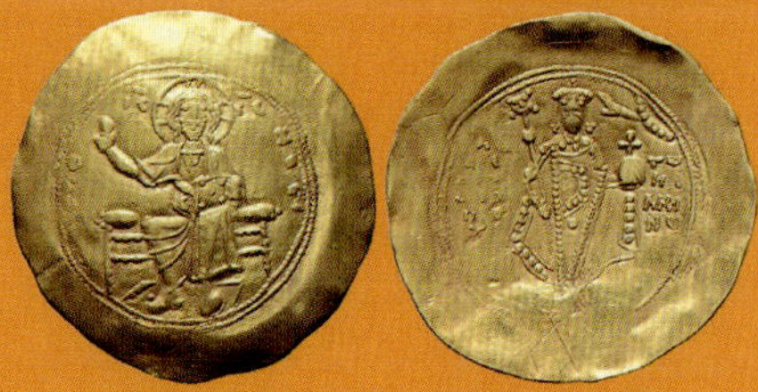

21. Alexios I. Komnenos, 1081–1118), AV-Hyperpyron, Konstantinopel, nach 1092, 4,23 ginopolis, Sommer 59.13, Sear 1912. Vs.: Christus im Benediktionsgestus mit Evangelium, Rs.: Kaiser mit *labarum* und Kreuzglobus, oben rechts Manus Dei (Hand Gottes). A 2015: 250 €. Graffiti, ss

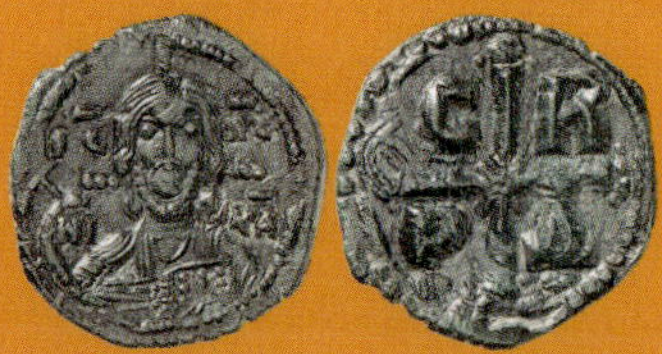

20. Romanos IV. Diogenes, 1068–1071, Follis, Konstantinopel, 4,91 g, Sommer 54.4, Sear 1866. Vs.: IC - XC / NI-KA, frontale Christusbüste mit Kodex, Rs.: Kreuz mit Globen an den Kreuzarmenden u. zentralem Andreaskreuz, in den Zwickeln C - R / P - Δ. A 2016: 200 €. Überprägungsspuren, vz

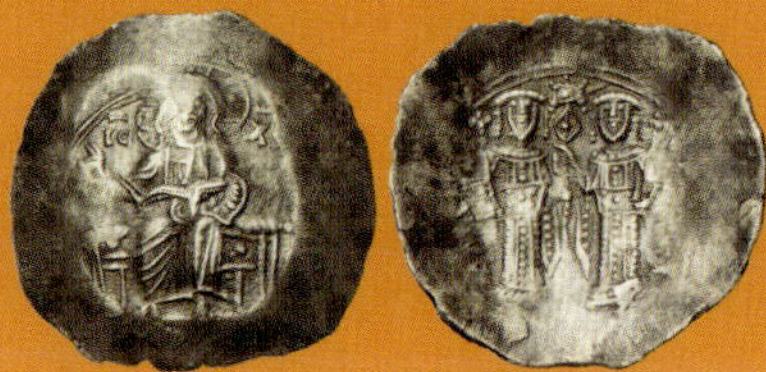

22. Alexios III. Komnenos, 1195–1203, EL-Trachy, Konstantinopel, 4,46 g, Sommer 66.3, Sear 2010a. Vs.: Christus, Rs.: Der Kaiser mit dem Hl. Konstantin. A 2015: 160 €. Prschw., ss

ihrem Archegeten Alexios I. Komnenos (1081–1118).

Unter diesem war der Gewichts- und Reinheitsverlust des Histamenon so groß geworden, dass im Jahr 1092 eine Geldreform vorgenommen wurde. Das Histamenon (einst: Solidus) wurde abermals umbenannt: in Hyperpyron (Plural: Hyperpyra, **21**), das aus Gold bestand. Diese Münze unterteilte sich in 3 Aspron Trachea (Singular: Trachy – **22**), die aus Elektron, einer minderwertigen Goldlegierung bestanden (ca. 20 %). Auch Trachea aus Billon (einer schwachen Silberlegierung) gab es (**23**). 48 davon machten ein Gold-Hyperpyron. All diese Münzen hatten eine konvexe, schüsselförmige Form. Sie sind unter dem Oberbegriff Skyphaten bekannt. Der bronzene Follis wurde abgeschafft. Seinen Platz nahm eine Münze ein, die man als Bronze-Tetarteron bezeichnet, was sicher nicht historisch ist.

Kreuzritter bringen den Untergang

Im Verlauf des blutigen Vierten Kreuzzugs fiel das Reich 1204 in die Hände der Kreuzritter. Sie richteten das Lateinische Kaiserreich (1204–1261) mit dem Zentrum Konstantinopel ein und vertrieben die ehemalige Führungsschicht, der es teilweise gelang, kleine Reiche einzurichten. Die Münzen, die die neuen katholischen Machthaber prägen ließen, imitieren die byzantinischen Gepräge ihrer Vorgänger oder gleichzeitiger byzantinischer. Nie nennen die westlichen Kaiser ihren eigenen Namen, sondern prägen unter dem Namen Manuel oder Johannes konventionelle Bilder. Nur wenige Münztypen weisen eigene Bildschöpfungen auf, wie beispielsweise die Umarmung von Peter und Paulus (**24**) – eine originär westliche Bildidee.

Unter der Dynastie der Paläologen (ab 1261) gelang zwar eine kleine Renaissance, aber die Pracht des einstigen Reiches war dahin. Der Byzanz-Kenner Andreas Urs Sommer zählt die paläologische Epoche zwar „zu den interessantesten und abwechslungsreichsten der gesamten byzantinischen Münzgeschichte", aber ein Verfall in der Metall- und Prägequalität ist nicht zu verhehlen. Andronikos II. Palaiologos (1285–1295) führte ein „Gold-„Hyperpy-

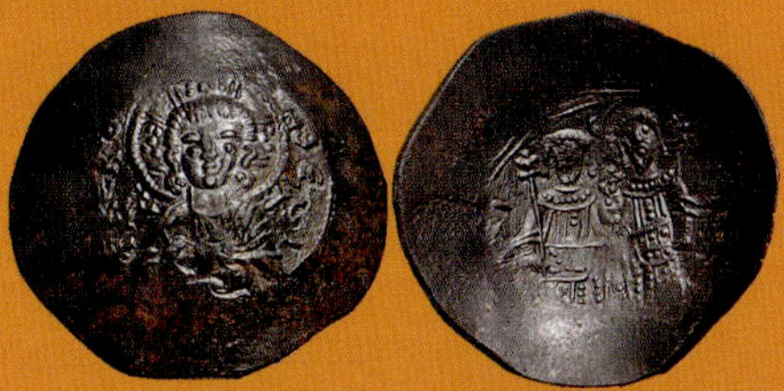

23. Alexios III. Komnenos, BI-Trachy, Konstantinopel, 1195 – 1197, 4,07 g, Sommer 66.5, Sear 2012. Motivgleich mit Nr. 22. Trachea aus vermeintlichem Billon enthalten meist nur Spuren von Silber. A 2016: 50 $. ss

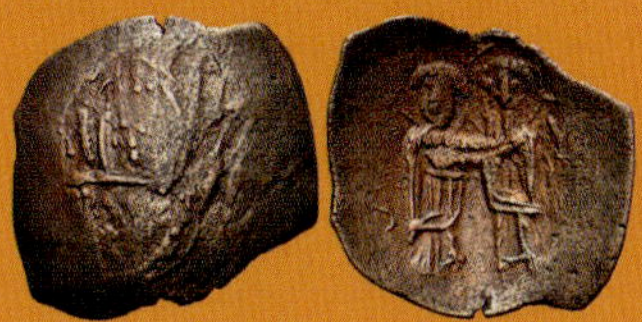

24. Kreuzfahrer in Konstantinopel, 1204 – 1261, Trachy, 1,3 g, Sear 2051; Sommer 68.28. Vs.: Maria, Rs.: Peter und Paulus in Umarmung. F 2013: 50 €. Prschw., ss

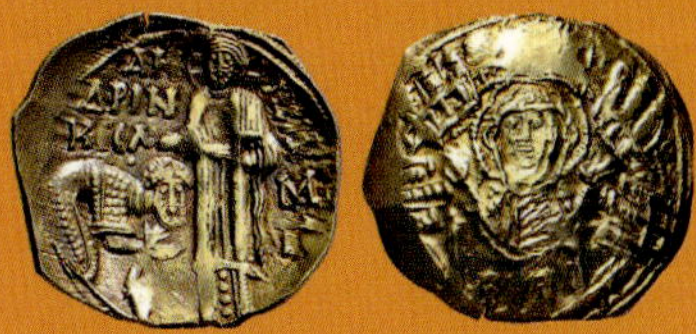

25. Andronikos II. Palaiologos, 1282 – 1328, Gold-Hyperpyron, Konstantinopel, 3,8 g, Sommer 79.1, Sear 2326. Vs.: Maria orans mit Nimbus *de face*, *pallium* und *maphorium* tragend, innerhalb der Stadtmauern von Konstantinopel mit sechs Turmgruppen, Rs.: Links unten der Kaiser mit Krone, *divitision* und *loros* in der Proskynesis vor dem rechts frontal stehenden Christus. A 2015: 1700 €. Prschw., vz

ron ein, dessen Vorderseitenmotiv, eine von Stadtmauern umgebene Gottesmutter, lange bestehen blieb (**25**). Daneben emittierte er Billon-Münzen, die die sog. Tornesen (oder Tournoisen) der Kreuzfahrer nachahmten (**26**). Unter seiner Samtherrschaft mit Michael IX. (bis 1320) kam eine neue, flache Silbermünze in Mode: das Basilikon (**27**), eine Adaption des venezianischen Grosso. Unter dem Gelehrtenkaiser Manuel II. (1391 – 1423) wurde es gebräuchlich, auf Goldmünzen zu verzichten und nur noch silberne (Halb-)Hyperpyra auszumünzen (**28**). Sie werden auch Stavrata genannt.

Das Ende des dahinsiechenden Reiches brachte schließlich die Eroberung Konstantinopels durch den türkischen Sultan Mehmet II. im Jahr 1453, die eine Wegmarke der europäischen Geschichte darstellt.

Allgemeines zum Sammelgebiet:

Im Vergleich zu „Griechen" und „Römern" interessieren sich etwas weniger Sammler für „Byzantiner". So kommt es, dass absolute Raritäten heute für relativ wenig Geld zu erwerben sind. Noch viel leichter ist es, sich eine Überblickssammlung gängiger Typen aufzubauen. Allerdings ist das korrekte Bestimmen byzantinischer Münzen nicht immer ganz einfach. Anfangs sind die Legenden zwar noch in Latein gesetzt, doch findet sehr bald eine Vermischung mit der griechischen Schrift statt. In der Spätzeit begegnen viele Legenden, die gar keinen Sinn mehr ergeben. Bei einigen Münztypen kann man – aufgrund der nachlassenden Prägequalität – nur über Details im Münzbild eine Identifizierung vornehmen. Für viele Byzanz-Sammler machen gerade diese Schwierigkeiten den Reiz an ihrem Sammelgebiet aus.

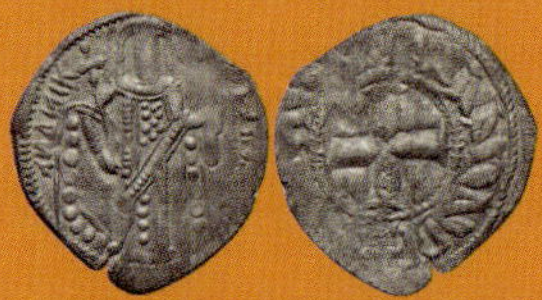

26. Andronikos II., Billon-Tornese (1/8 Basilikon), Konstantinopel, 0,74 g, Sommer 79.2, Sear 2327. Vs.: ΑΝΔΡΟΝΙΚΟϹ ΔΕϹΠΟ Α, Kaiser mit Szepter de face, Manus Dei von oben, Rs.: + ΚΟΜΝΗΝΟϹ Ο ΠΑΛΕΟΛΟΓΟϹ, Kreuz. A 2015: 130 €. Prschw., ss

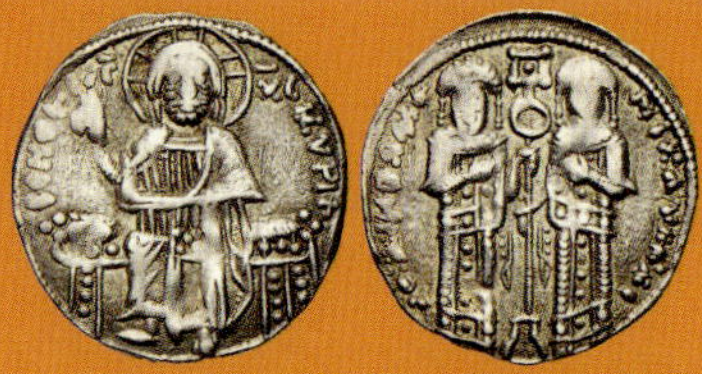

27. Andronikos II. mit Michael IX., 1294–1320, Basilikon, Konstantinopel, 2,0 g, Sommer, Sear 2402. Vs.: Christus de face, Rs.: ΑΝΔΡΟΝΙΚ - ΜΧΗΛ D CΠ, beide Kaiser de face. A 2015: 100 €. F. ss

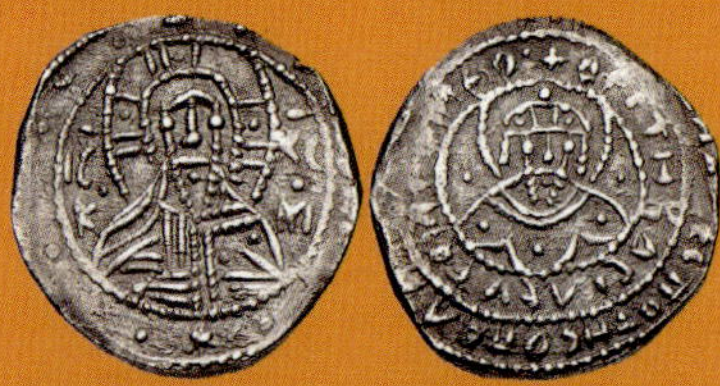

28. Manuel II. Palaiologos, 1391–1425, Stavraton, Konstantinopel, 7,16 g, 1403–1425, Sommer 88.1, Sear 2549. Vs.: Christus de face, Rs.: Büste des Kaisers. A 2015: 1000 $. vz

Literatur:

Der umfassende Katalog von Sommer (69 €) verzeichnet so gut wie alle Münztypen, die einem auch in fortgeschrittenem Sammlerstadium unterkommen. Er hat eine umfangreiche Einleitung, wichtige Bestimmungshilfen und hilfreiche Preisangaben. Ebenfalls sehr empfehlenswert ist das Einführungswerk von Fitts (ca. 28 €), das sich v. a. als Bestimmungshandbuch versteht. Häufig zitiert wird Sear 2021, der mit Sommer vergleichbar ist und im Gegensatz zu jenem wirklich alle gängigen und weniger gängigen Typen listet. Umfassende Corpora mit wissenschaftlichem Anspruch sind der amerikanische Sammlungskatalog Dumbarton Oaks und die österreichische Reihe MIB. Die Website coins.labarum.info/en/catalog bildet den Katalog von Sear in beispielhafter Weise ab und ist zudem mit einem Diskussionsforum verknüpft.

Byzantinische Kupfernominale		Wertziffer/ -buchstabe
1	Nummus	A
2	Nummi	B
3	Nummi	Γ
4	Nummi	Δ
5	Nummi (=pentanummion)	E oder V
6	Nummi	S
8	Nummi	H
10	Nummi (=dekanummion)	I oder X
12	Nummi	IB
16	Nummi	IS
20	Nummi (=1/2 Follis)	K oder XX
30	Nummi (=3/4 Follis)	Λ oder XXX
33	Nummi	Λ Γ
40	Nummi (=1 Follis)	M

IV. Exkurs: Keltische Münzen

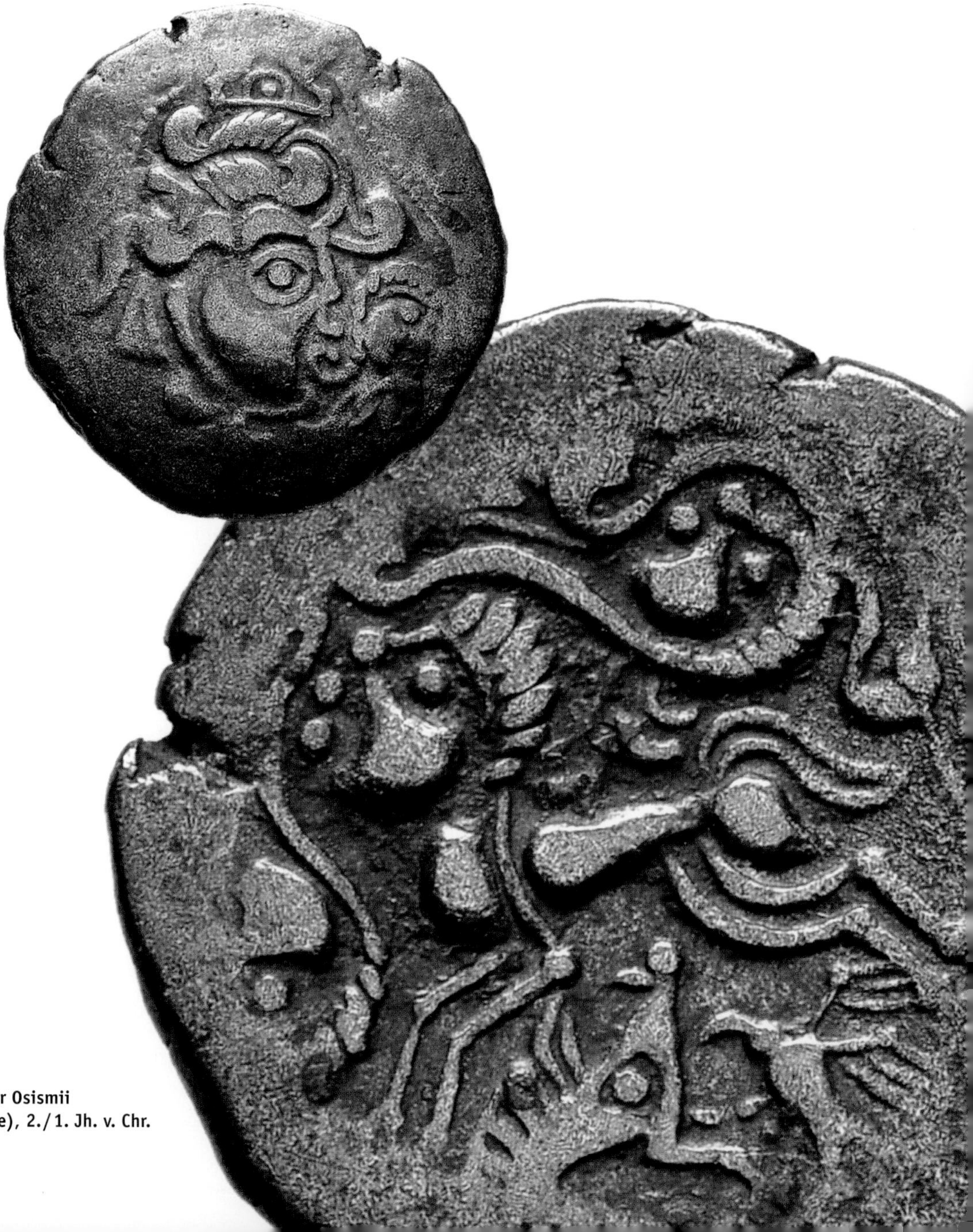

Stater der Osismii
(Bretagne), 2./1. Jh. v. Chr.

IV. Keltische Münzen

Die keltische Münzkunde ist eine Welt für sich. Dutzende keltischer Stämme prägten ihr eigenes Geld, mal in enger Anlehnung an die griechischen und römischen Münzen, mal mit abstrahierten Bilderwelten, die an moderne Kunst erinnern.

Viel wissen wir nicht über die „Kelten" (allein dieser Sammelbegriff ist in jüngerer Zeit stark in die Kritik geraten), und was wir aus Schriftquellen über sie erfahren, stammt von römischen oder griechischen Autoren. Die keltische Kultur kam weitgehend ohne Schriftlichkeit aus, was der heutigen Forschung enorme Probleme bereitet. Wer deshalb allerdings auf eine rückständige Zivilisation schließt, liegt falsch: Die städtischen Siedlungen (*oppida*) der Kelten waren gut organisiert, und ihre materielle Hinterlassenschaft zeugt von einer weit fortgeschrittenen technischen Entwicklung. Als die Griechen, vor allem aber die Römer, auf die *Celtae* (lat.) bzw. *Galátai* (griech.) trafen, war die Blütephase ihrer Kultur bereits vorüber. Die prachtvollen Fürstengräber der Hallstattzeit mit ihren reichen Grabbeigaben stammen aus dem 8.–6. Jh. v. Chr. Diese nach dem österreichischen Ort Hallstatt im Salzkammergut benannte Periode endete um 500 v. Chr. Danach setzt die Latènezeit ein, mit der Vor- und Frühgeschichtler die keltische Kultur bis zu ihrer Assimilation durch das Römische Imperium bezeichnen. So kann man also von einem „keltischen Jahrtausend" in West- und Mitteleuropa sprechen, das der Romanisierung im 2. und 1. Jh. v. Chr. voranging.

Dies alles ist eine grob vereinfachte Wiedergabe des historischen Hintergrundes, vor dem hier ein Blick auf die keltischen Münzen geworfen werden soll. Aufgrund des Fehlens von eigenen Schriftquellen kommt diesen Geldstücken eine besonders wichtige Rolle zu. Die Forschungsprobleme beginnen allerdings schon damit, dass „die Kelten" ein Konglomerat von Stämmen und allenfalls Stammesgruppen waren. Eine übergeordnete politische Einheit existierte nicht – ein wesentlicher Faktor, den die heutige Forschung dafür verantwortlich macht, dass sich diese Stämme nicht gegen den römischen Imperialismus behaupten konnten. Für NumismatikerInnen ist diese politische Zersplitterung von besonderem Reiz, denn die einzelnen Ethnien entwickelten jeweils einen eigenen Umgang mit dem Medium Münze. Das

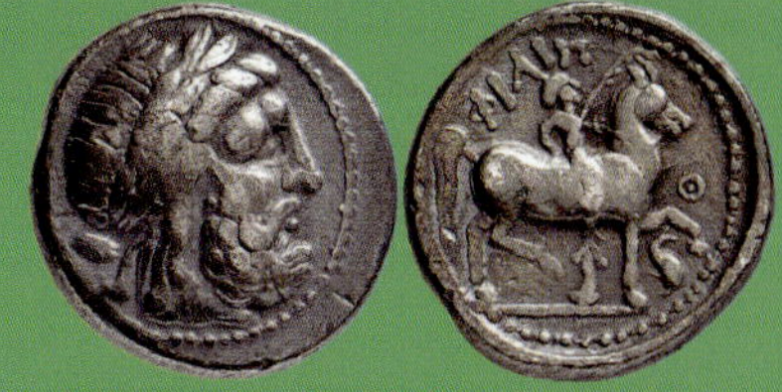

1. Tetradrachme, Donaukelten, Typ mit unvollständiger Legende, 3. Jh. v. Chr., 13,84 g, OTA 14,3. Belorbeerter Zeuskopf r. Rs: Reiter mit Zweig r., Beizeichen Fackel und Delphin. A 2016: 170 €. ss

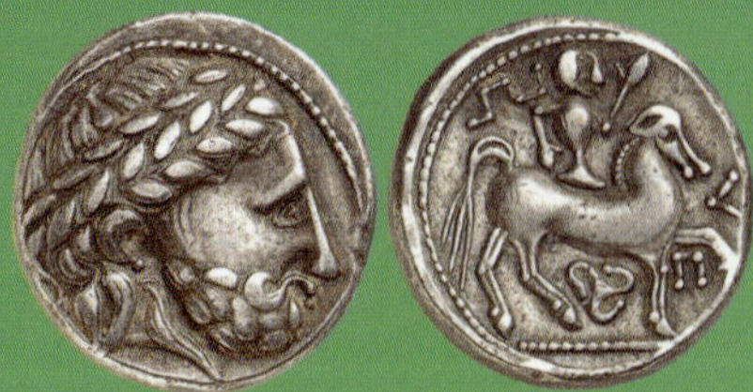

2. Tetradrachme, Donaukelten, sog. Puppenreiter-Typ, 2. – 1. Jh., 13,36 g, OTA Tf. 35, 434/3. Rs.: Stilisierter Reiter n. r., unten Triskeles. In den Feldern Zeichen. A 2016: 1200 €. F. vz

macht dieses Sammelgebiet vielfältig für Fachleute – aber zunächst unübersichtlich für Laien. Mit einem Durchgang von Nord nach Süd, von den Stämmen Britanniens bis zu den Galatern in der heutigen Türkei, soll im Folgenden ein erster Zugang ermöglicht werden.

1. Die ersten keltischen Münzen

Viele Männer aus keltischen Stämmen verdingten sich als Söldner für griechische Könige. In ganz besonderem Maße griffen die Makedonen Philipp II., (356–336 v. Chr.) und Alexander III. der Große, (336–323) auf die als besonders tapfer bekannten Keltenkrieger zurück. Gezahlt wurde in Gold- und Silbermünzen, die die Männer von ihren Kriegszügen mit nach Hause brachten (**I 105–108**). Die Bilder dieser Münzen waren beliebt und sorgten dafür, dass das Geld allgemeine Anerkennung fand. Als das fremde Geld zur Neige ging, prägte man es nach. Waren die keltischen Kopien (**1**) anfangs kaum von den Originalen (**I 106**) zu unterscheiden, so wurden die Darstellungen auf den Imitationen im Laufe der Zeit immer eigenständiger (**2**). Besonders deutlich

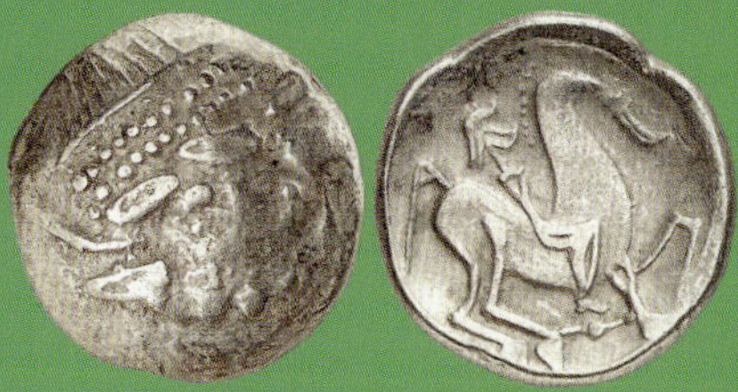

3. Tetradrachme, Donaukelten, sog. Kinnloser Typ, 13,24 g, OTA 244/7ff. Vs.: Stilisierter Zeuskopf n. r. Rs.: Stilisierter Reiter n. r. auf einem Pferd mit Fußfesseln. A 2015: 160 €. ss

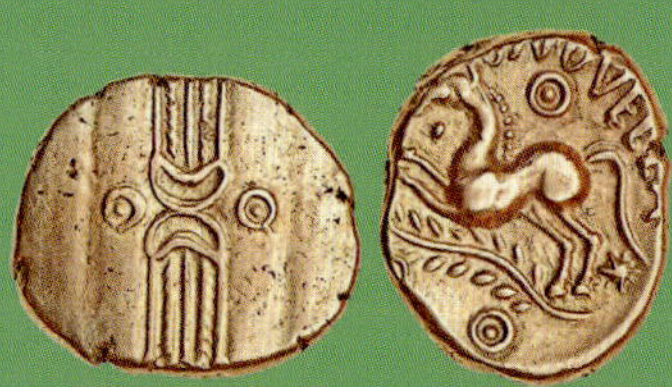

5. Stater des Dubnovellaunus, König der Trinovantes und Catuvellanui, 5 v. – 10 n. Chr., 5,56 g, Arsdell 1655. A 2015: 2000 GBP. Vz

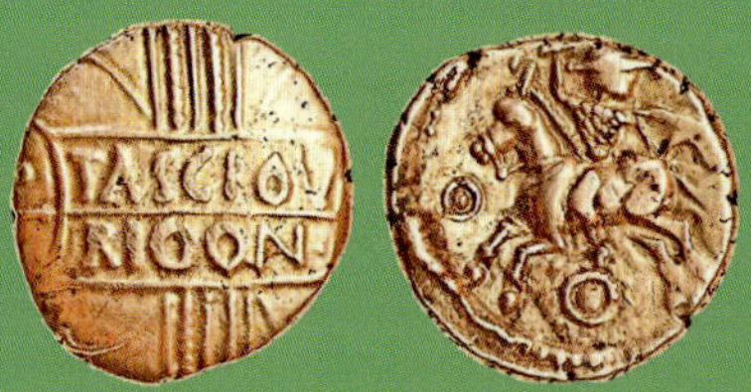

4. Stater des Tasciovanus, König der Trinovantes, 25 v. – 10 n. Chr. aus Verulamium (Colchester), 5,46 g, Arsdell 1780. Vs.: Königsname auf Bändern. Rs: Krieger in Kettenhemd auf Pferd nach links, mit Speer und Schwert bewaffnet. A 2015: 2800 GBP. Kr., vz

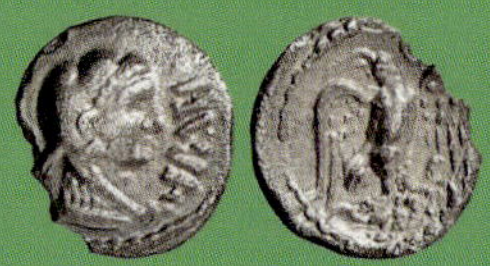

6. Silbermünze des Epaticcus, ca. 20 – 40, 0,87 g, Arsdell 580, ABC 1346. Vs.: Büste mit Löwenfell r., Rs.: Adler frontal, Kopf l., mit Schlange in den Fängen. A 2015: 150 €. Ausbruch, ss

zeigt sich das an den sehr gerne kopierten Silberstateren Philipps II.: Etwa 200 Jahre nach deren Erstprägung hat sich der prächtige Zeuskopf in ein ornamentales Geflecht verwandelt (**3**). Die Datierung solcher Münzen ist äußerst schwierig und weitgehend abhängig vom Fundzusammenhang. Die Faustregel ist: Je abstrakter die keltische Münze im Vergleich zum Original, desto jüngeren Datums ist sie. Auch wenn die Bilder von den Originalen abweichen, so ist doch bemerkenswert, dass die Imitationen zumindest am Anfang dem Gewichtsstandard der griechischen Münzen genau folgten.

2. Britannien

Auch britannische Keltenstämme kopierten Münzen aus dem Mittelmeerraum. Die Münzprägung setzte hier allerdings am spätesten ein, denn die Innovation verbreitete sich mit einer Art Dominoeffekt (allerdings im Zeitlupentempo) von Süden nach Norden. Kennzeichnend für die Inselkelten sind zwei Phänomene: Die Bilder wurden freizügig adaptiert, so dass die Originalvorlagen kaum noch zu erkennen sind. Häufig wurden von verschiedenen Münzen bekannte Elemente miteinander kombiniert. Auch die Ornamente waren offenbar eigene Kreationen. Sehr deutlich machen dies die Goldmünzen der Trinovantes (**4 – 5**), die um das heutige Colchester angesiedelt waren. Hier wird auch der zweite Wesenszug der britannischen Keltenmünzen sichtbar: Viele von ihnen tragen Aufschriften, entweder die Namen von Königen oder Stämmen. Die Silbermünze aus dem Nordosten der Insel (**6**) macht deutlich, dass in Britannien auch häufig römische Münztypen imitiert wurden. Wenn die Münzprägung in Britannien als letztem keltischem Stammesgebiet einsetzte, so endete sie dort auch am spätesten: mit der Niederwerfung durch Claudius 43 n. Chr.

3. Spanien

Auf der Iberischen Halbinsel zeigte sich früh der Einfluss der griechischen Pflanzstädte Emporion (Empúries in Katalanien, **8**) und des weiter nördlich gelegenen Massalia (dem heutigen Marseille, **9**). Dessen hübsche Drachmen aus klassischer Zeit (480 – 333 v. Chr.) wurden fleißig von den ansässigen Kelten imitiert (**10 – 11**). Deren Bilder gelangten durch

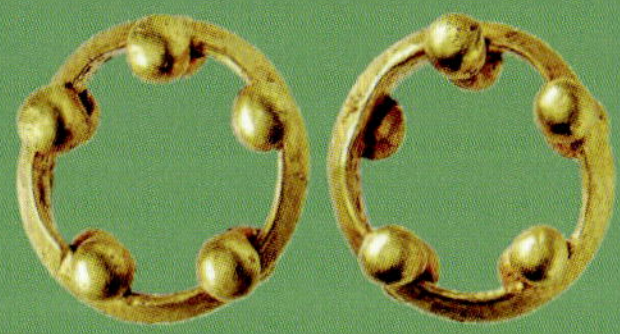

7. Das sog. Ringgeld stellt eine Spezialität der keltischen Stämme dar, die auf britischem Boden und im heutigen Frankreich lebten. Es existieren verschiedenste Formen in verschiedenen Metallen, die oft auch einem Münzfuß folgen. A 2015: 800 €

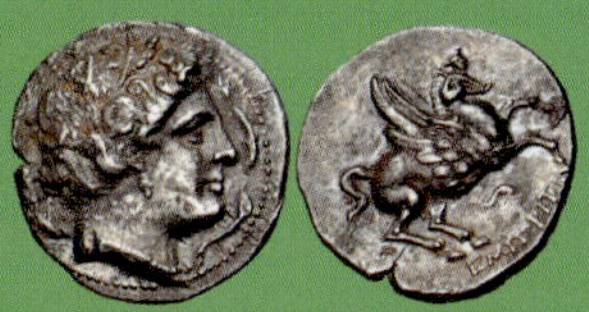

8. Emporion, ca. 218 – 206, Drachme, 4,76 g, SNG BM Spain 27. Vs.: Weiblicher Kopf, darum 3 Delphine, Rs.: Pegasos. A 2016: 700 $. Belag, ss

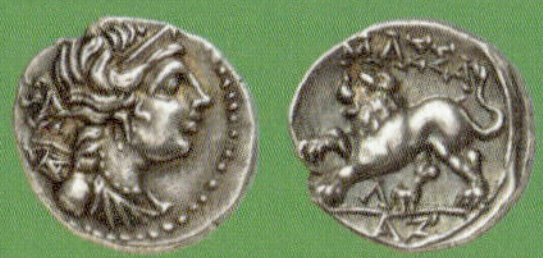

9. Massalia, Tetrobol, 130 – 121, 2,81 g, SNG. Vs.: Drapierte Büste der Artemis, Rs.: ΜΑΣΣΑ / Λ, Löwe. A 2016: 650 €. Expressiver Stil, feine Tönung, vz

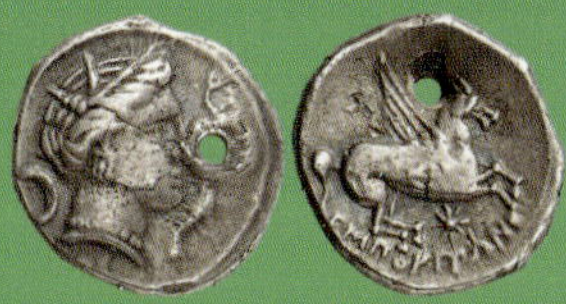

10. Iberische Imitation nach dem Vorbild von Emporion, spätes 2. Jh., 4,58 g, CNH S.21 Nr.27. A 2015: 300 €. ss

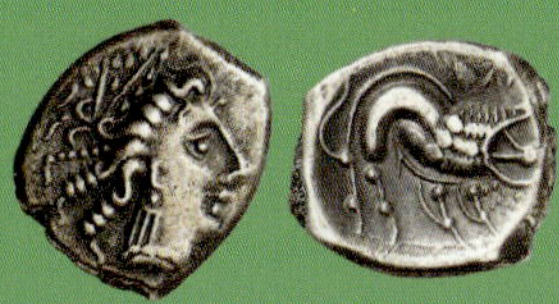

11. Imitation einer massaliotischen Drachme, die in Oberitalien zirkulierte (3. Jh. v. Chr.), 2,42 g, Castelin 1027ff. Vs.: Artemiskopf, Rs.: Barbarisierter Löwe n. r., darüber Truglegende. A 2014: 160 €. vz

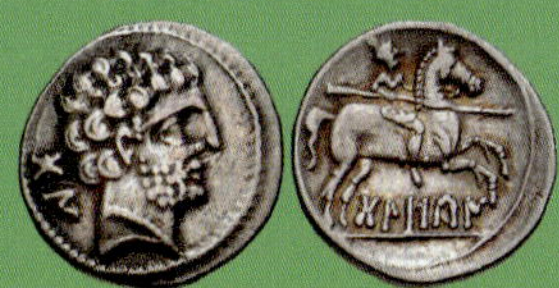

12. Bolskan, „Denar“, ca. 150 – 100, 4,00 g, SNG BM Spain 710 – 33. A 2016: 120 $. ss

Handelsaustausch auch in andere keltische Regionen. Mit den Punischen Kriegen zwischen Rom und Karthago, die auch in Hispania ausgetragen wurden, nahm die Zahl der prägenden Städte auf der Halbinsel enorm zu. Nach der Provinzialisierung durch Rom (197 v. Chr.) orientierten sich die meisten von ihnen an den römischen Münzbildern. In iberischer Schrift ist darauf häufig der Name der Prägeautorität vermerkt. Am häufigsten sind darunter die „Bolskan“-Denare (**12**).

4. Gallien

Julius Cäsar persönlich berichtet in seinen *Commentarii de bello Gallico* über drei Stämme, die das heutige Belgien und Frankreich, das rechtsrheinische Deutschland und die Schweiz bewohnten: Aquitaner, Belger und Kelten, die sich selbst als Gallier bezeichneten. In Wahrheit aber zerfiel das Gebiet in dutzende von Stammesterritorien – und die meisten von diesen prägten eigene Münzen. Dass diese keine Legenden trugen und die Stammesgebiete nicht zuletzt durch den Kampf mit den Römern zudem häufig verschoben wurden, macht die Zuordnung der Münzen für heutige NumismatikerInnen nicht einfacher. Wie in anderen Gebieten begann auch in Gallien die Münzprägung mit Imitationen der „Philippeier“, den Goldstateren Philipps II. von Makedonien (**13**). Im Norden Frankreichs dagegen findet man Nachahmungen von Münzen aus Tarent. Das deutet daraufhin, dass diese Gebiete Söldner für die unteritalische Stadt stellten. Erst um 100 v. Chr. tauchten auf den Münzen Galliens Legenden in Latein oder Griechisch auf. Sie liefern wertvolle Informationen, nennen Könige (erkennbar am Suffix -ix) oder das Amt des Prägeherren (**14**). Das Gießen von Bronzemünzen stellt eine Besonderheit Galliens dar.

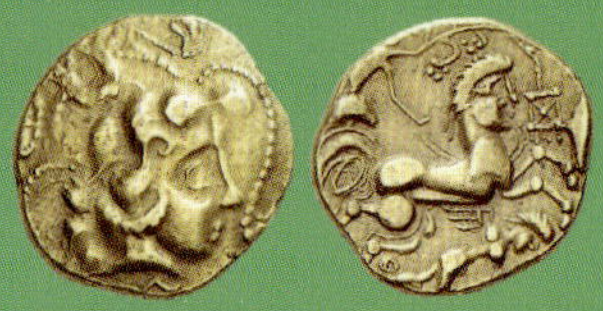

13. Nordwestgallien, Andecavi, Stater, 2. Jh., 7,23 g, DT 2118, De la Tour 6830. Vs.: Stilisierter Apollkopf, Rs.: Streitwagen mit menschenköpfigem Pferd. A 2015: 4200 CHF. ss+

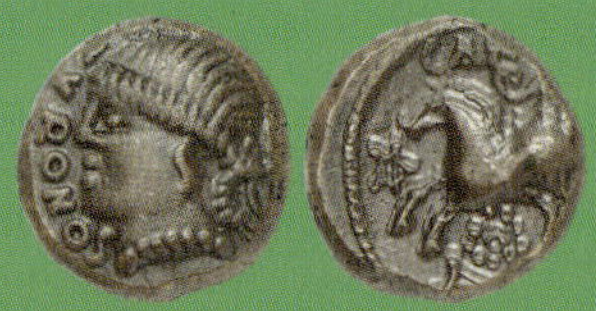

14. Gallien, Sequani (Jura), Turonos/Cantorix, 1. Jh. v., Potinmünze, 3,94 g, DT 3260. Vs.: TVRONOS, Kopf n. l. / CANTORIX, Pferd l. A 2014: 340 €. vz

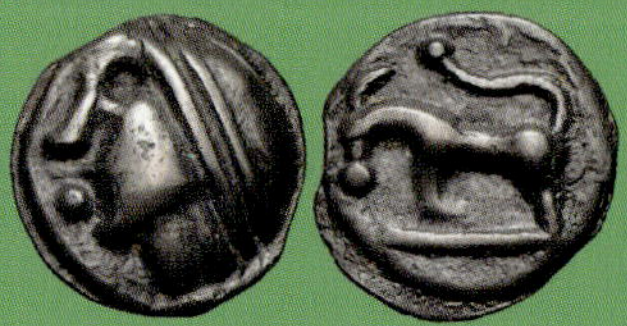

15. Zentralgallien, Sequani, Potinmünze, ca. 120–50, 6,32 g, Depeyrot, NC IV 261. Vs.: Kopf l., Rs.: Vierfüßer l. A 2016: 190 $. ss

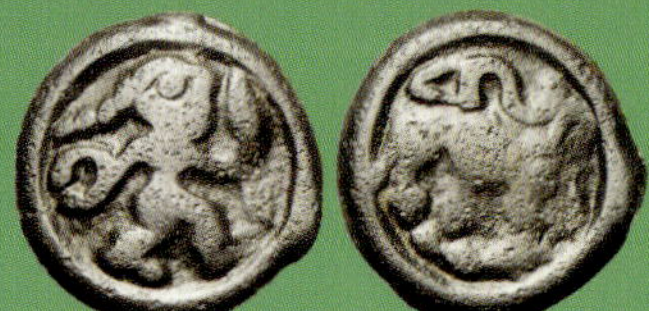

16. Zentralgallien, Remi (Belgien), Potinmünze, 5,67 g, 1. Jh. v., DT 155. Vs.: Rechtshin gehende Gestalt, Rs.: Fantasietier. A 2015: 60 €. ss

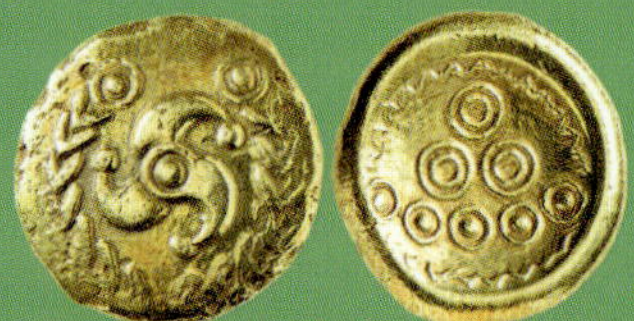

17. Kelten in Hessen und im Rheinland, Stater, „Regenbogenschüsselchen", 7,85 g, Ziegaus 402, Castelin 1097. Vs.: Triskeles mit Blattkranz, Rs: 3 Doppelkreise und 5 Punktkreise in pyramidaler Anordnung. Alles in zickzackförmigem Torques. A 2016: 3200 €. ss-vz

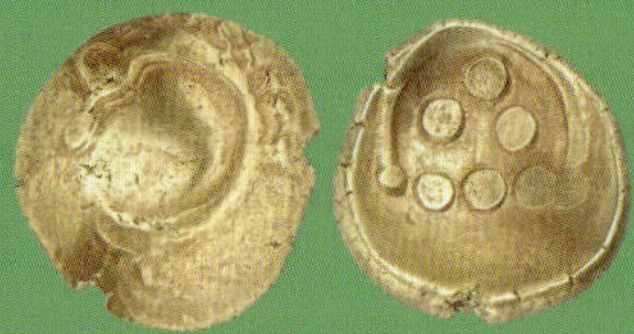

18. Vindeliker (Süddeutschland), Goldstater, 2./1. Jh. v. Chr., 7,37 g, Ziegaus 285. Vs.: „Rolltier"; Rs.: Torques und Kugeln. A 2013: 4000 €. ss

Ist gelegentlich der Urtyp noch zu erkennen (**15**), so finden sich gerade auf diesen sogenannten Potinmünzen bald Motive von höchster Abstraktion (**16**). Diese Münzen stellen, da man sie relativ häufig findet, einen besonders reizvollen Einstieg in das Sammelgebiet der Keltenmünzen dar.

5. Süddeutschland

Die mittelkeltische Zone, zu der Baden-Württemberg, Südhessen, Teile Bayerns und Thüringen gehören, macht durch einen ganz eigenständigen Münztyp auf sich aufmerksam: die „Regenbogenschüsselchen" (**17**). Diese schüsselförmigen Goldstückchen von bis zu 8 g Gewicht verdanken ihren Namen der Volkslegende, dass aus ihnen heraus Regenbögen erwüchsen. Diese Erklärung war nahe liegend, da man diese Münzen oft nach ordentlichen Regengüssen auf frisch gepflügten Äckern fand. Es dauerte bis in 19. Jh., bis man sich über die wirkliche Herkunft dieser Münzen im Klaren war. Zu den häufigsten dieser Art gehört das „Adlergold", das man in Bayern gelegentlich zu Hunderten gefunden hat. Es wurde bereits im 2. Jh. v. Chr. geprägt und zeigt einen sehr abstrahierten Vogelkopf auf der Vorderseite. Ein ebenfalls weit verbreiteter und von den Vindelikern in Süddeutschland geprägter Typ zeigt auf der Vorderseite ein „Rolltier", ein nicht identifizierbares Fantasiegeschöpf (**18**). Im Rheinland und in Hessen wurde der kuriose Quinartyp „Tanzendes Männlein" (**19**) geprägt.

Polen bis Ungarn

Deckt die sog. mittelkeltische Zone bereits einen weiten geographischen Bereich ab, so ist ihre numismatische Bandbreite nicht minder vielfältig. Der Goldreichtum der Boier (Böhmen; heute Tschechien

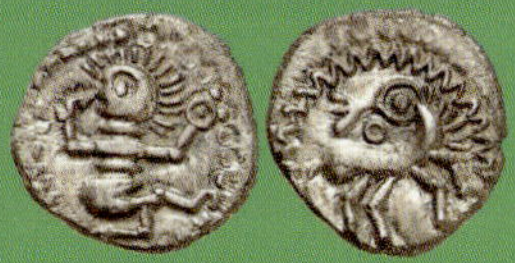

19. Kelten in Hessen und im Rheinland, Vagiones, Quinar Typ „Tanzendes Männlein", 50/45 – 30/25 v. Chr., Castelin 1120. Vs.: „Tanzendes Männlein" n. r. mit gespreizten Beinen, Rs.: Stilisiertes Pferd mit zurückgewandtem Kopf n. r. A 2015: 750 €. vz

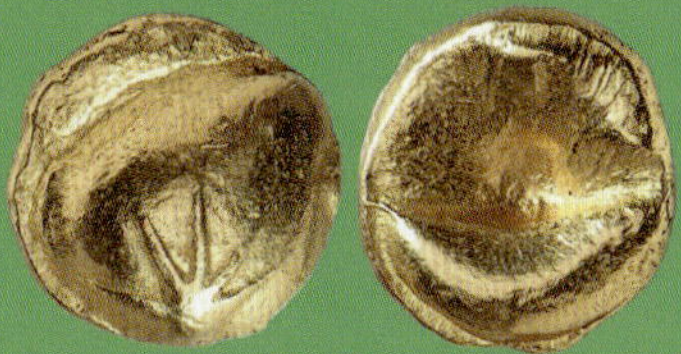

20. Boier (Böhmen), Stater, 1. Jh. v. Chr., 7,26 g, Paulsen 357ff. Vs.: Buckel mit Hand und Punkt, Rs.: Muschelförmige Struktur. A 2015: 800 €. ss

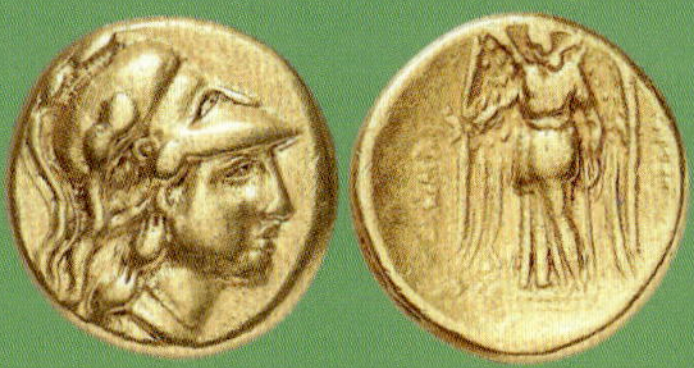

21. Nachahmung eines Staters Alexander III., 8,42 g, 3. – 2. Jh., wie sie auf dem Territorium der Boier gefunden werden. Beide Seiten weisen markante stilistische Abweichungen von den makedonischen Vorbildern auf. V 2015: 800 €. ss

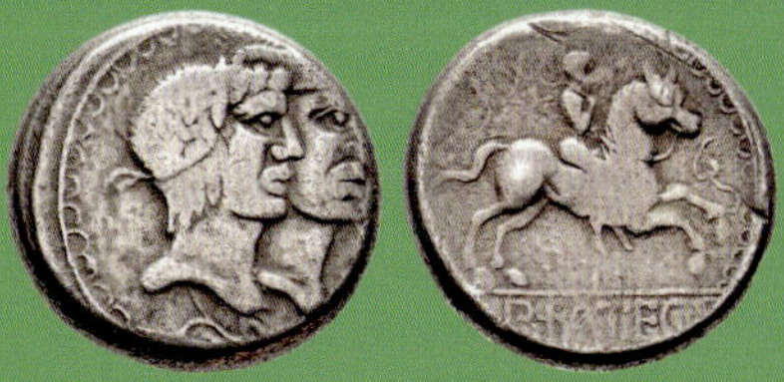

22. Boier, Hexadrachme vom Typ „Biatec", 1. Jh. v. Chr., 17,02 g, Dembski 597. Vs.: Köpfe des Honos und der Virtus nebeneinander gestaffelt n.r. (Vorbild war ein römischer Denar). A 2015: 1300 €. s-ss

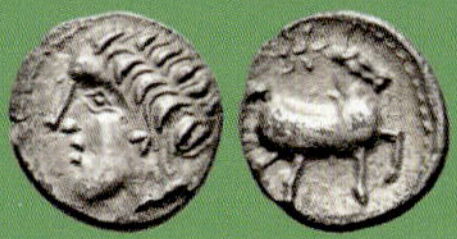

23. Boier, Obol, 2. Jh. v. Chr., 0,84 g, Dembski 748. Vs.: Stilisierter Kopf, Rs.: Stilisiertes Pferd, darüber Stern mit sechs Strahlen. A 2015: 380 €. F. vz

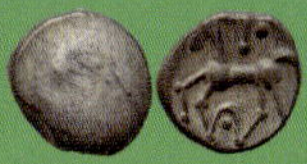

24. Boier, Obol, 1. Jh. v. Chr., 0,65 g, Ziegaus 465ff. Vs.: Buckel, Rs.: Stilisiertes Pferd, darunter Ω-förmiges Symbol. A 2015: 45 €. s-ss

und Slowakei) schlug sich auch in der Ausprägung entsprechender Münzen nieder (**20 – 21**). Ebenfalls reizvoll sind die BIATEC-Hexadrachmen, die rund um Bratislava gefunden werden und die schwersten keltischen Silbermünzen sind (**22**). In Österreich ist der prominenteste keltische Fundort Roseldorf, nach dem auch ein Kleinsilbertyp benannt ist (**24**). Besonders sammelnswert und ebenfalls erschwinglich sind die Tetradrachmen der Könige von Noricum oder der Taurisker. Ihnen ist der Rückseitentyp „Kugelreiter" gemeinsam (**25**).

6. Ostkelten

Der Übergang von den Tauriskern und Boiern zu den sog. Ostkelten ist fließend. Besonders markant sind die Drachmen und Tetradrachmen vom Kroisbacher Typ (**26**), benannt nach einem Dorf am Neusiedler See (Westungarn). Die Skordisker im heutigen Serbien begannen früh mit der Imitation von Alexander-Tetradrachmen, die in großer Vielfalt variiert wurden. Ein Stamm, der Münzen mit der Legende ERAVIS versah, orientierte sich dagegen an Denaren der römischen Republik, die zwischen 80 und 40 geprägt wurden (**27**). Ein motivisches Kuriosum ist der Typus „Frontalgesicht", der in Slowenien, südlich der Karawanken, geprägt wurde (**28**). Dieses Motiv erinnert vielleicht an die Gepflogenheit keltischer Krieger, die Köpfe von Feinden als Trophäen zu sammeln. Nähert man sich dem Balkan, fällt es zunehmend schwer, keltische Imitationen griechischer Gepräge von solchen der Thraker zu unterscheiden. Hier herrscht eine faszinierende Vielfalt, die hier nur stellvertretend von einer Tetradrachme aus Oltenien (Kleine Walachei) repräsentiert werden

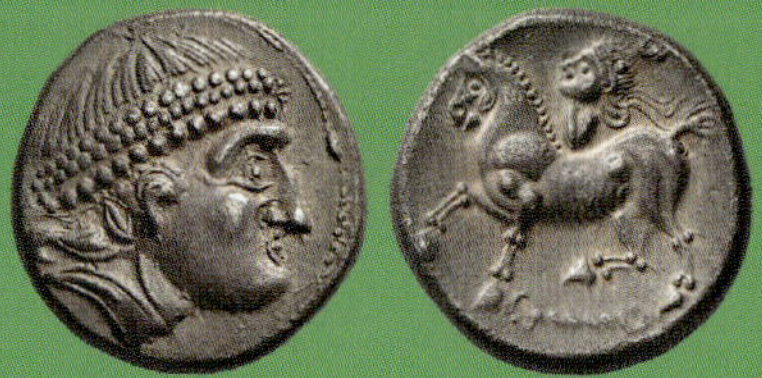

25. Noricum, Tetradrachme, Typ Kugelreiter, 2./1. Jh. v. Chr., 11,73 g, Ziegaus 512. Vs.: Stilisierter Kopf mit Lorbeerkranz, Rs.: Stilisierter Reiter. A 2015: 625 €. ss

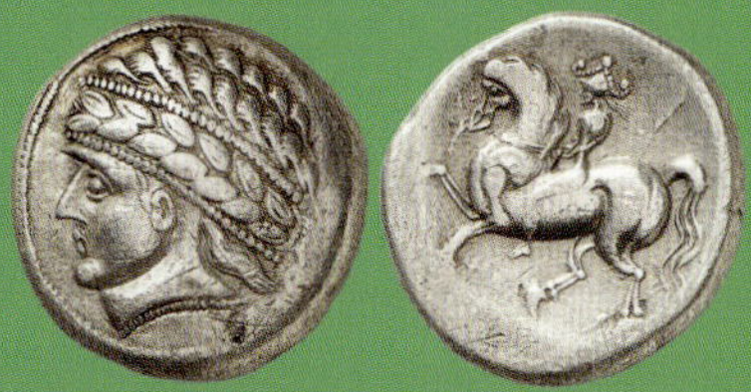

26. Westnoricum, Tetradrachme, Kroisbacher Typ, spätes 2. Jh. v. Chr., 12,25 g, Castelin 1170. Vs.: Bartloser männlicher Kopf mit Glotzauge und Adlernase, Rs.: Pferd mit Reiterstumpf nach links. A 2015: 1400 €. vz

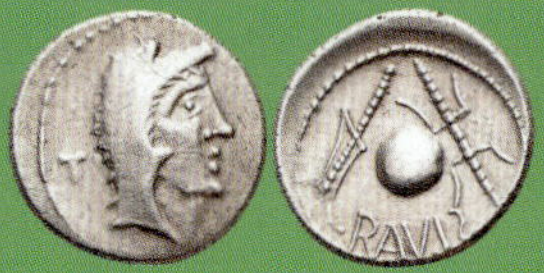

27. Eravisci, Imitation eines römisch-republikanische Denars, nach 64 v. Chr., 3,24 g, vgl. Cr. 393/1 und 412/1, Ziegaus 540. A 2015: 80 GBP. ss

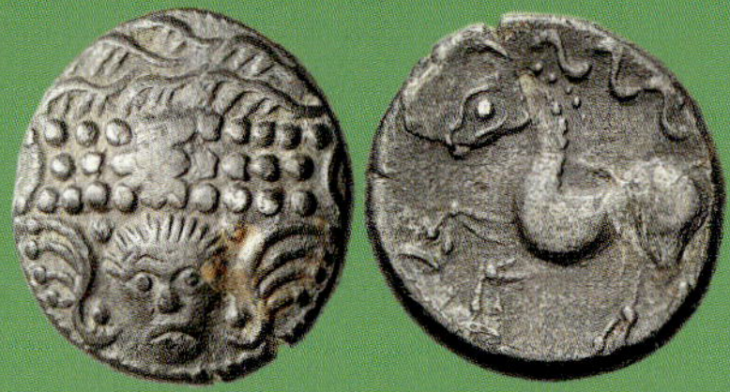

28. Ostnoricum, Tetradrachme, Typ Frontalgesicht, 2.–1. Jh. v. Chr., Ziegaus 578. Männlicher Kopf mit Stoppelhaaren zwischen vier Kugeln und zwei flügelartigen Ornamenten in Vorderansicht; darüber dreireihiges Perldiadem und zwei Reihen Haarlocken nach links. A 2011: 8500 €. ss+

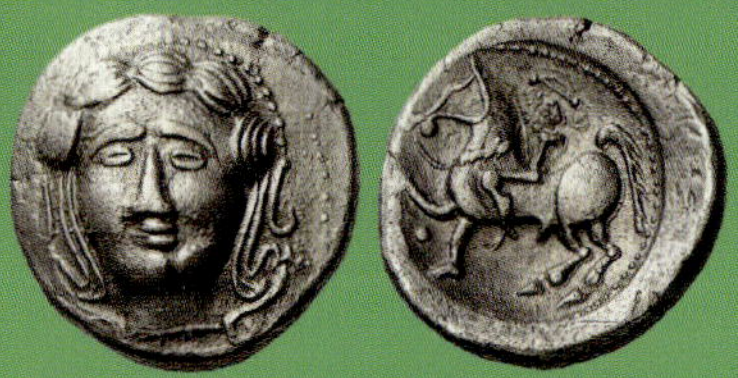

29. Oltenien, Tetradrachme nach Vorbild einer Münze von Larissa in Thessalien, 2.–1. Jh. v. Chr., 12,94 g, Göbl 221/1. Vs.: Kopf frontal mit zwei Haarzöpfen in feinem Perlkreis. Rs: Reiter nach links trabend, über dem Kopf des Reiters großer Petasos schwebend. A 2013: 2400 €. ss

soll, die die Münzen aus dem thessalischen Larissa zum Vorbild nimmt (**29,** vgl. **I.37**). Mit den Herakles-Dionysos-Tetradrachmen (**I 181**), die auf der Insel Thasos geprägt wurden und zahlreiche Imitationen erfuhren, soll diese kleine Übersicht enden (**30**). Auch weiter östlich lebten keltische Stämme, beispielsweise in Zentralanatolien (Galatien) und an der Schwarzmeerküste bis hinab nach Georgien (Kolchis). Die Galater prägten interessantes Geld, das jedoch zumeist schon so stark hellenisiert ist, dass es kaum noch den „keltischen Charme" transportiert. Für die Kolchisbewohner gilt das Gegenteil. Abschließend soll eine zentrale kulturhistorische Frage behandelt werden.

Funktion(en) keltischer Münzen

Wozu brauchten die Kelten – die ja offenbar jahrhundertelang ohne ausgekommen waren – überhaupt Münzen? Die Verwendung von Münzgeld ist seit der Antike eine solche Selbstverständlichkeit, dass die Frage nach seiner Funktion zunächst befremdet. Es gibt jedoch Hinweise darauf, dass die Kelten andere Gründe hatten, Münzen herzustellen, als andere Völker. Der Archäologe Michael Nick ist der Frage in seiner Dissertation „Gabe, Opfer, Zahlungsmittel", deren Titel bereits die Antwort in sich trägt, nachgegangen. Die nicht seltenen (Hort-)Funde großer Mengen keltischer Goldstücke klassifiziert er als „Gaben". Hierunter fallen Geschenke innerhalb der Führungsschicht, vielleicht auch Bestechungsgelder, Brautgeld und nicht selten Sold. Natürlich waren keltische Münzen daneben auch ganz normales

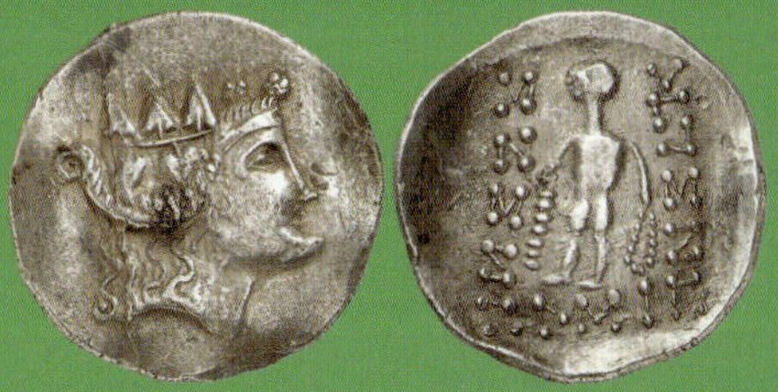

30. Donaukelten, Tetradrachme, nach 148 v. Chr., 16,24 g, Göbl OTa Tf. 46. Vorbild waren die Münzen von Thasos (I 181). A 2016: 280 €. ss

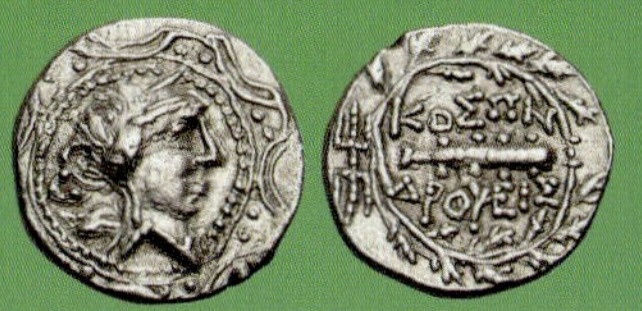

31. Thrakien, Koson II., Drachme um 50 v. Chr., geprägt vermutlich in Olbia, 4,14 g. Vs: Drapierte Büste der Artemis. Rs: ΚΟΣΩΝ / ΔΡΟΥΕΙΣ. Keule im Eichenkranz. A 2012: 1100 $. ss

Zahlungsmittel. Darauf weist ja schon die Tatsache hin, dass ihr Normgewicht anfangs penibel eingehalten wurde. Von vielen Keltenstämmen sind uns allerdings nur große Goldmünzen – in heutigen Relationen also etwa 500-Euro-Scheine – bekannt. Das Kleingeld fehlt. Kleine Summen wurden also im Tauschhandel oder – wahrscheinlicher – auf der Basis von Schuldverschreibungen beglichen.

Ein Spezifikum bei den Kelten ist das häufige gemeinsame Vorkommen von Münzen mit anderen Wertgegenständen, z. B. Torques, in Opferfunden. Die Torques (Halsringe) hatten für die Kelten eine Doppelfunktion: Sie waren Rangabzeichen des Adels, standen aber auch für göttliche Macht im Jenseits. Die Münzen und Torques in Grab- und Opferfunden wurden der irdischen Welt dadurch entzogen, dass man sie beschädigte und zerteilte. Die Münzen wurden somit ungültig gemacht und allein der Götterwelt zugewiesen. Auch andere Opfergegenstände sind meist zerbrochen. Die Münzen hatten für die Kelten also auch eine solche Doppelfunktion. Sie waren als Opfergabe besonders geeignet, weil die Götter sie wertschätzten und annahmen. Welche Vorstellungen sich genau hinter dieser Praxis verbergen, ist noch ungeklärt.

Ebenso verschlossen bleiben die meisten religiösen Konnotationen der Bilderwelten auf keltischen Münzen. Das Problem: Nirgends gibt es eine Inschrift, die uns Näheres erklärt. Der Numismatiker Wolfgang Fischer-Bossert hat jüngst auf seltene Drachmen des thrakischen Dynasten Koson hingewiesen (**31**), die vielleicht in die Welt der Opferpriester führen. Sie bezeichnen Koson als „ΔΡΟΥΕΙΣ" (lies: Drueis). Das Münzbild (eine Keule in einem Kranz aus Eichenlaub) evoziert eine der raren Beschreibungen keltischer Kultpraxis, die die Naturgeschichte des Plinius gibt: „Nichts ist den Druiden – so nennen sie die Magier – heiliger als die Mistel und der Baum, auf dem sie wächst, wofern es nur eine Eiche ist. Schon deswegen wählen sie Eichenhaine und vollziehen kein Opfer ohne Eichenlaub." Diese Textstelle belegt übrigens, dass das Wort Druide indogermanischen Ursprungs ist. In ihm steckt das griechische „drys" (Eiche/Baum), von dem auch das englische „tree" hergeleitet wurde.

Allgemeines zum Sammelgebiet:

Die meisten SammlerInnen keltischer Münzen spezialisieren sich auf solche, die aus ihrer Heimatregion stammen. Deshalb lässt sich beobachten, dass die gallischen Münzen in Frankreich die höchsten Preise erzielen, die britannischen in England. Andere Sammler legen eine Querschnittssammlung an, wobei sich kuriose Typen wie „Tanzendes Männlein" oder „Frontalgesicht" besonderer Beliebtheit erfreuen, was sich in den Preisen niederschlägt. Schließlich kann es auch die Faszination für abstrahierte Bilder, die teils an moderne Kunstwerke erinnern, sein, die den Reiz an diesem Sammelgebiet ausmacht.

Weiterführende Literaturhinweise:

Allgemein und für Deutschland besonders empfehlenswert: Ziegaus. Daneben existieren einige Werke, die auf engere Regionen zielen. Hispania: Villaronga, Britannia: Arsdell. Gallia: Delestrée – Tache (DT) und de la Tour. Östlicher Raum: Dembski, Paulsen, OTA. Castelin dokumentiert eine breit gestreute Keltensammlung. Forrer wiederum ist für die Rhein- und Donaukelten nach wie vor unersetzlich. Der Blog clarenet.hypotheses.org sammelt aktuelle Forschung zu keltischen Münzen. Die Iberokelten lassen sich auf Moneda Iberica gut studieren (monedaiberica.org).

Informationsteil

- Anmerkungen / Abkürzungen
- Wissenschaftliche Methoden der (antiken) Numismatik
- Berühmte Sammler und Sammlungen
- Antike Münzen im Internet
- Bibliographie
- Bildnachweise
- Auflösung der Siglen
- Glossar
- Nominale
- Gewichtsstandards (Münzfüße)
- Griechisches Alphabet und milesisches System
- Index
- (Präge-) Orte, Regionen

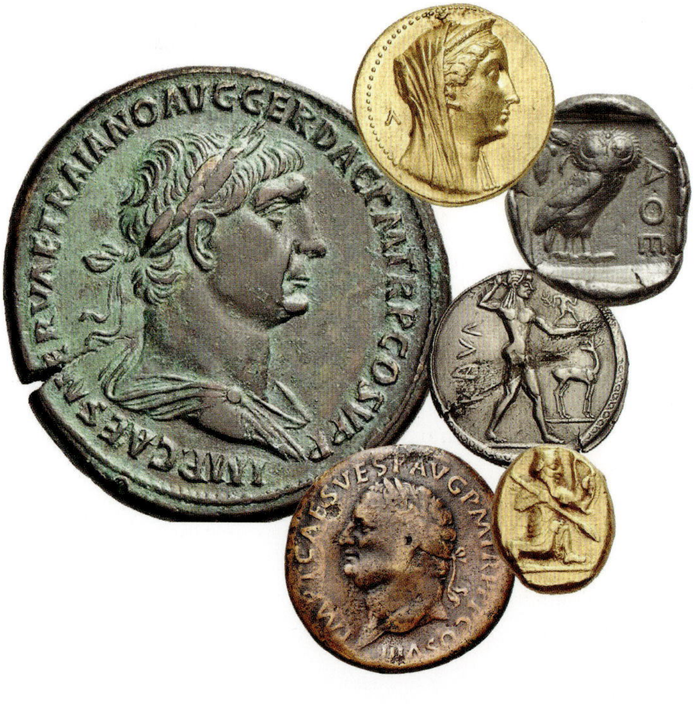

Anmerkungen

1 Die folgenden Beschreibungen der verschiedenen Arten der Patina lehnen sich an B. Kankelfitz, Römische Münzen, Battenberg 1996, S. 19f., an.

2 Darauf bezieht sich auch Aristoteles, wenn er die Herleitung des griechischen Wortes für Münze, „nómisma", erklärt: Es sei von „nómos" abgeleitet, was „Gesetz, Übereinkunft" bedeutet. Der Wert einer Münze ist also nicht rein intrinsisch, sondern ein von einer Autorität festgelegter. Ein zweiter, nicht minder bedeutender Vorteil der Ausgabe überbewerteter Münzen dürfte erkannt worden sein, dass sie nicht abwanderten. Sie zirkulierten nur dort, wo sie von Funktionären des Emittenten akzeptiert wurden. Außerhalb dieses Raums büßten sie an Wert ein -- ein Verlustgeschäft für den Besitzer.

3 Einen locus classicus liefert uns der ältere Plinius, ein General, der im 1. Jh. n. Chr. lebte und im Jahr 79 n. Chr. dem Ausbruch des Vesuvs bei Pompeji zum Opfer fiel. Im 33. Buch seiner „Naturgeschichte" finden sich in den Paragraphen 42ff. diese Bemerkungen: „Den nächsten schweren Frevel beging, wer einen goldenen Denar *(denarius ex auro)* prägen ließ; der Schuldige ist unbekannt. Das römische Volk benutzte nicht einmal Silbermünzen *(argentum signatum)* vor dem Sieg über den König Pyrrhos. Ein Pfund Bronze *(aes)* galt für ein As, woher auch heute noch die Bezeichnung libella kommt und dupondius für ein 2-As-Stück. (...) König Servius war der erste, der Erz *(aes)* mit einem Bild versah *(aes signatum)*. Zuvor, so berichtet Timaeus, wurde in Rom ungemünztes aes (zur Zahlung) verwendet. Dieses Geld trug das Abbild einer Kuh *(pecus)*, weshalb man es bald *pecunia* (Geld) nannte. Der höchste Zensus lag bei 120000 Assen: Wer so viel besaß, gehörte zur obersten Klasse. Im Jahr 485 nach Gründung Roms (= 269 v. Chr.), als Q. Ogulnius und C. Fabius Konsuln waren, fünf Jahre vor dem Ersten Punischen Krieg, wurde Silber geprägt. Und es wurde festgelegt, dass ein Denar zehn Pfund *aes* wert sei." Die Textpassage, so schlüssig sie auf den ersten Blick klingen mag, liefert mehr Probleme als dass sie Lösungen für die Chronologie der frühen Republik bereithielte. Vielmehr existiert seit nunmehr gut 150 Jahren in der Wissenschaft eine rege Diskussion, auf welche der bekannten Münztypen Plinius hier Bezug nimmt.

Abkürzungen

AR	Argentum (Silber)	Prschw.	Prägeschwäche
AU	Aurum (Gold)	r.	rechts
bearb.	bearbeitet	Rs.	Rückseite
CHF	Schweizer Franken	s	schön
dez.	dezentriert	ss	sehr schön
Ds.	Doppelschlag	Schrtlg.	Schrötling
GBP	Britische Pfund	Schrtlgr.	Schrötlingsriss
f.	fast	Schrtlgf.	Schrötlingsfehler
ger.	gereinigt	St	Stempelglanz
kl.	klein	St.	Stempel
korr.	korrodiert	Stf.	Stempelfehler
l.	links	Str.	Stempelriss
Lkr.	Lorbeerkranz	stgl.	stempelgleich
min.	minimal	Strk.	Strahlenkranz
Mzst.	Münzstätte	Vs.	Vorderseite
n.	nach	vz	vorzüglich
por.	porös		

Wissenschaftliche Methoden der (antiken) Numismatik

Die wissenschaftliche Numismatik ist eine historische Disziplin. Vielfach findet sie sich neben anderen „Grund-Wissenschaften“ (früher auch Hilfswissenschaften genannt) wie Epigraphik (Inschriftenkunde) oder Sphragistik (Siegelkunde) wieder. Aufgrund ihrer methodischen Vielfalt kann sie jedoch mit gutem Recht beanspruchen, eine eigenständige Wissenschaft zu sein, wie beispielsweise die Archäologie auch. Im Folgenden seien einige der wichtigsten Methoden vorgestellt. Einen (etwas unsystematischen) Überblick bietet die Aufsatzsammlung von Alföldi 1989. Ein hervorragendes Methoden-Lehrwerk ist nach wie vor Göbl 1978.

1. Stempelstudie

Münzen werden mithilfe zweier Stempel geprägt. Obwohl es sich bei Münzen um Massenprodukte handelt, die auch in der Antike zeitweise in fast industriellem Maßstab geprägt wurden, stellte man die Stempel in Handarbeit her. In jeden einzelnen „Prägestock“ wurde von spezialisierten Graveuren das negative Münzbild geschnitten (gelegentlich mögen dabei punzenartige Hilfsmittel zum Einsatz gekommen sein). Dies hat zur Folge, dass jeder dieser Stempel ein unverwechselbares Unikat darstellt.
Liegt eine Gruppe von Münzen gleichen Typs vor, so kann man durch genaues Betrachten einzelner Details herausfinden, von wie vielen verschiedenen Vorder- und Rückseitenstempeln diese Münzen geprägt wurden. Man kann einzelne Stempel anhand ihrer spezifischen Charakteristika (z. B. einzelne Buchstaben in der Legende, Locken in der Frisur) identifizieren. (Das Wort Charakter kommt übrigens vom griechischen *charaktär*, was Stempel bedeutet.) Wenn man eine genügend große Menge von Münzen untersucht (beispielsweise in online verfügbaren Datenbanken oder auch live in Münzkabinetten), kann man näherungsweise herausfinden, aus wie vielen Stempeln eine Emission hergestellt wurde.
Besonders interessant ist es zu ermitteln, nach welchem Muster die einzelnen Vorder- und Rückseitenstempel miteinander verbunden wurden. Dazu kann man ein Stempelkopplungsschema erstellen. Dadurch erhält man einen Eindruck von der Dauer und dem Umfang des Prägevorgangs. Mit etwas Glück findet man auch Stempelverbindungen (Stempelkopplungen) von Stempeln, die eigentlich verschiedenen Emissionen angehören, so dass sich diese in eine relative Chronologie bringen lassen.
Bei der Erstellung einer wissenschaftlich validen Stempelstudie findet auch der Abnutzungsgrad der Stempel Beachtung. Eine solch aufwendige Arbeit liefert eine relativ große Sicherheit darüber, wie viele Stempel insgesamt eingesetzt wurden. Damit lässt sich wiederum abschätzen, ob etwa einige zehntausend oder mehrere Millionen dieser Münzen geprägt wurden. Die Schätzungen der Haltbarkeit eines Vorderseitenstempels belaufen sich auf 10 – 20 000 Prägungen, was auch von der Größe und dem Metall der Produkte abhängt. Eine vorbildliche, allerdings auch sehr aufwendige Stempelstudie stammt von Fischer-Bossert 1999. De Callataÿ (1997b und 2003) bietet Zusammenstellungen von Stempelstudien griechischer Münzen. In jüngerer Zeit mehren sich die Versuche, Stempelstudien zu digitalisieren bzw. durch Künstliche Intelligenzen zu automatisieren. Ein vielversprechendes Projekt ist das Roman Republican Die Project (RRDP) der ANS (http://numismatics.org/rrdp).

2. Metrologie

Das Gewicht ist das physikalische Hauptmerkmal einer Münze. Die Entwicklung vom gepunzten Barren hin zur Münze ist ja gerade dadurch gekennzeichnet, dass die Prägung es dem Benutzer der Münze ersparen sollte, das Gewicht zu überprüfen, da der Wert garantiert war.
In der antiken Welt existierten verschiedene Gewichtsstandards (Münzfüße, s. S. 166), die sich im Laufe der Jahrhunderte veränderten. Meist verloren die Münzen schleichend an Gewicht, jedoch sind auch immer wieder Versuche festzustellen, die alten Gewichte wiederherzustellen. Die Metrologie stellt ein Raster bereit, welche Münzfüße in welchen Regionen zu welchen Zeiten verwendet wurden.
Soll eine Gruppe von Münzen in dieses Raster eingepasst werden, erstellt man eine tabellarische Übersicht der Gewichtsverteilung. Diese gibt Auskunft darüber, welches Zielgewicht bei der Münzherstellung beabsichtigt war.

3. Fundanalyse

Antike Münzen kommen ausschließlich in Funden vor. Man unterscheidet zwischen Hort- und Einzelfunden. Horte wurden niedergelegt, um größere Mengen von Münzen vor fremdem Zugriff zu verbergen. Wenn sie heute gefunden werden, wissen wir, dass der ehemalige Besitzer sie – aus welchen Gründen auch immer – nicht wieder bergen konnte. Der Begriff Einzelfunde meint Münzen, die vereinzelt gefunden wurden – meist auf besiedeltem Gebiet, aber auch an den unglaublichsten Orten. Während Einzelfunde (aufgrund ihrer Dichte) Ausschluss geben können über antike Besiedlungsgebiete oder die Lokalisierung von Prägestätten, liefert die Auswertung von Hortfunden mehr Information: Sie geben meist einen Einblick in die Geldzirkulation zur Zeit ihrer Niederlegung. Anhand der „Schlussmünze", also der jüngsten enthaltenen Münze, lässt sich (grob) der Zeitpunkt der Niederlegung (sog. *terminus ante quem*) ermitteln. Dies kann bei der archäologischen Interpretation einer Grabungsstätte entscheidende Hinweise liefern, denn meist war das Vergraben von Münzen mit Krieg, Krisen und Vertreibung verbunden. Auch für die Chronologie der enthaltenen Münzen selbst sind Hortfunde wichtig: Wenn für das Gros der Münzen das Prägedatum bereits sicher feststeht, lassen sich zuvor ungenau datierte Stücke eventuell besser eingliedern. Dies ist die Methode, mit deren Hilfe Michael Crawford einen Großteil der römisch-republikanischen Münzprägung in eine chronologische Ordnung brachte (RRC). Ein digitales Verzeichnis von Funden griechischer Münzen bietet http://coinhoards.org . Ein vielversprechendes, aber aktuell (2024) ausbaufähiges Projekt ist Antike Fundmünzen in Europa (http://afe.dainst.org).

4. Statistik / Big Data

Auf der Basis von größeren Mengen an Funden lassen sich zahlreiche weitere Fragestellungen behandeln. So kann man beispielsweise die Geldzirkulation in verschiedenen Regionen des Römischen Imperiums analysieren und wirtschaftsgeschichtliche Schlüsse ziehen. Auch kulturhistorische Fragestellungen sind auf der Grundlage solcher großer Datensammlungen möglich, z. B.: Welche Art von Münzen kursierte in welcher Region? Wurden bestimmte Motive in bestimmten Provinzen bevorzugt ausgegeben? Welche Münzen finden sich bevorzugt in heiligen Bezirken? Ein Spezialist für statistische Fragestellungen ist der Belgier François de Callataÿ. Eine gute quantitative Studie bietet Noreña. Mithilfe von Linked Open Data sind in den letzten Jahren einige übergreifende Datenbanken entstanden, deren Bestände sich nach allen möglichen Kriterien selektieren lassen und die quantitative Numismatik befruchten werden. Eine Speerspitze stellt für die griechische Numismatik das Projekt ARCH dar (https://greekcoinage.org/arch).

5. Metallanalyse

Entgegen naheliegender Vermutungen ist der Erkenntnisgewinn für NumismatikerInnen durch naturwissenschaftliche Metallanalysen beschränkt, da sich Metalle nicht „datieren" lassen. Immerhin aber ist in diesem Teilfeld der Archäometrie relativ viel in Bewegung. Eine große Herausforderung stellt die zerstörungsfreie Analyse von Münzen dar. Während es bereits um 1900 gelang, verlässliche Daten über die Zusammensetzung antiker Münzen zu gewinnen, wenn man sie dabei komplett zerstörte, versucht man heute mit Protonen- und Neutronenstrahlen oder Feinstbohrungen an den Münzkern heranzukommen. Eine recht verlässliche Technik stellt die Kombination aus Laserablation (LA) und Massenspektrometrie dar. Allerdings gelangt man damit nur wenige Mikrometer unter die Münzoberfläche. Gerade bei römischen Denaren des 3. Jhs., bei denen mithilfe des Silbersiedens der Edelmetallanteil an die Oberfläche gebracht wird, liefert dies keine Information über die Gesamtzusammensetzung einer Münze. Eine besonders verbreitete, weil kostengünstige und schnell anzuwendende Technik ist die Röntgenfluoreszenzanalyse (RFA). Auch hier ist die Eindringtiefe der Strahlung sehr gering. Neben der reinen Metallzusammensetzung kann die Archäometrie auch dabei helfen, der Herkunft des Metalls mittels Bleiisotopen-Analyse auf die Spur zu kommen. Da allerdings immer bedacht werden muss, dass Metalle immer wieder eingeschmolzen und neu legiert wurden, ist auch hier der Erkenntnisgewinn beschränkt. Eine sehr gute, aktuelle Studie zur Zusammensetzung römischer Münzen stammt von Butcher / Ponting. Metallurgische Grundlagen bietet Hammer. Einen Einstieg in die jüngere Forschung bieten Sheedy-Davis.

6. Experimentelle Numismatik

Obwohl die Münzprägung an sich ein sehr einfacher Prozess ist (s. S. 15), bestehen im Hinblick auf die genaue Organisation antiker Münzstätten noch Verständnislücken. So weiß man noch nicht genau, wie die Herstellung tausender Schrötlinge mit enger Gewichtstoleranz in relativ kurzer Zeit gelang. Fragen bestehen auch hinsichtlich der verschiedenen Arbeitsgänge, der Arbeitsteilung beim Stempelschnitt und des Tagesausstoßes einer Münzstätte. Auch besteht eine andauernde Kontroverse zur Frage, ob die Schrötlinge bei Raumtemperatur oder in erhitztem Zustand geprägt wurden. Solchen Fragen widmen sich archäologisch orientierte NumismatikerInnen in der Experimentellen Numismatik. Bevorzugte Orte für derartige Versuche sind archäologische Parks, wobei im französischen Melle die bislang beste numismatische Versuchsreihe stattgefunden hat. Sie wurde von Thomas Faucher et al. publiziert. In Deutschland existiert ein „Arbeitskreis Experimentelle Numismatik" (https://www.bngev.de/arbeitskreis-experimentelle-numismatik), in dem sich Experten dieses Forschungsgebietes austauschen.

7. Ikonographie / Archäologie

Zwischen der (klassischen) Archäologie und der Numismatik gibt es Überschneidungen. So wäre beispielsweise die Benennung der rundplastischen Portraits der römischen Kaiser ohne die zugehörigen Münzen kaum mit der Sicherheit möglich, die wir heute besitzen. Umgekehrt wissen wir erst durch die Rekonstruktion antiker Bauwerke durch die Archäologen, wie wir uns gewisse Bauten vorzustellen haben, die auf Münzen oft nur schematisch angedeutet sind (z. B. den Circus Maximus, den Hafen von Ostia, das Colosseum usw.). Besonders interessant wird es bei der Ikonographie, wenn es um die Aufschlüsselung der Bedeutung kleinster Attribute geht oder um die Identifikation von Gottheiten. Gerade aus religionsgeschichtlicher Perspektive kann die Numismatik eine Vielzahl an Fragestellungen beantworten, die vor allem eine ikonographisch-archäologische Herangehensweise verlangen. So geben Münzen Auskunft über die regionale oder zeitliche Verbreitung von bestimmten Kulten, können Wanderungen von Gottheiten und Verschmelzungen derselben offenlegen. Eine gute Studie zur gegenseitigen Beeinflussung griechischer Städte in Bezug auf die von ihnen auf Münzen gezeigten Götter bietet Ritter. Ein sehr gutes Nachschlagewerk für ikonographische Fragen ist das Lexicon Iconographicum Mythologiae Classicae (LIMC). Eine Einführung in die griechische Ikonographie bietet Fischer-Bossert 2020. Wichtige Aspekte römischer Münzbilder finden sich bei Kemmers 2019.

8. Robert'sche Gesamtschau

Nachdem bereits Gründerväter der modernen griechischen Numismatik wie Friedrich Imhoof-Blumer und Wilhelm Kubitschek gezeigt hatten, welche fundamentalen historischen Erkenntnisse Münzen vermitteln können, vereinte der französische Gelehrte Louis Robert die Fähigkeiten eines scharfsinnigen Kulturhistorikers mit exzellenten numismatischen, epigraphischen und philologischen Kenntnissen. Angereichert mit geographischen, zoologischen und botanischen Beobachtungen, haucht fast jede seiner Studien den griechischen Städte im antiken Kleinasien (heute: Türkei) neues Leben ein. Numismatiker, die auf seinen Spuren wandeln, bemühen sich darum, ebenso interdisziplinär zu arbeiten wie Robert selbst: Oft ergibt eine kryptische Münzlegende erst Sinn, wenn man die dazugehörige Inschrift heranzieht; feinste Andeutungen auf Münzen entschlüsseln sich erst, wenn man mit der Topographie des Prägeorts und seinen Kulten vertraut ist; eine Randnotiz eines spätantiken Historikers wird erst klar, wenn man Münzen und Inschriften hinzufügt.

Nach dem Vorbild Louis Roberts verfertigt der Altertumswissenschaftler Johannes Nollé heute so gelehrte wie lebendige Studien über die griechische Städtelandschaft. Viele davon sind in der von ihm mitherausgegebenen Zeitschrift Gephyra erschienen. Lesenswert sind auch die Studien von Hans-Christoph v. Mosch, die das enge Verhältnis von antiker Plastik und Münzen zum Ausgangspunkt haben (abzurufen auf academia.edu).

Berühmte SammlerInnen und Sammlungen

SammlerInnen haben immer dazu beigetragen, Kulturgut zu bewahren und seine Erforschung voranzubringen. Besonders in Zeiten, in denen die öffentliche Förderung von Kulturinstitutionen stark gekürzt wird, kommt dem privaten Engagement von passionierten Sammlern und Kunstliebhabern eine größere Bedeutung zu. Das Internet bietet neue Möglichkeiten der Interaktion von Münzliebhabern und Forschern. Sie können beispielsweise auf Plattformen wie academia.edu miteinander in Austausch treten. Auch interaktive Online-Kataloge wie das Corpus Nummorum Thracorum (www.corpus-nummorum.eu) und Roman Provincial Coinage (rpc.ashmus.ox.ac.uk) binden vorbildhaft SammlerInnen in die Forschung ein und machen somit das so verstreute Material nutzbar. Schließlich müssen nicht alle Münzen in Museen liegen!

Hochmotivierte und meist auch sozial privilegierte Sammlerpersönlichkeiten vermögen es nicht nur, immense Bestände anzuhäufen. Ihr noch viel größeres Verdienst ist es, der Wissenschaft nachhaltige Impulse zu geben. Ein besonders gutes Beispiel hierfür war Hans Sylvius von Aulock (1906–1980), der als Repräsentant der Dresdner Bank den größten Teil seines Lebens in der Türkei verbrachte. Dort trug er im Laufe von zwei Jahrzehnten eine Sammlung von mehr als 9000 Münzen zusammen. Den Kernbestand der als „SNG Aulock“ bekannten Sammlung bilden die provinzialrömischen Münzen. Von Aulock selbst trieb die Publikation dieser Sylloge energisch voran. Bald begann er auch selbst, ganze Münzlandschaften corpusmäßig zu erfassen, ein Unterfangen, das für Kleinasien seit den Zeiten des „Recueil Général“ in den 1920er Jahren fast gänzlich in Vergessenheit geraten war. Die provinizialrömischen Münzen Kleinasiens waren ein Forschungsgebiet, das vor diesem Projekt fast gänzlich brach gelegen hatte. Die Publikation vieler neuer Münztypen und der nunmehr mögliche Conspectus einer Städtelandschaft mit vielen Querverbindungen und zahlreichen kulturellen Überlagerungen versorgte die Altertumswissenschaften mit Fragestellungen zu Identität, Akkulturation, kultureller Überlagerung und des Austauschs, die bis heute nachwirken.
Ähnlich inspirierend war das Wirken von Edoardo Levante (1932–2007). Er war ein Privatier, Sohn einer Reedersfamilie, die seit Generationen in Iskenderun/Alexandretta am Golf von Issos ansäßig war. Er sah sich selbst als Schüler von Aulocks und baute eine Sammlung von über 2000 kilikischen Münzen auf, deren Schwerpunkt ebenfalls in der Römerzeit lag. Die Publikation dieser Sammlung erfolgte 1986 in Form einer Sylloge und löste einen kleinen „Kilikien-Boom“ in der Numismatik aus, der sich in einigen Symposien und zahlreichen Publikationen in den folgenden 20 Jahren niederschlug. Seine Expertise qualifizierte ihn, obwohl kein Altertumswissenschaftler, dafür, den einschlägigen Bestand des Pariser Münzkabinetts in einer weiteren Sylloge zu erfassen, der von 2 Supplementen begleitet wurde. Darüberhinaus veröffentlichte er weitere Teile der Pariser Sammlung in 2 großen Syllogen. Einen derart produktiven ehrenamtlichen Mitarbeiter hat das Pariser Münzkabinett seitdem nicht mehr gehabt. Seit 2003 sind nur 3 weitere Syllogen erschienen. Weite Teile nicht nur der griechischen Abteilung harren der Bearbeitung.
Dies sind nur zwei herausragende Beispiele einer äußerst fruchtbaren Kooperation von Sammlern und Wissenschaftlern.

Auch die folgenden Sammler antiker Münzen haben – wenigstens in Numismatikerkreisen – Berühmtheit erlangt, weil sie Besonderes geleistet haben. Sie haben exquisite Kollektionen von erlesener Qualität und mit großen Raritäten zusammengetragen. Meist standen ihnen dazu auch besondere Mittel zur Verfügung – die meisten der hier Genannten sind Industrielle. Einige dieser Sammlungen sind in öffentliche Sammlungen eingegangen, andere wurden auf Auktionen versteigert. Stücke mit dem Vermerk („Pedigree“) „Ex Sammlung XY“ erzielen, wenn sie wieder auf den Markt kommen, deutlich höhere Preise als Stücke ohne jede Provenienz. Das liegt zum einen daran, dass ihre Legalität über jeden Zweifel erhaben ist, zum anderen daran, dass sie einem Sammler mit erwiesenermaßen gutem Geschmack gehört haben. Im Folgenden seien nur einige der bedeutendsten Sammlungen genannt. Eine ständig wachsende Übersicht lebender und verstorbener SammlerInnen findet sich unter muenzenwoche.de/sammler .

Baron Karl **Bachofen von Echt** (1830 – 1922) besaß eine österreichische Brauerei. Er war in Westfalen geboren und erwarb die Brauerei 1865 in Nussdorf, wo er auch als Bürgermeister amtierte, bis die Stadt Wien einverleibt wurde. Neben Kunst sammelte er auch Münzen. Ein Großteil seiner Sammlung liegt heute im Kunsthistorischen Museum (KHM) Wien. Weitere Teile wurden bei Leo Hamburger (Auktion 46, 1910) und Egger (Auktion 39, 1912) versteigert.

Arthur **Bally-Herzog** (1849 – 1912) entstammte einer schweizerischen Industriellenfamilie und war mit Julie Herzog verheiratet. Obwohl sein Hauptinteresse den Münzen der Schweiz galt, trug er auch eine bedeutende Römersammlung zusammen. Nach seinem Tod wurden die 1448 römischen Münzen, darunter 250 Goldstücke, in verschiedenen Auktionen verkauft. Der Erlös floss an die Museen in Zürich, Solothurn, Aarau und Olten.

Leo **Biaggi-Blasys** (1906 – 1979) war ein schweizer Fabrikant und engagierte sich stark für das Rote Kreuz. Mithilfe des Münzhändlers Leo Mildenberg trug er eine bedeutende Sammlung von über 2000 Goldmünzen zusammen. 1978 wurden diese von der Bank Leu in Zürich erworben. Einige Münzen wurden 1979 in der Auktion 22 angeboten, die meisten Stücke verkaufte Leu jedoch direkt an Kunden. In Münzhandelskreisen kursiert ein Inventar dieser bedeutenden Sammlung.

Virgil **Brand** (1861 – 1926), Erbe einer Bierbrauerei, entwickelte in seinen Dreißigern eine regelrechte Sucht nach Münzen. Seine Sammlung soll zuletzt 368.000 Exemplare umfasst haben. Von seinen Nachkommen wurden diese Münzen, darunter hochwertige „Griechen“ und „Römer“ bis in die 1980er Jahre hinein auf verschiedenen Auktionen vermarktet.

Sir **Arthur Evans** (1841 – 1951) war ein sehr erfolgreicher Archäologe. Neben seiner Tätigkeit als Kustos des Ashmolean Museum (Oxford) initiierte er die Ausgrabungen in Knossos auf Kreta, wo er die Minoische Kultur entdeckte. Seine umfassende Münzsammlung, die sein Vater John, ein Papierfabrikant, begonnen hatte, wurde hauptsächlich in den Naville-Auktionen von 1922, 1926 und 1934 versteigert. Ein weiterer Teil findet sich in der Auktion Hirsch 1911. Weitere Münzen stiftete er an seine Alma Mater.

Henry **Hall Platt** (1863 – 1949) war bis 1924 bei einem Textilmaschinenhersteller tätig und trat 1899 in die Royal Numismatic Society in London ein. In seinem Ruhestand widmete er sich dem Ausbau seiner Münzsammlung, die 1950 in zwei Auktionen bei Glendining's versteigert wurde. Die Sammlung umfasste 2328 griechische, römische und byzantinische Münzen, darunter 400 Goldstücke.

Nelson **Bunker Hunt** (1926 – 2014) war ein US-amerikanischer Ölmilliardär und Spekulant. In den 1970er Jahren kaufte er tonnenweise Silber auf, um den Marktpreis bestimmen zu können, doch sein Plan ging nicht auf. Für die sehr hoch angesetzte Summe von 16 Millionen US-Dollar erwarb er bald darauf die Münzsammlung des Filmproduzenten Sy Weintraub, die er aufgrund seines finalen Bankrotts 1990 und 1991 bei Sotheby's versteigern lassen musste.

Frédéric-Robert **Jameson** (1861 – 1942) war ein Bankier und entwickelte als solcher eine Vorliebe für antike Münzen. Er verfasste eigenhändig einen mehrbändigen Katalog seiner Sammlung. Dieser umfasste 2614 griechische und 538 römische Münzen von teils hervorragender Qualität.

Guiseppe **Mazzini** (1883 – 1961) stammte aus Livorno und war seit 1921 im italienischen Parlament und wurde 1943 für die Faschisten Senator. Später war er als Berater für FIAT tätig und war Präsident der Tageszeitung La Stampa. Er war ein Sammler römischer Münzen. Seine 8051 Stücke umfassende Sammlung wurde 1957–1958 in fünf Bänden publiziert und vom Mailänder Münzhändler Mario Ratto aufgekauft.

Als das New Yorker **Metropolitan Museum** im Jahr 1972 den berühmten Euphronios-Krater erwerben wollte (den es 2008 an Italien zurückgeben musste), verkaufte es 6664 antike Münzen aus seinen Beständen. Diese Münzen waren früher im Besitz verschiedener bedeutender Sammler gewesen. Die Auktion erfolgte über die Zürcher Niederlassung von Sotheby's.

Hyman **Montagu** (1844 – 1895) war ein Londoner Notar, der – neben englischen Münzen – eine Leidenschaft für griechische und römische Münzen entwickelte. Er war Kunde bei den bedeutendsten französischen und englischen Händlern, und baute eine spektakuläre Sammlung von 1291 römischen Goldmünzen auf. Seine Münzen wurden von 1895 – 1897 über Sotheby's in Paris verkauft.

Der Schweizer Dr. **Athos Moretti** (1907 – 1993) leitete ein großes Pharmaunternehmen und war ein großer Kunstsammler. Durch Zufall kam er auf antike Münzen. In wenigen Jahrzehnten baute er die größte Sammlung der Magna Graecia und Siziliens auf. Ein Teil davon wurde bei NAC 1998 (Auktion 13) verkauft, das Gros verkaufte er der Banca Commerciale Italiana, die es in die Sammlung Verri integrierte.

Graf **Gustave Ponton d'Amécourt** (1825 – 1888) war der Gründer der französischen numismatischen Gesellschaft. Was seine antiken Münzen betrifft, so war seine Sammlung von Römern und Byzantinern sehr bedeutsam. Sie wurde 1887 beim Pariser Auktionshaus Rollin & Feuardent versteigert und erlöste fast 400 000 Francs.

Mit einem Umfang von 642 erstklassigen griechischen Münzen und einem Erlös von über 31 Mio. US-Dollar zählt die sogenannte **Prospero-Collection** zu den ganz großen der hier versammelten Sammlungen. Die Auktion fand im Rahmen der New Yorker Coin Convention im Januar 2012 statt und wurde maßgeblich vom Londoner Auktionshaus Baldwin's veranstaltet.

Fedor Ivanowich **Prowe** (1872 – 1932) stammte aus Moskau und ist in der numismatischen Welt als Theodore Prowe bekannt, dessen Sammlung bei den Gebrüdern Egger in Wien in drei Teilen (1904, 1912, 1914) und bei Adolph Hess in Frankfurt in zwei Teilen (Mai und November 1912) versteigert wurde. Im Kern bestand diese Sammlung aus griechischen Münzen, darunter zahlreiche Seltenheiten in teils exquisiter Qualität. Die Sammlung ist ebenfalls reich an provinzialrömischen Raritäten, die das besondere Steckenpferd dieses Sammlers darstellten.

Die Sammlung der Familie **Trau** wurde im 19. Jh. aufgebaut. Den Grundstock legte Carl Trau (1811 – 1887), der auch 1870 die Österreichische Numismatische Gesellschaft mitbegründete. Die Sammlung wurde von Franz II. Trau in verschiedenen Auktionen (1904, 1935, 1936) aufgelöst.

Eduard Friedrich Weber (1830 – 1907) war ein Hamburger Kaufmann und wurde 1877 Konsul von Hawaii. Seine Sammlung umfasste mehr als 11 000 antike Münzen, davon 650 Goldstücke. Sie wurde 1908 (Auktion 21) und 1909 (Auktion 24) bei Jacob Hirsch in München versteigert.

Antike Numismatik im Internet

Für Münzinteressierte ist das Internet eine Informationsquelle ersten Ranges. Zugleich ist das Web allerdings auch eine Müllhalde, weshalb im Folgenden eine Auswahl der qualitätsvollen Online-Hilfsmittel getroffen wird. Neben Foren, Datenbanken und Handelsplattformen finden sich im Netz auch Digitalisate von älteren Katalogen, die als gedruckte Bücher sehr teuer sind. Die beste numismatische Online-Bibliothek ist „Digital Library Numis“: sites.google.com/site/digitallibrarynumis. Das Newman Numismatic Portal (nnp.wustl.edu) umfasst zwar weit größere Bestände, hat aber einen Schwerpunkt auf US-amerikanischen Münzen. Wenn man besonders an aktueller Forschung in Form von Aufsätzen interessiert ist, wird man auch bei academia.edu fündig.

1. Antike Münzen in genere

Portal der American Numismatic Society mit verschiedenen Datenbanken und Instrumenten
www.numismatics.org/search

Datenbank mit großem Bestand und guten Suchfunktionen
www.wildwinds.com

Ein virtuelles Münzmuseum mit guten geldgeschichtlichen Einführungen
www.moneymuseum.com

Buntes Potpourri an Geschichten und Neuigkeiten zu Münzen
muenzenwoche.de

Auftritt des International Numismatic Comittee (INC) mit dem neuesten Stand der Forschung
inc-cin.org

Foren
Die folgenden Foren sind gut moderiert, und es beteiligen sich zahlreiche ausgewiesene NumismatikerInnen, sodass man auch auf knifflige Fragen meist innerhalb weniger Stunden eine Antwort erhält.

numismatikforum.de
www.forumancientcoins.com
www.numismatik-cafe.at
cointalk.com

2. Griechische Münzen

Eine Meta-Datenbank (im Aufbau)
www.greekcoinage.org

Eine sehr hilfreiche Materialsammlung
www.snible.org/coins/hn

Weitere Spezialseiten siehe am Ende der jeweiligen Kapitel.

3. Römische Münzen

Coins of the Roman Republic Online (CRRO)
numismatics.org/crro

Online Coins of the Roman Empire (OCRE)
numismatics.org/ocre

Zwei ambitionierte private Auftritte
www.romanatic.com
www.romancoins.info

4. Öffentliche Sammlungen

Auf den Online-Präsenzen der folgenden Institutionen erhalten Sie Einblick in teils riesige Bestände an antiken Münzen.

American Numismatic Society:
numismatics.org/search

Bibliothèque Nationale, Département des monnaies et médailles, Paris:
www.bnf.fr/fr/monnaies-et-medailles

British Museum, London:
https://www.britishmuseum.org/collection

Münzkabinett des Bodemuseums, Berlin:
ikmk.smb.museum/home

Münzkabinett der Staatlichen Kunstsammlungen, Dresden:
skd-online-collection.skd.museum

Kenom, Virtuelles Münzkabinett verschiedener kleinerer Sammlungen:
www.kenom.de/objekte/

Sämtliche wichtigen Sammlungen Deutschlands:
ikmk.net

Münzkabinett des Kunsthistorischen Museums, Wien:
www.ikmk.at/index.php?lang=en

Die beste Datenbank zu provinzialrömischen Münzen („Greek Imperials"):
rpc.ashmus.ox.ac.uk/project

5. Fälschungen

Leitfaden zum Erkennen von Fälschungen:
www.muenzenwoche.de/de/Archiv/8?&id=11&type=a
www.forumancientcoins.com/numiswiki/view.asp?key=Counterfeit Coin Detection

Große Auswahl an Bildern von Fälschungen mit hilfreichen Erläuterungen (in Englisch):
www.forumancientcoins.com/fakes/thumbnails.php?album=26 (vorherige Registrierung erforderlich)

Datenbanken zu Münzfälschungen:
www.forgerynetwork.com
www.forumancientcoins.com/fakes/index.php (vorherige Registrierung erforderlich)
rg.ancients.info/bogos/

6. Handel

Internationale Verkaufsplattform für Münzen
www.vcoins.com

Europäische Plattform für Münzen aller Epochen
www.ma-shops.de

Überblick aktueller Auktionen
www.sixbid.com
www.numisbids.com

Die beiden Verbände deutscher Münzenhändler mit Mitgliederlisten und Ratgebern
www.vddm.de
www.muenzen-verband.de

7. Sammlervereine

Die Seite www.numismatische-gesellschaft.de eröffnet den Zugang zu vielen lokalen Sammlervereinen in Deutschland.

Bibliografie

Abdy — R. Abdy, The Severans, in: Metcalf 2012, 499 – 513.

Albert — R. Albert, Die Münzen der römischen Republik. Von den Anfängen bis zur Schlacht von Actium (4. Jahrhundert v. Chr. – 31 v. Chr.), Gietl Verlag ^{2}2011.

Alföldi — A. Alföldi, Die Kontorniat-Medaillons I. Katalog, Berlin 1976.

Alram — M. Alram, The Coinage of the Persian Empire, in: Metcalf 2012, 60 – 87.

Arsdell — R. D. van Arsdell, Celtic coinage in Britain, London 1989.

Bastien — P. Bastien, Le monnayage de l'atelier de Lyon, Paris 1972.

Beckmann — M. Beckmann, Trajan und Hadrian, in: Metcalf 2012, 405 – 422.

Bland — R. Bland, From Gordian III to the Gallic Empire (AD 238 – 274), in: Metcalf 2012, 514 – 537.

BMC — Div. Autoren, Catalogue of Greek Coins in the British Museum, London 1873 – 1927.

Bodenstedt — F. Bodenstedt, Die Elektronmünzen von Phokaia und Mytilene, Tübingen 1981.

Bruck — A. Menzies, G. Bruck, Late Roman Bronze Coinage. An Attribution Guide for Poorly Preserved Coins, 2014. (Original: G. Bruck, Die spätrömische Kupferprägung, Graz 1962).

Butcher — K. Butcher, Roman Provincial Coins, London 1988.

Butcher – Ponting — K. Butcher, M. Ponting, The Metallurgy of Roman silver Coinage. From the Reform of Nero to the Reform of Trajan, Cambridge 2015.

Calicó — X. Calicó, The Roman Aurei, 196 B.C. – 335 A.D., 2 Bde., Barcelona 2003.

Carradice — I. Carradice, Flavian Coinage, in: Metcalf 2012, 375 – 390.

Carson — R. A. G. Carson, Coins of the Roman Empire, London 1990.

Castelin — K. Castelin, Keltische Münzen. Katalog der Sammlung im Schweizerischen Landesmuseum Zürich, 2 Bde. (Katalog & Kommentar), Stäfa, o. J.

Christ — K. Christ, Antike Numismatik, Einführung und Bibliographie, Darmstadt 1967.

Cohen — H. Cohen, Description historique des monnaies frappes sous l'Empire Romain. Paris 1859 – 1868; ^{2}1880 – 1892; div. Nachdrucke.

Cr. — Michael H. Crawford, Roman Republican Coinage, London ^{2}1984.

Callataÿ 1997 — F. de Callataÿ, L'histoire des guerres mithridatiques vue par les monnaies, Louvain-la-Neuve 1997.

Callataÿ 1997b — Ders., Recueil quantitatif des émissions monétaires hellénistiques, Wetteren 1997.

Callataÿ 2003 — Ders., Recueil quantitatif des émissions monétaires archai(trêma) et classiques, Wetteren 2003.

Callataÿ 2011 — Ders., More than it would seem: the use of coinage by the Romans in late Hellenistic Asia Minor (133-63 BC), American Journal of Numismatics 23, 2011, S. 55 – 86.

Callataÿ 2011b — Ders., Quantifying Money Production in Greco-Roman Times: a General Frame, in: ders. (Hrsg.), Quantifying Monetary Supplies in Greco-Roman Times, Bari 2011.

de la Tour — H. de la Tour, Atlas de Monnaies Gauloises, Paris 1892.

Delestrée – Tache (DT) — L.-P. Delestrée – M. Tache, Nouvel Atlas des monnaies gauloises I – IV, Saint-Germain-en-Laye 2002 – 2008.

Dembski — G. Dembski, Münzen der Kelten. Kataloge der antiken Münzen Reihe A: Griechen. II: Massalia und Keltenstämme, Wien 1998.

Dumbarton Oaks — Ph. Grierson et al., Catalogue of the byzantine coins in the Dumbarton Oaks collection and in the Whittemore collection, Washington 1966 – 1999.

Estiot — The Later Third Century, in: Metcalf 2012, 538 – 560.

Faucher et al. — Th. Faucher et al., Expérimentations sur la technique de fabrication des monnaies grecques: approches, réalisation, perspectives. Experiments on Greek minting techniques: approach, realization, outlook, in: F. Tereygeol, Comprendre les savoir-faire métallurgiques antiques et médiévaux, Paris 2009.

Fischer-Bossert 1999 — W. Fischer-Bossert, Chronologie der Didrachmenprägung von Tarent 510 – 280 v. Chr., Berlin 1999.

Fischer-Bossert 2020 — Ders., Hermeneutik griechischer Münzbilder, JNG 69/70, 2019/20, 49 – 61

Fitts — P. M. Fitts, The Beginner's Guide to Identifying Byzantine Coins, London, 2015.

Forrer — R. Forrer, Keltische Numismatik der Rhein- und Donaulande, 2 Bände, aktualisierter Nachdruck, Graz 1969.

Franke — P. R. Franke, Kleinasien zur Römerzeit. Griechisches Leben im Spiegel der Münzen, München 1968.

Franke – Hirmer — Ders. – M. Hirmer, Die griechische Münze, München 1972.

Franke – Leschhorn — Ders. – W. Leschhorn, Lexikon der Aufschriften auf griechischen Münzen, 2 Bde., Wien 2002 / 2010.

Ganschow – Kampmann — Th. Ganschow – U. Kampmann, Die Münzen der römischen Münzstätte Alexandria, Regenstauf 2008.

Gnecchi — F. Gnecchi, I medaglioni Romani, 3 Bde., Milano 1912.

Göbl 1960 — R. Göbl, Einführung in die Münzkunde der römischen Zeit, Wien [2]1960.

Göbl 1968 — Ders., Sasanidische Numismatik, Braunschweig 1968.

Göbl 1978 — Ders., Antike Numismatik, 2 Bde., München 1978.

Graeber — D. Graeber, Schulden. Die ersten 5000 Jahre, Stuttgart 2011.

Hammer 1993 — P. Hammer, Metall und Münze, Stuttgart 1993.

Harl — K. Harl, Civic Coins and Civic Politics in the Roman East 180 – 275, Berkeley 1987.

Hasler — K. Hasler, Studien zu Wesen und Wert des Geldes in der römischen Kaiserzeit von Augustus bis Severus Alexander, Bochum 1980.

Haymann et al. — F. Haymann, W. Hollstein, M. Jehne, Neue Forschungen zur römisch-republikanischen Münzprägung. Internationales Kolloquium, Dresden, 19.6. – 21.6.2014, München 2016.

Head HN	B. V. Head, Historia Numorum. A Manual of Greek Numismatics, Oxford 21911.
Howgego	C. Howgego, Geld in der antiken Welt, Darmstadt [2]2012.
Hunter	A. S. Robertson, Roman Imperial coins in the Hunter coin Cabinet, London 1962 ff.
Icard	S. Icard, Identification des monnaies par la nouvelle méthode des lettres-jalons et des legends fragmentées, Paris 1929.
Kampmann-Walther	U. Kampmann, Die Münzen der römischen Kaiserzeit, Regenstauf [3]2022.
Kampmann 2012	Dies., Numismatisches Wörterbuch. Englisch – Deutsch, Deutsch – Englisch, Regenstauf 2012.
Karwiese	S. Karwiese, The Artemisium coin hoard and the first coins of Ephesus, RBN 137, 1991, 1 – 28.
Kemmers 2019	F. Kemmers, The Functions and Use of Roman Coinage, in: An Overview of 21st Century Scholarship, Leiden, 2019, 15–37.King C. King, Roman Quinarii from the Republic to Diocletian and the Tetrarchy, Oxford 2007.
Klawans	Z. H. Klawans, Imitations and Inventions of Roman Coins. Renaissance Medals of Julius Caesar and the Roman Empire, Santa Monica 1977.
Komnick	H. Komnick, Die Restitutionsmünzen der frühen Kaiserzeit, Berlin 2001.
Kraay	C. M. Kraay, Archaic and Classical Greek Coins, London 1976.
Le Rider	G. Le Rider, Le monnayage d'argent et d'or de Philippe II frappe en Macédoine de 359 à 294, Paris 1977.
Lorber 2020–2024	C. Lorber, Coins of the Ptolemaic Empire, Part 1 & 2, 4 Bde., New York 2020–2024.
Matzke	M. Matzke, All'antica. Die Paduaner und die Faszination der Antike, Regenstauf 2018.
May	M. F. May, The Coinage of Dikaia by Abdera, ca. 540/35 – 476/5 B.C., NC 1965, 1 – 25.
Mehlhausen 2012	W. Mehlhausen, Handbuch Münzensammeln. Ein Leitfaden für Münzsammler und solche, die es werden wollen, Regenstauf [4]2011.
Mehlhausen 2019	W. Mehlhausen, Kleine Metallkunde für Münzsammler – Reinigung, Pflege, Konservierung und Aufbewahrung von Münzen und Medaillen, Regenstauf [5]2019.
Metcalf	William E. Metcalf, The Oxford Handbook of Greek and Roman Coinage, Oxford 2012.
MIB	W. Hahn et al., Moneta Imperii Byzantini. Money of the incipient Byzantine Empire, Wien 1973 – 2000.
MIR	Div. Autoren, Moneta Imperii Romani, Wien 1989 – 2010.
Mittag 1999	P.-F. Mittag, Alte Köpfe in neuen Händen. Urheber und Funktion der Kontorniaten, Bonn 1999.
Mittag 2010	Ders., Römische Medaillons, Caesar bis Hadrian, Stuttgart 2010.
Mittag 2016	Ders., Griechische Numismatik: eine Einführung, Heidelberg 2016.
Mittag 2019	Ders., Römische Medaillons II. Antoninus Pius, Stuttgart 2019.

Müseler	W. Müseler, Lykische Münzen in europäischen Privatsammlungen, Gephyra 5, Antalya / München 2016.
Namenbuch	M. Alram, Nomina Propria Iranica in Nummis. Materialgrundlagen zu den iranischen Personennamen auf antiken Münzen, Wien 1986.
NG 1997	Div. Autoren, Vorsicht, Fälschung! Münzfälschungen von der Antike bis heute, Numismatische Gesellschaft zu Speyer, Speyer 1997.
Nicolet-Pierre	Nicolet-Pierre, H., Numismatique grecque, Paris 2005.
Nick	M. Nick, Gabe, Opfer, Zahlungsmittel. Strukturen keltischen Münzgebrauchs im westlichen Mitteleuropa, 2 Bände, Rahden 2006.
Nollé 1996	J. Nollé, Kitanaura. Münzen und Geschichte einer kleinen Stadt in den ostlykischen Bergen, Jahrbuch für Numismatik und Geldgeschichte 46, 1996, 1 – 23.
Nollé 1998	Ders., Münzen als Zeugnisse für die Geschichte der Hellenisierung Kleinasiens, in: U. Peter, Stephanos nomismatikos, Festschrift für Edith Schönert-Geiss, Berlin 1998, 503 – 522.
Noreña	C. Noreña, Imperial ideals in the Roman West. Representation, circulation, power, Cambridge 2011.
OTA	R. Göbl, Ostkeltischer Typen-Atlas, Braunschweig 1973.
Paulsen	R. Paulsen, Die ostkeltischen Münzprägungen. Die Münzprägungen der Boier. Mit Berücksichtigung der vorboiischen Prägungen, Wien [2]1974.
Peter	M. Peter, Eine Werkstätte zur Herstellung von subaeraten Denaren in Augusta Raurica. Studien zu Fundmünzen der Antike (SFMA) Band 7, Berlin 1990.
Price	M. J. Price, The Coinage in the name of Alexander the Great and Philip (sic!) Arrhidaeus, 2 Bde., London 1991.
Rambach 2023	H. Rambach, The Coin Collector Baron von Schellersheim (1752–1836), in: S. Krmnicek – H. Rambach, The Numismatic World in the Long Nineteenth Century, Volume 2, Institutions and Individuals, New York 2023, 11-23.
R.-Alföldi	M. R.-Alföldi, Antike Numismatik, 2 Bde., Mainz 1978.
R.-Alföldi 1989	M. R.-Alföldi (Hg.), Methoden der antiken Numismatik, Darmstadt 1989.
RIC	H. Mattingly, E. A. Sydenham u. a.: Roman Imperial Coinage 10 Bde., London 1923 – 1994, seit 2007 erscheinen sporadisch Revisionen.
Ritter	S. Ritter, Bildkontakte. Götter und Heroen in der Bildsprache griechischer Münzen des 4. Jahrhunderts v. Chr., Berlin 2002.
Rowan	C. Rowan, Imagining Empire in the Roman Republic, in: Haymann et al.
Russo	R. Russo, The RBW Collection of Roman Republican Coins, Zürich 2013.
Rutter 1997	K. Rutter, Greek Coinages of Southern Italy and Sicily, London 1997.
Rutter 2001	K. Rutter, Historia Numorum, Italy, London 2001.
Rutter 2012	Ders., Italy, Magna Graecia, in: Metcalf 2012.
RPC	M. Amandry, A. Burnett et al., Roman Provincial Coinage, div. Bde., London / Paris 1991 –. Online: rpc.ashmus.ox.ac.uk
RRC	s. Cr.

Sayles	W. G. Sayles, Classical Deception. Counterfeits, Forgeries and Reproductions of Ancient Coins, Iola 2001.
SC	O. Hoover – A. Houghton – C. Lorber, Seleucid Coins. A Comprehensive Catalogue. 2 Teile, 4 Bde., Lancaster 2002–2008.
Schulte	B. Schulte, Die Goldprägung der gallischen Kaiser von Postumus bis Tetricus, Aarau 1983.
Seaford	R. Seaford, Money and the Early Greek Mind, Cambridge 2004.
Sear 1987	D. R. Sear, Byzantine Coins and Their Values, London [2]1987.
Sear 2000 – 2014	Ders., Roman Coins and Their Values I – V. London 2000 – 2014.
Sellwood	D. Sellwood, An Introduction into Parthian Coinage, London [2]1980.
Sheedy – Davis 2020	K. A. Sheedy, G. Davis, Mines, Metals, and Money. Ancient World Studies in Science, Archaeology and History (Metallurgy in Numismatics 6), London 2020.
Simonetta	A. Simonetta, The coinage of the Cappadocian kings: a revision and a catalogue of the Simonetta collection, Parthica 9, 2007, 9 – 153.
SNG Alpha Bank	Sylloge Nummorum Graecorum, The Alpha Bank Numismatic Collection, Athens. From Thessaly to Euboea, Athen 2011.
SNG ANS	Sylloge Nummorum Graecorum, The Collection of the American Numismatic Society, New York 1969 – 1974.
SNG Cop	Sylloge Nummorum Graecorum, The Royal Collection of Coins and Medals, Danish National Museum, Kopenhagen 1942 – 1992.
SNG Kayhan	Sylloge Nummorum Graecorum, Turkey, The Muharrem Kayhan Collection, 2 Bde., 2002 – 2015.
SNG Paris	Sylloge Nummorum Graecorum, Bibliothèque Nationale, Cabinet des Monnaies et des Médailles, Paris 2002 – 2015.
SNG von Aulock	Sylloge Nummorum Graecorum, Deutschland, Sammlung von Aulock, Berlin 1957 – 1968.
SNS	Div., Sylloge Nummorum Sasanidarum, Paris, Wien, Berlin, 8 Bde., 2003 –.
Sommer	A. U. Sommer: Die Münzen des byzantinischen Reiches 491 – 1453. Mit einem Anhang: Die Münzen des Reiches von Trapezunt, Regenstauf [2]2023.
Starr	C. Starr, Athenian Coinage 480 – 449 BC, Oxford 1970.
Sunrise Collection	B. Nelson et al., Numismatic Art of Persia. The Sunrise Collection, Part 1, Lancaster 2011.
Svoronos	J. N. Svoronos, Corpus de Monnaies de l'Empire des Ptolémées, Athen 1904 – 1908. Online-Version: http://numismatics.org/pco/
Szaivert – Wolters	W. Szaivert, R. Wolters, Löhne, Preise, Werte. Quellen zur römischen Geldwirtschaft, Darmstadt 2005.
Toynbee	J. M. Toynbee, Roman Medaillons, New York 1943, with an Introduction to the Reprint Edition by W. E. Metcalf, New York 1986.
van Alfen–Wartenberg 2020	P. v. Alfen, U. Wartenberg (Hrsgg.), White Gold. Studies in Early Electrum Coinage, New York 2020.
Varbanov	I. Varbanov, Greek Imperial Coins, Thrace, 2 Bde., Bourgas 2005 – 2007.

Villaronga (CNH)	L. Villaronga, Corpus Nummum Hispaniae ante Augusti aetatem, Madrid 1994.
Von Schrötter	F. v. Schrötter, Wörterbuch der Münzkunde, Berlin ^{2}1970.
Weidauer 1975	L. Weidauer, Probleme der frühen Elektronprägung, Fribourg 1975.
White Gold	K. Konuk, C. Lorber, H. Gitler (Hrsg.), White Gold: Revealing the World's Earliest Coins, Jerusalem 2012.
Wolters 1999	R. Wolters, Nummi Signati: Untersuchungen zur römischen Münzprägung und Geldwirtschaft, München 1999.
Wolters 2012	Ders., The Julio-Claudians, in: Metcalf 2012, 335 – 354.
Woytek 2013	B. Woytek, Signatores in der römischen Münzstätte, CIL VI 44 und die numismatische Evidenz, Chiron 43, S. 243 – 284.
Yarrow 2012	L. M. Yarrow, Antonine Coinage, in: Metcalf 2012, 423 – 452.
Ziegaus	B. Ziegaus, Keltengeld. Münzen der Kelten und angrenzender nichtgriechischer Völkerschaften. Sammlung Christian Flesche, München 2010.

Wichtige wissenschaftliche Zeitschriften:

AJN	American Journal of Numismatics (American Numismatic Society)
JNG	Jahrbuch für Numismatik und Geldgeschichte (Bayerische Numismatische Gesellschaft)
NC	Numismatic Chronicle (Royal Numismatic Society)
NZ	Numismatische Zeitschrift (Österreichische Numismatische Gesellschaft)
RBN	Revue Belge de Numismatique (Société Royale de Numismatique de Belgique)
RN	Revue Numismatique (Société Française Numismatique)
SNR	Schweizerische Numismatische Rundschau (Schweizerische Numismatische Gesellschaft)

Bildnachweise[1]:

Einführungsteil:

1. Rauch 97/502. 2. Lanz 141/626, .3 Rauch Sommer 2008/145, .4 Elsen 127/275, .5 NAC 87/202, .6 Peus e1/131, .7 GM 237/1873, .8 Nomos e3/275, .9 Rauch 98/94, .10 GM 233/2929, .11 CNG e365/74, S. 14: Kunsthistorisches Museum, Wien; S. 28ff.: Abb. 1 NG 5,233; .2 Roma 98,392; .3 CNG Triton 25,886; .4 Roma 22,822; .5 Roma 94,681; .6 Palombo 17,25; .7 CNG 93,593; .8 Nomos 23,161; alle weiteren: F. Haymann c/o Dr. Busso Peus / Nachf.

Hauptteil:

I.1 CNG Triton 18/631, .1a GN 29/217, .2 Lanz 158/252, .3 Roma 8/640, .4 Hirsch 281/367, .5 Lanz 160/209, .6 GM 233/1656, .7 Lanz 158/213, .8 CNG 100/1490, .9 Nomos 11/117, .10 CNG e351/323, .11 CNG Triton 18/526, .12 CNG e342/213, .13 Peus 407/397, .14 GM 228/124, .15 NAC 77/43, .16 Roma e18/127, .16a Rauch 98/50, .17 Lanz 159/33, .18 Hirsch 314/2230, .19 GM 232/37, .20 Lanz 160/46, .21 NAC 88/363, .22 CNG 100/1274, .23 Nomos 3/18, .24 Roma 8/89, .25 GM 232/187, .26 GN 37/141, .27 CNG Triton 14/124, .28 Künker 182/237, .29 GN 33/105, .30 GM 229/1284, .31 CNG 100/1390, .32 CNG 100/1392, .33 GM 233/1389, .34 GM 228/100, .35 CNG e360/86, .36 GN 16/238, .37 Nomos e3/144, .38 GN 20/53, .39 GM 233/1269, .40 Nomos e3/110, .41 GM 232/93, .42 GN 36/40, .43 NAC 82/115, .44 Rauch 97/91, .45 Rauch 98/45, .46 CNG e363/25, .47 Rauch 98/46, .48 GM 229/1143, .49 Peus 409/164, .50 NAC 84/1583, .51 Roma e21/440, .52 GM 232/290, .53 CNG 100/1576, .54 GM 225/1706, .55 CNG e356/219, .56 GN 34/292, .57 CNG e362/117, .58 GM 233/1693, .59 CNG e355/107, .60 Roma e20/374, .61 CNG e362/115, .62 CNG e363/129, .63 CNG Triton 18/552, .64 GN 37/211, .65 GN 18/184, .66 CNG 100/1483, .67 GM 233/1662, .68 CNG 100/1509, .69 Rauch 96/93, .70 GM 224/816, .71 Hirsch 314/2554, .72 Roma 19/54, .73 Nomos e3/53, .74 Nomos e3/57, .75 Nomos e3/58, .76 Roma 15/47, .77 Hirsch 309/20, .78 GN 16/453, .79 Spink 15005/2, .80 CNG e363/8, .81 Roma e17/60, .82 CNG Triton 18/311, .82a Nomos 11/25, .83 Nomos e3/64, .84 Roma 9/83, .85 Rauch 98/32, .86 GM 233/1135, .87 GM 233/1148, .88 Roma 2/77, .89 NAC 77/17, .90 CNG 100/1288, .91 CNG 100/1285, .92 Roma 6,2/361, .93 GM 204/1091, .94 Rauch 98/86, .95 Lanz 159/82, .96 Roma 2/187, 97. Künker 262/7138, .98 Rauch e17/36, .99 GN 18/116, .100 CNG e363/103, .101 Künker 248/7202, .102 Hirsch 309/96, .103 CNG 97/441, .104 CNG e345/256, .105 Nomos e3/116, .106 GN38/102, .107 GM 232/140, .108 GM 232/134, .109 CNG Triton 18/243, .110 GN 37/112, .111 CNG e345/176 , .112 Rauch e17/42, .113 GN 38/123, .114 , .115 CNG Triton 16/585, .116 CNG e348/1, .117 Roma e22/315, .118 CNG Triton 18/781, .119 Künker 262/7346, .120 CNG e360/207, .121 Roma e16/217, .122 CNG e348/21, .123 Künker 262/7348, .124 Roma e17/377, .125 Rauch 99/104, .126 CNG e339/129, .127 Lanz 160/284, .128 NAC 88/601, .129 GN 38/330, .130 CNG Triton 18/142, .131 GN 38/334, .132 Künker 262/7293, .133 CNG 100/1636, .134 CNG e362/206, .135 Nomos e2/136, .136 GM 220/1431, .137 Hirsch 314/2376, .138 Hirsch 313/2029, .139 Lanz 160/99, .140 GM 232/156, .141 Nomos e3/137, .142 Nomos e3/138, .143 CNG e365/74, .144 CNG e351/15, .145 CNG Triton 19/169, .146 Rauch e18/86, .147 Hirsch 314/2485, .148 Roma e17/315, .149 GN 29/286, .150 Hirsch 306/1832, .151 CNG 100/1385, .152 CNG 100/1425, .153 CNG 100/1426, .CNG e364/296, .155 GN 37/248, .156 Roma e21/257, .157 CNG 362/213, .158 Rauch e18/82, .159 Rauch e18/81, .160 CNG e355/109, .161 Rauch 98/94, .162 Hirsch 309/263, .163 Nomos 11/85, .164 Hirsch 309/137, .165 GN 36/120, .166 CNG e365/139, .167 Lanz 158/171, .168 CNG e351/179, .169 Roma e21/375, .170 Lanz 160/294, .171 CNG 99/406, .172 CNG e354/276, .173 CNG e365/224, .174 CNG e331/111, .175 Rauch 99/43, .176 CNG e356/275, .177 CNG e358/199 .178 Peus 409/217, .179 GN 27/54, .180 CNG 99/447, .181 CNG e365/71, .182 GN 36/413, .183 CNG e354/333, .184 CNG e320/294, .185 GN 32/344, .186 GN 39/729, .187 Peus 410 – 411/676, .188 Hirsch 314/2895, .189 Künker 257/9042, .190 Nomos 5/245, .191 GM 233/1953, .192 GM 215/946, .193 Roma e22/412, .194 GN 29/460,

.195 Lanz 150/330, .196 Elsen 127/529, .197 CNG e356/338, .198 Rauch e17/171, .198a Rauch 98/194, .199 CNG e352/207, .200 GM 233/2052

II.1 Lanz 157/225, .2 NAC 61/61, .3 NAC 52/201, .4 GM 220/1522, .5 NAC 84/1608, .6 NAC 61/40, .7 NAC 64/868, .8 Roma 16/302, .9 NAC 73/1, .10 A&C 266/1006, .11 NAC 70/2, .12 CNG e347/457, .13 Roma 15/230, .14 NAC 72/973, .15 NAC 83/241, .16 GM 232/349, .17 Rauch 97/378, .18 Pecunem 34/830, .19, NAC 83/240, .20 GM 232/351, .21 Roma 10/648, .22 Rauch 98/273, .23 Künker 262/7428, .24 Roma 15/258, .25 NAC 15/259, .26 Künker 257/8373, .28 GM 208/1908, .29 CNG 361/856, .30 Künker 262/7620, .31 Elsen 126/93, .32 NAC 63/220, .33 CNG e345/448, .34 Rauch 98/290, .35 Elsen 125/296, .36 NAC 86/4, .37 CNG e355/464, .38 CNG Triton 17/580, .39 NAC 84/1695, .40 CNG 100/1823, .41 NAC 86/33, .42 GM 219/359, .43 CNG e350/467, .44 CNG e307/283, .45 Lanz 158/384, .46 Roma e21/661, .47 NAC 83/406, .48 CNG e366/778, .49 GN 39/968, .50 GN 39/1025, .51 Rauch 99/280, .52 CNG e366/894, .53 Rauch 99/355, .54 CNG e362/439, .55 GN 38/816, .56 GN 37/630, .57 Elsen 127/275, .57a Elsen 127/431 .57b CNG e367/455, .58 NAC 86/92, .59 Roma e21/795, .60 GM 232/406, .61 Hirsch 94/1207, .62 GM 229/1826, .63 Rauch 99/294, .64 Rauch e18/367, .65 GN 39/1051, .66 CNG e360/1086, .67 CNG Triton 19/494, .68 Roma e10/818, .69 Nomos e2/207, .70 NAC 87/331, .71 CNG e366/941, .72 Lanz 159/617, .73 Rauch 99/391, .74 GM 215/1095, .75 Nomos 11/172, .76 Nomos e4/629, .77 Lanz 161/235, .78 Rauch 99/129, .79 Nomos e3/275, .80 GN 40/620, .81 Rauch e14/316, .82 CNG Triton 19/563, .83 Rauch 98/606, .84 Rauch e18/275, .85 Künker 262/8044, .86 Rauch 98/593, .87 CNG e367/507, .88 Peus 400/586, .88a Lanz 161/368, .88b Roma e18/1016, .88c GN 34/961, .88d GM 233/2378, .89 Roma e21/840, .90 CNG Triton 19/523, .91 Roma e21/813, .92 Rauch 99/231, .93 CNG e366/827, .94 GN 39/1022, .95 Roma e23/570, .96 Rauch e18/210, .97 CNG e367/477, .98 CNG e367/530, .99 CNG Triton 19/605, .100 GN 39/907, .101 GM 236/498, .102 Nomos e4/811, .103 CNG e367/442, .104 CNG Triton 19/549, .105 Nomos e4/749, .106 GN 39/1021, .107 Rauch 99/158, .108 CNG e366/834, .109 Roma e24/547, .110 Roma e19/778, .111 GM 233/2419, .112 Rauch 97/448 , .113 GM 236/442, .114 Lanz 161/323, .115 NAC 78/818, .116 CNG e366/793, .117 Gut Lynt 13/1487, .118 MA-Shops ID 382600362, .119 GN 39/1008, .120 Lanz 161/352, .121 Peus e1/241, .122 NAC 52/563, .123 Roma e23/508, .124 MA-Shops ID 383900362, .125 NAC 87/202, .126 GN 34/900, .127 GM 232/428, .128 GM 229/1708, .129 Künker 248/7429, .130 GN 39/842, .131 Roma e20/499, .132 Roma e32/714, .133 GM 236/436, .134 NAC 87/228, .135 Lanz 161/295, .136 GN 24/581, .137 Lanz 161/251, .138 MA-Shops ID 383000362, .139 GM 233/2929, Peus 417/170, .140 Künker 262/8024, 141a, .141b Roma e24/549, NAC 59/955,.142 Roma e23/446, .143 Roma e1/465, .144 CNG e362/404, .145 Nomos e3/274, .146 Roma e19/666, .147 CNG 100/1863, .148 CNG e367/448, .149 Rauch e18/134, .150 Lanz 161/17, .151 Rauch Sommer 2012/1195

III.1 GM 232/636, .2 GN 34/1085, .3 GN 17/, .4 GM 233/2770, .5 Elsen 125/489, .6 Hirsch 266/2280, .7 CNG 99/767, .8 GM 233/1802, .9 GM 232/577, .10 Nomos e4/939, .11 Nomos e4/931, .12 GN 40/733, .13 GN 39/1065, .14 GM 233/2874, .15 GM 220/1909, .16 Nomos e4/943, .17 Rauch 98/756, .18 Künker 262/8503, .19 GN 37/764, .20 GM 237/2240, .21 Rauch e19/515, .22 Elsen 126/297, .23 CNG e369/574, .24 GN 10/813, .25 Lanz 161/549, .26 GN 37/779, .27 Elsen 125/922, .28 CNG e365/395

IV.1 Hirsch 317/1508, .2 GM 236/4, .3 GM 233/1036, .4 Spink 15049/318, .5 Spink 15049/273, .6 Hirsch 306/1503, .7 Hirsch 309/1, .8 CNG e366/358, .9 GM 236/6, .10 GM 229/1001, .11 GM 225/1016, .12 CNG e366/354, .13 Nomos 11/1, .14 Künker 243/4289, .15 CNG e368/172, .16 Elsen 127/234, .17 Hirsch 317/1507, .18 Künker 243/4406, .19 GM 232/12, .20 Künker 262/7011, .21 GM 233/1047, .22 Rauch 97/2, .23 Rauch 97/3, .24 GN 38/7, .25 Künker 262/7012, .26 Lanz 161/5, .27 Roma e22/9, .28 Lanz 153/7, .29 Lanz 157/12, .30 GM 236/5

1 Dem Kürzel für das jeweilige Auktionshaus folgt die Nummer der Auktion sowie die Losnummer. Das Jahr der Auktion nennen die Bildunterschriften. Das Kürzel e vor der Auktionsnummer steht für „electronic".

Auflösung der Siglen für die Handelshäuser, die Bildmaterial zu diesem Werk beitrugen:

CNG	Classical Numismatic Group, Lancaster, PA, USA, cngcoins.com
Elsen	Jean Elsen et ses fils, Brüssel, elsen.eu
GM	Gorny & Mosch, Gießener Münzhandlung, München, gmcoinart.de
GN	Gitbud & Naumann (heute Numismatik Naumann), München, www.numismatik-naumann.de
Gut Lynt	Münzen Gut Lynt, Tönisvorst, www.gut-lynt.de
Hirsch	Gerhard Hirsch Nachf., München, www.coinhirsch.de
Künker	Fritz Rudolf Künker, Osnabrück, www.kuenker.de
Lanz	Numismatik Lanz, München, www.lanz.com
MA-Shops	Verkaufsplattform des deutschen Münzenfachhandels, www.ma-shops.de
NAC	Numismatica Ars Classica, Mailand, Zürich, London, www.arsclassicacoins.com
NGSA	Numismatica Genevensis, Genf, ngsa.ch
Nomos	Nomos AG, Zürich, www.nomosag.ch
Palombo	Maison Palombo, Genf, www.maison-palombo-geneve.com
Peus	Dr. Busso Peus Nachf., Frankfurt/Main, www.peus-muenzen.de
Rauch	H. D. Rauch GmbH, Wien, www.hdrauch.com
Roma	Roma Numismatics, London, romanumismatics.com
Spink	Spink and Sons Ltd., London, spink.com

Glossar

Abschnitt	Teil des Münzbildes unterhalb einer Standlinie.
Aes	Das lateinische Wort für verarbeitetes Erz unedler Metalle.
Aes grave	„Schwer-Erz", gemeint: Schweres (bis zu mehreren Pfund), gegossenes Münzgeld. Ein Spezifikum des frühen römischen Münzwesens (erste Hälfte des 3. Jhs. v. Chr., II 3, 5 – 7).
Aes rude	„Rohes Erz", gemeint: Bronzebrocken, die als Zahlungsmittel Verwendung fanden (II 1).
Aigis	Auch Ägis, Aegis. „Zauberfell", mit dem Athena „ihre" Helden ausrüstete (I 116, 161, II 78).
Alexandreier	Tetradrachme vom Typ „Herakles / Zeus Nikephoros", eingeführt von Alexander dem Großen (I 114).
Alexandriner	Römisch-kaiserzeitliche Münzen (vorwiegend Drachmen und Tetradrachmen), die in Alexandria geprägt wurden.
Anepigraph	Wenn eine Seite einer Münze keine Legende (auch nicht einzelne Buchstaben) aufweist, so ist diese anepigraph.
Aphlaston	Schiffszier am Hinterteil eines Kriegsschiffes. Symbolisiert meist einen Seesieg (II 79).

As	Röm. Nominal aus unedlem Metall (anfangs Bronze, später Kupfer), s. S. 79-80.
Assarion	Griechischer Terminus für lokale Münzen (Städteprägungen, Provinzialmünzen), die den Wert eines römischen As besaßen. Plural: Assaria.
Avers	Französischer Begriff für die Vorderseite einer Münze.
Aureus	Röm. Nominal, bestehend aus Gold s. S. 89, 96.
Aurichalcum	s. Orichalcum
Basilikon	Spätbyzantinisches Silbernominal, s. S. 130.
Beischlag	Zeitgenössische Imitation eines Münztyps.
Beizeichen	Buchstaben, Monogramme oder Symbole, die kein feststehender Teil des Münzbildes sind, sondern im Laufe einer Zeitperiode verändert werden, um verschiedene Teile einer Emission oder ganze Emissionen kenntlich zu machen.
Billon	Legierung mit einem Gehalt von weniger als 50 % Silber, die meist suggeriert, höherwertig zu sein. Teils gelingt es, Münzen mit nur 5 % Silberanteil für kurze Zeit vollwertige Silberoptik zu verleihen. Typisch für kaiserzeitliche Tetradrachmen aus Alexandria und Antoniniane von ca. 235 – 275.
brockage	Englischer Begriff für die Sorte von Fehlprägungen, bei der Vorder- oder Rückseite einer Münze durch ein inkuses Bild der Gegenseite ersetzt sind. Häufiger bei römisch-republikanischen Münzen, sonst aber selten.
Bronzepest	Gefährliche, zerstörerische Korrosion bei Münzen mit kupferhaltiger Legierung.
caduceus	s. Kerykeion
capite velato	Archäologischer Fachbegriff für Köpfe oder Figuren, die einen Schleier tragen.
Centenionalis	Spätrömisches Nominal, s. S. 95.
Chi-Rho	s. Christogramm
chiton	Griechische Gewandform.
Christogramm	S. Münze II. 66
Damnatio memoriae	Neulat. Terminus („Tilgung des Angedenkens"), der für in der Antike erfolgte Maßnahmen verwendet wird, bei denen die Namen und Portraits unbeliebter bzw. öffentlich geächteter Kaiser getilgt oder verunstaltet wurden.
Dareike	Persische Goldmünze vom Gewicht eines Staters, die den Großkönig als Bogenschützen zeigt. Die Griechen leiteten den Namen von Dareios I. ab, der den Münztyp einführte, doch ist eine Herleitung von altpersisch daruiyaka (= golden) wahrscheinlicher.
de face	Französisch für frontal.
Denar	Röm. Nominal, s. S. 81–82.
Dezentriert	Mehr oder weniger starke Verprägung, bei der entweder Vorder- oder Rückseitenstempel nicht vollständig auf dem Schrötling zu sehen ist. Beidseitige Dezentrierung kommt selten vor und kann ein Fälschungsindiz sein.
Diadem	Königsbinde. Auch Tänie (griech.: tainia) genannt.
Doppelschlag	Produkt eines mehrfachen Prägevorgangs, wobei die Stempel minimal verdreht wurden. Resultat ist ein unsauberes Prägebild, bei dem Konturen doppelt zu sehen sind.
Drachme	Griech. Nominal, bestehend aus 2 Obolen, s. S. 165.
Dupondius	Röm. Nominal, s. S. 80, 95.

Elektron	Griechischer Terminus, der ursprünglich Bernstein meint, hier aber für eine (gelegentlich bernsteinfarbene) Legierung aus Gold und Silber Verwendung findet. Kann natürlich vorkommen, wurde meist jedoch technisch legiert. Der Begriff wird auch für Weißgold verwendet.
Emission	Die Produktion eines Nominals durch eine Münzstätte in einem bestimmten Zeitraum.
Ethnikon	Griechisch für Bezeichnung der Bevölkerung einer Stadt (Polis) oder Region.
Fabrik	Technische Machart einer Münze, die vor allem von Schrötlingsform, Stempelqualität, Prägebild und Stempelstellung bestimmt wird.
Feld	Bereich zwischen dem Hauptmotiv des Münzbildes und der Legende bzw. dem Rand.
Flan	s. Schrötling
Fourrée	Antike Fälschung einer Münze, die aus einem mit einer dünnen Edelmetallfolie umwickelten unedlen Kern besteht (deutsch: gefüttert).
Fuß	s. Münzfuß
Gegenstempel	Sekundärprägung mit einer Punze oder einem kleinen Stempel, mit der eine Münze neu bewertet wurde. Auch Kontermarke genannt (engl.: countermark).
Gorgoneion	Haupt der Gorgone Medusa, die von Perseus getötet wurde, indem er ihr den Kopf abschlug. Da der Blick der Medusa jeden zum Versteinern brachte, war der Kopf des getöteten Monsters eine Art Glücksbringer („apotropäische Funktion"). Da Perseus bei seinen Heldentaten Unterstützung von Athena erfuhr, ist auch diese oft mit einem Gorgoneion zu sehen.
Hemi-	Griechisch für halb.
Histamenon	Spätbyzantinisches Goldnominal (Pl.: Histamena), das aus dem Tetarteron hervorgegangen ist.
Hyperpyron	Spätbyzantinisches Goldnominal (Pl.: Hyperpyra), das auf das Histamenon folgte.
Incusum	s. Quadratum Incusum
Inkunabelprägung	Früheste Münzprägung aus Elektron, s. S. 34.
Kerykeion	Griechische Bezeichnung des Merkursstabes, lat. caduceus.
Kleinasien	Begriff für die anatolische Halbinsel, die von der heutigen Türkei eingenommen wird.
Knielaufschema	Haltung von Personen u. Wesen mit gebeugten Knien in der archaischen Münzprägung (s. S. 44).
Kontermarke	S. Gegenstempel.
Kroiseios (Stater)	Zeitgenössischer griechischer Begriff für die Goldmünzen des lydischen Königs Kroisos (Mitte 6. Jh. v. Chr., I 9).
Legende	Lat.: „das zu Lesende", also die Beschriftung einer Münze.
Lysimacheier	Bezeichnung für die Münzen, insbesondere die Tetradrachmen vom Typ „Alexanderkopf / sitzende Athena", der von König Lysimachos von Thrakien (gest. 281 v. Chr.) eingeführt wurde.
Maiorina	Spätröm. Nominal, s. S. 95.
mappa	Zusammengerolltes Tüchlein, das der Kaiser in den Circus warf, um den Beginn der Spiele zu signalisieren (vgl. S. 100).
Miliarense	Byzantinischer Silbermünzentyp.

Mine / Mna	Mna ist das griechische Wort für die Menge von 100 Drachmen, Mine die Eindeutschung dieses Begriffs.
Mitra	Hoch aufragende Kopfbedeckung orientalischer Könige.
modius	Römisches Hohlmaß, zu deutsch: (Getreide-)Scheffel (II 125).
Multiplum	Das Vielfache eines Nominals. Meist in Zusammenhang mit Aurei verwendet.
Münzfuß	Gewichtsstandard.
Münzherr	Die Autorität, die die Prägung von Münzen veranlasst und für ihren Wert bürgt. Auch: Prägeherr.
Nominal	Werteinheit einer Münze, z. B. Denar, Drachme usw. (engl.: denomination, österr.: das Nominale).
Nomos	Bezeichnung für das silberne Leitnominal (meist Di- oder Tridrachmen) in unteritalischen Städten.
Numismatik	Wissenschaft von der Münze, abgeleitet von griech. nómisma (= Münze).
Nummus	Spätrömisches Nominal, s. S. (Wortbedeutung: „Münze").
Obol	Griech. Nominal, s. S. 165.
Offizin	Handwerkergruppe, die in einer Prägestätte zusammenarbeitete und dies (in der Spätantike) auch auf Münzen vermerkte („Prägeteam").
Orichalcum	Eine Messinglegierung, also eine stark zinkhaltige Bronze. Der Begriff bedeutet übersetzt „Goldbronze" und bezieht sich auf die helle Farbe direkt nach der Prägung (s. Index).
patera	s. Phiale
Paduaner	Giovanni di Cavino schuf im Padua des 16. Jhs. z. T. sehr realistische Nachahmungen römischer Münzen und Medaillons. Seine Werke wurden selbst wiederum nachgeahmt oder einfach nachgegossen. Die gesamte Gruppe solcher Fälschungen heißt Paduaner.
Parazonium	Römisches Langschwert.
Phiale	Schale, meist mit einem zentralen Omphalos, aus der eine Flüssigkeit auf das Opfertier oder den Altar geschüttet wird.
Philippeier	Münzen nach Art der Gold- und Silberstatere Philipps II. von Makedonien.
Potin	Bezeichnung für Material und Typ keltischer Münzen, die aus einer kupferhaltigen Legierung gegossen wurden.
Prägeherr	s. Münzherr
Prora	Vorderteil eines (Kriegs-)Schiffs. Auch (lat.) *rostrum.*
Punze	Miniaturstempel, mit dem Bankiers und andere Kaufleute Münzen markierten (I 8, 12, 30, 57, II 40, 43).
Quadratum Incusum	Inkuses Rechteck. Charakteristikum der Reverse der frühklassischen Münzprägung (I 16a, 21-22, 24, 26 etc.).
Quinar	Röm. Nominal, s. S. 82.
Revers	Aus dem Französischen für Rückseite einer Münze.
Scheidemünze	Veraltetes Wort für Kleinmünze, meist aus unedlem Metall.
Schrötling	Ungeprägter Rohling.
Schrötlingsriss	Beim Prägen entstandener Einriss im Metall (II 119, 128).

sella	Lateinisch für Sitz, Stuhl. Konsuln und Kaisern war die sella curulis vorbehalten. Außerhalb Roms fand die sella castrensis (der im Lager, castrum, verwendete Stuhl) für hohe Amtsträger Verwendung. Häufig befinden sich solche Ehrensitze auf einem Tribunal.
Sesterz	Röm. Nominal, s. S. 83, 84, 95.
Schekel	Semitische Gewichtseinheit von 13,2 g, v. a. in levantinischen Handelsstädten verwendet.
Semis	½ As.
Semissis	½ Solidus.
Serratus	Von lat. „gesägt“. Münze mit gekerbtem oder gezahntem Rand.
Siglos	Gewichtseinheit, die zuerst unter Dareios I. in Münzform geprägt wurde. Zunächst 5,3, dann 5,6 g. Sprachlich verwandt mit Schekel.
Skyphat	Schüsselförmige Münze.
Solidus	Von Constantin dem Großen eingeführtes Goldnominal (ca. 4,5 g), das sich bis in die hochbyzantinische Zeit hielt.
Stater	Griech. Nominalbezeichnung für das Ganzstück, das ein Goldstück oder ein Silberstück (meist Tetra- oder Didrachme) sein kann, s. S. 165.
subaerat	Bezeichnet die Tatsache, dass der Kern einer plattierten Münze aus unedlem Metall (aes) besteht.
subferrat	Adjektiv für eine antike Fälschung (meist von Bronzemünzen), deren Kern aus Eisen (ferrum) besteht.
Stempelriss	Beim Prägen entstander Schaden an einem der beiden Stempel, der sich in feinen Rissen oder ähnlichen Fehlern im Prägebild bemerkbar macht.
Stempelstellung	Zueinander von Vorder- und Rückseite, angegeben in Grad (z. B. 360 °) oder Stunden (z. B. 12 h).
Talent	Griechische Gewichtseinheit. Das attische Talent umfasste 60 Minen (also 6000 Drachmen), was 25,2 kg entsprach. Meist war damit eine Metallmenge aus Silber gemeint.
Tetartemorion	Griech. Nominal, s. S. 165.
Tetarteron	Mittelbyzantinisches Goldnominal, dessen Gewicht dem arabischen Dinar entsprach.
Tetradrachme	Griech. Nominal, s. S. 41, 165.
Tiara	Orientalische Kopfbedeckung für (Groß-)Könige.
Trachy	Spätbyzantinisches Nominal (meist in Form eines Skyphaten), das aus Elektron, Billon oder Bronze bestand (Pl.: Trachea).
Tremissis	⅓ Solidus.
tropaion	S. trophaeum
trophaeum	Siegesmal, das aus den Waffen besiegter Feinde besteht.
Typ	Bezeichnet eine Gruppe gleichartiger Münzen in Bezug auf Nominal sowie Vorder- und Rückseitendarstellung.
Überprägung	Verwendung geprägter Münzen als Schrötlinge für neue (I 198a).
Untertyp	Überprägter Münztyp.
Weißgold	S. Elektron.

Nominale und Gewichtseinheiten

Hemitetartemorion	⅛ Obol
Tetartemorion	¼ Obol
Trihemitetartemorion	⅜ Obol
Hemiobol	½ Obol
Tritemorion	¾ Obol
Obol	⅙ Drachme
Trihemiobol	1 ½ Obole
Diobol	2 Obole
Triobol, Hemidrachme	3 Obole, ½ Drachme
Tetrobol	⅔ Drachme
Drachme	6 Obole
Oktobol	1 ⅓ Drachmen
Didrachme (Didrachmon)	2 Drachmen
Tridrachme (Tridrachmon)	3 Drachmen
Tetradrachme (Tetradrachmon, auch: Tetrachme)	4 Drachmen
Dekadrachme	10 Drachmen

Myshemihekte	1/24 Stater
Hemihekte	1/12 Stater
Hekte	⅙ Stater
Trite	⅓ Stater
Hemistater	½ Stater
Stater	„Einheit“ bzw. Ganzstück
Mine	100 Drachmen
Talent	60 Minen

Italien, Sizilien

	Uncia	Onkia	1 Kugel
1 ½ unciae	Sescuncia	–	1 Kugel + S
2 unciae	Sextans	Hexas	2 Kugeln
3 unciae	Quadrans	Tetras	3 Kugeln
4 unciae	Triens	Trias	4 Kugeln
5 unciae	Quincunx	Pentonkion	5 Kugeln
6 unciae	Semis	Hemilitron	6 Kugeln
12 unciae	As	Litra	I

Gewichtsstandards (Münzfüße)[2]

Zu beachten ist, dass sich die Gewichtsstandards im Laufe der Jahrhunderte z. T. stark verringerten, sodass eine Tetradrachme nach attischem Standard im 1. Jh. v. Chr. kaum mehr als 15 g wog. Einen kompakten Überblick (allerdings auf dem Stand von 1930 bietet das hilfreiche Wörterbuch von v. Schrötter). Evtl. Abweichungen in der Literatur gründen zumeist auf dem Unterschied zwischen Ziel-/Sollgewicht und dem gemessenen Durchschnittsgewicht.

Attisch
17,2 g (Stater zu 4 Drachmen)

Phokäisch
16,5 g

Äginetisch
12,6 g (Stater zu 2 Drachmen)

Korinthisch
8,6 g (Stater zu 3 Drachmen)

Persischer Siglos
5,5 g

Lydo-Milesisch
14,3 g

Samisch-Euböisch
17,4 g

Achäisch
8,1 g (Stater zu 3 Drachmen)

Euböisch
17 g (Stater zu 3 Drachmen)

Phönizisch-Ptolemäisch
14,55 g

Babylonisch
ca. 10 g

Rhodisch
ca. 15 g

2 Die hier gemachten Angaben folgen Nicolet-Pierre. In der Literatur kommen in Einzelfällen Abweichungen von ca. 0,2 g vor. Eine übersichtliche Diskussion zahlreicher Münzfüße bietet von Schrötter.

Griechisches Alphabet und milesisches System

Α = Alpha	= A	= 1	Ν = Ny	= N	= 50
Β = Beta	= B	= 2	Ξ = Chi	= Ch/X	= 60
Γ = Gamma	= G	= 3	Ο = Omikron	= O	= 70
Δ = Delta	= D	= 4	Π = Pi	= P	= 80
Є = Epsilon	= E	= 5	Ϙ = Koppa	= Q/K	= 90
Ϛϛ = Stigma	= St	= 6	Ρ = Rho	= R	= 100
Ζ = Zeta	= Z	= 7	Σ = Sigma	= S	= 200
Η = Eta	= E/Ä	= 8	Τ = Tau	= T	= 300
Θ = Theta	= Th	= 9	Υ = Ypsilon	= Y/V	= 400
Ι = Iota	= I	= 10	Φ = Phi	= Ph	= 500
Κ = Kappa	= K	= 20	Χ = Xi	= X	= 600
Λ = Lambda	= L	= 30	Ψ = Psi	= Ps	= 700
Μ = My	= M	= 40	Ω = Omega	= Oh	= 800

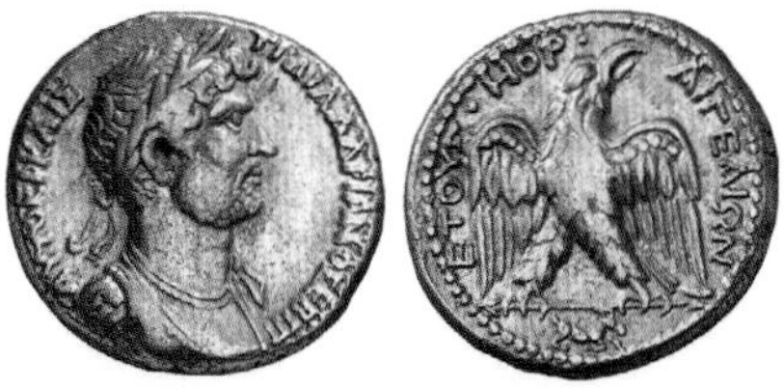

Diese Tetradrachme aus dem kleinasiatischen Aigeai trägt ihre Jahreszahl auf der Rückseite, auf der Höhe des Adlerkopfs. Die Buchstaben lauten H, O, P. Das bedeutet: 100+70+8 = 178. Die Lokalära der Stadt begann mit dem Cäsarbesuch im Jahr 47 v. Chr. Daraus errechnet sich das Prägejahr 178-47, also 131/2 n. Chr.

Das milesische System (auch „alphabetisches Zahlensystem") aus dem 4. Jh. v. Chr. ordnet den Buchstaben die oben ersichtlichen Zahlenwerte zu. Mit ihm lassen sich alle Zahlen von 1 – 999 ausdrücken, indem man Einer, Zehner und Hunderter addiert, sodass sich ein bis zu dreistelliges „Zahlwort" (auch: „milesische Zahl") ergibt. Auf Münzen ist dies meist mit einem Oberstrich versehen, sodass es sich von der übrigen Legende abhebt. Im Buch enthaltene Beispiele datierter Münzen sind **I.157:** 90 (nach städtischer Ära); **I.160:** 209 (nach seleukidischer Ära); **I.162:** 30 (königliches Regierungsjahr); **I.185:** 16 (nach städtischer Ära). Zur Verdeutlichung kann vor der Jahreszahl auch das genitivische Wort „ΕΤΟΥΣ" (im Jahre) stehen. In Ägypten trägt der demotische Buchstabe L die gleiche Bedeutung.

Archaische und lokale Alphabete

Stigma und Koppa haben im Koine-Griechischen keine Funktion. Sie entstammen älteren Alphabetformen. Das gleiche gilt für Digamma (Ϝ), mit dem Lautwert W, das auf den Münzen von Elis **(I.36)** vorkommt. Koppa wird auf den Münzen von Kroton **(I.75)** und Korinth im Ethnikon **(I.16, 31)** verwendet. Eine archaische Form des B(eta) findet sich auf den Münzen von Byzantion **(I.48),** Zankle verwendete lokale Formen des Delta und Zeta **(I.20)**.

Index[3]

3 Der Index enthält zentrale Schlagwörter, die sich nicht aus dem Inhaltsverzeichnis erschließen lassen. Verweise mit römischen Zahlen beziehen sich auf Münzabbildungen.

L

M

N

O

P

R

S

T

(Präge-) Orte, Regionen

Abbildungen:

Titelabbildung: Colac Sorin, 123rf.com

Münzabbildungen: Dr. Busso Peus Nachf.

Seite 8, 122: Dr. Haymann

Seite 32: Unsplash, Constantinos Kollias

Karte Seite 69: wikimedia.org

Seite 76: Boris Breytman, 123rf.com

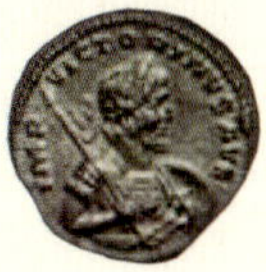

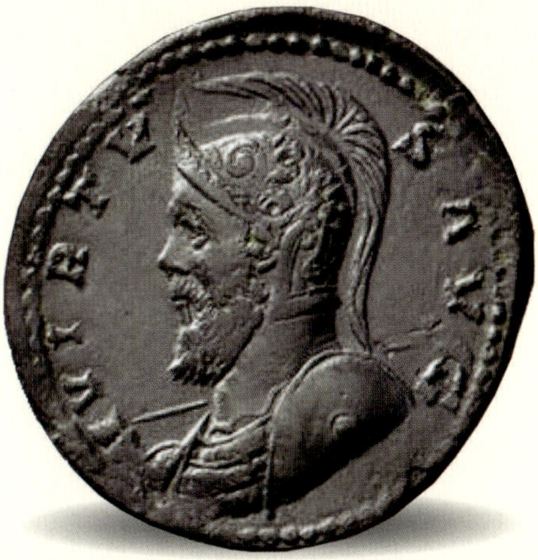

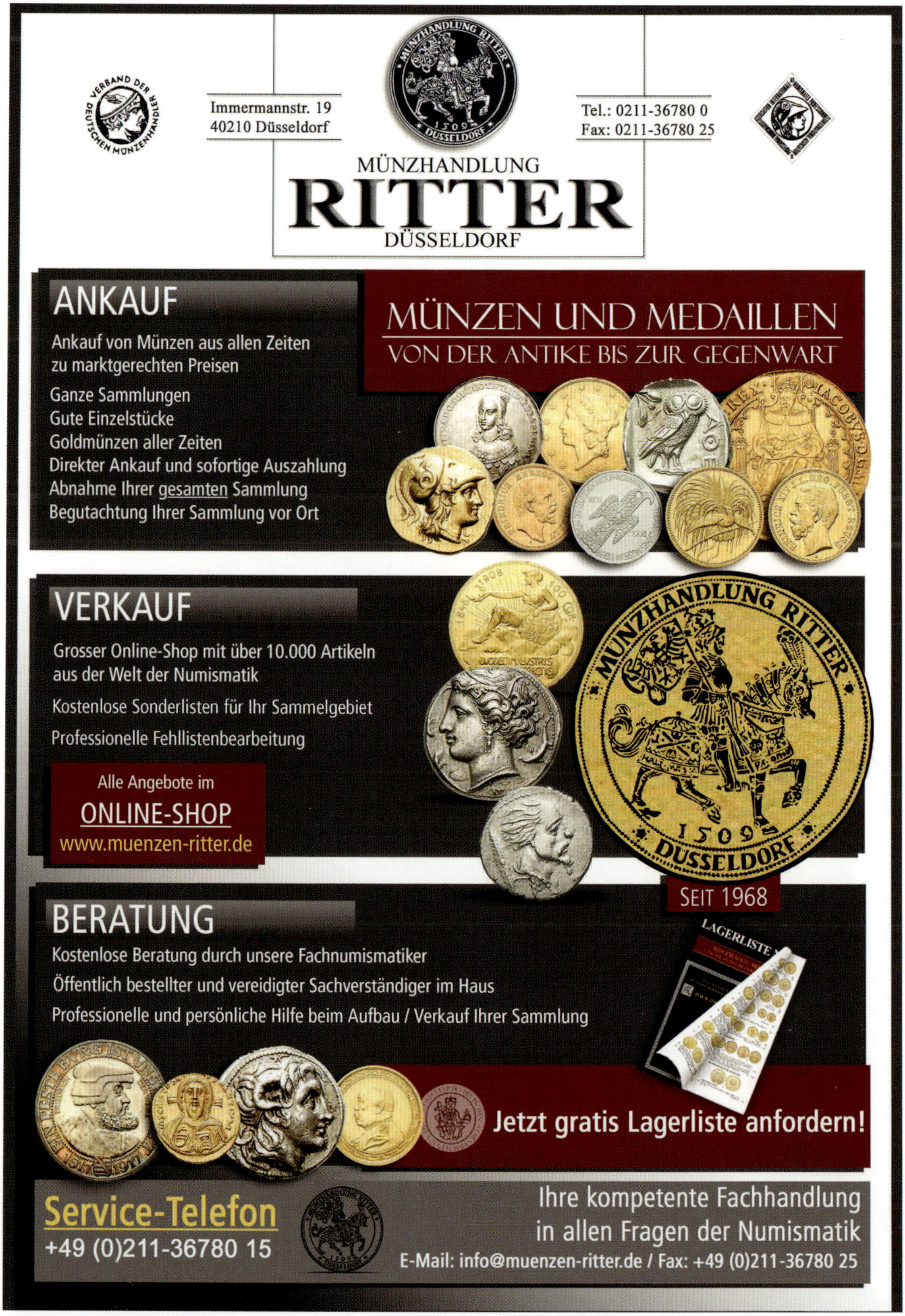
Immermannstr. 19
40210 Düsseldorf
Tel.: 0211-36780 0
Fax: 0211-36780 25
MÜNZHANDLUNG
RITTER
DÜSSELDORF
ANKAUF
Ankauf von Münzen aus allen Zeiten zu marktgerechten Preisen
Ganze Sammlungen
Gute Einzelstücke
Goldmünzen aller Zeiten
Direkter Ankauf und sofortige Auszahlung
Abnahme Ihrer gesamten Sammlung
Begutachtung Ihrer Sammlung vor Ort
MÜNZEN UND MEDAILLEN
VON DER ANTIKE BIS ZUR GEGENWART
VERKAUF
Grosser Online-Shop mit über 10.000 Artikeln aus der Welt der Numismatik
Kostenlose Sonderlisten für Ihr Sammelgebiet
Professionelle Fehllistenbearbeitung
Alle Angebote im
ONLINE-SHOP
www.muenzen-ritter.de
MÜNZHANDLUNG RITTER
1509
DÜSSELDORF
SEIT 1968
BERATUNG
Kostenlose Beratung durch unsere Fachnumismatiker
Öffentlich bestellter und vereidigter Sachverständiger im Haus
Professionelle und persönliche Hilfe beim Aufbau / Verkauf Ihrer Sammlung
LAGERLISTE
Jetzt gratis Lagerliste anfordern!
Service-Telefon
+49 (0)211-36780 15
Ihre kompetente Fachhandlung
in allen Fragen der Numismatik
E-Mail: info@muenzen-ritter.de / Fax: +49 (0)211-36780 25

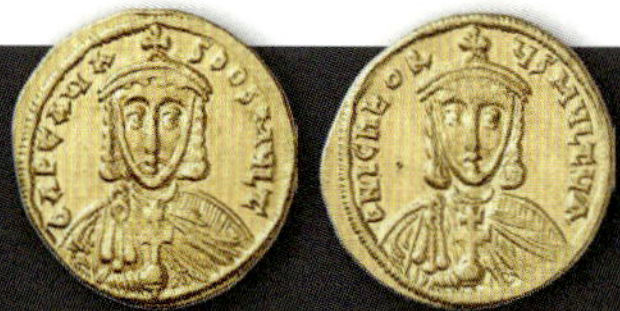

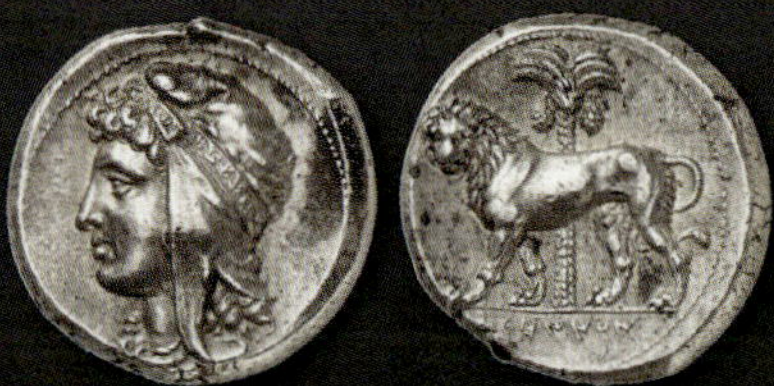

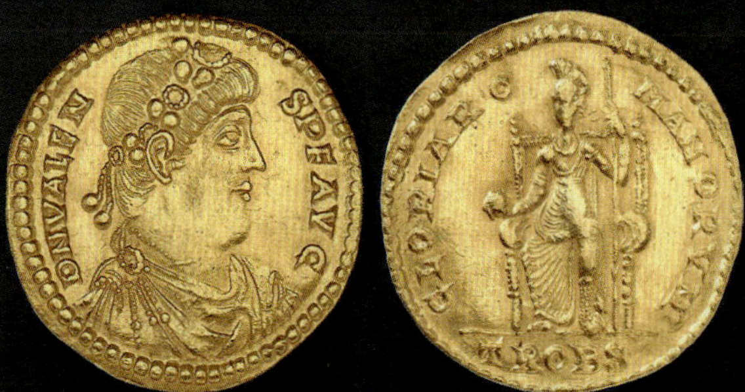

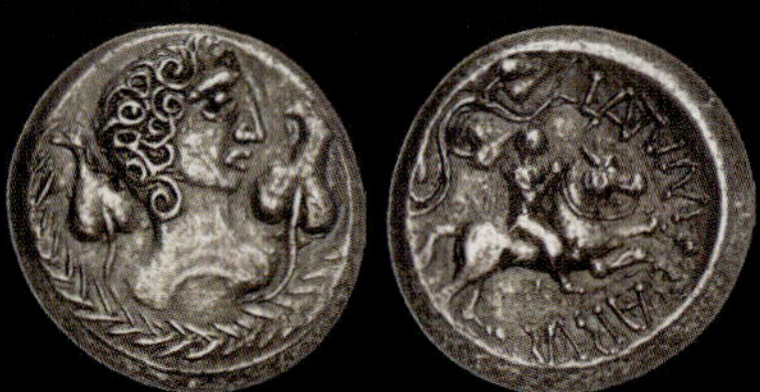

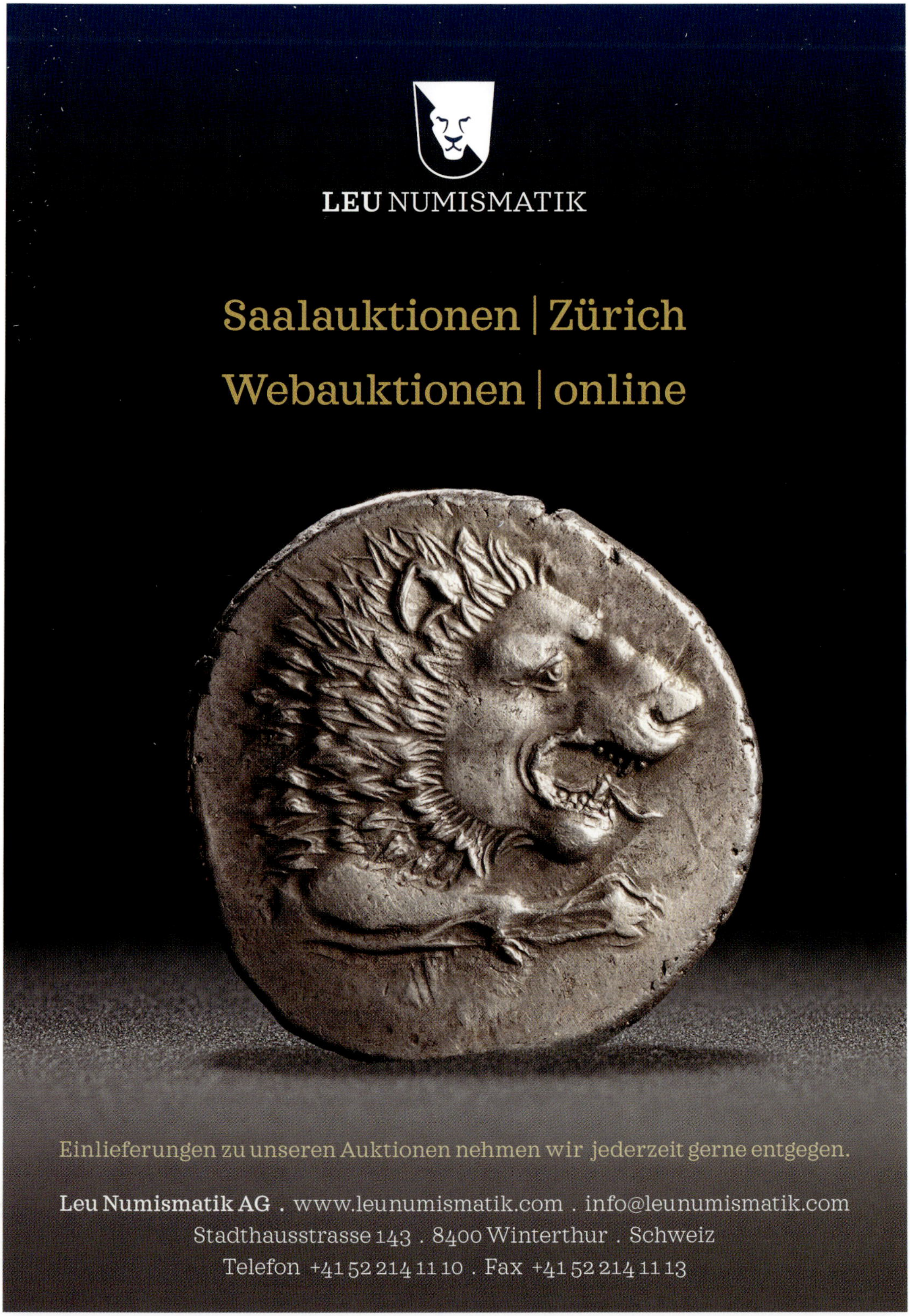
LEU NUMISMATIK
Saalauktionen | Zürich
Webauktionen | online
Einlieferungen zu unseren Auktionen nehmen wir jederzeit gerne entgegen.
Leu Numismatik AG . www.leunumismatik.com . info@leunumismatik.com
Stadthausstrasse 143 . 8400 Winterthur . Schweiz
Telefon +41 52 214 11 10 . Fax +41 52 214 11 13

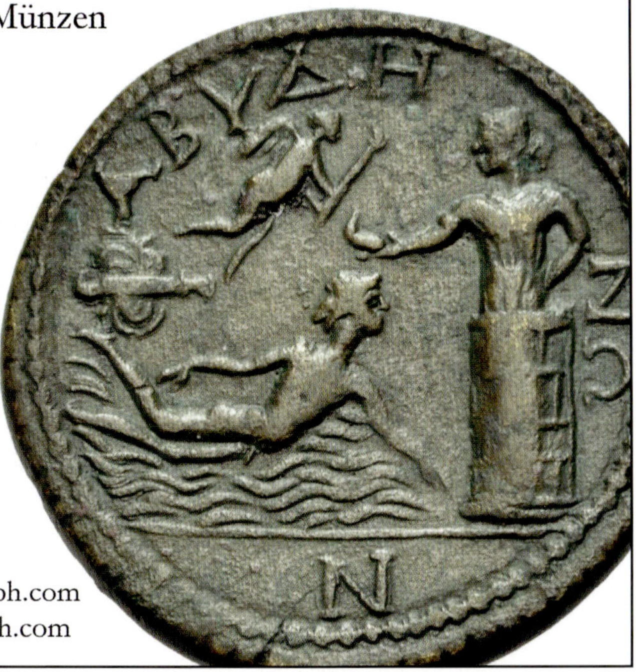

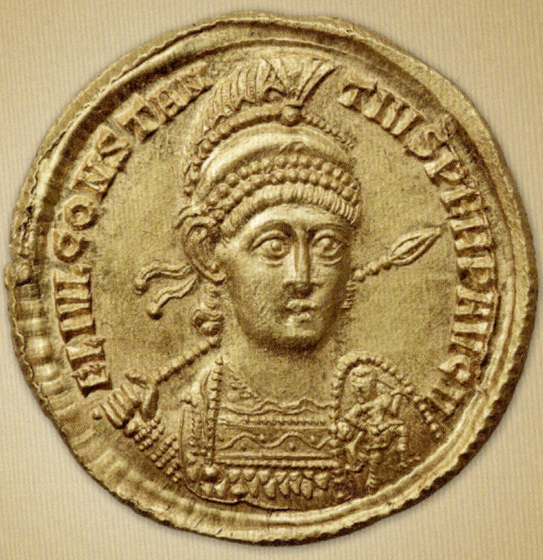

Constantius II. / Solidus / 351 – 355 n. Chr.
Gepanzerte Büste mit Lanze en face